UNE BIOGRAPHIE INÉDITE

DE

JACQUES-BÉNIGNE BOSSUET

ÉVÊQUE DE TROYES

Ernest JOVY

CORRESPONDANT DU MINISTÈRE DE L'INSTRUCTION PUBLIQUE

UNE BIOGRAPHIE INÉDITE

DE

JACQUES-BÉNIGNE BOSSUET

ÉVÊQUE DE TROYES

VITRY-LE-FRANÇOIS

P. TAVERNIER, LIBRAIRE-ÉDITEUR

12, Rue de Vaux, 12

1901

UNE BIOGRAPHIE INÉDITE

DE

JACQUES-BÉNIGNE BOSSUET

ÉVÊQUE DE TROYES

Jacques-Bénigne Bossuet (1), neveu et filleul de l'illustre évêque de Meaux, naquit à Dijon, le 11 décembre 1664. Il était le second fils d'Antoine Bossuet qui fut trésorier des Etats de Bourgogne, intendant de Soissons et maître des requêtes.

Il fut de bonne heure abbé de Savigny. Bossuet avait chargé l'abbé Jean Phelippeaux (2) de diriger les études théologiques de son neveu. Il envoya le maître et l'élève

(1) Cf. RR. PP. Richard et Giraud, dominicains, *Bibliothèque sacrée ou Dictionnaire universel historique, dogmatique, canonique, géographique et chronologique des sciences ecclésiastiques*, Paris, Méquignon fils aîné, 1822 t. V, *sub verbo* Bossuet (Jacques-Bénigne).

(2) L'abbé Jean Phelippeaux était d'Angers Il fit ses études avec distinction. C'était un homme de mérite et d'un vrai savoir. Bossuet le témoigne souvent dans ses lettres. On voit par sa correspondance avec l'évêque de Meaux qui se trouve parmi les *Lettres sur l'affaire du quiétisme*, la part qu'il a prise à la condamnation du livre de Fénelon. A son retour d'Italie, Bossuet le fit chanoine de son église et vicaire général. Il avait écrit pendant son voyage un journal très détaillé qui fut publié en 1732 et 1733, in-12, sous le titre de *Relation de l'origine, du progrès et de la condamnation du quiétisme répandu en France*.

voyager en Italie, sans doute afin d'être tenu au courant de ce qui se disait au-delà des monts sur les querelles religieuses de France. Les voyageurs furent bien accueillis par le grand-duc de Toscane ; ils arrivèrent à Rome au commencement de 1696. Bossuet demandait instamment à son neveu des nouvelles de la cour pontificale, et c'est ainsi que s'établit entre l'évêque de Meaux et l'abbé Bossuet ce commerce épistolaire si intéressant que l'abbé Bossuet devait avoir l'heureuse idée de publier par la suite : « Nous attendons (1) avec impatience des nouvelles de Rome, — écrit l'évêque de Meaux, — il me semble que vous ferez bien de faire un petit journal de ce que vous verrez et apprendrez (2). »

C'est à ce moment (3) que parut le livre célèbre de Fénelon, l'*Explication des Maximes des Saints sur la vie intérieure* qui remplit Bossuet de « douleur à cause du scandale de l'Eglise, et de l'horrible décri où tombait un homme dont il avait cru faire le meilleur de ses

---

(1) *Lettres sur l'affaire du quiétisme*, LIV, 28 mai 1696, dans *Œuvres de Bossuet*, Paris, Mellier et Olivier-Fulgence, 1845, in-24, t. XXVIII, p. 110. Nous citerons toujours ces *Lettres sur l'affaire du quiétisme* d'après cette édition, communément appelée *édition de Poissy* Ce n'est qu'une reproduction de l'édition de A. Lebel (1816-1820). La correspondance sur le quiétisme est renfermée dans les tomes XXVIII et XXIX. Le plus souvent nous la désignerons simplement par l'indication : *Lettres*.

(2) Bossuet continue ainsi : « Nous vous demanderons les nouvelles ; c'en a été pour vous une bien fâcheuse que celle de la mort de M. de la Bruyère. Toute la cour l'a regretté, et M. le Prince plus que tous les autres.... »

(3) Pendant son séjour à Rome, l'abbé Bossuet chercha à obtenir un indult pour les bénéfices de son abbaye de Savigny. Il ne parait pas qu'il y ait réussi. Cf. *Œuvres de Bossuet*, Paris, Paul Mellier et Olivier-Fulgence, 1845, t. XXIX, pp. 247, 324, 329, 337, 342.

amis et qu'il aimait encore très sincèrement malgré l'irrégularité de sa conduite (1). »

Bossuet voulut tout d'abord faire revenir de Rome (2) son neveu et l'abbé Phelippeaux qui pouvaient paraître aux ennemis de Bossuet et aux partisans de Fénelon ne résider à Rome que pour peser sur les décisions de la cour de Rome. Le neveu sollicita sans doute la permission et l'honneur de soutenir à Rome même la cause de ce que son oncle considérait comme « la vérité ». L'oncle fit peut-être quelques nouvelles réflexions. Il se ravisa. Le 1er août 1697, il écrivait à l'abbé Bossuet : « J'ai parlé de vous faire demeurer à Rome avec M. Phelippeaux : le Roi l'a fort approuvé aussi bien que Madame de Maintenon.... Parlez toujours sobrement de M. de Cambrai, et prêtez l'oreille à tout ce qu'on

(1) *Lettres*, CI, 24 mars 1697.

(2) « Voici le temps où il faudra que vous reveniez : un plus long séjour serait interprété à oisiveté. Jusqu'ici tout va bien : mais il ne le faut pas gâter. J'ai besoin de vous et de M. Phelippeaux.... » (*Lettres*, CV, 31 mars 1697). — « Je n'ajoute rien à ce que je vous ai mandé de votre retour. Tous nos amis sont ici d'accord qu'il est temps d'y penser, et qu'un plus long séjour ne ferait pas bien ici » (*Lettres*, CVII, 7 avril 1697). — « Ménagez vous, avant de partir, quelque bonne correspondance » (*Lettres*, CXVI, 19 mai 1697) — « Je vous ai parlé d'établir, avant votre retour en France, quelque correspondance. Il me paraît que M. le cardinal Denhoff peut être mis à quelque usage. » (*Lettres*, CXVII, 26 mai 1697). — « Disposez-vous au retour le plus tôt que vous pourrez ; vous en voyez toutes les raisons qui augmentent de jour en jour Si vous avez des raisons nécessaires de prolonger pendant quelque temps votre séjour à Rome sans affectation, j'ai prié M. Phelippeaux de ne vous pas quitter, et je l'en prie encore. » (*Lettres*, CXVIII, 3 juin 1697). — « Nous espérons toujours votre retour au plus tôt.. .» (*Lettres*, CXXVI, 1er juillet 1697) — « Nous attendons toujours votre retour ; il n'y a que les chaleurs qui vous puissent retarder.... » (*Lettres*, CXXXIII, 29 juillet 1697).

dira (1) », et le 12 août, il mandait à l'abbé Phelippeaux qu'il « souhaitait qu'il restât à Rome dans la conjoncture présente (2) ». « Ce fut donc sur son neveu, ainsi que dit le cardinal de Bausset, que Bossuet jeta les yeux pour lui transmettre ses instructions et solliciter la condamnation de l'archevêque de Cambrai (3). »

L'abbé Bossuet, aidé de l'abbé Phelippeaux, remplit avec le plus grand courage et une énergique activité la mission dont l'avait chargé l'évêque de Meaux. Il a été à ce propos blâmé par tout le monde. Les admirateurs de Bossuet comme les amis de Fénelon ne seraient pas éloignés de dire les uns et les autres que, si ces deux prélats se sont brouillés, la faute en est à l'abbé Bossuet. Le cardinal de Bausset, fort gêné par son double rôle de panégyriste de Bossuet et de Fénelon, qu'il veut à toute force trouver l'un et l'autre impeccables, s'écrie : « *Jamais choix plus malheureux n'eut des suites plus déplorables. La correspondance de l'abbé Bossuet accuse à chaque page son caractère, ses sentiments, ses procédés, et il est impossible de ne pas attribuer à sa fatale influence l'excès de véhémence et d'amertume qui est venu se mêler aux controverses de deux grands hommes et qui laisse encore tant de tristesse dans l'âme de leurs admirateurs (4).* »

(1) *Lettres*, CXXXVII, 1er août 1697.

(2) *Lettres*, CXLVI, 3 septembre 1697.

(3) Bausset (cardinal de), *Histoire de J.-Bossuet, évêque de Meaux*, livre X, § XIV.

(4) Cardinal de Bausset, *Histoire de J.-B. Bossuet, évêque de Meaux*, livre X, § XIV à la suite des *Œuvres de Bossuet*, Paris, Paul Mellier et Olivier-Fulgence, 1846, t. XXX, seconde partie, p. 136.

M. de Bausset va jusqu'à reprocher à l'abbé Bossuet la franchise, — excitée, sans doute, par l'esprit de famille, la volonté de défendre la mémoire de son oncle, le désir d'une apologie personnelle, le zèle de parti, — qui l'a poussé à publier les lettres de l'évêque de Meaux et ses propres lettres sur l'affaire du quiétisme, ainsi qu'une foule d'autres pièces relatives à cette question. « La passion avait tellement aveuglé *ce neveu si peu digne d'un tel oncle* qu'il a cru se recommander à la postérité, en lui transmettant *ces tristes monuments de sa haine et de son emportement.* L'abbé Le Dieu rapporte dans son *Journal* sous la date du 1er janvier 1705 « que peu de temps après la mort de son oncle, l'abbé Bossuet lui parla fort de ses lettres de Rome à M. de Meaux, et de celles que M. de Meaux lui avoit écrites de Paris où étoit toute la suite et la vraie histoire de cette affaire, et qu'il espéroit bien, un jour à venir, mettre toutes ces lettres en ordre pour en faire un recueil propre à être imprimé (Ms. de Ledieu) (1). »

Nous sommes aujourd'hui devenus très curieux de documents, et nous n'adresserions pas à Bossuet de Troyes le moindre reproche pour nous avoir fait connaître un si grand nombre de lettres intéressantes. Nous lui adresserions plutôt le reproche contraire. Il n'a point inséré dans son recueil les lettres qu'il avait tout d'abord adressées à Bossuet depuis son arrivée en Italie jusqu'au moment où l'affaire de M. de Cambrai fut portée devant le Saint-

(1) Cardinal de Bausset. *Histoire de J.-B. Bossuet, évêque de Meaux, Notes*, à la suite des *Œuvres de Bossuet*, Paris, Paul Mellier et Olivier-Fulgence, 1846, t. XXX, seconde partie, p. 369.

Siège. Ces lettres devaient contenir des anecdotes curieuses sur la Cour de Rome, les différents personnages de l'Italie, les affaires de l'Église, que nous ne pouvons que regretter.

De plus, à aucun moment de cette correspondance, il n'y a eu désaccord entre Bossuet et son neveu. Jamais Bossuet, et personne ne contestera qu'il avait le sens assez délicat pour s'en apercevoir, n'a trouvé que son neveu avait agi avec un zèle déréglé en faveur de sa cause. Adresser des reproches à l'abbé Bossuet, c'est en adresser en réalité à Bossuet lui-même dont il n'a été que l'instrument et l'agent docile.

Nous sommes loin d'avoir pour Bossuet de Troyes, *non plus que pour son jansénisme,* une admiration préconçue. Nous croyons seulement qu'il n'est que juste de reconnaître qu'on l'accuse à plaisir et comme en vertu d'une tradition. S'il n'a pas toujours été irréprochable, — faute qui, après tout, est très humaine, — il ne nous paraît pas non plus avoir mérité l'écrasante réprobation dont l'a accablé, et pour longtemps, M. de Bausset.

L'abbé Bossuet, dans ce milieu ecclésiastique italien, semble s'être montré très remuant, très souple, très habile. Il n'épargna rien pour soutenir et faire triompher la cause de son oncle. Il fait des visites au pape, aux cardinaux ; il entretient une correspondance étendue ; il recueille de tous côtés des informations et des renseignements ; il donne à l'évêque de Meaux les indications les plus précieuses. « Aucun de vos avis ne tombe à terre » écrit-il à son neveu. L'abbé Bossuet se fait bien venir d'un certain nombre de membres du Sacré Collège, en particulier des cardinaux Casanate et Panciatici. Il déploie un sens politique très fin, une science théologique très alerte. « Je n'ai rien oublié, — pouvait-il écrire à son oncle au moment où Rome parlait enfin, — pour parvenir à la condamnation du livre de M. de Cambrai....» (1). Les adversaires de Bossuet et, dans la circonstance, les ennemis laïques de la France, les ennemis ecclésiastiques de l'Eglise gallicane comprirent bientôt qu'en prenant son neveu pour représentant de ses intérêts, Bossuet n'avait pas si mal choisi pour sa cause que veut bien le dire M. de Bausset.

Aussi n'hésite-t-on pas à faire courir des bruits calomnieux et diffamatoires sur l'abbé Bossuet. Les partisans de Fénelon eussent été heureux si le ridicule ou l'odieux de quelque aventure se fut attaché à quelqu'un qui était à ce point solidaire de Bossuet par le sang et par le nom. L'abbé se défend contre ces bruits auprès de son oncle. Il le fait d'ailleurs avec beaucoup de vraisemblance et une grande apparence de sincérité :

« On prétend que le duc Sforze Cesarini, fâché de ce que je voyois mademoiselle sa fille qui, dit-on, ne me hait pas, m'avoit fait attaquer par des assassins ; qu'ils m'avoient mis le pistolet à la gorge et m'avoient fait promettre de ne plus la voir, sans quoi ils m'eussent tué ; que j'en étois tombé malade de peur, c'est ainsi qu'on a interprété cette fièvre continue, cette espèce d'esquinancie que j'ai eue (2).»

(1) *Lettres*, CCCCLXIII, 14 avril 1699.
(2) *Lettres*, CCXXIII, 25 février 1698.

C'était en ces termes qu'il faisait son apologie devant l'évêque de Meaux, avec quelque véhémence et le sentiment de ce qu'il valait dans le monde :

« Je ne vous répéterai pas qu'il n'y a pas un mot de vrai dans cette histoire : je veux seulement vous le démontrer. Il faut que vous sachiez que ce duc est de la faction d'Espagne. Dès que j'arrivai à Rome, il lia une étroite amitié avec moi chez M. le prince de Rossane, où nous nous voyons presque tous les soirs. Il me fit présent d'une tabatière : je lui en donnai une pareillement ; bref, depuis ce temps, ma compagnie ne lui a pas déplu, et il m'a parlé volontiers de tout. Nous ne nous sommes néanmoins jamais vus que dans la maison des autres. Quand j'allai à Naples il me recommanda à quelques-uns de ses amis. A mon retour je me crus obligé d'aller l'en remercier, et de m'acquitter de quelques commissions dont on m'avoit chargé pour lui et pour madame sa femme. Ici la coutume est que les filles ne se montrent jamais dans les compagnies ; je ne vis donc point mesdemoiselles ses filles, et je ne les ai jamais aperçues qu'en carrosse dans les rues et aux promenades, hors deux ou trois fois à la campagne, où M. leur père me mena lui-même, et où je ne suis resté que le temps d'une visite. De tout l'été je ne les ai vues ni rencontrées, même dans les lieux publics. Depuis le mois d'octobre jusqu'à Noël, la mère et les filles ont été dans une de leurs terres à vingt milles de Rome ; pour moi je ne suis sorti de Rome ni dans le mois d'octobre, ni dans le mois de novembre, excepté quatre jours que j'ai passés à Frescati où étoit M. le cardinal de Bouillon, et qui est bien éloigné de la terre de cette dame. Toute sa maison n'étoit point à Rome, lorsque je suis tombé malade le 13 de décembre, et je ne songeois seulement pas qu'elle fût au monde. J'oubliois de vous dire que pendant cet été je me suis trouvé très souvent avec les fils qui, aussi bien que leur père, m'ont témoigné mille amitiés. Ces mêmes manières durent encore, et ont persévéré si publiquement depuis ma maladie, que tout le monde en a été témoin. J'ai même cru être obligé, sans affectation cependant, de ne point fuir la présence de la duchesse et de ses filles, qui m'ont toujours traité à leur ordinaire, avec toutes sortes de civilités. Voilà l'état des choses : on a bien vu que je ne craignois pas, et que je n'avois point sujet d'avoir peur.

Toutes les circonstances, d'ailleurs, prouvent que cette histoire est controuvée : car effectivement si elle étoit vraie, qui l'auroit pu savoir ? On a dit que la chose étoit arrivée pendant la nuit. Ce ne seroit pas moi qui l'aurois débité ; encore moins le père, qui par là auroit perdu une fille dont les articles du mariage sont signés, qui a été au désespoir de ce bruit, et qui m'en a parlé comme de la chose du monde qui lui a donné le plus de chagrin, quoique tout le monde fût persuadé de la fausseté. Il prétend que cette invention vient plutôt de ses ennemis que des miens ; et il a raison. Mais que faire, sinon prouver par sa conduite et par ses actions qu'il n'y a rien de vrai dans cette histoire, qui n'a pas trouvé une seule personne raisonnable qui voulût la croire, qui n'a été inventée que pour me faire du mal auprès du Roi, et tâcher de me décréditer ou de m'inspirer quelque peur, en me faisant voir qu'on a un prétexte pour pouvoir parvenir à ses fins ; mais on me connoît bien mal. Telle est la vérité du fait : il n'y a ni plus ni moins. Tout le monde me rend ici justice : plût à Dieu qu'on me la rende également en France sur toute ma conduite en cette matière. Je suis bien venu partout : les pères et les mères sont les personnes qui souhaitent le plus que j'aille chez eux ; parce que franchement je sais un peu parler et vivre. Peut-être Français n'a jamais eu les entrées si libres chez les Italiens que moi : je les ai, parce que je n'en abuse pas, et que je ne vois que la bonne compagnie. Je la fréquentois lorsque j'avois moins d'occupations : à présent c'est tout ce que je puis faire que de pouvoir trouver une heure ou deux pour m'amuser, pour entretenir mes amis et les personnes que je connois. Si je faisois quelque chose de mal, je ne manque ni d'envieux, ni d'espions ; mais je les défie de m'accuser sur quoi que ce soit, dont je ne puisse donner le démenti sur le champ par mes actions (1).»

Dans les lettres suivantes, il insiste sur son innocence et poursuit avec ténacité sa complète justification :

Je vais tête levée sans rien craindre, parce que je n'ai jamais rien eu à appréhender et que tout ce que je vous ai mandé au sujet de la maison qu'on dit me vouloir tant de bien et tant de mal, est faux manifestement. Il n'y a ici personne à qui ces idées aient donné de moi la moindre idée désavantageuse. J'ai évité jusque aux occasions les plus innocentes de faire parler ; jamais, en quelque temps que ce puisse être, je n'ai constamment vu et fréquenté que les plus honnêtes gens ; ce qui a peut-être causé un peu d'envie. »

(1) *Lettres*, CCXXIII, 25 février 1698. — Cf. aussi ce que dit l'abbé Phelippeaux à Bossuet sur ce même sujet dans la lettre CCXXV, 4 mars 1698 : « Je ne vous ai point parlé du bruit que vous dites s'être répandu jusqu'à Paris, je n'en ai rien su que ce que M. l'abbé m'a dit en avoir appris par quelques bruits vagues qu'on avoit fait courir. J'ai toujours cru la chose fausse et sans fondement : et je l'ai crue plus digne de mépris que d'être relevée. Personne ne m'en a averti, et ne m'en a parlé sérieusement. On a pris le temps de publier ce bruit à l'occasion de sa maladie, qui n'étoit qu'un enrouement et on a publié qu'il étoit blessé, ce que je sais être faux. On a même joint à cette fausseté un accident qui arriva à un gentilhomme à qui M. l'abbé faisoit quelque charité dans la nécessité où il se trouvoit, mais qui n'avoit aucun rapport avec lui. On a peut-être cru décréditer la cause qu'on soutient par une telle fable. Quand on veut se venger en ce pays, on ne se sert pas de menace, on exécute sans aucun égard. Ainsi, si on avoit eu un tel dessein contre lui, on n'auroit pas manqué de l'exécuter. Ne formera-t-on point aussi quelque accusation contre moi, ou n'en a-t-on point fait ? Je ne me sens, grâce à Dieu, coupable de rien ; mais ce n'est pas une raison contre la calomnie.»

Il demande à ce qu'on fasse connaître « la pure vérité à Madame de Maintenon, à Monseigneur le Dauphin » qui pourrait « prendre des impressions qui dureroient toute la vie », au Roi lui-même :

Si le Roi pouvoit donner quelque marque publique du peu de cas qu'il fait de cette fable, ou en m'accordant grâce, ou en disant une parole, cela seul seroit capable de me tirer du fond de tristesse et de douleur où je suis plongé. J'oserois avancer que mon innocence et ma bonne intention le méritent.

Madame de Maintenon, dans une lettre à Bossuet, déclara que le Roi était persuadé de l'innocence de son neveu et l'exhortait à le rassurer promptement :

Il est si visible, Monsieur, *qu'il est innocent*, et le Roi en est si persuadé, qu'il ne juge point à propos d'en faire une plus grande perquisition.... M. votre neveu doit se confier dans la vérité qui a une force qui l'emporte sur tout, si on veut avoir un peu de patience.

Bossuet aimait extrêmement son neveu. On le savait. Le Cardinal de Bouillon, se plaignant à Bossuet de quelques procédés à son égard de l'abbé pendant sa résidence à Rome, lui écrivait avec une nuance d'ironie qu'il avait fait quelque peu sentir son mécontentement à l'abbé Bossuet « quoique avec l'attention que j'aurai toute ma vie pour une personne qui vous appartient de si près, *et qui vous est si chère* ». Aussi devait-il prendre la part la plus vive aux ennuis qui pouvaient assaillir l'abbé Bossuet à Rome.

Pendant son séjour dans cette ville, l'abbé Bossuet perdit son père, Antoine Bossuet (1), et à ce propos son oncle lui écrivit une lettre qui est une oraison funèbre toute spontanée et toute cordiale (2), où il n'oublie cependant pas ses intérêts à Rome :

Dieu est le maître (3). Je croyois mon frère entièrement délivré de ce fâcheux accident de goutte qui lui avoit si vivement serré les mammelles et attaqué la poitrine. Il s'étoit levé, et avoit fait ses dévotions à la paroisse, comme

(1) « Antoine Bossuet, frère de l'évêque de Meaux, étoit né le 17 janvier 1624 ; il mourut le 21 février 1699, âgé de soixante-seize ans. Il avoit été trésorier des états de Bourgogne, intendant de Soissons, maître des requêtes. Il fut enterré dans une chapelle d e l'église des Feuillants de la rue Saint-Honoré qu'il avoit acquise de Mme de Fercourt, fille de François Bossuet qui en avoit fait la première acquisition.

Antoine Bossuet laissa deux fils : l'aîné, nommé Louis, étoit né à Dijon le 22 février 1663 ; le grand Condé, par suite de son affection pour la famille de Bossuet, voulut bien être son parrain, et lui donna le nom de *Louis* qu'il portoit. Il fut maître des requêtes comme son père. Il épousa, le 22 février 1700, Marguerite de la Brille, fille du premier lit de M. de la Brille, procureur au parlement de Paris et de Mme [née] Potier de Novion, fille du premier président au même parlement. Louis XIV et les princesses signèrent le contrat de mariage. Ce fut Bossuet qui donna la bénédiction nuptiale.

Louis Bossuet mourut en 1740, âgé de soixante-dix-sept ans, et fut enterré auprès de son père dans la chapelle de l'église des Feuillants, appartenant à sa famille. Il n'eut qu'une fille de son mariage, nommée Marguerite-Bénigne qui étoit née à Germigny, le 19 octobre 1702, et qui mourut en bas âge. En elle finit le nom de Bossuet. » (Cardinal de Bausset, *Histoire de J.-B. Bossuet*, édition de Poissy, seconde partie, pièces justificatives, p. 351) — Le second fils d'Antoine Bossuet était l'abbé Bossuet.

(2) Cf. Cardinal de Bausset, *Histoire de J.-B. Bossuet, évêque de Meaux*, liv. X, § XXVII.

(3) Cf. aussi une lettre de Bossuet à M. de la Broue, évêque de Mirepoix : « Vous savez mieux que personne, Monseigneur, ce que j'ai perdu. Quel frère ! quel ami ! quelle douceur ! quel conseil ! quelle probité ! tout y étoit. Dieu a tout ôté ; et je me trouve si seul qu'à peine me puis-je soutenir. A cela il n'y a qu'à dire : Dieu est maître, et un bon maître ; et Jésus-Christ, selon sa parole, nous tient lieu de tout. » (*Lettres*, CCCCXXIII, 24 février 1699).

un homme qui, sans dire mot, et ne voulant point nous
attrister, songeoit à sa dernière heure. J'étois à Versailles,
pensant à tout autre chose, et fort réjoui de recevoir de
lui une longue lettre écrite le mercredi matin, d'une main
très ferme, et pleine de ses manières ordinaires.

Que sert de prolonger le discours ? Il en faut venir à
vous dire que la nuit suivante, il appela sur les trois
heures par un coup de cloche qui ne fit que faire venir
d'inutiles témoins de son passage. On me manda seulement
à Versailles qu'il étoit à l'extrémité. Je me vis séparé d'un
frère, d'un ami, d'un tout pour moi dans la vie.

Baissons la tète, et humilions-nous. *Consolez-vous en
servant l'Eglise dans une affaire d'une si haute importance où il vous a rendu nécessaire.* Ne soyez en
peine de rien : votre présence sera suppléée par moi, par
M. [de] Chasot, par votre frère même. *Faites les affaires
de Dieu, Dieu fera les vôtres.* Le Roi s'attend que vous
n'abandonnerez pas ; car encore qu'on n'eût pas prévu
cette affligeante mort, il a su les dispositions. Ce me seroit
la plus grande, et presque la seule sensible, consolation de
vous avoir auprès de moi ; *mais offrons, vous et moi, ce
sacrifice que Dieu demande de nous. Dieu est tout, faites
tout pour lui....*

Je vous embrasse de tout mon cœur. Ne vous embar-
rassez point de votre dépense : allez toujours votre train
avec votre retenue et votre prudence ordinaires. Ma santé
est meilleure que ma douleur ne le devrait permettre. Je
me conserverai le mieux qu'il me sera possible pour le
reste de la famille qui a perdu sa consolation et son soutien sur la terre. Nous avons bien de l'obligation à M. [de]
Chasot : il a beaucoup soulagé feu mon frère dans ces
derniers accidents. Ma sœur est, comme vous pouvez juger,
plongée dans la douleur. Bonsoir, mon cher neveu, fortifiez-
vous en Notre-Seigneur (1).

(1) *Lettres*, CCCCXIV, 2 février 1699.

Dans une lettre suivante, le prélat revenait sur ce sujet avec la même émotion, et les mêmes encouragements à combattre à Rome le bon combat :

Vous avez bien besoin que Dieu vous soutienne dans le coup que vous venez de recevoir : c'est lui qui frappe, c'est lui qui console. Vous êtes seul, et ce nous seroit une espèce de consolation mutuelle de pleurer ensemble le plus honnête homme, le plus ferme, le plus agréable qui fût jamais. C'en est fait, et il n'y a qu'à baisser la tête, *et à se consoler en servant Dieu. Vous en avez une grande occasion ; et Dieu vous a mis en tête une cabale si puissante, si artificieuse, si dangereuse qu'il y va de tout pour l'Eglise.* Ainsi rappelez toutes vos forces, et songez qu'il faut qu'il en coûte, *quand on est appelé de Dieu pour défendre la vérité*, et s'exposer seul pour elle à la fureur de ses ennemis (1).

L'abbé Bossuet s'exprimait ainsi sur le deuil qui le frappait :

Après Dieu, en qui je mets toute ma confiance, aux ordres duquel je me soumets, et de qui j'attends toute

---

(1) *Lettres*, CCCCXVII, 9 février 1699. L'abbé Phelippeaux consolait ainsi Bossuet de la mort de son frère : « J'ai pris toute la part que je devois à l'affliction qui vous est arrivée. J'ai été sensiblement touché de cette perte, et j'ai pleuré le défunt comme mon propre père. Je sais les bontés qu'il avoit pour moi, et j'en conserverai toujours un tendre souvenir. Il est difficile de trouver un homme qui ait le cœur aussi bon, aussi généreux et aussi bienfaisant qu'il l'avoit. J'espère qu'ayant été toute sa vie si plein de tendresse pour les autres, il aura trouvé miséricorde auprès du Seigneur. Quoique sa mort ait été précipitée, elle n'a pas été imprévue pour lui : je sais qu'il s'y préparoit depuis longtemps, et Dieu voulant récompenser ses bonnes œuvres, l'a retiré promptement à lui, sans lui faire souffrir ou sentir les approches amères de la mort. Il y a longtemps qu'il souffroit avec patience, avec une foi vive et une ferme attente d'une meilleure vie. Vous avez

grâce et toute consolation, vous êtes le seul, mon cher oncle, sur la terre de qui je puisse recevoir la consolation dont j'ai besoin dans mon amère douleur. En perdant un si bon père, j'ai fait une perte irréparable, et que je ressens telle qu'elle est. Nous n'avons plus, mon frère et moi, que vous, mon cher oncle, qui nous puissiez tenir lieu de père. En mon particulier, je vous ai toujours regardé comme tel ; et je reconnais plus que jamais que vous en avez toutes les qualités à mon égard, par les véritables bontés et la tendre amitié que vous voulez bien me témoigner en cette occasion ; c'est mon unique consolation. Aussi puis-je vous assurer que je ne me propose de joie le reste de ma vie que celle de pouvoir vous plaire et vous contenter de plus en plus. En cela je satisferai à mon inclination, à mon devoir, et aux sentiments d'un père qui ne souhaitoit rien de plus ardemment au monde. Ce coup, je l'avoue, m'est aussi sensible et aussi douloureux qu'il le doit être ; mais Dieu ne m'a pas abandonné. Votre lettre, et les sentiments tendres, nobles et chrétiens, dont elle est remplie, m'ont donné la force nécessaire pour me soutenir, et après deux jours de larmes, que je n'ai pu refuser à la nature, je me suis trouvé en état d'agir à mon ordinaire dans une affaire où je ne suis nullement nécessaire, où tout autre que moi

plus perdu, Monseigneur, que personne en perdant un frère qui vous aimoit si tendrement, et avec qui vous viviez dans une si douce intelligence. Votre douleur est juste, mais comme personne n'est mieux instruit des grandes vérités de la religion, personne n'est plus en état d'en tirer des consolations qui vous sont nécessaires. La foi et l'espérance des biens éternels que vous défendez avec tant de zèle, seront votre consolation, et arrêteront le cours de vos larmes. *A votre exemple, M. l'abbé, après avoir donné à la nature ce qu'elle exigeoit dans une conjoncture si affligeante, n'a pas abandonné les intérêts de l'Église, qu'il a tâché de défendre ici le plus vivement qu'il a pu. La perte qu'il a faite ne ralentira pas son zèle, et vous pourrez, Monseigneur, vous tenir sur cela en repos. J'espère que dans peu il sera consolé par le succès que nous attendons.* (Lettres, CCCCXXVI, 24 février 1699).

auroit mieux réussi en toutes manières ; mais dans laquelle la bonne volonté, l'attention que j'ai eue à suivre vos ordres, et la confiance que quelques amis ont en moi, m'ont rendu moins inutile. Vous pouvez être assuré que je ne pense à rien que par rapport à cette affaire, dont je reconnois de plus en plus l'importance, et de quelle conséquence il est pour le repos de l'Eglise en général, et en particulier de la France, qu'elle finisse bien.

On voit quelle intime union il y avait entre ces deux cœurs et ces deux esprits. Tous deux, pour reprendre les expressions qu'emploie l'abbé Phelippeaux, « après avoir donné à la nature ce qu'elle exigeait dans une conjoncture si affligeante », se remirent à soutenir ce qu'ils considéraient comme les intérêts de l'Eglise le plus vivement qu'ils purent.

Quelle joie commune dans la victoire qui arriva quelques semaines après ce deuil ! L'abbé Bossuet écrit :

Dieu est plus fort que les hommes : la vérité enfin a triomphé. Hier le décret fut arrêté en présence du Pape, qui le signa. La bulle est déjà faite en conformité, et on l'imprime à l'heure qu'il est : elle sera affichée et publiée demain. Dieu soit loué (1).

Bossuet répond :

C'est vraiment un coup du ciel que ce qui s'est fait.... Rien ne fera jamais plus d'honneur à la chaire de saint Pierre que cette décision.... Je puis vous assurer que tous les évêques, toute la Sorbonne et tout Paris sont ravis. On

(1) *Lettres*, CCCCXXXVII, 13 mars 1699.

donne des louanges immortelles au Pape comme au restaurateur de la religion, que cette secte artificieuse alloit renverser avec son faux air de piété. Le parti de M. de Cambrai est mort, et je ne crois pas qu'il puisse se relever de ce coup, ni qu'il ose seulement souffler. Rendez grâces à Dieu de vous avoir conduit par la main (1).

Tous deux ont les mêmes ennuis, comme ils ont les mêmes triomphes. Tous deux regrettent que le livre ait été condamné par un bref *sub annulo Piscatoris*, et non par « une bulle en forme, comme celle contre Molinos » (2). L'abbé Bossuet regrette que parmi les qualifications appliquées aux propositions condamnées dans le livre de Fénelon, on n'ait point mis celle *d'hérétique*. Bossuet voudrait que dans l'histoire de l'Eglise on puisse citer le nom de Fénelon à côté d'un hérésiarque comme Molinos.

A la nouvelle que son livre était condamné, Fénelon envoya une lettre où il assurait le pape de son entière soumission et l'assurait qu'il condamnerait son livre par un mandement dès qu'il aurait l'agrément du Roi pour le publier (3). Dans cette lettre du 4 avril 1699, Fénelon disait qu'il ne voulait point, pour se défendre,

(1) *Lettres*. CCCCXLIII. 23 mars 1699. — L'archevêque de Paris, M. de Noailles, écrivait à l'abbé Bossuet à propos de la condamnation du livre de Fénelon : « Je ne ferai, Monsieur, que me réjouir avec vous de l'heureux succès de vos travaux : je suis ravi de l'avantage que l'Eglise y trouve, et j'ai en même temps une fort grande joie *de l'honneur qui vous en revient....* Je finis, en vous assurant, Monsieur, de la part que je prends à votre joie et à *votre gloire dans cette affaire.....*»

(2) *Lettres*, CCCCXLIII, 23 mars 1699.

(3) *Lettres*, CCCCL, 4 avril 1699.

rappeler à Sa Sainteté son innocence, les outrages qu'il avait subis, toutes les explications qu'il avait données pour justifier sa doctrine : « *Non jam commemoro innocentiam, probra, totque explicationes ad purgandam doctrinam scriptas.* » En lisant ces mots, l'abbé Bossuet fut scandalisé, et il faut avouer qu'il n'analyse pas sans finesse cette phrase de Fénelon :

«.... J'eus copie de la lettre en question. Je vous avoue qu'au lieu d'en être édifié, j'en fus scandalisé au dernier point. Il ne me fut pas difficile d'en découvrir tout l'orgueil et tout le venin ; et il me semble qu'il n'y a qu'à la lire sans passion, pour en être indigné. Bien loin d'y trouver M. de Cambrai humilié, repentant, et consolé de sortir enfin de ses ténèbres pour découvrir la lumière, on y voit un homme outré de douleur, qui en fait gloire, qui se donne pour innocent, *jam non commemoro innocentiam ;* qui a la hardiesse de nommer *probra*, des outrages, les justes et nécessaires procédés des évêques qui n'ont été que trop justifiés par la condamnation du saint-siège ; qui enfin ose parler de ses explications, comme si elles mettoient sa doctrine à couvert, au lieu qu'on a jugé tout le contraire, *totque explicationes ad purgandam doctrinam scriptas.* Il laisse, dit-il, cela à part, comme si le Pape n'y avoit pas fait assez d'attention, et que ce qu'il avance fut une chose incontestable : *praeterita omnia mitto loqui.* En vérité, peut-on rien de moins humble et de plus hardi que de pareilles expressions dans la bouche d'un homme qui parle ainsi à son juge aussitôt après sa condamnation ? On voit bien par là ce qu'on doit penser de sa soumission, qu'il n'est plus permis de croire sincère, et qui ne peut être que forcée : voilà franchement ce que j'en pense (1).

(1) *Lettres*, CCCCLXXV, 5 mai 1699.

Bossuet n'a point d'autre avis que son neveu. Il entre dans ses vues ; il est encore plus rigoureux dans l'examen des expressions de Fénelon dont les finesses font son désespoir :

J'ai reçu votre lettre du 5 ; je la lus hier à M. de Paris, qui en a rendu compte à la Cour. On est étonné des trois mots de la lettre de M. de Cambrai au Pape : *Innocentiam, probra, explicationes.* M. de Cambrai pourroit dire ailleurs tout ce qu'il voudroit, sans que nous songeassions un moment à nous en plaindre, désirant, autant qu'il nous est possible, de ne donner à ce prélat aucune occasion d'exciter de nouveaux troubles. Mais aujourd'hui qu'il nous attaque devant le Saint-Siège, si l'on ne nous fait pas justice, nous ne pouvons nous taire sans nous confesser coupables.

Innocentiam. Nous n'accusons point ses mœurs ; à Dieu ne plaise. Il n'en a pas même été question, mais de sa seule doctrine. Or, si sa doctrine est innocente, que devient le bref ? C'est le Saint-Siège et son décret qu'on attaque, et non pas nous.

Probra. Quels outrages avons-nous faits à M. de Cambrai ? Tout ce que nous avons dit contre sa doctrine et contre son livre, est de mot à mot ce qui est porté dans la constitution. Si nous avons dit que le livre était plein d'erreurs, portant à de pernicieuses pratiques, capable d'induire à des doctrines déjà condamnées, telles que celles des Begards, de Molinos, des Quiétistes et de Madame Guyon : la bulle dit-elle autre chose ?

Quand il nous a forcés, par ses reproches les plus violents et les plus amers, à découvrir la source du mal, ou a démontré son attachement insensé pour une femme trompeuse et fanatique, mais seulement par rapport à l'approbation qu'il donnoit à sa spiritualité, à sa doctrine et à ses livres, qui ne respiroient que le Quiétisme. Peut-on excuser les efforts qu'il a faits pour la justifier ? Veut-on laisser établir qu'un livre plein d'erreurs, selon toute la suite de son texte, ait été fait avec une bonne intention ? C'est une excuse inouïe, inventée exprès pour mettre à couvert Madame Guyon, et pour se mettre à couvert lui-même par le même principe.

Explicationes. Si elles sont justes, si elles conviennent au livre, le Saint Père a mal condamné le livre *in sensu obvio, ex connexione sententiarum*, etc. Il ne faut que brûler le bref, si ces explications sont reçues.

Indépendamment de cela, on est prêt à faire voir dans les explications du prélat, autant et d'aussi grandes erreurs que dans son livre même.

Cependant si l'on lui passe toutes ses excuses, mises par lui-même sous les yeux du Pape, et si on le loue, c'est les approuver. Tout l'univers publiera qu'on laisse la liberté à M. de Cambrai de se plaindre des injustices et des opprobres qu'on lui a faits, comme si nos accusations étoient des calomnies, et toutes ses excuses justes et légitimes, puisque le Pape les ayant vues, non seulement n'en aura rien dit, mais encore aura comblé l'auteur de louanges.

Ce seroit là véritablement *novissimus error pejor priore*. On espère que le même esprit qui a présidé aux congrégations précédentes, empêchera qu'on n'affoiblisse ce qui y a été fait.

Ajoutons encore *aerumnas*. Est-ce un si grand malheur d'être repris de ses erreurs ? M. de Cambrai ne se plaint que de la correction, en évitant d'avouer sa faute. Si l'on passe cela à Rome, et si celui qui avance de telles choses, n'en remporte que des louanges, il se trouvera non seulement mieux traité que les défenseurs de la vérité, mais encore honoré par le Saint-Siège, pendant que les autres demeureront chargés du reproche d'être des calomniateurs.

Dieu détournera ce malheur. On ne dira rien ici : on

attendra, dans la ferme espérance que Rome, assistée d'en haut, ne se démentira pas et n'affoiblira pas son propre ouvrage (1).

Comme on le voit, il y a une communauté absolue de vues, d'intérêts, d'idées entre Bossuet et son neveu pendant cette affaire du Quiétisme. L'abbé s'étonne-t-il que Fénelon soit encore précepteur, aussitôt Bossuet le rassure sur cette question (2). L'abbé parle-t-il de placer quelqu'un auprès de l'abbé de Chantérac pour le

(1) *Lettres*, CCCCLXXXII, 25 mai 1699.

(2) Fénelon était encore, en effet, le précepteur des ducs de Bourgogne, d'Anjou et de Berri. — L'abbé Bossuet écrivait à son oncle : « Qu'est-ce que le roi attend pour ôter à M. de Cambrai le préceptorat ? Cela produiroit un grand effet, et il est temps d'agir. (*Lettres*, CCLXV, 20 mai 1698). Bossuet répondait : « Le Roi s'est clairement déclaré touchant le préceptorat, puisqu'il a renvoyé les subalternes, qu'on savoit être les créatures de M. de Cambrai, l'abbé de Beaumont, son neveu, l'abbé de Langeron, son élève, les sieurs Dupuy et de Leschelles, quiétistes déclarés.... Je ne doute pas après cela qu'on ne nomme bientôt un précepteur, et que la foudre ne suive de près l'éclair. (*Lettres*, CCLXXIV, 8 juin 1698). Dans une autre lettre, l'abbé Bossuet dit encore : «. .. On ne comprend pas qu'il [M. de Cambrai] reste précepteur ; on en est scandalisé....» (*Lettres*, CCLXXV, 10 juin 1698). Bossuet est du même avis. Il va lui-même à Versailles dans l'entourage des jeunes princes et distribue sa *Relation sur le Quiétisme* : « Je fus hier à Versailles, où je donnai ma *Relation* dans la cour des princes; on y frémit plus qu'ailleurs contre M. de Cambrai....» (*Lettres*, CCLXXXIV, 30 juin 1698). Il se vante d'avoir fait renvoyer les sous-précepteurs, d'avoir désigné leurs successeurs, Vittement, recteur de l'Université, qui lui a fait à lui-même « comme conservateur des privilèges de l'Université, une harangue latine contre le Quiétisme », et l'abbé le Febvre. Seul, l'abbé Fleury a été conservé, parce qu'il en a répondu. Bossuet est tout heureux d'affirmer que la question est définititivement réglée : « Il n'est pas vrai que M. Fleury soit précepteur en titre : il fait la charge de sous-précepteur auprès de Monseigneur de Bourgogne. Il y a apparence que ce prince étant marié, et bientôt tiré du gouvernement, on ne lui nommera point de précepteur. Quoiqu'il en soit, *le Roi a bien déclaré que M. de Cambrai ne reviendroit jamais* » (*Lettres*, CCXCVII, 14 juillet 1698).

surveiller. Bossuet, dans la réponse qui suit, ne fait
aucune observation. Tous deux ont marché dans le
concert le plus entier. Les procédés du neveu sont
absolument semblables à ceux de l'oncle (1) qui n'ont
jamais paru plus tendres, même aux contemporains, et

(1) L'abbé Bossuet ouvre une lettre de l'abbé Phelippeaux, ce
qui pourrait nous paraître n'être pas d'une délicatesse supérieure :
« Je vous envoie une lettre de M. Phelippeaux que j'ai ouverte
pour voir si je n'apprendrois rien de nouveau. Effectivement j'y ai
découvert une chose qui m'a paru très nouvelle, qui est qu'il a un
commerce réglé de lettres avec M. de Paris. Ce qui me surprend
le plus, c'est qu'il me l'a toujours caché avec un extrême soin,
m'ayant souvent dit qu'il n'écrivoit à personne qu'à vous quelquefois, et qu'il sait que j'informe assurément M. de Paris plus
exactement de tout qu'il ne peut jamais faire, puisque tout passe
par mes mains. Je remarque depuis longtemps qu'il ne va pas
assez rondement avec moi. L'ambition et un peu de vanité lui
occupent la cervelle. Je vois par sa lettre qu'il ne vous avoit pas
mieux averti que moi de son attention à instruire M. de Paris Il
s'excuse comme il peut auprès de vous : quant à moi, il n'oseroit
jamais me le dire. Je n'aurois eu garde de ne pas trouver
très bon qu'il écrivît tant qu'il voudroit, et surtout à M. de
Paris ; mais il me semble qu'il le devoit faire de concert
avec moi et avec vous ; avec moi surtout, pour prendre garde
de ne rien mander que de conforme à ce que je pouvois
savoir et écrire. Je crois que vous ferez bien de lui mander sur
cet article que vous êtes bien éloigné de désapprouver qu'il écrive
à M. de Paris, devant présumer par toutes sortes de raisons qu'il
ne le fait que d'intelligence avec moi. Ne soyez au reste point en
peine de mon procédé à son égard : j'ose dire qu'il est plein de
prudence et de modération, sans que personne puisse s'apercevoir
qu'il manque quelquefois à ce qu'il vous doit et à moi. Vous savez
que je ne vous ai jamais rien témoigné à ce sujet ; mais ce que je
trouve dans cette lettre, me fait voir un peu plus clair, et me
donne lieu de connoître ce dont je doutois seulement (*Lettres*,
CCCCXXI, 17 février 1699). — Bossuet, dans sa réponse, se garde
de désapprouver la conduite de son neveu, sa curiosité et son
indiscrétion : « Au pied de la lettre, j'ai été aussi surpris que vous
du commerce que vous me mandez de M. Phelippeaux avec M. de
Paris. J'en ai porté le même jugement que vous, et pour la même
raison j'ai cru qu'il le falloit dissimuler très profondément. »
(*Lettres*, 9 mars 1699). *Dissimuler !* voilà un mot qui, sous la
plume de Bossuet, jure singulièrement « avec la réputation de
robuste franchise et de droiture absolue dont jouit l'évêque de Meaux ».

Perrault, écrivant à Bossuet pour le féliciter d'avoir publié sa *Relation sur le Quiétisme*, ne pouvait lui « dissimuler que jusqu'ici il lui semblait, *comme à la plupart du monde*, qu'il traitait *un peu rudement*, quoique avec justice, un de ses confrères dans l'épiscopat, et de ses amis très particuliers (1). » Fénelon, d'ailleurs, dans sa correspondance, ne s'est-il pas montré quelquefois aigre, impatient, despotique même ? L'abbé de Chantérac, assisté de l'abbé de La Templerie, ne faisait-il pas des démarches infinies, aussi bien que l'abbé Bossuet et l'abbé Phélippeaux (2)? N'était-ce pas

(1) *Lettres*, CCXCIII, 9 juillet 1698 (t. XXVIII, p. 526). Cf. M. Emery écrivant au Cardinal de Bausset, dans Elie Méric, *Histoire de M. Émery et de l'Eglise de France pendant l'Empire*, Paris, Palmé, 1885, t. II, p. 186 : « Je persiste à croire que, sur l'article des procédés, Bossuet est plus répréhensible que Fénelon, qu'il a mis de la roideur, qu'il a manqué de condescendance.... »

(2) L'abbé de Chantérac se moque de l'ostentation de l'abbé Bossuet : « Il a pris, depuis peu, une livrée magnifique, d'un très beau drap, avec un grand galon d'argent très riche au manteau, au justaucorps et à la veste. Mais surtout il a deux petits laquais vêtus à l'italienne, avec un pourpoint de velours et une quantité de rubans. On appelle ces deux petits *ses deux pages*, et tout le monde en rit : lui seul en est très content. » (Lettre du 28 janvier 1698, *Correspondance de Fénelon*, vol. VIII, p. 362). Et ce bon abbé de Chantérac a convenablement réussi à noircir pour longtemps, avec M. de Bausset, l'abbé Bossuet. C'est lui qui inspire à M. Lanson ce portrait, assurément bien peu flatté, de l'abbé Bossuet : « ....L'abbé Bossuet, fastueux, bruyant, avec ses carrosses, sa livrée d'argent et ses pages enrubannés, de mœurs équivoques (!!), rossé (!!) un jour par les laquais d'un prince romain dont il a courtisé de trop près la fille, insigne fripon (!!), impudent et sans scrupules, fertile en mensonges et en louches (!!) projets.. .» (Lanson, *Bossuet*, Paris, 1891, p. 417). — Dans un livre récent, M. H. Druon (*Bossuet à Meaux*, Paris, Lethielleux, p. 242) montre aussi des préventions contre l'abbé Bossuet : «... Si dans la querelle du Quiétisme on put regretter à Rome qu'il y eût eu un excès d'ardeur chez l'adversaire de Fénelon, n'oublions pas que c'est surtout l'abbé Bossuet qu'il convient d'accuser Le tort de Bossuet fut d'accorder une extrême confiance aux rapports et de trop céder aux excitations de ce représentant trop passionné. »

l'abbé de Chantérac qui transmettait à Fénelon et, par suite, à la Cour des bruits qui couraient sur l'abbé Bossuet, sans paraître avoir fort à cœur d'en vérifier l'exactitude : « *L'on dit à présent* qu'il a été attaqué deux fois ; qu'à la première il se racheta pour vingt pistoles, et que pour la seconde il lui en coûta cent cinquante écus. »

L'abbé Bossuet, jeune encore, pouvait-il, d'ailleurs, ne pas marcher plein d'espérance et d'ardeur dans une lutte où il combattait selon les vues d'un oncle si illustre, qui passait pour l'une des lumières de la théologie contemporaine, et qui ne cessait de lui dire qu'il combattait pour l'Eglise et la vérité :

Consolez-vous et songez que vous servez Dieu et son Eglise. Ne vous laissez point abattre par la douleur, quoiqu'elle soit juste (1).

J'attends avec impatience et tremblement vos lettres prochaines par lesquelles je saurai comment vous avez appris la triste nouvelle de la mort de mon frère. J'espère que Dieu vous aura donné de la force et que vous ne vous serez pas laissé abattre, surtout dans une circonstance où vous avez à soutenir la cause de l'Eglise pour laquelle il est visible que la Sagesse éternelle a arrêté et préparé votre voyage (2).

(1) *Lettres*, CCCCXIX, 16 février 1699.

(2) *Lettres*, CCCCXXXIV, 9 mars 1699. Tout le monde, à l'évêché de Meaux, encourage et loue l'abbé Bossuet. L'abbé Le Dieu : « Monseigneur croit que tout est en bon train présentement à Rome. Il vous exhorte à prendre courage jusqu'à la fin : il espère qu'elle sera heureuse pour l'Eglise et pour la vérité, attribuant ce bon succès en grande partie à votre zèle et à votre travail infatigable. Il vous envoie sa sainte bénédiction. (*Lettres*, CCLXIV, 19 mai 1698).

Comment se fait-il donc que l'abbé Bossuet ait jusqu'ici gardé dans l'histoire le titre d' « indigne neveu de Bossuet » que tout le monde lui décerne à l'envi (1) ?

(1) A coup sûr c'est l'un de ces jugements que l'on formule toujours, parce qu'ils ont été formulés une fois. Nous avons vu M. de Bausset parler de « ce neveu si peu digne d'un tel oncle » Voici comment s'exprime Lachat *Œuvres complètes de Bossuet*, Paris, Vivès, t. XXIX, p. III-VI : « *Ce « petit neveu d'un grand oncle »*, pour employer la dénomination du comte de Maistre, est inexact, raboteux, lourd ou plutôt inqualifiable dans son style : il écrit en français, dit encore M. de Maistre, comme feroit un laquais allemand qui auroit eu pendant quelques mois un auvergnat pour maître de langue (!!!).... Au reste, l'auteur se peint dans ces lettres en traits éclatants. Admirateur passionné de ses qualités précieuses, il se loue, il se vante, il s'exalte sans mesure ; à l'entendre, il délibère, il détermine, il conçoit et exécute : c'est lui qui décide tout, qui fait tout : c'est lui qui éclaire et sauve l'Eglise. Une âme si aimante d'elle-même, comment pourroit-elle aimer les autres ? Aussi l'abbé d'antichambre n'a-t-il que du fiel dans le cœur, que des calomnies dans la bouche et que des réquisitoires au bout de sa plume ; ses adversaires sont déraisonnables, insensés, furieux, enragés ; ils sont traîtres au roi, traîtres à la France, traîtres à l'Eglise, à Dieu même ; allons ! qu'on les condamne, qu'on les flétrisse, qu'on les exécute ! Le plus grand tort de Bossuet, c'est d'avoir toléré son neveu.» Nous ouvrons Melchior du Lac, *La Liturgie romaine et les Liturgies françaises*, Le Mans, Julien Lanier et Cie, 1849, et nous lisons, p. 237 : « Le Missel janséniste de l'Evêque de Troyes, *l'indigne neveu de Bossuet....*» ; p. 327 : « *L'indigne neveu de Bossuet*, Bossuet, évêque de Troyes....» M. Matter, dans *Le mysticisme en France au temps de Fénelon*, Paris, Didier, 1865, p. 232 : « Un des deux agents de Bossuet, et *le moins indigne des deux*, l'abbé Phélippeaux....» ; p. 235 : « De ces agents, l'un, *l'indigne neveu de Bossuet....*». Matter, p. 235, dit, cependant, très justement : « ....Ces ....actes de violence ....montraient si bien à l'univers .... que *le véritable acteur*, celui qui faisait agir Madame de Maintenon sur Louis XIV, et ce prince sur Innocent XII, était l'évêque de Meaux...» Il ajoute à tort, croyons-nous, ceci : « ....et qui suivait les inspirations et les passions de ses deux agents.» Un tel acteur ne pouvait avoir auprès de lui que des comparses. Le même auteur paraît n'estimer que fort peu l'abbé Phélippeaux. Mais il avait beaucoup d'esprit et de connaissances. Ses lettres indiquent un esprit actif et fin. De temps en temps il trace quelques caricatures des personnages qu'il rencontre à Rome : « L'archevêque de Chieti est un homme sans théologie, bon homme, brelu, breloc ; je ne saurais mieux le comparer

Il est assez probable que les opinions jansénistes
que devait manifester ouvertement l'évêque de Troyes
ont été la cause de cet acharnement à lui accoler l'épi-
thète d' « indigne ». Sans doute on peut blâmer Bossuet
de Troyes d'avoir incliné de ce côté. Mais ne convient-il
pas d'être décidément plus charitable pour lui ? A-t-on
l'habitude de traiter ainsi tous les jansénistes, et
de parler de l' « indigne » Nicole, de l' « indigne »
Arnauld, de l' « indigne » Pascal ?

A tout prendre, si l'abbé Bossuet a été janséniste,
et s'il a été tant lapidé à cause de ses opinions, il faut
en rendre Bossuet quelque peu responsable. Sans doute
« Bossuet n'a pas été janséniste au sens strict du mot ;
il n'a pas soutenu les cinq propositions ; il a toute sa vie
combattu la distinction du fait et du droit, et enseigné
qu'il fallait d'abord adhérer d'une conviction intime aux
condamnations portées contre Jansénius ». Mais il est
bien difficile de nier que Bossuet n'ait été janséniste

qu'au curé de Quinci. Je l'ai vu deux fois : il est aisé de lui persuader, quand je lui parle ; mais les Jésuites d'abord lui tournent
la cervelle (*Lettres*, CCX, 28 janvier 1698). — « Il y a quelques
jours que j'eus une fort longue conférence avec l'archevêque de
Chieti, où je lui proposai les motifs les plus pressants que je pus.
Il m'assura qu'il n'étoit pas d'avis de justifier le livre en tout, y
trouvant beaucoup de choses scandaleuses : mais je ne sais quel
fondement on peut faire sur un homme dont la tête tourne à tout
vent comme une girouette ». (*Lettres*, CCLXI, 13 mai 1698). Bossuet avait la plus haute idée des talents de l'abbé Phelippeaux :
« Vous faites bien de ménager M. Phelippeaux : c'est un homme
qui nous est utile ici. Je compte beaucoup sur le soulagement que
je recevrai de vous ; mais il nous faut des seconds. Celui que j'ai
dans ce pays [l'abbé de Saint-André], n'est pas de la force de M.
Phelippeaux, à beaucoup près (*Lettres*, CCCCLXIX, 29 avril 1699).
Voyez sa *Relation de l'origine et de la condamnation du quiétisme répandu en France*, s. l., 1732.

pour la morale (1). Il a vivement combattu, avec l'école de Port-Royal la « morale relâchée » à l'Assemblée du Clergé de France de 1682 et à celle de 1700. Il mettait ainsi en action et en pratique l'admiration qu'il a toujours ressentie pour les *Provinciales* (2). Il a écrit une *Justification* du livre célèbre des *Réflexions sur le Nouveau Testament* (3) du P. Quesnel qui fut condamné par un bref du pape Clément XI, le 13 juillet 1708, et qui fut l'occasion de la bulle *Unigenitus*.

(1) Cf. le magistral article de M. l'abbé Urbain, *Du jansénisme de Bossuet*, Paris, Letouzey et Ané, 1899). M. l'abbé Urbain signale même quelques affinités de Bossuet avec le jansénisme au point de vue du dogme.

(2) Bossuet avait aussi la plus grande sympathie pour la traduction janséniste du *Nouveau Testament*, imprimée à Mons et condamnée par un bref du Pape Alexandre VII. Il s'explique nettement sur ce point dans une lettre au maréchal de Bellefonds (t. XXVI, p. 42, lettre XXIX, 1ᵉʳ décembre 1674) : « Je ne crois pas . . . qu'on puisse dire sans témérité que la lecture en soit défendue, dans les diocèses où les ordinaires n'ont point fait de semblables défenses ; et sans la considération que j'ai remarquée du scandale des simples, j'en permettrais la lecture sans difficulté.» Il entreprit, sur la proposition du marquis de Feuquières, de revoir cette version « avec les traducteurs, pour lui donner toute la perfection dont elle étoit susceptible.» Il obtint à ce sujet l'autorisation de M. de Péréfixe, archevêque de Paris. « Ces conférences pour la révision du *Nouveau Testament* de Mons se tinrent à l'hôtel de Longueville, entre Bossuet, Arnauld, l'abbé de la Lane, Sacy et Nicole... Les auteurs de la version y faisaient avec une docilité sans bornes toutes les corrections que Bossuet leur demandait.» Mais M. de Péréfixe mourut, et ce travail demeura inachevé. M. de Harlay, son successeur, ne voulut jamais qu'on le continuât (Cardinal de Bausset, *Histoire de J.-B. Bossuet*, livre II, § XXVI). — Cf. Elie Méric, *Histoire de M. Emery et de l'Eglise de France pendant l'Empire*, Paris, 1885, t. II, p. 193.

(3) Ce livre fut publié par Quesnel sous ce titre : *Justification des Réflexions sur le Nouveau-Testament imprimées de l'autorité de Mgr l'Evêque et Comte de Châlons et approuvées par Mgr le cardinal de Noailles archevêque de Paris, composée en 1699 contre le Problème ecclésiastique par feu Messire*

Il existe en abondance des traits qui décèlent chez Bossuet quelque attrait vers les personnes et les idées du jansénisme. Ces faits sont si abondants qu'on ne saurait les citer tous. Bossuet, au moment où il allait être nommé à l'évêché de Meaux, se proposait « de consacrer l'intervalle plus ou moins long qui devoit se trouver entre sa nomination et l'expédition de ses bulles, à une espèce de retraite auprès de quelqu'un de ces anciens évêques qui honoroient le plus alors l'Eglise de France par l'exemple de leurs vertus et par leur amour de la règle et de la discipline ». Et l'évêque « qu'il avoit eu dessein de prendre pour guide, pour maître et pour modèle dans son nouvel apostolat », c'était M. Vialart, évêque de Châlons-sur-Marne, l'un des saints du jansénisme. La mort de Vialart, survenue depuis près d'un an, lorsque Bossuet obtint le siége épiscopal de Meaux, l'empêcha d'accomplir ce dessein (1). — Ce fut Bossuet qui rédigea la seconde partie de l'*Instruction pastorale* (20 août 1699) où M. de Noailles condamnait l'*Exposition de la Foi Catholique touchant la Grâce* qu'avait publiée l'abbé de Barcos, et cette seconde partie ne fit qu'attirer à ce prélat l'accusation d'y « avoir donné la

J.-B. *Bossuet*, etc. Lille. J.-B. Brovellio, 1710, in-12. — On voit par le passage suivant qu'il approuvait lui-même les *Réflexions :* « Son Jansénisme [le Jansénisme du Cardinal de Noailles] est attaché principalement à l'approbation du livre du P. Quesnel sur le Nouveau Testament. On s'en avise bien tard après que ce livre a passé sans atteinte durant feu M. de Paris, et après cinq ans d'approbation de celui-ci comme évêque de Châlons » (*Lettres*, CCCCXVIII, 9 février 1699).

(1) Cardinal de Bausset, *Histoire de J.-B. Bossuet*, liv. VI, § II (édition de Poissy, tome XXX, 1re partie, p. 223-224).

profession de foi » du Jansénisme (1). — A l'Assemblée du Clergé de France de 1700, Bossuet soumit à la censure de l'épiscopat cinq propositions jansénistes, quatre pélagiennes et cent cinquante-trois de morale relâchée. Trois docteurs « se donnèrent tant de mouvement qu'ils parvinrent à soustraire à la censure l'une des propositions sur le jansénisme que Bossuet avait jugée mériter d'être condamnée. Au reste ces docteurs ne dissimulaient pas eux-mêmes la véritable raison qui leur faisait désirer de sauver cette proposition. « C'était, dit l'abbé Ledieu, la crainte que la mémoire de M. Arnauld ne fût enveloppée dans cette condamnation ». Et « Bossuet jugea qu'on pouvait ne pas insister dans les circonstances sur la censure de cette pro-

(1) « Je crains d'avoir oublié de vous parler d'un libelle [le *Problème ecclésiastique*, de dom Thierry de Viaixnes] contre M. de Paris, qui a été brûlé, par la main du bourreau, le 10 janvier dernier. Ce prélat y est accusé d'être le chef des Jansénistes, et *d'en avoir donné la profession de foi dans la seconde partie de son Instruction pastorale sur cette matière* » (*Lettres*, CCCCXVII, 9 février 1699). Il est à remarquer que Bossuet ne dit point à son neveu qu'il est l'auteur de cette seconde partie. Il convient de noter encore cette phrase assez équivoque : « Il n'est pas vrai, comme on l'a dit, que j'aie fait supprimer un ouvrage composé contre le *Problème*. Je vois bien ce qu'on veut dire. On a déguisé une vieille affaire de trois ans, et qui n'étoit rien. Si l'on savait tout, on verroit que je sers l'Eglise dans les choses qu'on ne sait pas, plus que dans celles qu'on sait. Cela soit dit entre nous, et pour nous seuls : *retribuetur vobis in resurrectione justorum* (*Lettres*, CCCCLXXIV, 4 mai 1699). — Signalons, en passant, le sens diplomatique de Bossuet. C'est ainsi qu'il écrit : « Sur le sujet de ce qu'on dit du clergé de France, vous savez quelle fut ma conduite dans l'Assemblée [de 1681 et 1682], et ce que je fis pour empêcher [qu'on n'allât plus loin]. Du reste, il faut laisser oublier cela, et prendre garde seulement à ce qui se dira sur mon compte. Vous connoissez mon manuscrit sur cette matière, que M. de Cambray peut avoir eu de M. de Fleury : mais il ne faut rien remuer.» (*Lettres*, CLXXXII, 9 décembre 1697).

position. et il consentit qu'elle fût supprimée (1) » !

Bossuet a toujours témoigné la plus vive sympathie pour les hommes les plus marquants du parti janséniste. Les preuves de ces relations aimables abondent. L'abbé Bossuet avait vu son oncle considérer comme l'un de ses meilleurs amis le Cardinal de Noailles avec qui il avait fait campagne contre Fénelon, et il avait dû lui-même entrer en correspondance avec M. de Noailles. L'évêque de Meaux n'avait-il pas été en rapports épistolaires avec Guillaume Le Roi, le célèbre abbé de Hautefontaine (2) ? n'avait-il pas été l'ami de Godefroi Hermant, docteur de Sorbonne et chanoine de Beauvais (3) ? l'ami de Nicole à qui il écrivait : « J'ai toujours beaucoup de joie quand je reçois des marques de votre amitié et de votre approbation. L'une de ces choses me fait grand plaisir, et l'autre m'est fort utile, parce qu'elle me fortifie.... Je finis en vous assurant, de tout mon cœur de mes très humbles services, *et en priant Dieu qu'il vous conserve pour soutenir la cause de son Eglise, dont vos*

(1) Cf. Bausset, *Histoire de J.-B. Bossuet*, livre XI, § IV.

(2) « ....J'ai reçu votre écrit sur la lettre de M. de la Trappe plus tard que vous ne l'aviez ordonné. Il m'a été enfin remis ; et j'ai été fort édifié des sentiments d'humilité, de liberté et de modestie que Dieu vous a inspirés en cette occasion.... Au reste, en finissant cette lettre, je ne puis m'empêcher de vous témoigner combien je désire de vous connaître autrement que par vos ouvrages.... (T. XXVI, *lettre* L, 10 août 1677).

(3) J'attends ce que vous prenez la peine de recueillir, et après vous avoir demandé pardon de tant de peines que je vous donne, je vous dirai néanmoins que vous ne devez pas trouver surprenant si, persuadé, comme je suis, de votre capacité, de votre zèle, et *de l'amitié dont vous m'honorez depuis longtemps*, je vous donne de semblables fatigues. » (T. XXVI, *lettre* CCXXVIII, 22 mai 1686).

ouvrages me paroissent un arsenal (1) ». et à qui il
exprimait cette étonnante appréciation à propos des
explications sur l'Ecriture qu'il préparait : « J'irai mon
train, et *je continuerai à me proposer pour modèle
Jansénius d'Ypres* sur les Evangiles, dont la juste et
suffisante brièveté m'a toujours plu (2). » Bossuet, écrivant à M. de Neercassel, évêque de Castorie, ne sou-
haitait-il pas que les ouvrages d'Arnauld, — et sur ce
point il ne fait aucune restriction, — se répandissent
pour le bien de l'Eglise, et ne voyait-il pas en lui un
infatigable défenseur de l'Eglise : « *Cæteras validi
confutatoris lucubrationes mirum in modum Ecclesiæ
profuturas, quam latissime pervulgari opto : mihique
gratulor defensum quoque esse me ab eo viro, qui tanto
studio, tamque indefessa opera defendat Ecclesiam* (3). »
Et Arnauld lui-même ne lui exposait-il pas ses idées sur
la grâce et ne lui demandait-il pas « avec une grande
confiance » ses « prières » et sa « bénédiction » (4). Et
quel commerce épistolaire a jamais été plus aimable
que celui qui s'était établi entre M. de Neercassel et Bossuet (5) : Neercassel est comme le courtier en librairie
de Bossuet dans les pays du Nord (6) ; il fait parvenir
en Suède des exemplaires de l'*Exposition de la doctrine
catholique* (7) ; il fait traduire par un janséniste notoire,

(1) T. XXVI, *lettre* CLXVII, 7 décembre 1691.
(2) T. XXVI. *lettre* CV, 23 juin 1683.
(3) T. XXVI, p. 152, lettre CV. 23 juin 1683.
(4) T. XXVI, p. 563, lettre XXXV. juillet 1693.
(5) T. XXVI, p. 56 et suiv.
(6) Cf. par exemple, t. XXVI, p. 114. lettre LXIX. 4 septembre
1679 ; p. 123, lettre LXXXI, 21 août 1681.
(7) T. XXVI, p. 124, lettre LXXXII, 22 septembre 1681.

Pierre Codde, en hollandais cet ouvrage de Bossuet et lui demande sa bénédiction pour ce traducteur : «.... *ac tua cum benedictione quam ejus nomine a te supplex postulo....*» (1). Et en retour, Bossuet ne lui écrit-il pas qu'il trouve l'opuscule, composé par Neercassel, sur l'*Amour pénitent* une étude très docte et fort agréable, — «*doctissimam ac suavissimam tuam de Amore divino lucubrationem*» (2) — et ne désire-t-il pas « qu'il existe entre eux une sainte liberté, une sainte familiarité » (3).

Que de noms jansénistes à citer encore parmi les intimes et les familiers de Bossuet, et Charles-Maurice Le Tellier, et M. de la Broue, évêque de Mirepoix, et M. de Langle qui devait être évêque de Boulogne, et le chanoine Lenoir, et l'abbé Renaudot que tout le monde connaissait pour être imbus de jansénisme. La faction janséniste souriait à Bossuet, et il semble que de son côté il lui souriait aussi. Dans son diocèse, ne se montrait-il pas heureux d'employer et de favoriser les fauteurs de jansénisme s'ils avaient du talent ou s'ils pou-

(1) T. XXVI, p. 115, lettre LXIX, 4 septembre 1679.

(2) T. XXVI, p. 152, lettre CV, 23 juin 1685.

(3) T. XXVI, p. 124, lettre LXXXII, 22 septembre 1681. Voici la phrase complète : « Ego te, Praesul illustrissime, Ecclesiae flagrantissimum amatorem, impendio amo, meque a te amari vehementer laetor, tibique sum addictissimus : utque inter nos sancta libertas ac familiaritas vigeat, peto.» Les expressions aimables abondent dans les lettres de Bossuet à l'évêque de Castorie. Il serait trop long de les commenter. Elles ont parfois un caractère assez singulier et un peu équivoque. Dans la même lettre on trouve encore ces mots : « Unum id dixero, quod preces tuas et *sollicitudinem quam pro Ecclesia geris, acuat.* » A propos de telles paroles, on ne saurait pourtant dire que Bossuet n'était pas informé et qu'il parlait pour ne rien dire.

vaient être utiles (1). Bossuet célèbre l'anniversaire de

(1) Voici une appréciation où il nous semble entrer beaucoup de vrai sur le jansénisme et les prétentions du gallicanisme. « Au reste, il suffit de connaître la biographie des principaux personnages ou fauteurs de la secte (si l'on en excepte toujours les coryphées proprement dits, comme Arnaud, Quesnel, Gourlin, etc,) pour voir comment ils ont été l'objet presque continuel des faveurs et de la considération.» (Dom Guéranger, *Institutions liturgiques*, t. II, p. 174). Que l'on se figure l'effet que devait produire dans le monde une telle conduite envers une secte que le monde admirait et aimait, et qui, par un étrange contraste, cumulait ainsi les honneurs de la persécution et les avantages de la faveur. On poursuivait les chefs, et par là on rendait le parti populaire ; on ménageait, on caressait, on employait les autres, et par là on fortifiait, on accroissait, sa puissance. Le monde ne devait-il pas naturellement en conclure qu'au fond le clergé de France avait moins d'horreur que le Pape pour le jansénisme, et qu'après tout une hérésie qu'on traitait de la sorte n'était pas si damnable. Le savoir, les mœurs austères de la plupart des sectaires suggéraient déjà cette idée ; mais combien ne se trouvait-elle pas fortifiée par l'attitude du clergé et de l'Episcopat ? Ajoutez que les docteurs du gallicanisme avaient appris à la nation que les jugements du Pontife romain ne sont point irréformables ; que l'on peut appeler du Pape au futur Concile, etc., etc.; on tirait les conséquences qui semblent découler naturellement de ces principes, sans s'arrêter à ce que disaient les gallicans catholiques sur le consentement de l'Eglise dispersée, les gallicans jansénistes soutenant de leur côté que l'Eglise dispersée ne s'était pas encore expliquée suffisamment, et le monde ne s'inquiétant guère de débrouiller le fil de toutes ces subtilités théologiques. D'ailleurs, il était de mode de dénigrer Rome et tout ce qui venait d'au-delà des monts : la France, à cette époque, se complaisait dans sa propre grandeur, et, il faut le dire, cette maladie avait un peu gagné notre clergé ; il se disait naïvement le premier clergé de la chrétienté comme le peuple français se croyait le premier peuple du monde. Il semblait qu'il n'y eût de savoir, de talent que dans le royaume de Louis-le-Grand : Rome surtout était représentée sous ce rapport comme dans un état complet d'infériorité : les écrits, les mémoires, les voyages, les correspondances de ce temps portent tous l'empreinte plus ou moins vive de ce double sentiment de vanité nationale et de mépris envers les Romains ; quel respect pouvait-il inspirer pour les décisions du Saint-Siège ? Orgueil ridicule que l'Eglise gallicane a chèrement payé ! Qu'est devenue cette Sorbonne jadis si vaine de sa science et si empressée à donner des leçons au Souverain Pontife pour la plus grande gloire de nos Rois ? Où sont nos universités ? Qu'a-t-on fait de tous ces établissements où fleurissaient les hautes études ? Hélas ? il n'en reste rien... N'est-ce pas là un châtiment ?

son sacre, le 21 septembre 1696 (1). « avec grand concours ». « M. le Théologal. — dit-il. — fit un beau sermon.» Il se trouve que ce théologal est Treuvé, un janséniste acharné. l'auteur d'un livre célèbre, dans le parti, le *Directeur spirituel à l'usage de ceux qui n'en ont pas.* Ecrivant à Madame de Beringhen. abbesse de Faremoutiers. il lui disait: « Au reste vous avez un trésor dans M. le théologal ; ce qu'il fera ou permettra. sera bien fait et bien permis (2).» La place de chancelier de son église vient-elle à vaquer. c'est encore un janséniste connu, l'abbé Le Dieu qui l'obtient : « Vous aurez été tous les deux bien aises que nous ayons fait M. Ledieu chancelier de notre Eglise. (3) » Il subissait forcément l'influence des partisans du jansénisme, et il paraissait tout prêt à accepter les services qu'ils pouvaient rendre en qualité d'hommes de parti : « J'ai appris aujourd'hui par M. le Cardinal d'Estrées qu'il y a deux nouveaux consulteurs, dont l'un est M. l'archevêque de Chieti, et l'autre le sacriste de Sa Sainteté. On dit que ce dernier

Saurons-nous le comprendre ? ne cesserons-nous pas d'exalter notre Eglise aux dépens des Eglises ses sœurs ? notre abaissement nous fera-t-il sentir que si l'orgueil est dans l'homme le premier et le plus grand des vices, il ne peut être une vertu ni pour une Eglise, ni pour une nation : que si la reine des vertus est l'humilité, il est bon aux nations, aux Eglises d'être humbles, et que cette parole s'applique à elles comme aux individus: *qui autem se exaltaverit, humiliabitur ; et qui se humiliaverit, exaltabitur.* (Matt., XXIII, 12). Melchior du Lac, *La Liturgie romaine et les Liturgies françaises*, Le Mans, Julien Lanier et Cⁱᵉ, 1849, p. 312-314.

(1) *Lettres*, LXXIII, 24 septembre 1696 (t. XXVIII, p. 143).

(2) Tome XXVI. p. 599, lettre XXII, 22 mai 1692.

(3) *Lettres*. CXIII, 29 avril 1697 (t. XXVIII, p. 148).

est habile homme et fort porté au jansénisme.... (1)»

On peut avancer, sans témérité aucune que, par l'exemple de son oncle, par le milieu où se développa son esprit, Bossuet le jeune devait être inévitablement, fatalement janséniste.

L'abbé quitta Rome le 2 juillet 1699 (2). Il passa à Florence où il est, une seconde fois, accueilli avec la plus grande bienveillance par le grand-duc de Toscane. Il en partait le 9, « passait les montagnes très fâcheuses de l'Apennin qui durent près de trente lieues jusqu'à

(1) *Lettres*, CCIV, 20 janvier 1698. — Cf. dom Guéranger, *Institutions liturgiques*, t. II, p. 174. Sur l'envahissement de l'épiscopat par les jansénistes, voyez les plaintes de Fénelon dans son *Memoriale sanctissimo. D. N. clam legendum*, § IX et X, dans *Œuvres complètes*, Versailles, t. XII, p. 603.

(2) L'abbé Bossuet aurait voulu voir son oncle cardinal. Bossuet lui avait écrit au commencement de son séjour à Rome : « Le Roi est fort content de moi : madame de Maintenon est toujours de même, et je suis très bien auprès d'elle. Le nonce m'a dit très fortement qu'il falloit me faire cardinal et m'envoyer à Rome : quelques autres personnes parlent ici de la même manière.... Nous espérons toujours votre retour au plus tôt : ne faites aucun mouvement pour moi au sujet du cardinalat. (*Lettres*, CXXVI, 1er juillet 1697). Le neveu n'oublia pas, « ne laissa pas tomber à terre », les paroles de l'oncle. Il lui écrivait un peu plus tard : « Il est certain que le Pape nommera [cardinal] un Français.... Il est encore certain que le cardinal de Bouillon ne vous favorisera pas, et fera peut-être donner quelque recommandation par le Roi pour un autre. Quel inconvénient trouvez-vous à vous expliquer une fois là-dessus avec le Roi et madame de Maintenon ? Vous pouvez dire que vos amis de Rome vous marquent la bonne volonté et la grande estime du Pape, et vous pressent d'avoir le consentement du Roi ; qu'au moins Sa Majesté n'en demande pas un autre. Cela ne peut faire qu'un mérite pour vous auprès du Roi, et vous aider à obtenir autre chose en cas que le Roi ait une autre vue. Ne pourriez-vous faire entrer M. de Pomponne dans vos intérêts ?.... Je vous supplie d'y faire réflexion ...» (*Lettres*, CCLII, 22 avril 1698). Bossuet écartait ce rêve de grandeur par ces simples mots : « Le Roi et madame de Maintenon seront bien aises de mon avancement ; *mais ils n'agiront point, ni moi non plus* » (*Lettres*, CCLVIII, 12 mai 1698).

Bologne », et arrivait, le 10, dans cette dernière ville
où il était reçu par deux cardinaux qu'il n'avait point
vus à Rome, le cardinal Buoncompagno et le cardinal
Dada, légat, avec « toutes les amitiés et tous les honneurs
imaginables ». A Modène, le Duc lui disait sur son
oncle « tout ce que l'on peut dire, en le chargeant de
l'assurer des témoignages de son estime et de son
amitié ». De Modène il devait aller à Ferrare, puis à
Venise, par « un chemin qui est le plus beau du monde »,
et « s'acheminer vers Milan, par Padoue, Vérone, Man-
toue, Parme, Plaisance et Pavie ». Il voulait arriver à
Turin « avant, s'il est possible, que le duc en parte ».

Puis l'abbé Bossuet rentra en France où son oncle
l'attendait avec impatience. Que de fois ce grand homme
ne lui avait-il pas exprimé son désir de se retrouver
avec lui ! (1) L'abbé Bossuet était archidiacre de Brie
depuis 1691 ; mais il n'était pas encore prêtre. Son oncle
lui en conféra l'ordre le 18 avril 1700. Il le fit alors son
grand-vicaire et l'employa dans l'administration de son
diocèse (2). Pour se rendre plus digne des emplois
ecclésiastiques, il alla, dès le 29 avril, à Paris, se préparer à prendre le bonnet de docteur. Il soutint ses
thèses à Navarre, le 21 mai, à la satisfaction de toute

---

(1) « Je me réjouis beaucoup de votre prochain retour, et je ne
vois rien qui doive vous arrêter » (*Lettres*, CCCCLXII, 12 avril
1699). — « J'embrasse bien M. Phelippeaux. Il me tarde bien de
vous voir tous les deux » (*Lettres*, CCCCLXXXII, 25 mai 1699). —
« J'embrasse M. Phelippeaux. Venez vite. Ma santé est bonne,
Dieu merci » (*Lettres*, CCCCLXXXIV, 1er juin 1699) — « Nous vous
attendons avec impatience » (*Lettres*, CCCCLXXXVI, 7 juin 1699).

(2) Cf. Rohrbacher, *Histoire universelle de l'Église catholique*, Paris, Gaume frères, 1852, t. 27, p. 151-152.

l'assistance, et en présence de son oncle, qui n'avait eu garde de manquer à cette séance (1).

A l'Assemblée du Clergé de France de 1700 où Bossuet reprit le projet de condamnation de la morale relâchée qu'il avait présenté à l'Assemblée de 1682, l'abbé Bossuet parut parmi les députés du second ordre (2). Le 31 juillet 1700, « cette assemblée prit une délibération importante sur la manière d'opiner. Il s'agissait de savoir si les députés du second ordre auraient voix délibérative dans les matières de foi et de dogme. Après quelques discussions, on se régla sur l'exemple de l'Assemblée de 1682 qui n'avait accordé aux députés du second ordre que la voix consultative. L'abbé Bossuet, mécontent de cette décision, ainsi, sans doute, que plusieurs membres du second ordre, rédigea une espèce de protestation contre cette délibération, protestation qu'il se proposait de faire insérer dans le procès-verbal de l'Assemblée. Il avait même obtenu de quelques députés du second ordre qu'ils la signeraient. Mais Bossuet se serait opposé fortement à ces tendances presbytériennes, et il aurait dit que « c'étoit une mutinerie dont il défendoit à son neveu de donner l'exemple ». Il est assez probable, cependant, que l'abbé Bossuet agit ainsi, pour avoir entendu dire à son oncle, ainsi que l'entendit l'abbé Ledieu, qu'il serait possible d'appuyer par des faits les prétentions des prêtres séculiers et réguliers à opiner

(1) H. Druon, *Bossuet à Meaux*, Paris, Lethielleux, p. 211.

(2) Cf. Cardinal de Bausset, *Vie de J.-Bossuet*, livre XI' chap. XI.

dans les conciles : (1) « Il est certain que le second ordre ne doit point avoir de voix délibérative, et c'est mon avis, *quoiqu'il y ait des exemples contraires* ». La prétention de l'abbé Bossuet n'avait, d'ailleurs, rien d'hérétique. Les Assemblées du Clergé de France, malgré le grand appareil de religion dont elles s'entouraient, n'étaient pas des conciles, et auraient peut-être pu déroger aux règles qui déterminent les personnes ayant voix dans les conciles, et qui, somme toute, n'avaient point été établies pour régir ces réunions épiscopales, consacrées d'ordinaire plutôt à la gestion des affaires temporelles de l'Eglise de France, à la défense de ses immunités et de ses privilèges qu'à la défense de la religion.

Lorsque Bossuet fut atteint de sa dernière maladie, nous voyons l'abbé Bossuet très empressé autour de son oncle. Ce fut lui qui, le 5 avril 1703, annonça à l'évêque de Meaux, avec tous les ménagements que prescrivait sa situation, que Maréchal et Tournefort, malheureusement, ne pouvaient plus douter qu'il n'eût la pierre, et qu'ils regardaient comme indispensable l'opération de

(1) « Un *concile* est une assemblée d'Evêques où l'on traite des choses qui regardent la foi ou les mœurs.... Ce sont les Evêques qui ont droit de donner leur suffrage dans les conciles, et de droit divin.... Les députés des cathédrales, des diocèses et des universités, ont droit d'y assister comme témoins, examinateurs et conseillers.» (*Dictionnaire théologique portatif*, Paris, Didot, 1771, p. 102). — « Les seuls évêques ont le droit radical et foncier de se trouver aux conciles comme témoins, juges et législateurs. Eux seuls y ont voix délibérative ou décisive....» (Jacquin, *Dictionnaire de théologie*, Paris, 1858, p. 103. — Cf. un discours de François Detorcy en faveur du droit des membres du second ordre à délibérer dans les conciles dans les *Actes du second Concile national* [de l'Eglise constitutionnelle], t. I, p. 395, séance du 1er juillet.

la taille. Bossuet fut très troublé de la triste révélation qu'on venait de lui faire sur le danger de son état. Ce fut l'abbé Bossuet qui dut achever la lettre par laquelle Bossuet invita aussitôt après le Père Damascène, son confesseur, à se rendre auprès de lui et que l'affaiblissement de ses forces ne lui permit pas de terminer.

La révolution que Bossuet avait éprouvée lorsqu'on avait essayé de le disposer à subir l'opération de la pierre, la crise qui avait suivi cette violente agitation, et son âge si avancé firent prendre aux médecins la résolution de lui épargner les douleurs, peut-être inutiles, d'une opération dangereuse. Ils prirent le parti de se borner à des palliatifs qui réussirent à calmer ses souffrances et à prolonger son existence. Ce fut dans un intervalle de calme qu'il se rendit à Versailles, le 29 avril 1703. « Il eut le 1er mai une audience particulière de Louis XIV dans son cabinet, et il lui remit un *Mémoire* dans lequel il exposait l'état affligeant où ses infirmités l'avaient réduit, et l'impossibilité presque absolue où elles le mettaient de remplir avec la même assiduité les fonctions les plus importantes de son ministère. Il s'étendait avec complaisance dans ce mémoire sur les bontés particulières dont le roi n'avait cessé de le combler. C'était au cœur du roi qu'il s'adressait pour en obtenir la seule grâce qui pût adoucir ses cruelles souffrances, et l'amertume de ses derniers moments. Persuadé que son neveu, élevé sous ses yeux, témoin de ses exemples, serait plus propre que tout autre à perpétuer dans le diocèse de Meaux les principes de son gouvernement, Bossuet demandait au roi de vouloir bien le lui accorder comme coadjuteur, ou même pour successeur, si Sa Majesté jugeait à propos de recevoir immédiatement sa démission. » (1)

« Bossuet, en cette circonstance, eut recours au Cardinal de Noailles et à employer en sa faveur son crédit auprès de Mme de Maintenon dont l'influence pouvait être utile au succès de sa demande. Il est vraisemblable que le Cardinal, en se renfermant dans des expressions vagues et générales sur le résultat d'une négociation dont il prévoyait les difficultés, chercha à rassurer Bossuet sur son état, lui promit ses bons offices auprès de Mme de Maintenon, et l'exhorta à se reposer avec confiance sur l'estime et la bienveillance personnelle du roi. C'est du moins ce qu'il est permis de conjecturer d'une lettre de Bossuet au Cardinal de Noailles, en date du jour même (1er mai 1703) où il venait de présenter son mémoire à Louis XIV :

Comme je n'ai rien de caché pour Votre Eminence, je lui envoie le mémoire que je viens de présenter, et qui a été bien reçu. Je ne demande rien à Votre Eminence ; je sais qu'elle est disposée à me faire tout le plaisir possible ; mais il faut attendre l'occasion naturelle et surtout ne témoigner aucun empressement de ma part. En effet, je n'en ai aucun : car je ne compte pas pour empressement de vous instruire, Monseigneur, à toutes fins. L'occasion décidera ; et quant à présent, je crois qu'il n'y a rien à faire, pas même le moindre semblant. La chose viendra naturellement quand Dieu le voudra. Ce n'est pas non plus par empressement que je vous envoie copie du *Mémoire*

(1) Cardinal de Bausset, *Histoire de J.-B. Bossuet.*

à Madame de Maintenon. Il faut instruire ses amis à toutes fins, et les laisser faire selon l'occasion que Dieu fera naître, et les mouvements qu'il leur mettra dans le cœur.

L'abbé est en visites (1). J'offre à Votre Eminence, son obéissance et la mienne ». (2)

Voici quel était le texte du *Placet* au roi, où l'on trouve, en même temps qu'une grande estime et une infinie tendresse de Bossuet pour son neveu, une éloquence vraiment touchante dans l'expression de son suprème désir qui devait rester inexaucé :

PLACET AU ROI

Ce n'est ni par mérite, ni par service aucun, mais par la grande bonté de Votre Majesté toute seule, dont j'ai reçu et reçois tous les jours des marques si éclatantes, que j'ose prendre la confiance d'exposer à Votre Majesté l'état où je suis, et le secours que je puis recevoir de cette extrème bonté dont je suis si pénétré.

Après avoir écouté les conjectures et les raisonnements des hommes les plus consommés en science et en expérience, j'ai cru devoir venir depuis quinze jours aux épreuves les plus assurées, et il a été trouvé que j'avois une pierre. Il est constant, par la même épreuve, qu'elle n'a pas plus de grosseur qu'il en faut pour donner prise, et que, Dieu merci, elle est encore de la figure et de la qualité qui la peuvent rendre la moins incommode. J'en ai même une preuve expérimentale ; puisqu'on a jugé par les accidents, qu'elle dure depuis deux ans dans le même état, sans que j'en aie reçu aucune notable incommodité, non plus que depuis

(1) Dans le diocèse de Meaux.
(2) Cardinal de Bausset, *Histoire de J.-B. Bossuet.*

que je sais le mal. Il y a cent expériences connues de personnes qui ont porté le même mal des dix et quinze années avec quelques incommodités plus ou moins grandes, et toutes plus supportables que celles de la taille, à quoi on ne vient qu'à l'extrémité et qu'après avoir tenté toutes sortes d'adoucissements. C'est la résolution où Dieu me met, selon les règles de la prudence chrétienne, offrant à sa divine majesté tout ce qu'elle voudra me faire souffrir, en esprit de soumission et de pénitence.

Il n'y a que mes fonctions qui m'inquiètent ; et j'aurai l'honneur de le dire à Votre Majesté sous les yeux de Dieu, en toute humilité et vérité, que j'y suis soulagé plus que je ne puis exprimer, par l'abbé Bossuet, mon neveu. Oserai-je dire à mon maître, et à un maître si bon, Sire, permettez-le moi, qu'une de mes aversions, c'est de prôner ceux qui m'appartiennent. Mais puisqu'il faut dire la vérité à son Roi, je puis assurer Votre Majesté, sans craindre d'en avoir jamais de reproche ni devant Dieu, ni devant les hommes, que l'abbé Bossuet fait, depuis douze ans qu'il est archidiacre, et depuis quatre ans qu'il est de retour de Rome et mon grand-vicaire, toutes mes visites avec un soin dont je suis content, et avec une parfaite édification des curés, des chapitres, des couvents et communautés religieuses, et de tout le peuple, en sorte que je ne crains point de me flatter, en répondant à Votre Majesté de sa bonne conduite.

Je ne présume pourtant pas de supplier Votre Majesté de s'en rapporter à mon témoignage, quoique rendu en conscience sous les yeux de Dieu ; au contraire, je la conjure par toute sa bonté d'en venir au plus rigoureux examen. Votre Majesté saura bien choisir des personnes désintéressées. Je le mets à toute épreuve, assuré qu'il se trouvera que c'est un esprit solide et sérieux, occupé du ministère ecclésiastique, plus éloigné du monde qu'on ne saurait croire, prêtre disant souvent la sainte messe avec édification. Aussi est-il dans un âge mûr, âgé de trente-neuf ans. Il n'est prêtre que depuis quatre années, au retour de Rome ; et il a cru qu'il prendroit ici le sacerdoce avec plus de réflexion et de recueillement après toutes les épreuves de mon séminaire où il a été.

Puisque je viens de dire un mot de son voyage de Rome, votre Majesté aura peut-être la bonté ne se souvenir de quatre années qu'il y a passées à combattre le quiétisme ; des contradictions de toutes les sortes, et même de toutes les calomnies qu'il a eues à essuyer, dont la fausseté a été reconnue. Je l'ai loué de sacrifier tout autre intérêt à la vérité. Votre Majesté, sire, la protégeait ; et l'abbé Bossuet est trop heureux qu'elle ait daigné approuver sa conduite.

Je continuerois à gouverner mon diocèse tranquillement, tant qu'il plairoit à Dieu ; mais je ne puis m'exposer aux ordinations et aux cérémonies pontificales sans quelque péril, et surtout à la Confirmation qui fait la consolation des peuples et la principale bénédiction des visites. C'est, Sire, ce qui me donne la pensée, et me met dans la nécessité, prosterné aux pieds de Votre Majesté avec une humilité profonde, de la supplier de vouloir, par sa grande et très grande grâce, me donner mon neveu pour successeur. Par ce moyen, Sire, Votre Majesté me fera achever ma vie en repos ; je serai un exemple éclatant de sa grande et excessive bonté. Mon neveu, instruit de mes sentiments et soutenu de mes conseils, continuera le peu de bien que j'ai tâché, pendant vingt-deux ans, d'établir et d'entretenir dans mon diocèse. La voie de coadjutorerie marqueroit une bonté plus déclarée de Votre Majesté ; joint que, conservant mon autorité, elle me rendroit peut-être plus utile au diocèse. Mais en quelque sorte que Votre Majesté daigne en ordonner, je m'abandonne à elle. Je suis prêt de donner ma démission pure et simple. Votre Majesté saura faire ce qui sera le plus utile. Au surplus je n'attends rien que de la seule très bienfaisante bonne volonté du plus grand comme du meilleur de tous les maîtres : et soutenu de ses bienfaits, dans le repos et dans le bon air de Meaux et de

Germigny, qui est devenu comme mon air natal, si Votre Majesté l'a agréable, je pourrai achever mes jours en paix ; et même, si Dieu le permet, car qui connoit ses bontés, et qui peut y donner des bornes ? je pourrois en ménageant mes forces qui à cela près sont entières, continuer à servir l'Eglise, en tout cas prolonger ma vie dans le service de Dieu jusqu'à une fin naturelle, telle qu'il lui plaira la marquer, et en remplir tous les moments de vœux pour la personne sacrée de Votre Majesté, si nécessaire à vos peuples, et à toute l'Eglise (1).

Louis XIV, instruit des désirs de Bossuet par Mme de Maintenon, s'était contenté de lui répondre, au moment où il lui avait présenté ce mémoire : « *Je verrai; cela demande grande réflexion* ». Il ne voulut pas affliger l'évêque par un refus formel ; mais une telle réponse aurait pu avertir Bossuet qu'il existait dans l'esprit du roi quelque prévention peu favorable à son neveu. Les motifs qui décidèrent le refus de Louis XIV sont demeurés inconnus jusqu'à présent. On a dit qu'il n'avait pas voulu déroger à cette loi qu'il s'était imposée, de n'accorder que très rarement des coadjuteurs. Mais il est assez probable que le roi ne voulut pas nommer à ce poste un homme qui s'était créé à la Cour et dans l'Eglise de France des ennemis puissants. Après la défaite, Fénelon et son parti n'eurent plus qu'une passion, prendre leur revanche contre leurs adversaires, et il n'y aurait rien d'étonnant que le neveu de Bossuet ait subi les conséquences de cette animosité. De plus le roi savait que l'abbé Bossuet était un agent zélé du

(1) *Œuvres de J.-B. Bossuet*, Paris, Paul Mellier et Ollivier-Fulgence, 1846, t. XXVI, p. 499-501.

parti janséniste contre lequel il allait agir bientôt avec tant de rigueur.

Bossuet, qui s'était rendu de nouveau à Versailles, chargea son neveu de le remplacer au synode du diocèse de Meaux convoqué pour les premiers jours de septembre. Ses regrets, en se voyant forcé de renoncer à celles de ses fonctions qu'il aimait le plus à remplir, se font remarquer par toutes les expressions de la lettre qu'il adressa à son neveu, pour être lue à l'ouverture du synode :

La peine que je ressens de ne pas voir cette année, mes chers confrères, messieurs les doyens, pour apprendre d'eux, selon la coutume, l'état du diocèse, non plus que le saint synode, ne peut être réparée, mon cher neveu, que par le soin que vous prendrez de me donner part de leurs nouvelles, et de leur apprendre des miennes. De ma part, vous leur pourrez dire que Dieu me comble de grâces, même selon le corps, non seulement en m'exemptant de toutes douleurs, mais encore en semblant vouloir réparer mes forces par la bénédiction qu'il donne aux remèdes. De leur part, ma consolation sera d'apprendre qu'ils marchent dans la voie de la vérité et qu'ils accomplissent leur ministère. J'ai bien besoin du secours de leurs prières, pour me faire accomplir la volonté de Dieu, à laquelle je suis livré à la vie et à la mort, jetant en lui toute sollicitude, parce que je sais qu'il a soin de nous. Ainsi dicté de mot à mot à Versailles, le 4 septembre 1703. [La paix de Jésus-Christ soit avec vous tous, mes frères (1).]

J. BÉNIGNE, ÉVÊQUE DE MEAUX.

(1) Ces derniers mots, écrits plus bas, étaient de la main de Bossuet. Le cardinal de Bausset dit avoir eu sous les yeux la minute originale, signée de la main de Bossuet.

C'est peu après que Bossuet résigna à son neveu le doyenné de Gassicourt. On lit, en effet, dans le *Journal* de l'abbé Le Dieu sous la date du 25 octobre 1703 : « On a fait venir de Rome une signature pour le doyenné de Gassicourt sur la résignation de M. de Meaux en faveur de M. l'abbé Bossuet qui a recommandé un grand secret sur cette affaire. Cependant j'ai vu une lettre du supérieur même de Gassicourt, qui, sachant que notre abbé a cette signature, mande qu'il sait aussi que le même abbé a fait demander s'il y avait à Mantes un notaire apostolique et dit que c'est à lui qu'il appartient de mettre le nouveau doyen en possession.» (1)

Dans les premiers jours de 1704 s'acheva l'impression du dernier ouvrage de Bossuet : l'*Explication de la prophétie d'Isaïe sur l'enfantement de la Vierge, Is. c. VII, et du Psaume XXI, sur la Passion et le délaissement de Nostre-Seigneur* (2). Le cardinal de Noailles, prévoyant que Bossuet ne serait plus en état de le présenter au roi et à la famille royale, jugea qu'il était convenable que l'abbé Bossuet allât lui-même à Versailles remplir ce devoir au nom de son oncle. Ce fut le 17 mars 1704 que le neveu de Bossuet présenta à Louis XIV ce suprême travail. Aux derniers moments de Bossuet, nous voyons l'abbé Bossuet écrire à Meaux pour ordonner des prières dans toutes les paroisses du diocèse.

(1) L'abbé Le Dieu, *Mémoires et Journal sur la vie et les ouvrages de Bossuet*, publiés par l'abbé Guettée, Paris, Didier, 1857, t. III, p. 14. — Sur ces derniers moments de Bossuet, cf. H. Druon, *Bossuet à Meaux*, Paris, Lethielleux, chap. XIV, p. 236 et suiv.

(2) Paris, J. Anisson, 1704, in-12.

Le 9 avril, le Cardinal de Noailles venait voir une dernière fois Bossuet. L'abbé Bossuet demanda au Cardinal sa bénédiction pour son oncle. Le Cardinal répondit avec modestie « qu'il voulait la recevoir de M. de Meaux lui-même », et la lui donna en même temps. Au moment où le Cardinal allait se séparer de lui pour toujours, Bossuet, d'une voix faible et presque éteinte, lui adressa ces dernières paroles : « JE VOUS RECOMMANDE MON NEVEU. » Le Cardinal lui répondit en peu de mots: « Le roi vous aime, Monsieur, et il est tout recommandé. »

Dans la nuit du jeudi au vendredi 11 avril, la nuit fut si mauvaise pour Bossuet que tous les assistants crurent qu'il allait rendre le dernier soupir. L'abbé Bossuet se jeta alors au pied de son lit pour lui demander sa bénédiction. Le 12 avril 1704, il mourait un peu avant quatre heures et demie du matin. Deux heures après sa mort, l'abbé Bossuet partait pour Marly, afin d'instruire la Cour de ce triste événement. Louis XIV lui exprima avec sensibilité tous ses regrets sur la mort de ce grand homme, et il le nomma, au moment même, à l'abbaye de Saint-Lucien de Beauvais, vacante par la mort de son oncle, en lui demandant sa démission de l'abbaye de Savigny dont il était pourvu.

Par son testament, Bossuet instituait « l'abbé Bossuet, son légataire universel, priant ses autres neveux de l'avoir pour agréable ». Il le nomma également son exécuteur testamentaire, lui recommandant d'avoir soin de ses domestiques, et de les récompenser à proportion de leurs services (1).

Le nom de l'abbé Bossuet figure dans l'inscription qu'il avait fait graver sur la plaque de marbre qui, dans le chœur de la cathédrale de Meaux, recouvrait la place où avait été déposé le corps de son oncle (2) :

. . . .

JACOBUS BENIGNUS ABBAS BOSSUET, ABBAS
S. LUCIANI BELLOVACENSIS ET ARCHIDIACONUS
MELDENSIS, PATRUO COLENDISSIMO LUGENS
POSUIT. (3)

En 1706 l'abbé Bossuet résigna son archidiaconé de Meaux en faveur de M. de Saint-André. Il lui était d'ailleurs assez difficile de le garder, par suite des dissentiments qui existaient entre Mgr de Bissy et lui.

(1) « Au moment de la mort de Bossuet, on affecta de répandre dans Paris et à la Cour, qu'il laissait des dettes immenses. « On parla bien mal dans tout Paris, écrit l'abbé Le Dieu sous la date du 13 avril 1704, des dettes de M. de Meaux. On dit qu'il en est chargé de plus de 200,000 livres ; quelques-uns même les portent à 300,000, 400,000 et jusqu'à 500,000 livres. Mais c'est bien injustement. La seule dette est celle de 18,000 livres à mettre en fonds au profit de l'évêché de Meaux, pour l'acquit de laquelle M. de Meaux avait destiné pareille somme à prendre sur les arrérages qui lui sont dûs de ses pensions. Le reste n'est rien, et M. l'abbé Bossuet, légataire universel, se charge de tout. Cet abbé a parlé au roi pour justifier M. de Meaux, et le roi a promis d'en parler aussi devant toute la Cour. Mss. de Le Dieu.» (Cardinal de Bausset, *Vie de J.-B. Bossuet*, dans les *Œuvres de Bossuet*, Paris, Paul Mellier et Ollivier-Fulgence, 1846, t. XXX, seconde partie, *notes*, p. 376).

(2) Bossuet, par son testament, avait demandé d'être enterré « près de l'autel, du côté de l'épître, aux pieds de ses deux prédécesseurs ».

(3) Cf. le texte complet de cette épitaphe dans H. Druon, *Bossuet à Meaux*, Paris, P. Lethielleux, p. 252-253.

L'abbé Bossuet, héritier des papiers de Bossuet, songea aussitôt à les publier. En 1708, il remit à Louis XIV un manuscrit, avec des corrections autographes de l'évêque de Meaux, qui contenait la première rédaction de la *Defensio declarationis quam de potestate ecclesiastica sanxit clerus gallicanus 19 mart. 1682*. L'abbé Bossuet aurait voulu qu'il se fît une édition officielle de cet ouvrage, sous les auspices du roi. Cette idée à laquelle il tenait fermement, ne put se réaliser. Il avait accompagné le manuscrit de son oncle de ces deux notes :

Cet ouvrage en six volumes a été composé par feu M. Bossuet, évêque de Meaux, qui a ordonné en mourant à l'abbé Bossuet, son neveu, de ne le remettre qu'entre les mains sacrées du roi, par l'ordre de qui il avait été composé.

L'abbé Bossuet sera toujours prêt, quand Sa Majesté trouvera à propos de le rendre public, à faire tout ce qui pourra dépendre de lui, soit pour donner la preuve certaine que l'ouvrage est de feu son oncle, soit pour la correction et la révision du *manuscrit* sur lequel il peut donner plusieurs instructions qui seront importantes à la perfection de l'ouvrage.

* *** *

Copie du Mémoire *joint à la* note *précédente, que l'abbé Bossuet présenta à Louis XIV, en lui remettant une copie manuscrite de la* Défense *des quatre articles du clergé de France en 1708.*

La bonté que le roi a de vouloir bien recevoir comme en dépôt en ses augustes mains l'ouvrage que feu M. l'évêque de Meaux a composé par son ordre pour la défense de la déclaration du clergé de France de 1682, est la plus grande marque d'honneur que Sa Majesté puisse donner à la mémoire de cet évêque, et la plus grande grâce qu'elle puisse accorder à l'abbé Bossuet, son neveu, qui n'auroit jamais osé l'espérer, ni peut-être la demander.

Par cette sage précaution, Sa Majesté prévient tous les inconvénients qui pourroient se trouver à en user d'une autre manière ; et cette précaution est d'autant plus juste, qu'elle se trouve la plus conforme à l'esprit et aux intentions de cet évêque.

Sa Majesté permettra à l'abbé Bossuet de lui rapporter fidèlement les dernières volontés de feu son oncle sur cet article, comme étant celui à qui seules elles furent confiées.

Cet évêque sentant approcher la fin de sa vie, remit lui-même l'original de cet ouvrage entre les mains de son neveu, « lui ordonnant expressément de le bien conserver, et de ne le remettre jamais entre les mains de personne qu'en celles propres de Sa Majesté, quand elle le trouveroit à propos, ou que par des raisons d'Etat, elle fut résolue à le rendre public ; ce que le roi n'ayant pas voulu permettre jusqu'au moment qu'il parloit, pour des raisons très importantes par rapport à la situation des affaires, et pour ne pas réveiller des querelles comme éteintes avec la Cour de Rome, il ne doutoit pas que les mêmes raisons, subsistant toujours dans toute leur force, ne fissent avec justice persister Sa Majesté dans les mêmes résolutions. »

L'abbé Bossuet se sent obligé de dire ici que ce sage évêque, touché uniquement de la gloire du roi et du bien de l'Etat, et de la crainte de voir altérer la paix des Eglises, répéta alors plusieurs fois « qu'il ne devoit y avoir qu'une utilité évidente, en un mot qu'une nécessité absolue qui dût obliger Sa Majesté à consentir qu'on publiât un ouvrage de cette nature.

Il ordonna même à son neveu, quand l'occasion s'en présenteroit, de supplier encore Sa Majesté très humblement de vouloir bien joindre à toutes les considérations importantes qui pourroient la détourner de rendre public cet ouvrage, celle de ménager, autant qu'il se pourroit, le peu de réputation qu'il s'étoit acquis par ses travaux qui pouvoient dans la suite rendre sa mémoire en quelque façon précieuse à l'Eglise. Car encore, ajoutoit-il, que dans cet ouvrage il soutient la bonne cause ; qu'il l'eût composé sous les yeux de Dieu, prêt à en aller rendre compte à son souverain tribunal, et que dans le fond il fût écrit avec tout le ménagement, toute la modération possible, et avec tout le respect imaginable pour le saint siège, et pour la personne des papes en particulier, il y avoit lieu de craindre que la Cour de Rome n'accablàt ce livre de toutes sortes d'anathèmes ; que Rome auroit bientôt oublié tous ses services passés, et tous les travaux qu'il avoit entrepris pendant sa vie pour le bien de l'Eglise et le soutien de la vérité, que sa mémoire ne manqueroit pas d'être attaquée et flétrie, autant qu'elle le pourroit être, du côté de Rome ; mais que sur cela il falloit, continuoit-il, s'abandonner entièrement à la providence et à la volonté du roi, dont la pénétration égaloit la sagesse et la piété, et qui, par la supériorité de son génie et par son expérience consommée dans l'art de régner, sauroit bien choisir les temps les plus convenables aux intérêts de l'Eglise et de son état, et modérer, quand il faudroit, le zèle quelquefois trop ardent de ses ministres.

Ç'a été surtout par ces considérations qui ont déjà été représentées à Sa Majesté, et approuvées par elle qu'après la mort de M. de Meaux, elle donna ordre à M. le chancelier de laisser cet ouvrage entre les mains de l'abbé Bossuet pour le garder soigneusement, et le présenter toutes les fois que Sa Majesté le lui ordonneroit.

Il a exécuté ponctuellement, comme il le devoit, la volonté de Sa Majesté ; il a tenu ce livre enfermé dans une cassette, ayant cependant pris toutes les sûretés possibles, afin qu'il fût remis, en cas de mort, entre les mains de Sa Majesté, par son frère qui en étoit averti.

Il n'avoit donc garde de consentir au premier ordre que M. le chancelier lui fit donner par M. l'abbé Bignon, de joindre dans un privilège qui alloit être publié, le titre de cet ouvrage aux autres ouvrages de cet évêque qu'on va imprimer les uns après les autres, parce que ç'auroit été, en annonçant cet ouvrage à toute la terre, aller formellement contre les intentions connues de Sa Majesté, et anéantir, pour ainsi dire, ses ordres précis, et les sages précautions qu'elle avoit prises sur cela, pour en empêcher la publication.

Ç'a été encore par les mêmes motifs que l'abbé Bossuet n'a pas cru devoir céder aux instances très pressantes et réitérées qu'il lui a faites à lui-même depuis quelque temps, de remettre cet ouvrage entre ses mains, sans jamais lui avoir parlé de le remettre entre les mains de Sa Majesté, qui étoit tout ce que l'abbé Bossuet souhaitoit le plus.

M. le Chancelier a été très longtemps sans vouloir parler de cette affaire à Sa Majesté, espérant venir à bout de l'abbé Bossuet par le refus qu'il lui fit en même temps de lui rendre le privilège des autres ouvrages de son oncle, jusqu'à ce que cet ouvrage eût été remis entre ses mains, quoique le privilège fût expédié depuis longtemps.

Mais l'abbé Bossuet se sentoit d'autant plus obligé de persister dans son juste refus, qu'il n'y avoit pas lieu de douter, et que M. le chancelier lui faisoit assez entendre qu'il ne demandoit cet ouvrage que dans le dessein de le remettre en d'autres mains que les siennes, ce qui paraissoit sujet à de trop grands inconvénients, et trop opposé aux dernières volontés de M. de Meaux et aux vues de Sa Majesté pour y pouvoir consentir.

Et c'est enfin ce qui l'a déterminé, après avoir tenté toutes sortes de moyens auprès de M. le chancelier, et après avoir vu ses plus justes remontrances inutiles, de l'assurer que le dépôt que son oncle lui avoit confié, ne sortiroit jamais de ses mains que pour le remettre entre les mains sûres et sacrées de Sa Majesté, en suivant ses ordres ; et qu'il seroit même obligé de porter ses justes plaintes devant elle, du refus qu'on continuoit à lui faire de lui rendre le privilège des autres ouvrages de cet évêque qui étoit scellé, il y avoit plus de deux mois, et qui avoit été tiré par surprise d'entre ses mains.

Sa Majesté, enfin, instruite de tout, a fait donner ses ordres pleins de sagesse et de bonté à l'abbé Bossuet qui se fait un honneur et une joie de les exécuter.

Il n'a donc plus à présent que de très humbles et très respectueuses actions de grâces à rendre à Sa Majesté de l'extrême bonté avec laquelle elle veut bien entrer dans tout ce qui est capable de ménager la réputation d'un évêque, qui peut être de quelque autorité dans l'Eglise contre les hérétiques qu'il a combattus, aussi bien que de l'honneur qu'elle fait à sa mémoire de juger l'ouvrage qu'il a entrepris par ses ordres, assez important à l'Eglise et à l'Etat pour vouloir bien le recevoir en dépôt dans ses royales mains.

L'abbé Bossuet croit encore qu'il est du devoir d'un sujet aussi attaché que lui à la personne sacrée de Sa Majesté, et à la doctrine de l'Eglise de France, d'offrir à Sa Majesté, quand elle jugera à propos de rendre ce livre au public, tout ce qui peut dépendre de lui et de son ministère, soit pour la correction et révision de l'ouvrage de son oncle, soit pour l'éclaircissement des difficultés qui peuvent se rencontrer dans un travail d'une si vaste étendue, et qui demande une recherche aussi exacte de toute l'antiquité ecclésiastique. Car, outre que l'abbé Bossuet a fait une étude particulière de cet ouvrage du vivant de son oncle et après sa mort, c'est qu'il l'a consulté lui-même plusieurs fois sur les difficultés qui peuvent s'y rencontrer ; qu'il a tous les livres sur lesquels M. de Meaux a travaillé, et toutes les citations marquées, aussi bien que plusieurs excellents mémoires et remarques qui seront d'une grande utilité pour la perfection de l'ouvrage. Ainsi, quoique on puisse très aisément trouver bien des personnes plus savantes et plus éclairées que lui, il croit n'être pas trop hardi de faire remarquer qu'il est peut-être mieux au fait de ce livre que beaucoup d'autres, par les raisons ci-dessus expliquées, et par l'intérêt qu'il prendra toujours, plus que personne, à l'ouvrage de son oncle ; il ose au moins assurer à Sa Majesté qu'on n'en trouvera pas de plus affectionné que lui à la doctrine de l'Église de France, ni qui ait le cœur plus français.

Il prend même la liberté de représenter à Sa Majesté sur ce sujet que l'ouvrage de l'oncle n'étant plus entre les mains du neveu, et feu M. l'évêque de Meaux ayant jugé à propos de cacher son nom dans tout le cours de l'ouvrage, il semble comme nécessaire pour l'autoriser, que tout ce qu'on voudra mettre sous son nom paroisse sorti des mains du neveu, comme avoué par lui, et donné au public par le même qui aura eu soin de publier tous les autres ouvrages de cet auteur ; c'est ce que l'abbé Bossuet sera toujours prêt de faire, toutes les fois que Sa Majesté témoignera le souhaiter.

Par ce dévouement absolu à la volonté du roi, quoi qu'il puisse arriver de cet ouvrage, il aura la consolation d'avoir rempli le devoir de sujet fidèle et entièrement dévoué, comme il fait sa gloire de l'être, à l'État et à son roi, pour qui il donneroit avec joie sa propre vie.

En 1709, l'abbé Bossuet prit un privilège pour la publication des Œuvres de Bossuet. C'est à l'abbé Bossuet que la littérature française doit la conservation et la connaissance d'un grand nombre d'écrits de Bossuet, parmi lesquels se trouvent quelques-uns de ses chefs-d'œuvre, et il ne semble pas qu'on lui en ait su et qu'on lui en sache le moindre gré. Dans cette même année, il donna la *Politique tirée des propres paroles de l'Ecriture Sainte* (1), en tête de laquelle il plaça la lettre de Bossuet à Innocent XI avec la réponse de ce pape, l'une et l'autre en latin et en français : *De Institutione Ludovici delphini, Ludovici XIV filii, ad Innocentium XI, Pontificem maximum.*

En 1716, sous la Régence, D.-F. de Bouthillier de Chavigny fut appelé à l'archevêché de Sens (2). M. de la Croix de Castries, grand archidiacre de Narbonne, aumônier de la duchesse de Berry, fut alors nommé évêque de Troyes ; mais il n'accepta pas. Les habitants de Troyes demandèrent l'abbé de Louvois ; mais il ne fut pas nommé. Ce fut Jacques-Bénigne Bossuet, abbé de Saint-Lucien de Beauvais et doyen de Saint-Sulpice de Gassicourt-lès-Mantes, cousin-germain de D.-F. de Bouthillier de Chavigny (3), qui obtint par le crédit du Cardinal de Noailles, le 7 mars 1716, d'être le successeur de ce dernier, après avoir été écarté de l'épiscopat tant que vécut Louis XIV (4). Mais ses bulles ne lui parvinrent qu'en 1718 à cause de quelques différends qui

(1) Paris, P. Cot, 1709, 1 vol. in-4° ou 2 vol. in-12.

(2) Il mourut le 9 novembre 1730, âgé de soixante-cinq ans. Bossuet parle à diverses reprises dans les *Lettres sur l'affaire du Quiétisme* de M. de Chavigny : « M. l'abbé de Chavigny est nommé à l'évêché de Troyes sur la démission de M. son oncle qui se retire dans son séminaire et renonce au monde et à Paris sans lever l'étendard » (*Lettres*, CXI, 15 avril 1697). — « J'aurai soin de vos lettres pour madame de Pons et le nouvel évêque de Troyes.» (*Lettres*, CXIX, 10 juin 1697). — « J'ai vu ce matin au sacre de M. de Troyes les deux évêques nommés qui ont fait leur remercîment à Sa Majesté (*Lettres*, CCLVII, 20 avril 1698).

(3) D.-F. de Bouthillier de Chavigny était le fils d'Armand-Léon de Bouthillier de Chavigny et d'Elisabeth Bossuet.

(4) Cf. Boutiot, *Histoire de Troyes et de la Champagne méridionale*, Troyes, 1874, t. IV, p. 564.

existaient entre les cours de Rome et de France. Encore fallut-il que le cardinal de la Trémouille donnât une attestation en sa faveur. Il fut sacré par le Cardinal de Noailles, le 31 juillet de cette même année.

Jacques-Bénigne Bossuet arrivait dans son diocèse avec la réputation d'un prélat très attaché aux maximes de l'Eglise de France, et aussi à la secte jansénienne. Il était janséniste depuis longtemps. Il nourrissait de tels sentiments, alors qu'il était auprès de son oncle. L'abbé Le Dieu, bien sûr de se trouver en parfaite communion d'idées, écrivait à l'abbé Bossuet, alors à Rome, dans une lettre en date du 25 février 1697 : «... Les PP. Jésuites ont fait rayer du nombre des hommes illustres dans le recueil des *Hommes illustres* que publiait Perrault, M. Pascal et M. Arnauld qui étoient gravés, et dont les éloges étoient imprimés à leur rang. Cela a révolté, surtout les gens de lettres, et leur indignation a paru même dans une lettre qui a couru.» (1)

Dès son arrivée le nouvel évêque de Troyes montra son esprit d'indépendance en refusant d'une manière absolue de prononcer le serment que les évêques de

______

(1) *Lettres*, XCV, 25 février 1697. Les bénédictins des Blancs-Manteaux avaient imaginé de prêter à Bossuet une phrase en conformité avec les sentiments de l'abbé Le Dieu dans une lettre à son neveu du 23 février 1697, la XCIVe de l'édition de Poissy : « Le recueil des *Hommes illustres* de ce siècle par M. Perrault, de l'Académie, paroit depuis quelques semaines. La brigue et la jalousie de certaines gens ont fait mutiler cet ouvrage, et retrancher des hommes qui méritoient bien d'y avoir place.» Lachat qui a republié cette lettre d'après l'original (t. XXIX, p. 56, lettre XCIV), proteste avec vivacité contre cette interpolation. Ce fait, en même temps que beaucoup d'autres, prouve la nécessité de donner une édition vraiment critique de la correspondance de Bossuet

Troyes avaient coutume de prêter, lors de leur intronisation, entre les mains de l'abbesse de Notre-Dame-aux-Nonnains. Il ne fut d'ailleurs l'objet d'aucune poursuite (1).

En 1725, Bossuet de Troyes (2) se déclara pour Charles-Joachim Colbert, l'évêque janséniste de Montpellier, qui faisait l'opposition la plus vive à la bulle *Unigenitus*, et, le 16 mars 1727, il signa (3), avec le Cardinal de Noailles, archevêque de Paris, et dix autres évêques, une lettre toute en faveur de Soanen, évêque janséniste de Senez, et dirigée contre le concile d'Embrun qui avait condamné une *Instruction pastorale* de ce dernier prélat « comme téméraire, scandaleuse, séditieuse, injurieuse à l'Eglise, aux Evêques, et à l'autorité royale, schismatique, pleine d'un esprit hérétique, remplie d'erreurs et fomentant des hérésies » (4).

L'évêque de Troyes publia, le 30 décembre 1729, un mandement contre la légende de saint Grégoire

(1) Cf. sur « le joyeux avénement des évêques de Troyes », un mémoire de Vallet de Viriville, dans les *Mémoires de la Société académique de l'Aube*, t. X (1840), p. 71 (cf. aussi t. XII, p. 274). Boutiot, *Histoire de la ville de Troyes et de la Champagne méridionale*, Troyes, 1874, t. IV, p. 579.

(2) Cf. Rohrbacher, *Histoire universelle de l'Eglise*, Paris, Gaume frères, 1852, t. 27, p. 151-152.

(3) Cf. Rohrbacher, *eodem loco* ; abbé comte de Robiano, *Continuation de l'histoire de l'Eglise de Bérault-Bercastel, depuis 1721 jusqu'à 1830*, Paris, Gauthier frères, 1836, t. I, p. 78-87.

(4) Voir les actes du Concile d'Embrun dans *Concilium provinciale Ebreduni habitum ab Illustrissimo et Reverendissimo* D. PETRO DE GUERIN DE TENCIN..... Gratianopoli, apud Petrum Faure, 1728.

VII (1) qui avait été insérée au Bréviaire romain par
décret de Benoît XIII du 25 septembre 1728. Cette
légende avait été supprimée par arrêts du Parlement
de Paris, le 20 juillet 1729, et de ceux de Bretagne, le
17 août, de Metz, le 1er septembre, et de Bordeaux, le 12
du même mois. Elle avait été successivement condamnée, avant le mandement de Bossuet, par les mandements des Evêques jansénistes d'Auxerre, Gabriel de
Caylus, le 14 juillet 1729 ; de Montpellier, Joachim
Colbert, le 31 juillet ; de Metz, Charles de Coislin, le 16
août ; de Castres, Quiquerand de Beaujeu, le 11 novembre, et même d'un Evêque simplement gallican, Fran-
cois d'Hallincourt, le 21 août, auxquels vint se joindre,
le 12 mai 1730, l'Archevêque janséniste d'Utrecht, Jean
Barchmann. Le 31 décembre 1729, l'Assemblée du
clergé déclarait que la Légende n'avait été adoptée par
aucun Evêque, et que l'usage n'en avait été et n'en
serait permis dans aucun diocèse. L'acte du Souverain
Pontife était proclamé solennellement comme non
avenu par l'Assemblée du clergé dans une Adresse au
Roi signée de quatorze Archevêques et Evêques, et de
dix-neuf députés du second ordre. Un seul prélat, Jean-
César de la Parisière, Evêque de Nîmes, ne signa pas
l'adresse, et, chargé de la harangue au Roi, qui termi-

(1) Cf. Melchior du Lac, *La liturgie romaine et les liturgies
françaises*, Le Mans, Julien, Lanier et Cie, 1849, p. 330-332 ; Dom
Guéranger, *Institutions liturgiques*, t. II. ch. 21. p. 450 et
suiv.; abbé comte de Robiano, *Continuation de l'Histoire de
l'Eglise de Bérault-Bercastel depuis 1721 jusqu'en 1830*,
Paris, Gauthier frères, t. I, 1836, p. 90-94 (cet historien reproduit
le texte de la légende, p. 92 et 93) ; Charles Lacretelle, *Histoire de
France pendant le XVIIIe siècle*, Paris, Delaunay. 1812. p. 80-81.

nait d'ordinaire les Assemblées de clergé, il fit entendre des paroles qui étaient en contradiction avec l'Adresse (1). Benoît XIII, par Brefs du 17 septembre, du 8 octobre, du 6 et du 19 décembre, condamna les mandements des Evêques d'Auxerre, de Metz et de Montpellier et les arrêts des Parlements de Paris et de Bordeaux. Le 23 février 1730 le Parlement rendit un arrêt contre la publication, distribution et exécution des Brefs par lesquels le Pape avait cassé et annulé les arrêts antérieurs des divers Parlements et condamné les mandements des Evêques jansénistes, et cet arrêt, quoique rendu dans les formes et imprimé, ne fut pas publié, défense expresse ayant été intimée au Parlement par le Cardinal de Fleury.

Dans cette instruction pastorale, l'évêque de Troyes avait fait entrer un précis assez étendu de la première partie de l'ouvrage de son oncle, la *Defensio declarationis cleri gallicani*, celle qui concerne l'indépendance de la puissance temporelle. Il rapportait en même temps tout ce qui s'était passé sous Louis XIV relativement à cet ouvrage (2). Il a rappelé ces mêmes faits dans une lettre qu'il écrivit peu après au Chancelier d'Aguesseau. Le Cardinal de Bausset a publié cette lettre d'après la minute originale qu'il avait eue sous les yeux. Nous la reproduisons ici :

(1) Cf. la fin de cette harangue dans dom Guéranger, *Institutions liturgiques*, 1840-1841, t. II, p. 301.

(2) Cf sur la *Défense de la Déclaration*, M [Gosselin], *Pouvoir du Pape sur les souverains au moyen-âge*, Paris, Périsse, 1839, p. 39-40.

Monseigneur, je reçois la lettre que vous me faites l'honneur de m'écrire du 2 de ce mois. Je crois ne devoir pas différer d'un moment à vous instruire de quelques faits importants, dont il me paraît nécessaire que vous n'ignoriez pas la vérité.

Il est certain que feu M. de Meaux n'a jamais remis entre les mains du feu roi l'ouvrage en question, quoiqu'il l'eût composé par ses ordres exprès, et toujours dans le dessein de le rendre public; à quoi cet évêque avoit employé plusieurs années d'un temps qui lui étoit si précieux et à l'Eglise.

Que ce n'a été qu'après sa mort que je crus faire plaisir au roi de le faire souvenir du travail immense que cet évêque avoit fait pour le service de l'Eglise et de l'Etat par ses ordres, et de lui offrir un exemplaire de cet ouvrage.

Le roi me dit plusieurs fois qu'il vouloit qu'il restât tout entier, et toujours en mes mains, comme un ouvrage qui devoit m'être plus cher et plus précieux qu'à tout autre, et que j'avois le plus d'intérêt de conserver.

Enfin que ce ne fut qu'à mes pressantes instances et très humbles supplications que le roi consentit *six années après*, à le recevoir en ses mains; qu'il me voulut bien assurer qu'il le conserveroit précieusement, sans le remettre en celles de qui que ce fût jusqu'à ce qu'on le rendît public, ce qui étoit, disoit-il, son dessein tôt ou tard, et sur quoi il eut la bonté de m'ajouter, comme je crois avoir eu l'honneur de vous le marquer, qu'on ne le feroit pas paraître sans me consulter.

Le roi me fit l'honneur de me tenir deux heures près de sa personne, ne pouvant se lasser de m'entendre parler, et de me parler lui-même de ce grand homme. Il voulut même que je lui rapportasse une autre fois quelques endroits de cet ouvrage que je lui avois indiqués, traduits en françois (ce que je fis cinq ou six jours après) entre autres la fin où feu M. de Meaux ouvre si pathétiquement et si paternellement son cœur sur la véritable grandeur de l'Eglise romaine, et sur le préjudice que faisoient au christianisme les prétentions chimériques des papes sur les princes et sur l'Eglise universelle, et le tort irréparable que ces opinions odieuses et outrées faisoient à la religion dans l'esprit des hérétiques et des catholiques même, et combien il étoit nécessaire pour l'honneur de l'Eglise et du saint siège, de faire éclater la vérité de l'ancienne doctrine de toute l'Eglise obscurcie par les flatteurs de la Cour de Rome. Le roi m'a fait l'honneur de m'en parler depuis, dans les mêmes termes et dans le même esprit.

Je mis donc les cinq ou six volumes de cet ouvrage dans une cassette où je les avois apportés, qui ont été trouvés dans le même état que je les avois donnés, à la mort de ce grand prince. Cet ouvrage a passé depuis dans les mains de M. le Régent, de M. le Duc, et est, je pense, à présent dans la bibliothèque du Roi.

Vous tirerez, Monseigneur, mieux que je ne saurois faire, les conséquences naturelles de tout ce que j'ai l'honneur de vous rapporter, comme étant la pure et sincère vérité.

Ainsi je ne pourrois m'empêcher de regarder comme un malheur, et comme une chose peu honorable à la mémoire de M. de Meaux, je pourrois ajouter à la France même, que cet ouvrage devint jamais public autrement que revêtu du sceau de l'autorité royale ; sans quoi non seulement on doit craindre qu'il ne fût plein d'une infinité de fautes, mais encore qu'il ne parût pas être véritablement l'ouvrage de cet illustre évêque ; ce qui lui ôteroit la grande autorité qu'il est si nécessaire qu'il ait pour être vraiment utile à l'Eglise et à l'Etat (1).

(1) Nous citons le texte de cette lettre de Bossuet le jeune au chancelier d'Aguesseau, d'après le Cardinal de Bausset, *Histoire de J.-B. Bossuet, Evêque de Meaux*, pièces justificatives du livre VI, dans les *Œuvres de Bossuet*, Paris, Paul Mellier et Ollivier-Fulgence, 1846, t. XXX, première partie, p. 388-389.

En insérant dans cette *Instruction pastorale* de 1729 (1) un fragment assez étendu de l'ouvrage de son oncle, la *Défense de la déclaration du Clergé de France*, et en apprenant au public qu'il avait ce précieux manuscrit entre les mains, l'évêque de Troyes « réveilla l'intérêt général, et excita le désir le plus vif de jouir d'un travail si important par son objet et par le nom de son auteur. »

A l'insu de Bossuet de Troyes parut en 1730 une édition de cet ouvrage faite sur la première rédaction à laquelle s'était arrêté Bossuet (2). Voyant que l'on publiait des éditions altérées de cet ouvrage de son oncle et que le gouvernement ne voulait point en entreprendre l'édition, Bossuet de Troyes crut alors de son devoir de publier une édition complète de la *Défense de la déclaration*, d'après la seconde et dernière rédaction qu'il avait gardée. Elle ne devait paraître qu'après sa mort, en 1745 (3), accompagnée d'une traduction

(1) *Mandement et instruction pastorale de M. l'Evêque de Troyes, du 30 septembre 1729, au sujet d'un imprimé intitulé :* Die XXV Maii, in festo S. Gregorii VII, etc. Paris, Osmont, 1729, in-4°. — Cf. encore : *Lettre pastorale de M. l'Evêque de Troyes du 10 Octobre 1731 pour faire part à son diocèse d'une lettre qu'il a écrite à M. l'Evêque d'Auxerre au sujet de sa lettre pastorale en datte du 28 février 1731 et de celle de M. l'Archevêque de Sens, en datte du 15 Aoust 1731*, Paris, Barthélemy Alix, 1732, in-4°.

(2) *Defensio declarationis quam de potestate ecclesiastica sanxit clerus gallicanus 19 mart. 1682, ab Ill. et Rev. J.-B. Bossuet....* Luxemburgi, And. Chevalier, 1730, 2 vol. in-4° (Des exemplaires portent la rubrique de Bâle, 1730) — Cf. l'excellent travail de M. l'abbé Urbain, *Bossuet*, Paris, Fontemoing, p. 14-15 (dans la *Bibliothèque des biographies critiques publiées par la Société des Etudes historiques*).

(3) *Defensio declarationis conventus cleri gallicani an. 1682 de ecclesiastica potestate.* Amstelodami (Paris), sumptibus

française, œuvre d'un ancien oratorien, Le Roy, que
l'évêque de Troyes avait chargé de ce travail, afin
« qu'un ouvrage de cette importance pût être lu de tout
le monde ».

En 1727, Bossuet de Troyes publia les *Elévations à
Dieu sur tous les mystères de la religion chrétienne* (1),
et en 1730-31 les *Méditations sur l'Evangile* (2).

Par un mandement « donné à Troyes.... le huit
Juillet mil sept cent vingt sept », Bossuet avait recommandé « *à tous les fidèles de son Diocèse la lecture des
ELÉVATIONS A DIEU SUR TOUS LES MYSTÈRES DE LA
RELIGION CHRESTIENNE, composées par feu M. Bossuet,
Evêque de Meaux.* Dans ce mandement il s'exprimait
ainsi :

Nous ne voulons plus avoir à nous reprocher .... de
priver si long-temps l'Eglise des Ouvrages Posthumes que

Societatis, 1745, 2 vol. in-4°. La traduction française de Leroy
parut également à Amsterdam (Paris), 1745, 3 vol. in-4°. — Cf.
l'ouvrage précité de M. Ch. Urbain ; de Burigny, *Vie de Bossuet*,
Bruxelles, 1761, p. 267 et suiv.

(1) *Elévations à Dieu sur tous les mystères de la religion
chrétienne*, Paris, J, Mariette, 1727, 2 vol. in-12.

(2) *Méditations sur l'Evangile*, Paris, P.-J. Mariette, 1730-31,
4 vol. in-12. — C'est en 1732 que parut la *Relation de l'origine,
du progrès et de la condamnation du Quiétisme répandu en
France, avec plusieurs anecdotes curieuses*, (s.l., M.DCC.XXXII)
de l'abbé Phelippeaux, l'ancien précepteur et compagnon de l'abbé
Bossuet à Rome, qui a peut-être été publiée par l'évêque de Troyes,
ou sous son inspiration, pour répondre à l'*Histoire de l'église de
Meaux* par dom Toussaint Duplessis, Paris, 1731, 2 vol. in-4°. Dom
Toussaint Duplessis avait narré le différend du quiétisme en donnant
tort à Bossuet. « Aussi sait-on que M. l'Eveque de Troyes, son
illustre neveu, ayant vu cet article de l'histoire de Dom Toussaint,
ne put retenir la plus juste indignation... L'ouvrage que l'on
donne au public mettra encore mieux à portée de juger de cette
même relation ... Ainsi il y a tout lieu de se flatter que le public

M. l'Evêque de Meaux a laissez entre nos mains. Comme il ne travailloit que pour elle, tout le fruit de ses travaux lui appartient ; et nous n'avons reçu ce riche et précieux trésor que comme un dépôt qu'elle a droit de répéter et que nous avons toujours crû être obligé de lui rendre.

Après que Dieu eût appelé à lui ce Saint Evêque, nous travaillâmes à rassembler tous les Manuscrits, et nous emploîames tout le loisir dont nous jouissions alors, pour les mettre en état de paroître. Nous commençâmes par la *Politique tirée de l'Ecriture Sainte* ; l'impression en fut faite sous nos yeux peu d'années après la mort de l'Auteur, et le succès répondit à notre attente.

Nous étions occupez du dessein de publier successivement tous ses autres Ouvrages ; même de donner une édition complette tant de ceux qui sont déja imprimez, que de ceux qui n'ont pas encore vû le jour : lorsque la divine providence nous appela au gouvernement de ce Diocèse. Les soins continuels que nous n'avons pû nous dispenser d'y donner, la multitude des affaires qui se sont succédées les unes aux autres, les grands travaux que nous avons été

nous saura quelque gré de lui avoir fait part d'une histoire aussi intéressante dont nous avions une copie exacte et fidèle entre les mains....» (AVERTISSEMENT). Dans la *Préface* qui est de l'abbé Phelippeaux, il y a des passages curieux. En voici quelques-uns : «Dans le temps de l'examen et de la condamnation du livre, j'étois à Rome, où le désir de visiter les tombeaux des Saints Apôtres, et la curiosité de voir ces fameux restes de l'antiquité payenne m'avoient conduit, avant que le trouble arrivât.» — « Je n'écris que pour rendre un témoignage autentique de la protection que Dieu a donné en cette occasion à son Eglise. J'ai connu si visiblement les effets de sa providence, que je n'ai plus besoin de la révélation; ni du secours des Saintes Ecritures pour en être pleinement convaincu.» — « On verra de l'autre côté un Archevêque Duc de Cambrai, esprit vif, artificieux, souple, flatteur et dissimulé, s'il en fût jamais, qui, séduit par une femme, ne songeoit qu'à établir partout la séduction. Il joignoit à la politesse et à l'élégance du discours, un air modeste et de régularité qui le rendoit aimable. Il parloit de spiritualité avec les expressions et l'enthousiasme des Prophètes. Avec de tels talens il se flatta que rien ne pouvoit lui résister. . . »

obligez d'entreprendre, ne nous ont pas permis jusqu'ici de nous livrer à d'autres occupations, quelqu'importantes qu'elles pussent paroître ; ni de reprendre un travail que dans d'autres circonstances nous n'aurions pas cru pouvoir interrompre, sans nous attirer de justes reproches, et sans mériter quelque blâme.

Maintenant que par la miséricorde de Dieu, nous avons tâché de pourvoir autant que nos forces et nos foibles lumières nous l'ont permis, à tout ce qui nous a paru de plus pressé et de plus important ; et que par le secours d'un clergé, dont le zèle réglé par la science a toujours secondé nos intentions, nous avons la consolation de voir dans ce grand Diocèse l'ordre et la bonne discipline affermie partout ; la saine doctrine et la morale de Jésus-Christ maintenuës dans leur pureté et dans leur vigueur ; les semences de division et de troubles entièrement dissipées, et la paix, le plus cher objet de nos vœux, heureusement conservée : rien ne peut plus retarder notre empressement à répondre aux instances réïtérées des plus grands hommes, et des plus illustres personnages de ce siècle, de tous ordres, de tous états et de toutes nations ; et à satisfaire les désirs d'une infinité de saintes âmes qui soupirent depuis long-temps après les ouvrages de piété de ce saint Evêque. . .

. . . .

Voïez cet aigle s'élever sur les ailes de la foi, prendre son vol, et percer les nuës pour se perdre dans les splendeurs des saints. Suivez-le dans la contemplation du mystère des mystères, des secrets réservez à la vie future et bienheureuse : et s'il ne vous conduit pas jusqu'au fond de ce sanctuaire impénétrable à tous mortels, du moins il vous en montrera assez pour soutenir et pour affermir votre foi ; pour vous ravir en admiration, et pour enflammer en vous le désir de vous unir de plus en plus par la connoissance et par l'amour à cette sainte, adorable et bienheureuse Trinité : jusqu'à ce qu'elle-même formant en nous sa parfaite image, et s'unissant au fond de notre être, elle se consomme en un avec nous par un éternel et parfait amour.

Un soi-disant abbé Fichant, prêtre du diocèse de Quimper, par une lettre insérée, au mois de juin 1731, dans les *Mémoires* ou *Journal de Trévoux* (page 547) prétendit prouver que les *Élévations à Dieu sur tous les mystères de la religion chrétienne*, n'étaient pas de feu M. l'évêque de Meaux et que l'éditeur de cet ouvrage le lui avait faussement attribué. Les auteurs du *Journal* dirent dans leur réponse à ce correspondant : « Il est manifeste par vos remarques et par celles-ci [qu'ils y ajoutaient], que feu M. Bossuet, évêque de Meaux, n'aurait ni pensé ni parlé comme le fait penser et parler le livre des *Élévations*. On avertit dès le frontispice que cet ouvrage est posthume : peut-être n'était-il qu'à peine conçu lorsque ce savant évêque finit ses jours, et qu'il a reçu tous ses accroissements et ses traits, par la plume qui l'a mis au jour. conformément à la *Prière publique* (1). »

Dans le cahier de février 1732 (page 313), ce même prétendu Fichant publia contre les *Méditations* de Bossuet *sur l'Évangile* qui avaient paru l'année précédente, une nouvelle lettre dans laquelle il tâchait de les rendre suspectes d'interpolations et de falsifications. « Il n'y a dans le monde. disait-il, que l'auteur des *Nouvelles ecclésiastiques* qui puisse être tenté de dire le contraire », et l'on faisait ainsi considérer

____

(1) Le *Traité de la prière publique et des SS. Mystères* était du célèbre abbé Du Guet qui a fréquemment résidé à Troyes.

l'éditeur des Œuvres posthumes de Bossuet, l'évèque de Troyes, comme faussaire.

Enfin, dans le cahier du mois de mai suivant (page 925), le *Journal de Trévoux* reproduisit les mêmes accusations. Cependant Bossuet de Troyes qu'il avait si gravement provoqué, ne se décida que le 23 mars 1733 à présenter au Parlement de Paris une requête, tendant à ce qu'il plût à « Nosseigneurs du Parlement » :

« .... Remettre au Greffe de la Cour un exemplaire imprimé du Livre des *Elévations,* composé par feu M. Bossuet, Evêque de Meaux, et le Manuscrit original dudit Livre entièrement écrit de la main de feu M. Bossuet, ensemble un exemplaire imprimé du Journal, intitulé *Mémoires pour l'Histoire des Sciences et des Beaux-Arts, Juin mil sept cent trente-un :* ....permettre au Suppliant de faire assigner en la Cour Michel Fichant Prêtre du Diocèse de Quimper, le Provincial des Jésuites de la Province de France, le Supérieur de la Maison Professe, le Recteur de leur Noviciat de cette Ville de Paris, et le Recteur du Collège de Loüis le Grand, pour voir dire que l'exemplaire imprimé du Livre des *Elévations* sera collationné en leur présence, où eux dùement appelez, et en présence d'un des Substituts de M. le Procureur Général, par tel de Messieurs qu'il plaira à la Cour de commettre, avec le Manuscrit original remis au Greffe par le Suppliant, à l'effet de constater la conformité de l'exemplaire imprimé dudit Livre des *Elévations* avec le Manuscrit original, tant dans tous les endroits citez dans la Lettre du sieur Fichant, que dans la Réponse des Auteurs du Journal à ladite Lettre. Ordonner que lesdits Supérieurs des Jésuites seront tenus d'indiquer les Auteurs de leur Société, qui travaillent au Journal, intitulé : *Mémoires pour l'Histoire des Sciences et des Beaux-Arts,* lesquels Auteurs, ensemble le sieur

Fichant seront tenus de déclarer au Greffe de la Cour en présence de six de Messieurs qu'il plaira à la Cour de nommer, que témérairement et calomnieusement ils ont avancé dans ladite Lettre et dans ladite Réponse, que l'Ouvrage des *Elévations* n'étoit point de feu M. Bossuet Evèque de Meaux, ou que du moins il avoit été altéré et interpolé, et qu'ils en demandent pardon au Suppliant ; et après ladite déclaration faite verbalement, d'en laisser un acte au Greffe signé d'eux ; et condamner ledit Fichant, ensemble les Supérieurs des Jésuites, en tels dommages et intérêts qu'il plaira à la Cour d'arbitrer, applicables aux Hôpitaux de cette Ville : Permettre au Suppliant de faire imprimer, publier et afficher l'Arrêt qui interviendra, sauf à M. le Procureur général à prendre pour la vindicte publique telles conclusions qu'il avisera.....

Le parlement, sur les conclusions du procureur général, rendit un arrêt qui permettait à l'évêque de Troyes de déposer le manuscrit au greffe et de faire assigner ceux qu'il avait dénommés dans sa requête.

En conséquence, le manuscrit original des *Eléva-tions* fut déposé au greffe et collationné avec l'imprimé, par l'abbé Pucelle et M. Tuffier, conseillers commis à cet effet, qui signèrent le manuscrit aux endroits où se trouvèrent les propositions attaquées, pour en attester la conformité avec l'imprimé.

Le 1er Juillet 1733, Bossuet donnait une *Instruction pastorale* où il défendait son « très-cher et très-honoré oncle », et ces Elévations qui « étoient connues depuis long-temps, et désirées avec un extrême empressement de tous ceux qui connoissoient le grand Evèque de Meaux, c'est à dire de tous les plus grands personnages, de tous les sçavans, et de toutes les personnes qui aimoient la saine morale et la piété chrétienne (p. 4). » (1)

Toutes les maisons des Jésuites s'alarmèrent à Paris de cette affaire. Leurs divers supérieurs supplièrent en commun le Cardinal de Fleury de leur éviter les mortifications qu'elle devait leur attirer. L'intendant de Champagne, M. Le Pelletier de Beaupré,

(1) Voici un éloge de Bossuet, contenu dans cette *Instruction pastorale*, qui ne manque pas d'éloquence : « Quoi donc, ce Théologien d'une justesse si exacte dans tous ses autres écrits, d'une pénétration si profonde, soit qu'il ait à démêler les erreurs les plus enveloppées, soit qu'il entreprenne de développer les matières les plus embarrassées, ou qu'il veuille mettre, pour ainsi dire, sous les yeux les véritez les plus sublimes ; ce Docteur si inviolablement attaché à la règle de la Foi et au pur langage de la tradition qu'il croioit inséparablement uni à la saine doctrine, et dont il a toujours soûtenu qu'on ne pouvoit s'écarter sans mettre la Foi en péril ; ce sçavant Orateur d'une éloquence si sage et si judicieuse, si naturelle et si noble ; qui avoit sur toutes les matières de la Religion les idées si nettes, si précises et si vastes, n'aura t-il plus été capable, lorsqu'il a composé les ELÉVATIONS, de discerner le langage pur, exact et orthodoxe, du langage suspect et hérétique ? ou se sera-t-il servi au hasard d'expressions pleines des erreurs qu'il connoissoit le mieux, dont il avoit le plus d'horreur, et qu'il poursuivoit par-tout pour enseigner les dogmes qu'il avoit le plus à cœur de faire bien entendre, et qu'il avoit soin de développer, d'appuyer, d'inculquer en toute occasion ? Quelle absurde pensée ! Qui pourroit sans rougir la proposer sérieusement ? Ce qui n'arriva jamais à M. de Meaux en parlant sur le champ et sans préparation ; que dis-je, ce qui n'auroit peut-être pû lui arriver même en dormant, par quelle fatalité lui seroit-il arrivé en écrivant avec réflexion et à tête reposée ?.... » (p. 10). L'évêque fait, p. 128, un rapprochement plutôt compromettant pour Bossuet : « Quel est donc leur dessein ? Est-ce de rendre suspecte à l'Église L'ÉDITION POSTHUME des ouvrages de M. de Meaux sous prétexte que n'ayant paru qu'après sa mort, ils ont pu être altérés : afin de faire retomber ensuite la même suspicion sur ses autres ouvrages où il leur sera facile de montrer la même doctrine, et le même langage ? Ont-ils donc entrepris de décrier comme contraires à la foi tous les livres où l'Église n'a jamais aperçu que sa propre doctrine ? La critique qu'ils font *(Journal [de Trévoux] du mois de Juin 1732)* des ouvrages de M. Nicole seroit-elle encore une suite de ce projet insensé ? »

reçut du principal ministre du Roi, l'ordre d'aller trouver l'évêque de Troyes, et de lui faire des propositions de nature à le calmer ; mais ce prélat ne crut pas devoir se contenter des explications particulières qu'il lui offrit de la part des Jésuites.

D'autre part, M. Hérault, lieutenant général de police (1), fut chargé de porter les adversaires de l'Evêque de Troyes à lui donner des satisfactions qui pussent faire suspendre l'instruction de la procédure.

Le sieur Fichant et les journalistes présentèrent, le 5 septembre 1733, une requête au parlement, par laquelle ils demandèrent « qu'il plût à la Cour de leur donner acte de ce qu'ils convenoient et reconnoissoient que l'imprimé du livre des *Elevations* étoit conforme en son entier au manuscrit, et que le manuscrit étoit entièrement écrit de la main du feu sieur Bossuet », réitérant toutes les protestations de désaveu de leurs lettres.

Le Parlement rendit le 7 septembre 1733 POUR M. L'EVESQUE DE TROYES CONTRE *Michel Fichant, Prêtre du Diocèse de Quimper : Ensemble le Provincial des Jésuites de la Province de France : Le Supérieur de la Maison Professe : Le Recteur de leur Noviciat de cette Ville de Paris ; et le Recteur du Collège de la ruë S. Jacques*, un arrêt par lequel acte fut donné aux Jésuites :

« de ce qu'ils conviennent et reconnoissent que l'imprimé du Livre des Elévations est conforme au manuscrit, et que le

______

(1) Cf. une lettre de Daguesseau à Hérault, dans les *Lettres inédites du Chancelier d'Aguesseau*, publiées par D.-B. Rives, Paris, de l'imprimerie royale, 1823, t. II, p. 235 et suiv.

manuscrit est entièrement de la main dudit défunt Jacques-
Bénigne Bossuet évêque de Meaux ; leur donne acte pareillement des désaveux qu'ils font à cet égard tant de la Lettre
dudit Fichant, que de la Réponse à ladite Lettre imprimée
dans les *Mémoires pour servir à l'histoire des Sciences
et des beaux Arts* du mois de Juin 1731, comme aussi leur
donne acte de leur déclaration et protestation, que par la
composition et distribution desdits Ecrits ils n'ont eu
aucune intention de manquer au respect qu'ils doivent au
caractère et à l'autorité des Archevêques et Evêques, ni à
celui qu'ils doivent en particulier audit Evêque de Troyes...,
et à la mémoire de l'illustre Jacques Bénigne Bossuet, ni
entendu s'ériger en juges du fond d'un ouvrage qui porte
un nom si respectable par la dignité, par le profond sçavoir,
et les lumières supérieures de l'Auteur. Leur donne acte
en outre de la déclaration qu'ils font du sensible déplaisir
qu'ils ont de ce qui s'est passé, et qui a pû donner lieu
audit Evêque d'avoir d'eux une opinion contraire aux
sentiments respectueux qu'ils ont pour lui, lequel ils sup-
plient de vouloir l'oublier, et honorer leur Compagnie de
sa protection et de sa bienveillance, qu'ils tâcheront toujours de mériter par leurs très humbles respects. Leur
donne acte pareillement de la déclaration par eux faite de
veiller plus que jamais sur le travail des Auteurs des
Mémoires pour l'histoire des Sciences et des Beaux Arts,
pour empêcher qu'il ne s'y glisse rien de contraire aux
déclarations portées par leur Requête. Donne acte audit
Fichant,...., en ce qui le concerne, des mêmes aveux,
reconnoissances, désaveux, déclarations et protestations
portées par ses Requêtes.... Donne acte en outre audit
Evêque de Troyes de ce qu'il ne demande plus ni réparation personnelle, ni dommages et intérêts, ni dépens,....,
permet [audit Evêque de Troyes] de retirer du Greffe les
pièces qui y ont été par lui déposées : lui permet aussi de
faire imprimer le présent arrêt. »

Cet arrêt fut en effet imprimé, débité et vendu publiquement par les colporteurs ; mais l'évêque de Troyes crut devoir à l'église et à la mémoire de son oncle de publier au mois d'octobre suivant une *Instruction pastorale* (1) dans laquelle il démontrait que les *Méditations* ne contenaient aucune des propositions hérétiques, jansénistes et quiétistes, qu'avait supposées l'abbé Fichant (2).

(1) Dans cette *Instruction pastorale* nous mentionnerons cette belle expression (p. 211) : « Mais le grand Evêque de Meaux, ce génie si vaste et si profond qui connoissait parfaitement la doctrine catholique....; ce zélé défenseur de l'Eglise, cet homme *qui faisoit courber la langue sous ses pensées. .»*

(2) Voici la liste des principaux écrits, qui se rapportent à cette querelle :

— *Mandement de M. l'Evêque de Troyes du 8 juillet 1727 pour recommander à tous les fidèles de son diocèse la lecture des* Elévations à Dieu sur tous les mystères de la religion chrétienne, *composés par feu* M. Bossuet, *Evêque de Meaux*, Troyes, Pierre Michelin, 1727, in-4°.

— *Mandement de M. l'Evêque de Troyes du 2 janvier 1731 pour recommander à tous les fidèles de son diocèse la lecture des* Méditations sur l'Evangile *composées par feu* M. Bossuet, *Evêque de Meaux*, Troyes, Pierre Michelin, 1731, in-4°.

— *Instruction pastorale de M. l'Evêque de Troyes du premier juillet 1733 au sujet des calomnies avancées dans le* Journal de Trévoux *du mois de juin 1731 contre les* Elévations à Dieu sur tous les mystères de la religion chrétienne, *ouvrage posthume de feu* M. Bossuet, *Evêque de Meaux*, Paris, Barthélemy Alix, 1733, in-4°.

— *Requeste de M. l'Evêque de Troyes à Nosseigneurs du Parlement en la Grand'Chambre, répondue le 24 Mars 1733, au sujet des calomnies avancées dans le* Journal de Trévoux *du mois de Juin 1731 contre les* Elévations à Dieu sur tous les mystères de la religion chrétienne, *ouvrage posthume de feu* M. Bossuet, *Evêque de Meaux*, in-4°.

— *Arrest de la Cour du Parlement du 7 septembre 1733 pour M. l'Evêque de Troyes contre Michel Fichant, Prêtre, du diocèse de Quimper, ensemble le Provincial des Jésuites de la province de France, le Supérieur de la maison Professe, le Recteur de leur Noviciat de cette ville de Paris et le Rec-*

L'évêque de Troyes publia en 1731 les *Traitez du libre arbitre et de la concupiscence* (1) et le *Traité de l'amour de Dieu nécessaire dans le sacrement de pénitence* qu'avait composés son oncle (2). A la tête de ces traités, « il mit, à son ordinaire, un mandement pour en recommander la lecture au clergé et aux fidèles de son diocèse » (3).

Il ne put parvenir à mettre lui-même au jour la correspondance qu'il avait entretenue avec son oncle

teur du Collège de la rue Saint-Jacques, Paris, Barthélemy Alix, 1733, in-4°.

— *Seconde instruction pastorale de M. l'Evêque de Troyes, du premier Février 1734, au sujet des calomnies avancées dans le* Journal de Trévoux *du mois de Février 1732 contre les* Méditations sur l'Evangile *de M. Bossuet, Evêque de Meaux*, Paris, Barthélemy Alix, 1734, in-4°.

Cf. aussi [le P. de Colonia], *Dictionnaire des livres jansénistes ou qui favorisent le Jansénisme*, à Anvers, chez Jean-Baptiste Verdrissen, 1752, t. II, p. 24, 320 et *passim*.

(1) *Traitez du libre arbitre et de la concupiscence*, Paris, Barthélemy Alix, 1731, in-12.

(2) *Traité de l'amour de Dieu nécessaire dans le sacrement de pénitence suivant la doctrine du concile de Trente*, ouvrage posthume composé en Latin par Jacques-Bénigne Bossuet, Evêque de Meaux, donné avec la traduction Françoise par Messire Jacques-Bénigne Bossuet, Evêque de Troyes, Paris, Barthélemy Alix, 1736, in-12. Cf. sur ce livre le très intéressant article, déjà cité, de M. l'abbé Ch. Urbain, *Du jansénisme de Bossuet*, Paris, Letouzey et Ané, 1899, p. 9 et 10.

(3) Courtalon-Delaistre, *Topographie historique de la ville et du diocèse de Troyes*, Troyes, 1783, t. I, p. 470. — Voici le titre du mandement qui précède le *Traité de l'Amour de Dieu* : MANDEMENT DE MONSEIGNEUR L'ILLUSTRISSIME ET REVERENDISSIME EVÊQUE DE TROYES POUR RECOMMANDER AU CLERGÉ ET AUX FIDÈLES DE SON DIOCÈSE, LA LECTURE ET LA PRATIQUE DU TRAITÉ DE L'AMOUR DE DIEU nécessaire dans le Sacrement de Pénitence, suivant la Doctrine du Concile de Trente, *composé par feu M. J.-B. Bossuet, Evêque de Meaux*, clxviij pp.

pendant la querelle du Quiétisme, malgré le désir qu'il en avait. Mais cette publication était comme prête, et les Bénédictins des Blancs-Manteaux n'eurent sans doute que peu de peine à colliger des matériaux que l'évêque de Troyes avait dû rassembler pour la plus grande part (1).

Bossuet chercha à introduire dans ce diocèse que les jansénistes reconnaissants appelaient une « terre promise », une innovation que l'abbé François Le Dieu avait introduite en 1709 dans une nouvelle édition du Missel de Meaux. Au mépris de l'ancienne liturgie, l'abbé Le Dieu avait introduit des *Amen* précédés d'un *R.* rouge à la suite des formules de la Consécration et de la Communion, et plaça le même signe avant chacun des *Amen* qui se trouvaient déjà dans le Canon de la Messe (2). Le but de l'abbé Le Dieu était de contraindre le Prêtre à réciter à voix haute, pour que le peuple ou du moins les clercs pussent répondre **Amen**

(1) Rectifier ainsi qu'il suit ce que nous avons dit (p. 5) à propos de l'intention qu'avait l'abbé Bossuet, de donner ces lettres au public : « M. de Bausset va jusqu'à reprocher à l'abbé Bossuet la franchise.... qui l'a poussé à *vouloir* publier....». Et plus loin : « Nous n'adresserions pas à Bossuet de Troyes le moindre reproche pour *avoir voulu nous faire connaître.... On n'a* point inséré dans ce recueil....» Lachat se plaint que Deforis ait beaucoup altéré le texte de ces lettres par suite de ses idées jansénistes (t. XXIX, *Remarques historiques*, p. I-VIII) ; mais ces modifications viennent plutôt « de la manie, commune aux éditeurs du dernier siècle, de polir et de corriger leurs auteurs ».

(2) Cf. sur cette affaire Melchior du Lac, *La Liturgie romaine et les Liturgies françaises*, Le Mans, Julien, Lanier et Cie, 1849, p. 327 et suiv., à qui nous empruntons très largement tous ces détails.

aux endroits marqués pour ce répons (1). Le Missel de Troyes portait, entre autres rubriques, que le Canon de la Messe devait être récité non pas secrètement, *secreto*, *submissa voce*, comme dans les Missels antérieurs, mais simplement *submissiore voce*, à voix plus basse que les autres parties de la Messe. La pratique donnait l'interprétation à ceux qui ne saisissaient pas le sens de la rubrique.

Le Missel, composé par Petitpied, contenait bien d'autres innovations. Une rubrique, par exemple, témoignait le désir de voir abolir dans les Eglises du diocèse l'usage de placer une croix et des chandeliers sur l'autel. Le Prêtre ne devait plus réciter en particulier les lectures et les prières qui se font au chœur (2).

---

(1) Le Dieu fit en même temps paraître une *Lettre sur les Amen du nouveau Missel de Meaux*. Le successeur immédiat de Bossuet, M. de Bissy, condamna, dans un mandement énergique du 22 janvier 1710, cette innovation, la signalant à son clergé et interdisant la lecture de la lettre de l'abbé Le Dieu. Le Chapitre de son côté, par déclaration annexée au mandement, protesta que ces changements avaient été faits à son insu. Le Dieu en mourut de chagrin. Cf. Melchior du Lac, *libro citato*, p. 325-326 : Picot, *Mémoires pour servir à l'histoire ecclésiastique pendant le XVIIIe siècle*, t. IV. p. 56.

(2) « Le Docteur Nicolas Petitpied s'était vu forcé, pour son opiniâtreté dans l'affaire du *Cas de conscience*, de chercher un refuge en Hollande, où la société janséniste, devenue depuis la petite Eglise d'Utrecht, avait sous le gouvernement de l'oratorien Codde, Vicaire apostolique dans les Provinces-Unies, avec le titre d'Archevêque de Sebaste, introduit l'usage de la langue vulgaire dans l'administration des sacrements. Codde mourut en 1710, et Clément XI défendit aux catholiques de Hollande de prier pour lui (Cf. d'Avrigny, *Mémoires chronologiques et dogmatiques*, etc , tome IV, pag. 214). Petitpied, de retour en France, s'établit dans le village d'Asnières auprès de son ami Jacques Jubé, autre janséniste, curé de cette paroisse. A eux deux, ils dotèrent Asnières d'une liturgie nouvelle : un seul autel, nu, sans croix ni chan-

Le Missel vit le jour le 20 septembre 1736. Dès le 10 octobre le Chapitre, à la majorité de dix-sept voix contre cinq, interjetait appel comme d'abus à l'Archevêque de Sens métropolitain (1). C'était l'illustre Joseph Languet de Gergy. Dans trois mandements adresssés, l'un au Chapitre de Troyes, les autres en général au Clergé soumis à la juridiction de l'Archevêque de Sens, il condamna les nouveautés du livre déféré à son jugement. La première de ces pièces se terminait par une sentence juridique, à la date du 20 avril 1737. déclarant supens *ipso facto* tous les prêtres de la juridiction métropolitaine de Sens qui emploieraient dans la célébration de la Messe, les rites du nouveau Missel de Troyes ou qui réciteraient même les nouvelles Messes qu'il renfermait (2). C'est dans l'un de ces mandements qu'il poussait ce cri de détresse :

deliers, recouvert d'une simple nappe quand on offrait le saint Sacrifice, ce qui n'avait lieu que le dimanche et les jours de fête ; à côté des dons sacrés. les fruits et légumes de la saison sur lesquels se faisaient les bénédictions qui accompagnent les paroles, *per quem haec omnia, Domine, semper bona creas*, etc ; le Canon récité à haute voix par le Prêtre, qui, en revanche, ne proférait en aucune façon les formules chantées au chœur ; le Sousdiacre revêtu de la tunique communiant avec les laïques ; avant les Vêpres, une espèce de diaconesse lisant publiquement, en français, l'Evangile du jour, tels sont les traits principaux de la parade sacrilège que l'on jouait aux portes de Paris. (Lafiteau, *Histoire de la Constitution Unigenitus*). Le Cardinal de Noailles était alors Archevêque, il n'y trouva rien à reprendre, et n'eût garde de l'empêcher...»(Melchior du Lac, *eodem libro*, p 327-328).

(1) *Missale sanctae Ecclesiae Trecensis, D. Jacobi Benigni Bossuet, Trecensis episcopi autoritate, et ejusdem Ecclesiae Capituli consensu editum.* Trecis, Petr. Michelin, 1736, in-fol.

(2) Voici les titres des diverses lettres et mandements dans lesquels Languet de Gergy attaqua le *Missel* de Troyes :
— *Mandement et instruction pastorale de M. J.-Joseph-Languet, Archevêque de Sens, du 20 Avril 1737, au sujet du*

« O jour malheureux que le nôtre ! Faut-il que nous voyions dans le mandement d'un Evêque ce que nous lisons avec horreur dans les écrits emportés d'un Luther et d'un Jurieu ! » (1) Languet, avant de publier son mandement, l'avait soumis à plusieurs de ses collègues dans l'Episcopat (2) et en avait reçu les adhésions les plus expressives. Petitpied qui, en diverses circonstances, avait déjà fabriqué un certain nombre de Mandements sous le nom d'Evêques favorables au jansénisme (3), répondit, sous le nom de l'Evêque de Troyes, par trois Mandements à la date du 8 septembre 1737, 28 du même mois et 1er mai 1738. Languet répliqua aux factums de son suffragant, lequel de son côté défendait de lire les Mandements du métropolitain (4). Cependant le Roi qui, en vertu des libertés de l'Eglise gallicane, s'arro-

nouveau Missel de Troyes, Paris, veuve Mazières, 1737, in-4°.
— Lettre de M. l'Archevêque de Sens du 25 juillet 1737 à M. le Curé de Saint-Sulpice, son frère, au sujet du mandement de M. l'Evêque de Troyes, daté du 14 juin 1737, in-4".
— Second mandement et instruction pastorale de M. J. Joseph Languet, Archevêque de Sens, du 8 Décembre 1737. au sujet du nouveau missel de Troyes : première partie, Veuve Mazières et J. Bapt. Garnier, 1738.

(1) D'après Melchior du Lac, eodem libro, p. 40.

(2) Voy. dans dom Guéranger, Institutions liturgiques, t. II, p. 212 et suiv., les noms de quelques-uns de ces Prélats ainsi qu'un extrait de la lettre remarquable qu'adressa à l'Archevêque de Sens, en cette occasion, le successeur de Fénelon, Charles de Saint-Albin, Archevêque de Cambrai.

(3) Cf. Picot, Mémoires pour servir à l'histoire ecclésiastique du XVIIIe siècle, t. IV, p. 209 ; Rohrbacher, Histoire universelle de l'Eglise catholique, Paris, Gaume, 1852, t. 27e, p. 152.

(4) Bossuet répondit à l'Archevêque de Sens et à ses diverses attaques par les différentes pièces suivantes :
— Mandement de M. l'Evêque de Troyes du 14 juin 1737 pour défendre le Mandement de M. l'archevêque de Sens au

geait le droit de régler souverainement les questions religieuses, se saisit de la cause, et donna l'ordre à l'Evêque de Troyes de modifier son missel. Il s'empressa d'obéir (1). Par un mandement du 15 octobre 1738, il défendit de prononcer à voix haute et intelligible les paroles du Canon de la Messe et les oraisons

sujet du missel de Troyes, etc, Paris, Barthélemy Alix, 1737, in-4°.

— *Première instruction pastorale de M. l'Evêque de Troyes du 8 septembre 1737 pour servir de réponse au mandement de M. l'Archevêque de Sens, du 20 Avril 1737, au sujet du Missel de Troyes*, Paris, Barthélemy Alix, 1737, in-4°.

— *Seconde instruction pastorale de M. l'Evêque de Troyes du 28 septembre 1737 pour servir de réponse au mandement de M. l'Archevêque de Sens, du 20 Avril 1737, au sujet du missel de Troyes*. Paris, Barthélemy Alix, 1737, in-4°.

— *Troisième instruction pastorale de M. l'Evêque de Troyes du premier mai 1738 pour servir de réponse au second mandement de M. l'Archevêque de Sens du 8 Décembre 1737 au sujet du nouveau missel de Troyes*, Paris, Barthélemy Alix, 1738, in-4°.

— *Quatrième et dernière instruction pastorale et ordonnance de M. l'Evêque de Troyes du 15 octobre 1738 au sujet du nouveau missel de Troyes*, Paris, Barthélemy Alix, 1739, in-4°.

En dehors des écrits de Languet de Gergy, les ouvrages suivants parurent pour attaquer ou défendre le missel de Troyes :

— *Lettre à M. l'Evêque de Troyes sur les sentiments de M. Bossuet, Evêque de Meaux, contre le Jansénisme, du 9 juillet 1737*, in-4°.

— *Seconde lettre à M. l'Evêque de Troyes, du 18 Août 1737 sur les sentimens de M. Bossuet, Evêque de Meaux, contre le Jansénisme*, in-4°.

— *Lettre de M. l'Archevêque d'Embrun, du 27 octobre 1737, à M. l'Evêque de Troyes, communiquée aux Ecclésiastiques du diocèse d'Embrun pour leur instruction*, Paris, Veuve Mazières et J.-B. Garnier, 1738, in-4°.

— *Lettre théologique du 5 juillet 1737 à M***. Docteur de Sorbonne, pour la justification de la doctrine du missel de Troyes, condamnée par M. l'Archevêque de Sens*, in-4°.

(1) « Il était aussi soumis à la puissance temporelle que rempli d'audace contre la puissance spirituelle » (Melchior du Lac, *eodem libro*, p. 330).

appelées *Secrètes*, ordonnant. d'ailleurs, que le Prêtre aurait à lire et à réciter en particulier les parties de la Messe qui se chantent au chœur, et rétablissant les prières d'usage avant l'administration de la communion aux fidèles, que son Missel avait supprimées. On ne lui en demanda pas davantage : on n'était préoccupé que des cérémonies qui frappent les yeux du peuple. Sauf les modifications qui viennent d'être indiquées, le Missel de Troyes, le Missel de Bossuet le jeune resta ce que l'avaient fait Bossuet et Petitpied, aidés d'un oratorien qui partageait leurs sentiments, Pierre Vernier. Ce Missel est demeuré en vigueur dans l'église de Troyes jusqu'au jour où Mgr Depery rétablit la liturgie romaine (1).

En 1739, Bossuet donna à son diocèse un *Graduel* conformément au nouveau Missel. et l'année suivante, il publia le *Processionnal* dont M. de Barral a donné une nouvelle édition en 1769 (2).

Pendant son épiscopat, Bossuet donna ses soins à l'extension du séminaire qui avait été fondé à Troyes

(1) Cf. sur ce sujet *Agonie de la Liturgie Troyenne par un prêtre qui lui fait ses adieux*, Troyes, 1847, in-8° : le *Mandement de M. l'Evêque de Troyes sur le rétablissement de la Liturgie romaine dans son diocèse* : «...Les sectes hérétiques... n'ont pas trouvé de moyen plus puissant pour répandre leurs erreurs que le changement de la Liturgie et des cérémonies du culte ;...en particulier la secte qui a fait tant de ravages sur la fin du dix-septième siècle et dans le siècle suivant, n'a travaillé avec tant d'efforts au changement de la prière publique et de la liturgie dans un certain nombre de diocèses de France qu'afin de se faire une porte détournée pour entrer furtivement dans l'Eglise et malgré l'Eglise » (D'après Melchior du Lac, *eodem libro*, p. 23).

(2) Courtalon-Delaistre, *Topographie historique de la ville et du diocèse de Troyes*, Troyes, 1783, t. I, p. 474.

au XVIIe siècle, et qui avait reçu en 1693 un règlement de M. de Bouthillier de Chavigny.

Bossuet se démit de son évêché en 1742 (1). Il eut pour successeur Mgr Mathias Poncet de la Rivière qui avait des opinions toutes différentes, et mourut à Paris le 12 juillet 1743 dans sa 79e année (1). Il laissait dans son ancien diocèse le souvenir d'une grande rigidité dans les mœurs. En 1744, des comédiens vinrent à Troyes. Ils jouèrent dans la salle du Jeu de Paume de Braque, situé dans la rue du Bois. Quelques-uns d'entre eux furent appelés pour chanter le *Te Deum* à l'occasion du rétablissement de la santé du Roi, à Saint-Etienne, aux Jacobins, aux Cordeliers, à l'Evêché. Un chanoine de

(1) Sur Jacques-Bénigne Bossuet II, abbé de Saint Lucien de Beauvais, cf. dans les *Mémoires de la Société académique de l'Oise*, t. VIII, 3e partie, Beauvais, 1873, p. 631-636, l'*Histoire de l'abbaye royale de Saint-Lucien de Beauvais*, de MM. l'abbé L.E. Deladreue et Mathon : sur la vente du prieuré de Gassicourt par Bossuet de Troyes à MM. de Senozan en 1737, cf. E. Jovy, *Bossuet, prieur de Gassicourt-lès-Mantes et Pierre du Laurens. Quelques factums oubliés contre Bossuet*, Vitry-le-François, 1899, p. 102-105.

(1) Mathias Poncet de la Rivière était né à Paris en 1707. Il fut d'abord vicaire général de Séez (*Abrégé de l'Europe ecclésiastique*, Paris, Duchesne. 1758, p. 103). Il se consacra à la chaire, et réussit surtout dans l'oraison funèbre. Il fut nommé évêque de Troyes le 2 septembre 1742. Cet évêché rapportait alors 38000 liv. Il poursuivit les Jansénistes et fut à ce propos exilé dans une abbaye d'Alsace à Murbach. On l'obligea, en 1758. à se démettre de son évêché. Il fut ensuite doyen de Saint-Marcel à Paris, où il mourut le 5 août 1780. On a imprimé le recueil de ses *Oraisons funèbres*, 1760, in-12 Cf. sur son genre d'éloquence, dans les *Mémoires de la Société académique de l'Aube*, Troyes, t. XXVI (1862), p. 419, une *Etude au point de vue de l'éloquence sur quatre des derniers évêques dé Troyes*, de M. Amédée Gayot. Sur ses démêlés avec les jansénistes, voir les Mémoires *contenant le Recueil exact de ce qui s'est fait tant au Bailliage de Troyes qu'au Parlement, sur les différens écrits de M. l'Evêque de Troyes sur le Schisme*, in-12, 84 pp.

Troyes, Breyer, criait au scandale et, disait-il, « il n'en eût pas été ainsi du temps de Mgr Bossuet. »

Nous n'avons point à nous étendre dans cet avant-propos sur l'épiscopat de Bossuet à Troyes. Nous avons rencontré à la Bibliothèque Nationale un document, — d'origine janséniste, — entièrement consacré à narrer les événements qui signalèrent cet épiscopat. Il nous a paru intéressant de publier ce document pour diverses raisons. Cette biographie est écrite dans un style le plus souvent précis, exact, élégant même. Elle intéresse l'histoire du jansénisme en général, et du jansénisme français et champenois en particulier. Elle intéresse aussi l'histoire du diocèse et de la ville de Troyes dont elle fait connaître par le menu une grande partie de la vie religieuse pendant une fraction importante du XVIIIe siècle. Les portraits des principaux auxiliaires de l'évêque, la physionomie et le caractère des prédicateurs les plus en vue de la ville, sont rendus avec quelque sagacité et une certaine finesse. On avait jusqu'ici des renseignements nombreux sur l'abbé Bossuet pendant sa jeunesse, soit par les *Lettres sur l'affaire du Quiétisme*, soit par les écrits de l'abbé Le Dieu ; on n'a presque rien publié sur l'évêque de Troyes. Cette biographie contient enfin quelques intéressantes particularités sur le grand Bossuet. Tout est, assurément, présenté d'une manière favorable aux sectateurs de Jansénius. La critique du lecteur saura rectifier les assertions erronées que l'auteur a pu avancer sous l'influence de l'esprit de parti.

E.   J.

VIE

DE

MESSIRE JACQUES-BÉNIGNE BOSSUET
ÉVÊQUE DE TROYES (1)

*Mementote præpositorum vestrorum qui vobis
locuti sunt verbum Dei. Heb, XIII, 7.*

L'épiscopat de M. Jacques-Bénigne Bossuet a été trop célèbre, trop rempli d'événements importants, pour n'en pas transmettre les principaux traits à la postérité. Elle verra le modèle d'un gouvernement vraiment épiscopal dans un prélat, tout occupé de remplir les devoirs d'un bon pasteur ; qui, par le clergé qu'il s'est formé, a fait revivre ce presbytère des beaux siècles de l'Eglise, et qui a sçu maintenir dans son diocèse la tranquillité et la paix, quoiqu'en des temps bien difficiles et bien orageux.

Les combats qu'il a eu à soutenir, les contradictions qu'il a éprouvées, ont servi à manifester une fermeté, un courage, une grandeur et une égalité d'âme que rien n'a jamais pu altérer.

Il a eu occasion de montrer le même zèle pour la souveraineté et l'indépendance de la Couronne, et le même amour pour la personne sacrée du Roy que pour les saintes véritez de la Religion et de la morale de l'Evangile, pour les biens sacrés de l'unité et pour les droits légitimes des Evêques.

(1) Bibliothèque Nationale, Mss. fr. 11431.

Toutes ses vues, toute son ambition se bornèrent à répandre la lumière dans son diocèse et à y faire tout le bien qu'il pouvoit. C'est la nécessité d'une défense légitime qui a donné naissance à tous ses écrits polémiques.

Tous ceux qui l'ont connu, conviendront qu'il n'a jamais eu la démangeaison de faire parler de luy. Ainsi moins ce digne Prélat s'est recherché luy-même, plus on doit se faire un mérite de perpétuer sa mémoire ; tout en est intéressant, et, dans un temps comme le nôtre, on sera charmé de voir en lui les qualités réunies d'un véritable évèque et d'un bon citoyen.

Sa Naissance. Son Education

Il étoit le fils d'Antoine Bossuet, Maître des Requestes, et neveu et filleul du grand Bossuet, Evèque de Meaux, mort en 1704. Sa famille, connue au Duché de Bourgogne vers le milieu du XVe siècle, était établie à Dijon dès 1553 dans les premières charges du Parlement où elle s'est maintenue de père en fils jusques Bénigne Bossuet qui, ne pouvant y entrer parce que de ses plus proches parens, un frère, deux neveux et trois oncles y estoient conseillers, se transporta à Metz avec Antoine de Bretagne, son oncle maternel, qui fut nommé Premier Président du Parlement qu'on y établit en 1633. Et là il fut pourvu d'une charge de Conseiller, et mourut Doyen de ce Parlement, laissant deux fils, Antoine Bossuet, Maistre des Requestes et intendant de Soissons, père de Louis, aussi Maître des Requestes (1), et Jacques-Bénigne Bossuet, Abbé de St-Lucien de Beauvais et Evèque de Meaux.Cette famille portoit pour armes *d'azur à trois roues d'or*. Feu M. Bénigne Bossuet, Evèque de Meaux, qui étoit si bon juge du vray mérite, ayant entendu en Sorbonne M. Jean Phélippeaux disputer une thèse, conçut une

(1) Le frère aîné de l'évêque de Troyes.

idée si avantageuse de son esprit, de sa capacité et de ses
talens qu'il le demanda à M. Pirot, Docteur de la Maison
et Société de Sorbonne, pour le mettre en qualité de précepteur auprès de M. Bossuet, son neveu, depuis Evêque de
Troyes. M. l'Evêque de Meaux le fit dans la suite Trésorier
et chanoine de son Eglise Cathédrale, il a été Official, seul
grand Vicaire, supérieur de plusieurs communautez religieuses, et l'on peut juger par ces marques d'une confiance
si distinguée de l'estime qu'en faisoit cet illustre Prélat,
une des plus grandes lumières qui ait éclairé la France de
nos jours. M. Phélippeaux méritoit cette estime, c'étoit un
homme d'un esprit élevé, pénétrant, profond, il avoit passé
la plus grande partie de sa vie dans une étude assidue des
Pères de l'Eglise et des livres de piété.

Son Voyage à Rome

L'Abbé Bossuet, depuis Evêque de Troyes, étoit allé à
Rome par les ordres de son oncle. M. Phélippeaux l'accompagna, et ils y étoient lorsque l'affaire de feu M. de Fénelon,
Archevêque de Cambray, au sujet de son livre des *Maximes
des Saints*, y fut portée par ce prélat même. Ainsi l'Abbé
Bossuet et M. Phélippeaux se trouvèrent comme naturellement engagés à la poursuite de cette affaire et à instruire
les consulteurs et les Cardinaux que le Pape avoit nommés
pour l'examiner. M. Phélippeaux n'épargna rien pour
estre instruit des moindres particularitez; il écrivoit chaque
jour ce qu'il pouvoit apprendre de ce qui se passoit dans
les congrégations. C'est ce *Journal* qu'il mit avant sa
mort en état de voir le jour, mais à condition qu'on ne le
publieroit que vingt ans après. Il a paru en 1732 et 1733,
in-12, sans nom de ville ni d'imprimeur, sous le titre de
*Relation de l'origine du progrès et de la condamnation
du Quiétisme répandu en France avec plusieurs anecdotes curieuses.* M. Bossuet ne parle pas avantageusement

de ce Journal, dans la Relation qu'il a donnée de l'affaire de
M. de Cambray, et qui se trouve dans les Mémoires du
clergé. Cette histoire est curieuse, mais tout ce que l'on y
dit contre les mœurs de Madame Guyon est sans preuves,
et a été refuté, en 1733, par les trois *Lettres à un ami,*
etc., de M. de la Bletterie (1).

M. de Meaux condamna, par une instruction pastorale,
les livres suivans : Le *Guide spirituel,* de Michel Molinos ;
la *Pratique facile pour élever l'âme à la contemplation,*
par François Malaval ; le *Moyen court et facile de faire
l'Oraison ;* la *Règle des associés de l'Enfant Jésus ;* le
*Cantique des Cantiques de Salomon, interprété selon
les sens mystiques,* et la *Vraie représentation des états
intérieurs;* enfin, un livre latin, intitulé *Orationis menta-
lis analysis per Patrem Dom.Franc.la Combe Tunonien-
sem.* Mme Guyon ne fit point difficulté d'approuver par sa
signature cette instruction pastorale, quoique ses lettres
y fussent nommément condamnées, mais Mgr l'Archevèque de Cambray n'eut pas cette complaisance. M. Bossuet
luy avoit communiqué son instruction manuscrite ; il la
garda trois semaines, et finit par refuser de l'approuver
sous le prétexte que M. de Meaux condamnoit Mme Guyon
que, luy, ne pouvoit condamner. Mais M. de Meaux fut bien
dédommagé de ce refus qui ne le surprit point, par l'approbation générale qu'eût son ouvrage. M. de Noailles,
Archevèque de Paris, en l'approuvant le 12 Février 1697,
donna à l'auteur les plus grands éloges : « Son nom, dit-il,
porte seul avec soi son approbation et son éloge, car qui
ne connoit sa profonde érudition et son zèle pour la vérité,
son application continuelle à combattre les erreurs et les
autres qualités épiscopales dont Dieu l'a rempli ; on en
trouvera de nouvelles preuves daus ce livre, comme dans
les autres excellents ouvrages qu'il a donnés au public. »

(1) *Lettres au sujet de la Relation du Quiétisme de M.
Phelippeaux,* 1733, in-12.

7

L'Evêque de Chartres approuva aussi l'*Instruction pastorale*, le 3 Mars 1597. M. de Meaux l'envoya au Pape Innocent XII, et y joignit une lettre du 27 Mars 1697, qui fut mise entre les mains de Sa Sainteté par l'Abbé Bossuet. Innocent XII reçut avec joie le livre et la lettre de M. de Meaux, et après avoir fait examiner son ouvrage par quelques Cardinaux et Théologiens, il luy fit une réponse très-honorable par un bref du 6 May 1697, dont voici la teneur :

INNOCENT XII PAPE [A SON] VÉNÉRABLE FRÈRE,
SALUT ET BÉNÉDICTION APOSTOLIQUE.

« Quoique nous ayons trouvé dans vos vertus, votre
« science et votre mérite personnel d'assez puissants motifs
« pour vous aimer d'une affection toute particulière, vous
« nous en avez encore fourni de plus pressants par le livre
« que vous venez de mettre au jour, et que notre cher fils,
« l'Abbé Bossuet, nous a mis entre les mains avec les lettres
« pleines de soumission que vous nous avez écrites. C'est
« pourquoy, soyez persuadé que nous tàcherons en toute
« occasion de vous donner des marques de notre bienveil-
« lance paternelle. En foy de quoy nous vous donnons de ·
« tout cœur nostre bénédiction apostolique. Donné à Rome
« à Ste Marie Majeure, sous l'anneau du pêcheur, le 6 May,
« l'an de grâce 1697, et de notre Pontificat le 6e.»

L'Adresse est ainsi : « *A Notre Vénérable frère,
Jacques Bossuet, Evêque de Meaux.* »

Il est nommé abbé de Saint-Lucien

M. Bossuet luy fit avoir au mois de Mars l'abbaye de Saint-Lucien de Beauvais (1), et le fit chanoine, archidiacre de

(1) L'auteur du manuscrit commet ici une erreur. L'abbé Bossuet ne reçut du roi la commende de l'abbaye de Saint-Lucien de Beauvais qu'à la mort de son oncle.

Meaux et son grand vicaire, afin de le former à la fonction
de l'Episcopat et au gouvernement d'un Diocèse. Sous les
yeux d'un tel mentor, pouvait-il manquer d'être un bon
Evèque et de bien gouverner l'église de Troyes ?

Il est nommé Evêque de Troyes

Le 30 May 1748, on eut avis à Troyes que l'abbé Bossuet
avoit été préconisé à Rome pour l'Evêché de Troyes, et, le
même jour, M. Bouthillier de Chavigny écrivit au Chapître
de la Cathédrale pour luy annoncer sa préconisation à
Rome pour l'Archevêché de Sens, et le féliciter en même
temps de la nomination de M. Bossuet. « Son nom, dit-il,
« si respectable dans l'Eglise, ses grandes qualités person-
« nelles, ses lumières et sa sagesse, vous répondent de
« l'édification et des heureux fruits dont vous jouirez sous
« son [épiscopat]; rien, ajoutait-il, ne pouvoit me donner plus
« de consolation en vous quittant, que de voir ma place
« remplie par un prélat que j'honore pour tant de titres, et
« qui y fera beaucoup mieux que moy. »

Prières pour M. Bossuet. Sa consécration

Les bulles de M. Bossuet, qui avoient été retardées à
Rome à cause de la constitution Unigenitus, furent enfin
expédiées dans un Consistoire, le 27 du mois de Juin 1748.
Dès qu'il les eut reçues, il les adressa au Chapitre de la
Cathédrale, avec une procuration à M. le Fèvre, archidiacre
et grand vicaire, pour la prise de possession, et une lettre
par laquelle il avertit que son Sacre étoit fixé au Dimanche
30 Juillet, et le pric de le recommander aux prières des
diocésains, afin d'attirer les grâces du Ciel qui luy étoient
nécessaires pour remplir tous ses devoirs, et soutenir
tous les engagemens d'une place aussi redoutable que celle

que la Providence luy avoit destinée. En conséquence, les grands vicaires de la vacance donnèrent un mandement pour faire des prières publiques à cet effet dans tout le diocèse. Ce prélat fut sacré, le jour désigné, dans la grande chapelle de l'archevêché de Paris, par le cardinal de Noailles, assisté des évêques d'Auxerre et d'Avranches.

Sa prise en possession par procuration

Pénétré de la grandeur du ministère dont il se chargeoit, et fidèlement attaché à la sincérité chrétienne, il ne crut pas devoir se conformer à l'usage, ou plutôt à l'abus ordinaire, qui est que, quand on consacre un évêque, on lui demande : *Vis Episcopare ?* il doit répondre : *Nolo* ; il se fit un devoir de répondre *Volo*, en ajoutant : « Oui, je désire être Evêque, mais par la grâce de Dieu ; je suis bien décidé à m'appliquer à faire dans mon diocèse tout le bien que je pourrai. » Aussi Dieu a béni d'une manière particulière son ministère, comme on le verra par la suite. Le 18 Juillet 1718, le doyen de St-Pierre reçut les bulles de M. Bossuet, savoir celle de la provision de l'évêché en datte du 27 Juin dernier pour M. Bossuet, et l'autre qui s'adressoit au chapitre, avec une lettre du nouvel évêque au chapitre, laquelle fut lue après Vespres. On indiqua une [réunion][?] au lendemain, pour recevoir M. Bossuet qui en avoit envoyé sa procuration à M. le Fèvre, chanoine et archidiacre de Margerie. Au chapitre, on lut la procuration, la bulle de provision et celle adressée au chapitre, et M. le Fèvre s'étant retiré, on délibéra, et on conclut unanimement de le mettre en possession de l'évêché comme fondé de procuration de M. Bossuet. après quoy, les notaires étant entrés au chapitre, on sortit avec eux et, au milieu du chœur, le sr Chatel, accompagné du sr Cligny, son confrère, fit lecture de la dite bulle de provision et de la procuration, et après le serment fait par ledit sr le Fèvre au dit nom et dans les mêmes termes que les évêques de Troyes doivent le faire au chapitre, M. le doyen le mit en possession dudit évêché suivant les anciennes cérémonies pratiquées en pareil cas, et conformément à l'ordinaire de l'église, [d'après le]cartulaire de l'évêché, savoir : en faisant sa prière au bas de l'autel ; après laquelle il fut installé dans la première chaire du chœur, et ensuite dans son thrône ; le syndic du chapitre, ayant demandé auxdits notaires acte que le serment, fait par le procureur, ne déchargeoit point ledit sieur Bossuet de [le] faire luy-même, lorsqu'il se feroit installer en personne, le tout en présence de MM. Alexandre Broslin, doyen de Saint-Étienne, et François Barot, doyen de Saint-Urbain, témoins à ce appelés, il y avoit encore pour témoins M. Comparot, Président en l'élection et conseiller au bailliage et présidial [et] de la Chasse, le jeune avocat du Roy audit bailliage et présidial.

NOTA. — Il est à remarquer qu'on n'a point fait mettre la main sur l'autel audit s^r le Fèvre, et qu'il ne l'a point baisé ; on avoit mis dans le trône épiscopal un fauteuil en deux.

Son entrée

Le 9 Novembre, quatre chanoines de St-Pierre [furent] députés du chapitre, pour aller, de sa part, à Villacerf (1) complimenter M. l'évêque de Troyes qui y devoit arriver ce jour-là et y coucher. Le même jour, M. Blampignon, maire, et M. Paillot, ancien maire, y furent aussi au nom de la ville pour le complimenter sur sa venue à Troyes. Le 10, à 7 heures du matin, les [compagnies d']archers habillés de bleu, et à 10 heures, celles qui sont revêtues de rouge, — chaque compagnie est de 14 archers —

(¹) Le château de Villacerf dont il ne reste plus rien aujourd'hui, appartenait alors à Charles-Maurice Colbert connu sous le nom de l'abbé de Villacerf. Cf. Albert Babeau, *Le château de Villacerf et ses seigneurs*, Troyes, Nouel, 1897.

partirent pour aller au-devant de Mgr l'évêque jusqu'à Villacerf. Ils avoient chacun un trompette qui jouoit de temps en temps. Le même jour, à quatre heures de l'après-midy, le Seigneur Evêque arriva de Saint-Lié à la porte de Comporté, seul, dans une chaise de poste à deux chevaux, précédé, suivi et environné des archers, qui tenoient tous leur mousqueton. Aussitôt qu'il fut arrivé, on alla luy rendre visite.

Les trois chapitres, corps, communautez, les curez, furent en habit d'église le saluer. MM. de Saint-Pierre entrèrent les premiers et firent leur compliment dans l'antichambre dont on fermoit les portes pendant que cela se faisoit par chaque principal corps. C'étoit dans l'appartement de Mgr l'évêque de Troyes. Après eux, MM. de Saint-Etienne, de Saint Urbain et autres, entrèrent, et ceux de Saint-Etienne firent leur compliment. M. le doyen de Saint-Urbain voulant parler après eux, MM. du présidial se mirent témérairement devant eux et parlèrent, le président Tetel portant la parole. Quoy voyant le doyen de Saint-Urbain, il dit qu'étant du corps du clergé, le chapitre devoit les précéder, à quoy Mgr l'évêque répondit que cela ne préjudicioit point, en sorte que MM. du présidial exécutèrent leur audacieux dessein de parler devant que ceux du clergé qui devoient les précéder, l'eussent fait. Mgr l'évêque, leur répondant, leur recommanda les ecclésiastiques qui auroient quelque affaire par devant eux, les priant de leur accorder la protection dont ils auroient besoin. Il les pria aussi d'avoir soin de la veuve et de l'orphelin, les engageant de leur donner l'assistance qui leur seroit nécessaire dans les différentes rencontres, pour les défendre de l'oppression qu'ils souffriroient. Après eux, ceux de Saint-Urbain eurent audience. Le doyen ayant fait son compliment, il les reconduisit jusqu'au bas du grand escalier, car il y reconduisoit tous les corps. Le trésorier qui étoit resté dans la grande salle, à son retour et passage, lui présenta, comme grand censier, 24 bouteilles de vin qui estoient dans une balle apportée par deux hommes, et dit que c'étoit le présent que MM. faisoient à Sa Grandeur. MM. de Saint-Pierre en firent autant ledit jour et le lendemain ; MM. de Saint-Estienne en offrirent dans leurs pots. MM. [du corps] de ville en donnèrent aussy. MM. du présidial ne donnèrent que des compliments. La porte de l'évêché étoit gardée par deux ou trois personnes, afin de ne laisser entrer que ceux qui le devoient. Pendant tout ce temps-là, il y avoit plusieurs personnes qui jouèrent de divers instrumens au bas du grand escalier, proche la porte du jardin, afin de rendre la dite arrivée plus agréable. Mgr leur fit donner la somme de 12 livres pour leur peine, et à ceux qui luy avoient apporté le vin que chaque corps lui avoit présenté, celle de 6 livres par corps ; le même jour, les curez des paroisses de la ville firent carillonner dans leurs églises — ce qui ne s'étoit jamais fait. On commença à Saint-Jacques, à trois heures, et à quatre heures dans les autres jusqu'à la nuit.

Entrée à Notre-Dame-aux-Nonnains

Le jour de Saint-Martin, onze Novembre, ledit Seigneur évêque vint le matin à Notre-Dame aux Nonnains pour y entendre la messe. Quand il fut entré dans l'église, il trouva à la grille toutes les religieuses avec l'abbesse dans leur chœur, et dehors, près d'icelle grille, il y avoit deux notaires avec les curez de Saint-Jacques et de Saint-Jean, tous deux en surplis, l'un desquels tenoit le livre des Saints Evangiles. Le Seigneur évêque, voyant tout cet appareil, demanda ce qu'on souhaitoit. On luy répondit qu'on désiroit qu'il fît le serment, comme avoient fait ses prédécesseurs, de garder et maintenir lesdites religieuses dans leurs droits et privilèges. A quoy il répliqua d'un ton grave et sérieux : « Eh ! je suis votre supérieur, il ne me convient point en cette qualité de faire de tels serments. Je ne sçais ce que c'est que vos privilèges, je souhaite les voir et m'en instruire avant que de rien faire. Je viens pour vous témoigner l'affection que je vous porte et l'estime que j'ai pour vous. Je m'en vais entendre la messe et je vous donnerai ensuite ma bénédiction.» Quand la messe fut dite, il se retourna pour leur donner sa bénédiction, mais les religieuses mécontentes fermèrent leur grille, et s'embarrassèrent fort peu de cette bénédiction, ce qui n'a pas été bien édifiant de leur part.

Le même jour, 11 Novembre, à trois heures de l'après-midy, les doyen, chanoines, et chapitre de Saint-Pierre, ayant appris que ledit seigneur évesque avoit dessein de faire, à la présente heure, son entrée à ladite église et en prendre possession personnelle, et de l'évêché, à la manière accoustumée pour observer les cérémonies en pareil cas pratiquées. Ils s'assemblèrent après Vespres au chœur, d'où ils sortirent processionnellement tous revêtus de chappes, précédés de deux croix portées par deux enfants de chœur, un autre portoit le bénitier, le chanoine sous-diacre semainier, revêtu des ornemens sacrés, portant le texte des Saints Evangiles, précédé d'un autre enfant de chœur portant l'encensoir, et de deux autres avec leurs chandeliers et leurs cierges allumés au milieu de la procession, lesquels étant arrivés à la principale porte de l'église, ledit seigneur évêque arriva aussitôt, revêtu de ses ornements pontificaux, précédé d'un ecclésiastique portant sa crosse, assisté de deux autres, ses aumosniers. M. François Comparot, doyen et chanoine de ladite église luy présenta de l'eau bénite avec le goupillon et luy dit : « *Pacificusne est ingressus tuus ?* » A quoy il répondit : « *Pacificus* ». Il fut ensuite encensé par M. le doyen qui lui présenta le livre des Evangiles ouvert qu'il baisa en deux endroits, et puis, étant fermé, il baisa l'image dont il étoit couvert ; ce fait, ledit sieur doyen rouvrit le même livre qu'il présenta audit seigneur évesque, ouvert, qui fit le serment conformément à l'usage et à la pratique de ses prédécesseurs en ces termes : « *Ego Jacobus Benignus, Episcopus Trecensis, juro me servaturum,* etc. » Et, ce fait, il baisa derechef ledit livre des Saints Evangiles, et le doyen de Saint-Pierre luy fit un discours en latin ; il répondit aussi en latin, et dans ce discours il harangua M. le doyen, le chapitre et tout le clergé d'une manière trèséloquente et pleine de tendresse et d'affection. J'oublie de dire qu'après avoir fait le serment, il tesmoigna ensuite qu'il l'avoit fait fort volontiers de bon cœur, et qu'il le disoit avec vérité.

Les sieurs Joly et Moreau, notaires, vinrent, de la part de l'abbesse de Notre-Dame aux Nonnains, faire audit seigneur évêque des protestations, et, par écrit, que cela ne luy pût préjudicier ni à sa communauté, en cas que les évêques de Troyes voulussent un jour faire leur entrée solennellement comme au tems passé, et voyant que les assistants les méprisoient avec leurs discours, ils jettèrent en l'air leur papier et se turent. Un petit garçon l'ayant ramassé et montré, M. Lebrun, chanoine de Saint-Pierre lui arracha des mains, et, pour sa peine, luy donna un soufflet.

Le sous-chantre de Saint-Pierre entonna ensuite un répons commençant par ces mots : *Honor, virtus,* etc, qui fut continué par les musiciens pendant que la procession retournoit au chœur, M. l'évêque y assistant et la suivant, conduit et accompagné du doyen qui étoit à sa droite, et du grand archidiacre qui étoit à gauche, qui le conduisit jusqu'au pied du grand autel où étoit un carreau sur lequel il se mit à genoux et y fit sa prière. Ce fut ainsi qu'il fut introduit dans ladite église, et mis en possession d'icelle par M. François Comparot, doyen, et M. Louis Guillaume de Chavaudon, grand archidiacre, qui, s'étant retirés dans leur place au chœur parmi les autres chanoines, y restèrent jusqu'à la fin de la cérémonie.

Son Intronisation

A l'instant, se présenta le cellerier de l'église de Sens, fondé de procuration du grand archidiacre de ladite église, qu'il présenta pour. audit nom, installer et intronizer ledit seigneur évêque, lequel cellerier, audit nom, accompagné de quelques chanoines de Sens, tous revêtus de chappes qu'ils avoient apportées, présenta la main audit seigneur évêque, et le fit approcher de la table du grand autel qu'il baisa, et ensuite le conduisit au chœur et l'installa dans la première chaire du côté droit, près la porte du chœur, et, étant descendu, ledit cellerier le mena au thrône et siège épiscopal, près la petite porte du chœur pour aller à la sacristie, dans lequel il le fit entrer et asseoir, où M. de Troyes étant resté, et ledit cellerier en estant sorti, il se présenta devant l'évêque et luy fit un discours en latin, auquel l'évêque répondit aussi en latin. Ensuite de quoy ledit cellerier et les ecclésiastiques qui l'avoient accompagné, se retirèrent, sans prendre aucune place au chœur, et s'en allèrent dans la sacristie pour se deshabiller, parce qu'on ne voulut point leur donner de place au chœur, ni même leur prêter des ornemens, pas même des bedeaux pour les conduire et leur faire faire place. Il est à remarquer que, ces Messieurs de Sens s'étant présentés à la grande porte de l'église pour recevoir M. l'évêque, on protesta contre ce qu'ils vouloient faire comme estant une usurpation. On demanda acte aux notaires, et eux pareillement de leur côté, ensuite, ils se retirèrent tranquillement et s'en allèrent au chœur pour faire la fonction d'installer M. l'évêque à l'autel, au stalle (1) et au thrône. Est encore à remarquer qu'en entrant au chœur, le sous-diacre alla se déshabiller, et que M. le doyen et M. le grand archidiacre de cette église

(1) Le substantif *stalle* a été pendant longtemps du masculin. « Quelques-uns, dit Littré, lui donnent encore ce genre en parlant des stalles d'église : les bas stalles, les hauts stalles »

se retirèrent dans leurs places, après avoir conduit M. l'évêque au prie-Dieu. M. l'évêque entonna le *Te Deum* qui fut continué et chanté par la musique de Saint-Pierre, qui chanta aussy après un motet. Ensuite de quoy, M. de Troyes dit : « *A Domino factum est,* etc.», et puis la collecte : *Actiones,* etc., et donna la bénédiction papale à l'accoustumé.

M. de Troyes fit donner aux musiciens de Saint-Pierre, pour avoir chanté pendant la cérémonie, la somme de 36 livres ; aux enfants de chœur, celle de 12 livres pour eux tous.

Le même jour, des députez des Chartreux et des Bénédictins le furent saluer au nom de leurs communautez ; le lendemain samedy, les Cordeliers et Capucins y furent en corps, et le gardien des Capucins luy fit son compliment en latin. Ce même jour, M. de Troyes a commencé à donner à dîner aux chanoines de Saint-Pierre. Il en avoit tous les jours jusqu'à ce qu'il les eût tous traités.

Le 14, M. Gallois, prêtre de Saint-Pantaléon, préfet de la conférence des ecclésiastiques de cette ville, fut à une heure après-midy, accompagné d'un grand nombre d'iceulx, saluer M. de Troyes au nom de tous ceux qui en estoient, et luy fit un beau compliment auquel il répondit avec plaisir. Aussitôt après, le curé de Saint-Jean, accompagné des ecclésiastiques de ses trois paroisses (1), salua aussi l'évêque de Troyes.

Le 18 Novembre, M. l'évêque de Troyes fut demander au chapitre la permission de porter une espèce de robe ou manteau avec de l'hermine par dessus son rochet, avec son bonnet carré, pour venir au chœur, à quoy le chapitre a consenti volontiers pour luy faire plaisir. On croit qu'il avoit voulu que l'on enregistrât au chapitre cette permission.

---

(1) Saint-Jean-au-Marché et ses deux succursales, Saint-Pantaléon et Saint-Nicolas. Bossuet devait transformer en cures ces deux succursales.

Conférences de Charité et Conférences Ecclésiastiques

Le même jour, on fit la conférence des ecclésiastiques selon la coutume à l'évêché, à laquelle il en assista une vingtaine avec Monsieur de Troyes, qui y fit paroistre beaucoup de satisfaction.

Le même jour aussi, [il] commença à faire des visites par la ville chez les principaux.

Le 19, il donna à dîner à trois chanoines de Saint-Pierre et aux dignitaires de Saint-Etienne.

Le 20, il assista à Saint-Pierre à la grand'messe et à vespres pour la première fois, et y porta un grand camail fourré d'hermine que portoit feu son oncle, M. l'évêque de Meaux.

Le lundi 21, il fut dire la grand'messe à la Visitation.

Le 23, il envoya prier, par un de ses officiers, les doyen, chantre et trésorier de Saint-Urbain à venir dîner à l'évêché, et ils furent traités splendidement.

Le 25, il commença à rendre ses visites aux chanoines capitulaires de Saint-Pierre ; il fut aussy le même jour à Sainte-Scholastique, et le dimanche suivant, aux Chartreux.

Le 22 Décembre, il assista à l'assemblée ou conférence des Dames de la Charité dans l'église des religieuses carmélites de la ville ; il y fit l'exhortation et donna pour les pauvres la somme de 244 livres ; on trouva encore dans la quête qu'on y fit selon la coutume, la somme de 560 livres.

Lorsqu'il fut débarrassé de toutes les cérémonies d'usage, il s'appliqua tout entier à la conduite de son diocèse et assista aux conférences ecclésiastiques où il fit paroître beaucoup de satisfaction. Aussy, la ·première· lettre pastorale qu'il donna, fut pour soutenir un si sage établissement. Il voulut l'entretenir dans les lieux où il s'étoit conservé, et le rétablir dans les autres où il avoit été discontinué ou ralenti. Il crut, en prenant les rênes du gouvernement, ainsy qu'il le dit luy-même, qu'une de ses premières pensées et un de ses premiers soins devoit être le rétablissement de cette pratique dans son étendue et sa vigueur.

La lettre pastorale qu'il publia à cet effet est datée de Paris, le 10 Février 1749. On tenoit ces conférences une fois le mois à l'évêché. Le prélat y présidoit ordinairement. Tous les ecclésiastiques de la ville s'y trouvoient, et chacun y parloit à son tour, librement et avec simplicité ; on y traitoit des devoirs de l'état ecclésiastique, des questions de théologie et de morale ; on y proposoit des cas de conscience, et on les résolvoit, chacun étoit libre d'exposer ses différends et on y répondoit. Je crois pouvoir rapporter icy une anecdote curieuse et importante que je tiens d'un témoin oculaire digne de foy, la voicy :

Anecdote de M. Le Gros

Le renouvellement de l'appel de la Bulle *Unigenitus* que fit M. Le Gros, docteur et chanoine de Reims, à l'occasion du fameux accommodement de 1720, l'exposa à une nouvelle persécution de M. de Mailly son archevêque, en obtenant contre luy en 1721 une lettre de cachet qui le reléguoit à Saint-Jean de Luz, mais qui ne luy fut point signifiée, parce qu'il étoit alors à Troyes où il avoit été invité de prêcher l'octave du Saint Sacrement en la succursale de Sainte-Madeleine, et ensuite de faire, à la cathédrale, le panégyrique de Saint-Pierre. Il n'eût pas plutôt fait ce panégyrique, qu'il se retira aussitôt et secrètement de cette ville, étant informé qu'il s'agissoit de luy signifier cette lettre de cachet. Dans le séjour qu'il fit à Troyes, il assista à une des conférences ecclésiastiques qui se tenoient chaque mois à l'évêché, et dans laquelle fut proposée une difficulté touchant laquelle les avis se trouvèrent fort partagés. M. Le Gros, qui avoit été fort attentif à la question dont il s'agissoit, fut sollicité par M. Bossuet, et pressé même de vouloir bien dire son sentiment ; il s'en défendit d'abord, mais comme M. de Troyes renouvella fort ses instances, M. Le Gros reprit avec une grande clarté ce qui avoit été proposé et débattu, enfin il donna sa décision contre l'avis du prélat, qui luy même y applaudit, et en témoigna sa reconnoissance à M. Le Gros qui avoit été fort attentif. On ne sçait ce que l'on doit le plus admirer, du courage de l'inférieur ou de l'humilité du supérieur.

M. de Troyes étoit trop instruit, et avoit été formé à une trop bonne école pour se modeler sur certains évèques ignorans, qui ne craignent pas de se déshonorer aux yeux de tout le public, en se disant évèques *par la grâce du Saint Siège apostolique*, ou *par l'autorité du Saint Siège*. A l'exemple de son oncle et de tous les grands évèques qui ont édifié leur diocèse et toute la France, il s'est toujours contenté de se dire évèque *par la permission divine*.

Abus de ces termes

« *Evèque par la grâce ou l'autorité du Saint-Siège.* »

Je crois devoir placer ici une réflexion sur une innovation qui demande de n'être pas tolérée plus longtemps, et qui doit sa naissance à la plus profonde ignorance. Les évèques que l'on tire de Saint-Sulpice, ou que l'on élève dans les principes des sulpiciens, se sont mis sur le pied de mettre à la tète de leurs mandemens cette formule : « *N... par la grâce de Dieu et par l'autorité du Saint-Siège apostolique*, etc. Terme nouveau, et plus capable que tout autre de faire entendre que les évèques ne sont que des vicaires et des délégués du Pape, qui tiennent de lui, et non immédiatement de Jésus-Christ, leur juridiction sur les âmes. C'est Jésus-Christ qui est la source immédiate de l'autorité des évêques, et un évêque qui sait ce qu'il est, ne doit pas s'énoncer de façon à faire entendre le contraire, surtout quand on sait combien la cour de Rome est attentive à se prévaloir de toutes les expressions qui peuvent favoriser ses préjugés. *Paul, apôtre, non de la part des hommes. mais par Jésus-Christ et Dieu, son père*, voilà de quelle manière un évêque doit s'exprimer. Saint Paul ne dit point que ce soit par *l'autorité* du prince des apôtres qu'il a été fait apôtre, c'est par Jésus-Christ et Dieu, son Père. L'usage des bulles a fait naître la pensée qu'un évêque n'est évêque que par l'autorité de celuy qui les lui donne. Mais quand on voudra rétablir les élections et faire sacrer les évêques par leurs métropolitains, comme on l'a fait durant tant de siècles, on verra combien le langage qu'on introduit est contraire à la saine doctrine ; et l'on ne sera pas tenté de dire que c'est par *l'autorité* du Saint-Siège qu'on est fait évêque, quoique ce soit en union et avec subordination au saint-siège établi comme chef et centre de l'unité ecclésiastique par Jésus-Christ même. Les évêques instruits se contentent de se dire *évêques par la grâce de Dieu, par la miséricorde de Dieu, par la permission divine,* d'autres moins éclairés se disent évêques *par la grâce de Dieu et du Saint-Siège apostolique.* Mais ceux qui depuis quelques années disent *par l'autorité du Saint-Siège,* méritent qu'on les rappelle aux vrayes maximes, et qu'on ne leur tolère pas une expression qui insensiblement les accoutume, avec leurs peuples, à regarder le Pape comme la source de toute l'autorité ecclésiastique qui découle sur tous les évêques selon le degré de jurisdiction qu'il luy plait de départir.

Nos évêques durant longtems ont demandé la réception du Concile de Trente, et les Parlemens s'y sont toujours opposés ; sur cet article, nos Roys n'ont jamais fléchi. Or, un des motifs qui a empêché en France la réception de ce Concile, est qu'on y autorise les Evêques à réformer certains abus, *comme délégués du Saint-Siège*, mais selon nos maximes, et selon la vérité, les évêques n'agissent point dans le gouvernement de leurs diocèses, comme revêtus d'une autorité empruntée, mais comme tenans immédiatement de Jésus-Christ l'autorité qui les a faits évêques pour gouverner l'église de Dieu : *Attendite vobis et universo gregi in quo vos Spiritus Sanctus posuit episcopos regentes ecclesiam Dei.* Certains avantages que les évêques ont cru trouver dans la réception du Concile de Trente, le leur a fait désirer ardemment, mais en consentant à agir comme délégués dans des fonctions qui sont attachées à leur ministère, c'auroit été se dégrader, et nos prélats doivent savoir gré aux magistrats d'avoir été plus avisés et d'avoir montré plus de fermeté qu'eux à leur conserver les droits sacrés de leur dignité.

En 1756, cette formule, « par la grâce de Dieu et l'autorité ou la grâce du Saint-Siège apostolique » fut regardée par le Parlement de Paris comme abusive et contraire aux libertez de l'église gallicane (1).

Reliques de Saint Loup

Le 26 Avril 1749, le prieur de Saint-Loup de Troyes, en présence de l'official du diocèse, de l'abbé de Sainte-Geneviève de Paris et de plusieurs autres personnes, ouvrit la châsse dudit saint, et en tira un ossement d'un des bras, mais qui fut remis peu de tems après. M. de Troyes tira, le 4 Juillet suivant, un os dudit Saint, d'un reliquaire du trésor de ladite église, qui étoit le petit os de l'avant-bras, le fit couper en deux parties par un chirurgien en présence de deux chanoines de Saint-Pierre, du prieur de Saint-

(1) Le manuscrit donne en note un « endroit du 2e livre des *Preuves des libertez de l'Église gallicane*, p. 493 », d'après lequel les évêques des premiers siècles n'employaient jamais la formule : *Dei et Sanctae sedis apostolicae gratia.*

Loup, de ses religieux et du prieur de l'abbaye de Saint-Eloy de Noyon, ordre de Saint-Benoît, qui y étoit venu exprès pour ce sujet ; il luy en donna une des deux parties pour mettre dans l'église de ladite abbaye qui étoit dédiée depuis longtems sous l'invocation de Saint-Loup de Troyes, et n'en avoit pas même de reliques, qu'il emporta dans son abbaye, et M. de Troyes fit aussitôt couper le gros bout du restant dudit ossement, environ gros comme une noisette et le prit pour luy, et pour le reste dudit ossement il fut laissé audit Saint-Loup.

Nouveau Bréviaire

Le 26 May au soir, M. de Troyes arriva de Paris ; la principale cause de son retour fut d'engager le chapitre de Saint-Pierre à recevoir et commencer, le jour de la Sainte-Trinité, le nouveau bréviaire Troyen, imprimé à Paris l'année passée, composé particulièrement par un chanoine de ladite église nommé Herluison, natif de cette ville. C'est le premier bréviaire réformé. Il a été si estimé dans le tems que la Métropole de Paris a été sur le point de l'adopter. Elle l'auroit sûrement fait, si quelqu'un n'eût pas observé qu'il n'étoit pas dans l'ordre qu'elle adoptât le bréviaire d'une Province. En conséquence elle se détermina à en faire faire un, qui a donné naissance à beaucoup d'autres. Tous les bons théologiens conviennent que ce bréviaire Troyen est très bon, et qu'il seroit parfait en y faisant quelques changemens et corrections, et c'est ce qu'auroit fait M. de Barral lorsqu'il l'a fait réimprimer, mais comme il craignoit d'avoir quelque différend avec son chapitre et son clergé, [il] s'est déterminé à le faire réimprimer sans aucun changement ni correction. On a même dit dans le tems qu'il avoit été tenté d'aporter le bréviaire de Paris, la crainte des difficultez l'a arrêté (1).

(1) Ces dernières réflexions montrent que cette biographie de Bossuet a été composée sous l'épiscopat de Cl. Mat. Joseph de Barral, c'est-à-dire après 1761.

Visites du Diocèse

Au mois de Septembre, M. Bossuet commença ses premières visites dans le diocèse, par le doyenné de Pons (1) et l'archidiaconé de Sézanne. Comme c'est un usage que les curez fassent un compliment aux prélats, et que les paysans se mettent sous les armes pour les recevoir, il fit, auparavant, avertir les uns et les autres de n'en rien faire, ne jugeant point nécessaire tant de cérémonie, dans des circonstances où il devoit donner l'exemple d'une grande modestie.

Collège (2)

M. de Troyes regarda la jeunesse comme l'espérance de son diocèse, et comme la portion la plus précieuse dont il devoit tirer un jour de pieux ecclésiastiques, pour porter par eux la lumière dans tout le diocèse. Suivant ce dessein, il eut toujours soin d'avoir dans le collège des professeurs capables d'enseigner la crainte de Dieu comme les belles-lettres, et de répandre l'onction de la piété sur la séche-resse des premières études. On voyoit, dans le collège, de saints prêtres et de grands pénitens, zélés, vigilants, appli-qués infatigablement à leurs devoirs, qui n'aimoient dans leurs places que ce qu'il y avoit de pénible et de rebutant, et qui travailloient avec fruit, parce qu'ils travailloient sans intérêt. Sous la main de ces excellens maîtres, et sous les yeux du prélat qui animoit les exercices publics par

(1) Pont-sur-Seine, autrefois Ponts-sur-Seine. Cf. Courtalon-Delaistre, *Topographie*, etc., t. III, p. 249.

(2) Cf. sur l'ancien Collège de Troyes : Courtalon-Delaistre, *Topographie*, etc., t. II, p. 224 ; Amédée Aufauvre, *Troyes et ses environs*, Paris, 1861, p. 131-134 ; Gustave Carré, *L'enseignement secondaire à Troyes du Moyen-Age à la Révolution*, Paris, 1888, et *Les pensionnaires de collège chez les Oratoriens de Troyes au XVIIIe siècle*, dans les *Travaux de l'Académie de Reims*, t. LXXV (1883-1884), p. 205 ; *Vie de M. Grosley*, Londres et Paris, Barrois, 1787, p. 27 et suiv.

sa présence, s'élevoient plusieurs bons sujets pour toutes sortes d'états, et surtout pour l'état ecclésiastique ; et le collège devint si florissant, qu'on y amenoit les enfans de tous côtés, et de Paris même, comme à une des meilleures écoles qui fut alors. Les professeurs s'attachoient particulièrement à étudier le caractère et les inclinations des jeunes gens dès les plus basses classes. Le supérieur, à la fin de chaque année, donnoit à l'évêque un catalogue, où les professeurs avoient marqué à côté des noms des écoliers, toutes leurs qualitéz, bonnes ou mauvaises, afin qu'il pût juger par là de ceux qui se présentoient pour la tonsure ou pour être admis au séminaire.

Les Oratoriens du collège, qui connoissoient les heureuses dispositions de M. de Troyes, lui proposèrent de faire une mission en faveur de leurs écoliers et des jeunes gens de la ville. Le prélat saisit avec plaisir cette occasion de faire du bien ; au mois de Juin 1720, il donna un Mandement, qui fut lu aux prosnes des messes paroissiales, et qui accordoit quarante jours d'indulgence aux écoliers, aux enfans de la ville, et à leurs pères et mères, qui, pendant cette mission, s'approcheroient des sacremens, et visiteroient avec dévotion les églises de Saint-Remy et du Saint-Esprit. Cette mission commença le 10 Juin par une procession solemnelle, et finit de même, le 27 de ce mois.

Petit Séminaire [1]

Notre prélat ne pensa pas seulement aux écoliers du collège ; il eut encore une attention particulière, pour les pensionnaires du petit séminaire. Il donna, au mois de novembre suivant, une Lettre pastorale touchant l'éducation des jeunes gens qui s'y destinoient à l'état ecclésiastique. Il déclara combien il désiroit de voir remplir cette maison de jeunes plantes, qu'il pût transplanter « après

(1) Cf. Courtalon-Delaistre, *Topographie*, etc , t II, p. 293.

« les avoir formées, pour faire la richesse et l'ornement du
« champ de l'Eglise, et pour y répandre partout la bonne
« odeur de Jésus-Christ. » Il annonça encore qu'il regardoit
ce séminaire comme la première source des eaux pures
qu'il devoit répandre dans toute l'étendue de son diocèse ;
qu'il auroit une affection et une bienveillance particulière
pour ceux qui y auroient été élevés : qu'il les préféreroit
pour les bourses du grand séminaire, et pour remplir les
places vacantes. Il donna en même tems un règlement
pour les conférences des clercs, qu'il établit à l'évêché
tous les Dimanches, depuis midy et demi jusqu'à une heure
et demie. Ces conférences ont continué depuis ce tems-là,
mais elles se sont tenues en plusieurs endroits, c'est-à-dire
dans la maison de ceux qui en étoient chargés.

La Providence donna à M. de Troyes, les douze dernières années de son épiscopat, pour la conduite de ce
séminaire, des prêtres,— MM. Ploix et Collard,— qui étoient
des trésors de science, et des modèles de toutes sortes de
vertus, pleins de discernement pour connoître les esprits,
et les appliquer chacun à ce qui lui convenoit, attachés
inviolablement aux règles de l'Eglise dans le choix des
ministres de l'autel, vigilans et exacts à maintenir la discipline, mais pleins de douceur dans la manière de la faire
observer, laissant en plusieurs choses une honnète liberté
dont la règle ne souffroit pas, et qui laissoit voir des inclinations que la contrainte auroit couvertes sans les changer.

M. Ploix

M. Ploix étoit un des plus saints prêtres, des plus sages,
et des plus évangéliques. On n'a jamais vu d'hommes aussy
pénétrés qu'il l'étoit des maximes de l'Evangile. Il les avoit
sans cesse dans l'esprit et dans la bouche, et il les exprimoit
si fidèlement dans toute sa conduite, que ceux qui le voyoient
le plus familièrement, n'ont jamais remarqué en luy

aucune action, ni aucune parole qui n'y fût conforme ; c'est faire son éloge en deux mots, que de dire qu'il avoit été élevé à Paris, sous la direction du célèbre M. Boursier, dans les communautez que le feu de la persécution a détruites. M. Bossuet, attentif à mettre à profit les pertes que la Constitution faisoit faire aux autres diocèses, rechercha et recueillit ce précieux sujet pour le mettre à la tète de son petit séminaire. Quels biens ne fit-il pas pendant quatorze ans dans cette place importante ! Au dehors comme au dedans, tout se ressentit de la sagesse de son gouvernement, de son zèle, de sa vigilance, de sa tendre piété, et de ses ferventes prières. Il avoit un attrait et un goût dominant pour la pénitence, la retraite, une vie humble, pauvre, et néanmoins extrêmement tenduë et appliquée. On a de luy beaucoup d'ouvrages manuscrits, dont les principes sont lumineux, solides, puisés dans les sources les plus pures de la véritable piété, et propres à former de véritables chrétiens. On en a imprimé deux en 1782, qui ont été très bien accueillis du public.

M. Collard [1]

M. Ploix avoit commencé une réforme dans le séminaire, qui avoit besoin d'être perfectionnée. M. Philippe, vicaire général, et qui avoit la confiance de M. Bossuet, luy donna pour adjoint M. Collard. Il fut fort satisfait d'un si excellent coopérateur. M. Ploix, convaincu par luy-même que, si M. Collard avoit le talent de la parole, il possédoit, dans un degré encore plus éminent, celui de gouverner, crût que le bien du séminaire exigeoit qu'il eût aussi le titre de supérieur, et qu'il en partageât avec

(1) M. Paul Collard est né au Meixtiercelin, le 13 août 1698. C'est l'un des derniers apôtres et des derniers saints du jansénisme. *Il était le grand oncle de l'illustre M. Royer-Collard.* Nous y reviendrons dans un appendice.

luy toute l'autorité. M. Collard n'accepta l'un et l'autre que par obéissance pour M. Bossuet ; il étoit bien éloigné d'en user pour se soustraire à l'autorité de M. Ploix, il n'eût pas souffert qu'on manquât aux égards qui lui étoient dûs ; il n'avoit garde d'y manquer luy-même ; c'étoit deux amis, uniquement occupés du bien du séminaire en vuë de Dieu, toujours parfaitement d'accord entre eux en tout et pour tout ; ils tendoient de concert au même but. L'union ne pouvoit être plus parfaite, elle a toujours été inaltérable. Le titre de supérieur ne servit qu'à faire éclater davantage les talens et l'humilité de M. Collard. Il crût avoir contracté l'obligation de se livrer tout entier à une œuvre dont il se trouvoit chargé solidairement : il y veilloit jour et nuit, avec une attention extraordinaire et un zèle infatigable ; il trouvoit le moyen de sçavoir tout ce qui se passoit dans sa maison, quelque précaution qu'on eût prise pour lui en dérober la connoissance ; il avoit une activité et une adresse singulière pour se trouver où il devoit être : dans le moment qu'on le croyoit dans sa chambre, on étoit surpris de le voir à ses côtés ; lorsqu'il étoit véritablement éloigné, et qu'il étoit absent, il étoit également industrieux pour se faire croire dans sa maison. Assidu aux conversations, il n'y occasionnoit ni gêne, ni contrainte ; il les rendoit utiles par quelques traits semés à propos, et qui venoient tout naturellement ; il en faisoit l'agrément par sa gaieté naturelle, en même tems qu'il écartoit toute dissipation. Un air de bonté et de franchise donnoit à chacun la liberté de dire ce qu'il pensoit ; ses disciples le voyoient avec plaisir au milieu d'eux, parce qu'il y étoit comme l'un d'eux ; mais, si l'occasion demandoit qu'il parût plus grave, il reprenoit sa gravité, sans effort. Aussy avoit-il trouvé le moyen de faire retirer de ces conversations les plus grands avantages. Y parloit-on d'un ouvrage, ancien ou moderne, qui pût appartenir à la science ecclésiastique ? il le faisoit connoître, en louoit les avantages, en relevoit les défauts. Etoit-il question de quelque point

de morale ou de dogme ? il le discutoit agréablement, il
étoit écouté avec avidité, et on se retiroit de la conversation
meilleur et plus instruit. Plus jaloux du bien de ses
élèves que de sa propre gloire, il ne craignoit rien tant
que la confiance aveugle qu'ils pouvoient mettre dans ce
qu'il avançoit : aussi ne cessoit-il de les exhorter à examiner les choses par eux-mêmes. et à ne pas s'en rapporter
servilement aux paroles d'un maître ; il craignoit surtout
qu'on ne se décidât, par rapport aux matières contestées,
sans connoissance de cause ; c'est, disoit-il, le moyen d'être
toujours vacillant.

Dans les commencemens, il s'étoit imposé la loy de se
trouver assiduement à la salle d'étude, c'étoit là, disoit-il,
où il connoissoit le mieux ses sujets, il n'avoit pas à craindre que l'on perdît son tems, en se dissipant les uns les
autres ; car sa seule présence contenoit tout dans le devoir,
et un seul regard les y auroit fait rentrer ; il avoit le coup
d'œil si juste et si pénétrant que, sans sortir de sa place,
et sans paroitre y regarder, il voyoit quand un séminariste
lisoit tel livre qu'il ne devoit pas lire, au moins pour le
présent, sans que jamais on ait deviné comment il avoit
pu s'en douter.

Le respect qu'il avoit su inspirer pour la règle pres-
crite, l'air seul avec lequel il relevoit les plus petits man-
quemens, rendoient les fautes très-rares ; on ne poussoit
jamais à bout les sujets ; jamais on ne les reprenoit vivement sur le champ, on leur donnoit le temps de sentir leurs
torts ; comme il n'y avoit dans le supérieur ni inégalité
d'humeur, ni caprice, mais que sa conduite étoit toujours
égale à elle-même et soutenue, quoique diversifiée suivant
les différens caractères, le coupable étoit assuré que la
correction étoit dirigée par la raison et par la charité ;
aussi avoit-il réussi à gagner les cœurs, même de ceux
qui paroissoient le moins profiter de leur séjour dans cette
maison ; ils avoient tous pour luy une entière ouverture,
en un mot, il réunissoit toutes les qualitez d'un parfait

supérieur, un grand discernement des esprits, une science profonde, un zèle ardent, mais conduit par la sagesse, une vigilance que rien ne pouvoit lasser ni tromper, une bonté compatissante, mais sans faiblesse, une fermeté meslée de douceur et de modération, une pureté d'intention, qui luy faisoit chercher en toutes choses, la gloire de Jésus-Christ et le salut de ses frères, une piété tendre et éclairée, qui donnoit le prix à toutes ses autres qualitez ; tels sont les principaux traits qui forment le caractère de M. Collard.

Les ouvrages de M. Nicole étoient entre les mains des jeunes séminaristes, ils les apprenoient par cœur, ils en rendoient compte : on y joignoit tous les ouvrages de Port-Royal ; on cherchoit à en faire revivre l'esprit, et à le perpétuer. Les *Mémoires* de M. Fontaine et de M. Lancelot, qui parurent dans ce tems-là, y étoient lus avec avidité. M. Collard les y avoit même portés en manuscrit de sa main ; les œuvres de M. de Saint-Cyran y étoient en honneur : en un mot, tout ce qui avoit quelque rapport à cette sainte maison, y étoit recherché ; on eût dit que M. Collard étoit destiné de Dieu, particulièrement, pour faire connoître cette œuvre et la perpétuer ; il en parloit souvent, et avec des sentimens de respect et d'attachement, capables de les communiquer aux autres. Les élèves, en sortant du petit séminaire, ont rapporté dans leur patrie le goût qu'ils y avoient puisé, et on y lit encore avec édification ces différents ouvrages.

M. Collard [étoit] demeuré quelque temps avec le sous-diacre François de Paris, qui avoit en luy la plus intime confiance. La veille du jour où il reçut les derniers sacremens, il fit appeler, sur les neuf heures du soir, M. Collard, à qui il dicta un écrit qui contenoit sa profession de foy, principalement par rapport à la bulle *Unigenitus* ; il y exprimoit sa persévérance à rejetter cette Bulle, et son adhésion à l'appel que les quatre évêques en ont interjetté au concile général. La nuit suivante, M. de Paris, sentant que sa fin approchoit, fit appeler de nouveau M. Collard, pour luy faire part de quelque peine de conscience ; soutenu et consolé par ses avis, le saint pénitent jouit d'une paix parfaite, jusqu'au moment où il s'endormit dans le Seigneur. Dans une de ces dernières visites, M. de Paris s'entretenoit confidemment avec M. Collard sur les maux de l'Eglise, et sur les moyens d'y porter quelque remède : il luy recommanda deux choses qu'il croyoit essentielles, vu la situation présente de l'Eglise, pour ceux qui, comme luy, pouvoient être appelés à son service : la première, de bien faire connoître les jésuites, auteurs de ses maux ; la deuxième, de faire connoître aussy l'œuvre de Port-Royal, que Dieu sembloit avoir opposée à celle des Jésuites, pour opérer, parmi les vrais fidèles, une espèce de renouvellement dans ces derniers temps. M. Collard a suivi fidèlement les conseils de son saint ami, et s'en est occupé tout le reste de sa vie, à l'égard des personnes dont il a été chargé.

On sent bien que le choix des confesseurs, pour le petit séminaire, se faisoit avec un grand discernement. Parmi tous les prêtres exilés en ce temps-là à Troyes, ou curés du diocèse, on s'étoit déterminé pour ceux qui, étant pleins de piété, étoient en même tems plus instruits des règles sur le sacrement de pénitence et d'eucharistie ; ce n'étoit ni la chose, ni l'âge, qui décidoit de la participation aux sacrements, mais uniquement une sagesse soutenue, une application à ses devoirs, un amour de la prière, de l'instruction, et une ferveur qu'on eût lieu de présumer ne devoir pas être passagère.

Une union étroite régnoit entre les supérieurs du petit séminaire, et les professeurs du collège ; on se rendoit mutuellement compte des progrès des jeunes gens, et il en résultoit une parfaite subordination et un grand progrès dans les études, en sorte que les séminaristes se distinguoient toujours au-dessus des autres. La modestie et la sagesse de ces jeunes gens frappoit toujours tous ceux qui les voyoient passer du séminaire au collège, et ce trajet, quoique assez long, étoit moins une dissipation qu'un délassement.

La réputation des supérieurs du petit séminaire s'étendoit, cette école étoit regardée comme la meilleure du royaume par la piété et la régularité qui y régnoient. Les études y étoient excellentes en tout genre, le nombre des sujets croissoit, on y venoit des diocèses de Sens, de Châlons-sur-Marne, de Reims, d'Orléans, et même des provinces très éloignées ; on n'y étoit admis qu'après les informations les plus exactes, surtout pour ce qui concerne les mœurs. S'il se présentoit quelque sujet du diocèse, dénué de facultés, mais qui donnât des espérances pour la piété et les talens, sa pauvreté ne fut jamais une raison pour le refuser. La charité de M. Collard étoit ingénieuse pour leur donner des facilités. M. l'abbé d'Aguesseau, archidiacre, et chargé du petit séminaire, qui aimoit le bien et s'y prêtoit, ne luy refusoit aucune de ses demandes. L'affluence des sujets exigeoit de sa part plus de détail, de travail et de vigilance. On a vu le nombre des séminaristes monter jusqu'à cent ; on ne s'embarrassoit pas si les sujets qui s'y présentoient, étoient destinés à l'état ecclésiastique, et M. Bossuet disoit avec complaisance qu'il ne s'inquiétoit pas si son petit séminaire luy fournissoit un grand nombre de prêtres, qu'il ne le regardoit pas comme uniquement destiné à donner à l'Église de bons ministres, et qu'il étoit content, pourvu qu'il contribuât à donner de bons pères de famille et de bons chrétiens pour tous les états. Le diocèse de Troyes ne laissoit pas de tirer de grands avantages de cette école pour l'état ecclésiastique. Les meilleurs sujets qui ont rempli les différens postes, s'y sont formés. Le jugement des sujets que M. Collard présentoit aux ordres, étoit si sage, et le choix si assuré, que feu M. l'abbé de la Motte, grand vicaire de Troyes, dans les dernières années de l'épiscopat de M. Bossuet, luy a rendu ce témoignage, en présence de M. de Caylus, évêque d'Auxerre, qu'aucun de ceux, à qui il n'avoit pas cru devoir donner son suffrage, n'avoit réussi, au lieu qu'on avoit été content de tous ceux qui y ont été élevés, soit du diocèse, soit des diocèses étrangers. De retour dans leur famille, [ils] ont été un sujet d'édification, et ont prouvé, par leur conduite, la bonté de cette école et les vertus d'un supérieur dont ils n'ont cessé de faire l'éloge, et pour qui ils ont conservé toujours la plus grande vénération.

M. Collard portoit ses vues dans l'avenir, et, prévoyant sans peine l'orage qui ne manqueroit pas de fondre sur le diocèse, d'abord après la mort de M. Bossuet, il s'appliqua à prémunir ses disciples contre les dangers auxquels ils alloient être exposés. Il se dévouoit tout entier à la charité, sans chaleur ni imprudence, il remplissoit ses devoirs à l'égard de l'un et de l'autre. Il ne fut pas à l'abry d'une dénonciation à M. le cardinal de Fleury. Un jeune ecclésiastique, clerc tonsuré d'un autre diocèse, étant allé passer les vacances dans sa famille, parla sur les troubles de l'Eglise avec plus de zèle, peut-être, que de prudence. L'évêque diocésain, averti de ce discours, en rendit compte au cardinal de Fleury, alors Ministre, et celui-ci en fit de vives plaintes à M. de Troyes, qui promit d'y remédier. M. Bossuet manda le jeune homme, et, après une réprimande assez sèche, luy ordonna de se retirer de son séminaire dans trois jours. M. Collard, informé de cette expulsion et de son motif, se rendit tout de suite à l'évêché. Le prélat qui ne le connoissoit pas encore parfaitement, luy fit des reproches sur la liberté qu'il se donnoit par rapport aux affaires du tems, et qui se manifestoit par les discours que tenoient ses élèves. M. Collard répondit, avec beaucoup de respect et de modestie, qu'il ne disoit que l'étroit nécessaire ; mais que M. Ploix et luy ne cesseroient jamais de parler contre la Bulle et le Formulaire, qu'il étoit de toute nécessité d'instruire sur ces deux pièces, et qu'ils auroient un éternel reproche à se faire devant Dieu, si, tandis que l'ennemi de la vérité arboroit hautement le drapeau de l'erreur, et la prêchoit sur les

toits, ils ne travailloient pas à prémunir contre la séduction les élèves que Sa Grandeur a[voit] confiés à leurs soins.
M. Bossuet vouloit qu'au moins le sujet qui l'avoit compromis, fut renvoyé ; M. Collard représenta qu'il y auroit
de l'injustice à renvoyer, peut-être pour une seule indiscrétion, un sujet dont on n'étoit pas d'ailleurs mécontent.
Le prélat dit alors qu'il le falloit et qu'il l'ordonnoit. « Vous
êtes le maître, Monseigneur, répondit M. Collard, de renvoyer de votre séminaire qui bon vous semblera, mais si,
pour un pareil motif, vous expulsez ce sujet, il sera bien
public que ni M. Ploix, ni moy, n'avons aucune part à cette
expulsion, car, au même instant, nous nous retirons tous les
deux. » — « Vous me mortifiez, Monsieur, » reprit M. Bossuet.
— « Monseigneur, reprit M. Collard, je suis moi-même extrêmement peiné de me trouver entre mon devoir et le désir
d'obéir aux ordres de Votre Grandeur, mais vous êtes trop
équitable pour ne pas convenir que le premier doit l'em-
porter sur l'autre. » M. de Troyes, sentant la solidité de ses
réponses, n'insista pas davantage, et le jeune ecclésiastique
ne fut pas renvoyé. Le prélat se plaignit aussy de ce qu'on
lisoit les *Nouvelles ecclésiastiques* en pleine étude ; M. Collard en convint, et, par composition, il fut arrêté qu'elles
seroient lues en récréation, et non pendant l'étude, usage
qui a toujours été suivi tant que cette maison a subsisté.
Cela étoit antérieur à l'ordination de M. Collard.

Cette sage résistance, bien loin de mécontenter un
prélat aussi pieux et aussi éclairé que M. Bossuet, luy
donna, au contraire, une haute idée de luy, qui avoit eu le
courage de la luy faire : il s'en ouvrit à M. Baudouin,
chanoine de Reims, alors exilé à Troyes, et luy demanda
si M. Collard prêchoit et confessoit. « Il n'a garde, Monseigneur, » répondit M. Baudouin, « n'étant que simple tonsuré. »
M. l'évêque en fut surpris. Il conçut le dessein de l'ordonner, et luy en parla quelque temps après. Mais il
éprouva des difficultez qu'il n'avoit pas prévuës. M. Collard,
qui savoit si bien inspirer aux autres le respect dû aux

saints ordres, les redoutoit encore plus pour luy-même. Il représenta humblement qu'il n'y avoit point de nécessité de l'ordonner, qu'il n'en seroit pas plus utile au diocèse, et il supplia le prélat de vouloir bien n'y pas penser. Mais M. de Troyes luy déclara que c'étoit une chose décidée, et qu'il le vouloit absolument. M. Collard obtint seulement la permission de faire un voyage à Paris, pour consulter sur ce sujet ses amis de confiance. Tous décidèrent qu'il falloit obéir. Il revint à Troyes, fort affligé de cette décision ; et M. l'évêque lui notifia de nouveau [au commencement du carême de 1737] que son intention étoit de luy conférer les ordres mineurs et le sous-diaconat à l'ordination prochaine, exigeant qu'il luy donnât parole de s'y trouver. M. Collard se soumit enfin ; alors M. de Troyes, l'embrassant tendrement, luy dit qu'il saisissoit sa promesse, et qu'il y comptoit. En rentrant dans le séminaire, M. Collard fut attaqué de la fièvre. M. Ploix, craignant que les combats intérieurs qu'il éprouvoit, joints à la fatigue du séminaire, n'occasionnassent quelque maladie dangereuse, lui conseilla d'aller prendre l'air natal. Cependant l'ordination approchoit. Le dimanche précédent, M. de Troyes envoya au séminaire demander M. Collard ; et, apprenant qu'il étoit dans sa patrie, il luy écrivit sur le champ, par un exprès, la lettre suivante, datée du 2 Avril 1737 : « Je vous somme, Monsieur, de tenir votre parole, et « je vous attens ici, avant l'ordination, qui se fera, s'il plaît « à Dieu, samedi prochain, veille du dimanche de la Passion. « J'espère que Dieu bénira mes bonnes intentions, et votre « soumission aux ordres de votre évêque. Je suis, Monsieur, « de tout mon cœur, et avec toute l'estime que vous méri- « tez, entièrement à vous. — J.-B., évêque de Troyes. » M. Collard obéit, et fut ordonné sous diacre.

Le respectable prélat, fut encore obligé d'user de toute son autorité, pour luy faire recevoir le diaconat au mois de Septembre suivant. Des affaires ayant mis M. Bossuet dans le cas de passer à Paris une grande partie du carême

de 1738, et craignant que son diacre ne luy échappàt, il luy
écrivit de Paris : « Vous me causeriez un vray chagrin de
« ne pas vous rendre à ce que je souhaitte de vous : je ne
« le souhaite que pour le bien de mon diocèse, et pour
« l'honneur de mon clergé. Je vous prie de ne faire aucune
« difficulté sur votre prochaine ordination à Pàques, et de
« trouver bon que je me serve du terme de vous l'or-
« donner.»

Le prélat étant revenu à Troyes la semaine sainte, on
voulut l'engager à s'épargner la fatigue de l'ordination, à
cause de son grand âge et de ses infirmitez, mais il répondit
qu'il vouloit avoir la consolation d'ordonner prêtre M.
Collard, qui fit inutilement les derniers efforts, le vendredi
saint, pour le dissuader. M. Collard lui réitéra la prière
qu'il luy avoit déjà faite, de souffrir qu'il luy rendit compte
de toute sa vie. M. de Troyes, forcé par ses instances,
y consentit, et, après l'avoir écouté, luy dit pour toute
réponse : « Je vous attens demain, à sept heures du matin
« dans ma chapelle, pour vous ordonner prêtre ». M. Collard
revint au séminaire tout saisi. Il fit part à ses élèves de
la crainte qu'il avoit que ce ne fût un effet du jugement de
Dieu sur luy, et il se recommanda à leurs prières.

Dès le jour de Pàques, lendemain de son ordination,
il se vit obligé, par des circonstances particulières, à offrir
son premier sacrifice. On se rappelle encore avec quelle
joie toute la paroisse de Saint-Nizier, qui étoit celle du
petit séminaire, et un grand nombre de personnes des
autres paroisses, assistèrent à sa première messe, qui fût
la messe solennelle de la fête, dont on luy fit faire tout
l'office. Il n'y eut personne dans la ville qui n'applaudit, et
ne prit intérèt à son ordination. Les instructions publiques,
qu'on l'avoit obligé de faire, [n'étant] même que sous-diacre,
luy avoient acquis l'estime universelle. Le concours à ces
instructions étoit prodigieux. Naturellement éloquent, il
parloit avec une force et une noblesse singulière. Mais,
uniquement occupé de l'avantage de ses auditeurs, il ne

cherchoit qu'à les instruire et à les toucher ; il développoit admirablement les secrets replis du cœur, et chacun trouvoit dans ses discours des leçons analogues à ses propres besoins. M. Collard parloit souvent. sans autre préparation que la prière, et il le faisoit avec une méthode, une énergie et une onction extraordinaires. On dit à cette occasion qu'il parloit bien lorsqu'il étoit préparé, et qu'il parloit encore mieux lorsqu'il ne l'étoit pas.

On ne peut mieux caractériser ces deux supérieurs, qu'en disant que M. Ploix étoit comme Moyse sur la montagne, les mains toujours élevées au ciel, pendant que M. Collard, comme un autre Josué dans le champ de bataille avec toute l'armée des Israélites, combattoit contre Amalec.

« Lors de la fameuse victoire remportée sur le peuple amalécite, la prière de Moyse et le courage de Josué semblèrent concourir également à la défaite de cette nation infidèle et ingrate, Moyse sur la montagne, et Josué dans la plaine, Moyse priant et tenant ses bras élevés en haut, et Josué combattant et répandant partout le trouble et l'effroy, Moyse soutenant par ses prières les efforts de Josué, et Josué secondant par sa valeur, les prières de Moyse. triomphant l'un et l'autre d'Amalec ; ou plutôt Dieu triomphe par eux. C'est ainsi, ô mon Dieu, que vous voulûtes faire voir dès lors quelle seroit un jour la distribution de vos dons dans votre Eglise, que les uns seroient appelés à combattre, et les autres, particulièrement à prier; que les uns auroient un don singulier de force, les autres, de prière ; que les uns et les autres concourroient, chacun selon son don, au bien et à l'avantage de votre Eglise, que nul ne pourroit se prévaloir de son don, ni mépriser celui des autres ; mais ce qui feroit le bonheur et la victoire des uns et des autres, ce seroit l'esprit de votre charité qui devoit les réunir et les rendre invincibles par cette union même (1). »

(1) Ceci est tiré de l'*Eloge des Saints de l'Ancien Testament,* tome 2, pages 332 et 333. *(Note du manuscrit).*

L'ennemi de tout bien voyoit avec peine le bien que MM. Ploix et Collard faisoient dans le petit séminaire et dans le diocèse ; il ne resta pas tranquille. L'abbé Gouault, docteur de la Sorbonne moderne, et chantre en dignité de la collégiale de Saint-Étienne, ensuite doyen de ladite église, connu par son ambition, son avidité pour les bénéfices, et par l'odieux personnage de délateur des meilleurs sujets du diocèse, étoit dans la plus intime liaison avec l'abbé Forbin, mort à Troyes en 1741. On a découvert une lettre originale de luy, par laquelle il avoue à cet abbé, qu'il sert bien le cardinal de Fleury, et il tâche d'animer cet abbé contre le petit séminaire, qu'il dépeint avec les traits les plus noirs et les plus calomnieux, et il s'y plaint de la lenteur du cardinal Ministre, et de ce que son Eminence n'aimoit pas les coups d'éclat. Le cardinal de Fleury, qui se glorifioit d'avoir été le disciple du grand Bossuet, évêque de Meaux, (qui auroit pu se l'imaginer, si luy-même ne l'avoit assuré ? ce grand maitre n'auroit pas reconnu l'usage de ses leçons, dans la manière de raisonner et d'agir du disciple) et à qui il étoit redevable de tout ce qu'il étoit (ou le grand Bossuet avoit été bien trompé sur son compte, ou ce cardinal avoit bien changé depuis), crût devoir, par sentiment d'honneur et de reconnoissance, avoir des égards pour son neveu. Comme il avoit une parfaite connoissance que M. de Troyes chérissoit son petit séminaire comme la prunelle de ses yeux, il luy promit de n'y jamais toucher de son vivant, et il luy tint parole. Néanmoins, il ne le voyoit jamais qu'il ne luy portât ses plaintes contre M. Collard, et luy a écrit une quantité prodigieuse de lettres à ce sujet. Toutes les fois que M. de Troyes revenoit de Paris, il disoit à M. Collard : « M. le cardinal Ministre ne me voit jamais qu'il ne me dise : « Vous avez un Collard qui me déplaît bien. » M. de Troyes qui vouloit conserver ce digne supérieur, luy disoit : « Instruisez toujours, mais ne dites rien. » M. Collard, pour se conformer aux intentions du prélat, et ne donner aucune prise sur luy, avoit attention, dans les instructions publiques qu'il faisoit dans le séminaire, d'avoir toujours à la main une instruction pastorale de M. de Troyes dont il lisoit de tems en tems quelques articles, et, ensuite, se donnoit le champ libre pour instruire ses élèves de toutes véritez, et ajoutoit : « Faites bien attention, Messieurs, que voilà ce que Monseigneur vous enseigne » de façon que, par cette pieuse ruse, il disoit tout ce qu'il vouloit, et étoit en même tems à l'abry de toute délation, vu qu'il y avoit dans le séminaire quelques sujets, en petit nombre, dont on n'étoit pas bien sûr.

L'abbé Gouault, dont l'ambition étoit de parvenir un jour à l'épiscopat, à la faveur de ses délations contre le gouvernement de M. de Troyes, n'a jamais pu y réussir ; il n'a eu, pour toute récompense, qu'une abbaye. Dieu, qui ne laisse [rien] impuni, même quelquefois dés ici-bas, a permis que cet ambitieux abbé ait eu la douleur, sur la fin de ses jours, de voir sa famille se déshonorer par des banqueroutes vrayement humiliantes.

[Conduite de M. Bossuet envers les monastères de son diocèse]

L'esprit de retraite s'étoit perdu parmi les religieuses ; elles ne gardoient plus strictement la clôture qui leur est si fort recommandée par les constitutions canoniques, et par les ordonnances de nos Roys. Au mépris des défenses, elles sortoient de leur monastère, sous différens prétextes, sans une permission par écrit de l'ordinaire ; cette dissipation causoit du scandale, et l'on crut qu'il étoit nécessaire de la réprimer. M. de Troyes, dont les soins s'étendoient sur toutes les parties de son gouvernement, rendit, à la requète de son promoteur, un mandement et ordonnance pour faire garder exactement la clôture à toutes les religieuses de son diocèse, exemptes ou non exemptes. Il leur défendit, sous peine d'excommunication, de sortir de leur monastère, sous quelque prétexte, ou pour quelque tems que ce puisse être, sans une permission par écrit de luy ou de ses vicaires généraux. Cette ordonnance est du 30 décembre, et fut signifiée aux abbesses et religieuses dans le courant du mois de Janvier et de Mars suivant 1721.

Il s'appliqua à la conduite des monastères qui étoient sous sa jurisdiction, avec tout le soin que mérite cette précieuse portion du troupeau de Jésus-Christ. Il leur donna, pour supérieurs et pour directeurs, des prêtres très éclairés dans la vie spirituelle. Il les visitoit luy-même, et son arrivée leur apportoit toujours la bénédiction et la paix. Dieu luy fit la grâce de rétablir, dans ces saintes maisons, le véritable esprit de religion ; et il eut la consolation d'y voir, de son vivant, de grands progrès dans la piété. On y connoissoit les règles de la vocation, et celles du désintéressement pour les dots ; on y conservoit l'esprit de retraite, de silence et d'union, et on y étoit parfaitement instruit des maximes les plus pures, d'une piété solide, éclairée, dégagée de toutes les choses mal entendues, qui ne forment que trop souvent, dans les personnes consacrées à Dieu, une dévotion toute humaine, où Jésus-Christ et son Evangile sont peu connus.

A l'égard des communautez de filles exemptes de la jurisdiction, il eut une grande attention de ne leur donner pour confesseurs que des prêtres en qui il reconnoissoit les talens du cœur et de l'esprit, propres à conduire les âmes sûrement dans les voyes du salut. Dieu a béni leur ministère d'une manière particulière, surtout à l'égard de deux couvents de Carmélites, qui étoient les dignes imitatrices des religieuses de Port-Royal, et qui ont reçu chez elles, avec toute la satisfaction possible, plusieurs de leurs sœurs, qui avoient été exilées d'Aix, de Toulouse, de Lectoure, de Beaune, de Chatillon-sur-Seine, de Reims, de Saint-Denis, et de Riom en Auvergne, à cause de leur opposition à la bulle *Unigenitus*. Elles montrèrent, en cette occasion, un si grand désintéressement qu'elles reçurent, sans pension, plusieurs de ces religieuses étrangères, et qu'elles poussèrent la générosité jusqu'à payer les frais du voyage de quatre, qui leur furent envoyées de Riom en Auvergne (1).

Les communautez d'hommes étoient composées de personnes du premier mérite de leur corps, qui faisoient l'édification de toute la ville, tels que : les Pères Denis, de Gennes (2), Dulerain, Laurent, Royer, Camusat (3), Baulleret, et autres dans la maison des Pères de l'Oratoire du Saint-Esprit ; les pères Lenet, Le Gaigneux (4), Blondel, Pommard, Morlier, etc., dans les deux maisons des Génovéfains ; le P. le Meignen, chez les Jacobins. La maison des Chartreux (5), dans le commencement de l'épiscopat de M. de Troyes, étoit remplie de solitaires vrayement édifians, très attachés à la vérité, qui y ont rendu un beau témoignage, et qui ont souffert une violente persécution à l'occasion du décret *Quo zelo*, comme on peut le voir dans le témoignage des chartreux. En un mot, les membres les plus distingués des différens corps s'empressoient de demander à venir demeurer à Troyes, parce qu'ils savoient qu'ils y seroient bien accueillis, qu'ils y trouveroient de grands exemples de vertu, et que le digne prélat de ce

(1) Cf. sur les Carmélites de Troyes, Courtalon-Delaistre, *Topographie historique de la ville et du diocèse de Troyes*, t. II, p. 238 et suiv.

(2) Sur Julien-René-Benjamin de Gennes, cf. *Nouveau dictionnaire historique*, par une société de gens de lettres, Caen, G. Leroy, 1789, t. IV, p. 85 ; Courtalon-Delaistre, *Topographie*, etc., t. II, p. 329.

(3) Cf. Courtalon-Delaistre, *Topographie*, etc., t. II, p. 329.

(4) Le Gaigneux, prieur de l'abbaye royale de Saint-Martin ès-Aires de Troyes, de l'ordre des chanoines réguliers de Saint Augustin, de la congrégation de France, dite de Sainte-Geneviève. Cf. Courtalon-Delaistre, *Topographie*, etc., t. II, p. 270.

(5) Cf. sur la Chartreuse de Troyes, Courtalon-Delaistre, *Topographie*, etc., t. III, p. 50 et suiv.

diocèse seconderoit de tout son pouvoir le zèle qu'ils avoient, pour faire connoître les grandes véritez de notre sainte religion, et pour le salut des âmes. Aussy n'ont-ils pas été trompés dans leur attente.

Accommodement de 1720

M. de Troyes a été du nombre des évêques qui ont fait profession, en signant le corps de doctrine de 1720, de ne point prendre part à la constitution *Unigenitus* qu'ils n'avoient point reçue, et pour laquelle ils n'avoient marqué que de l'éloignement, et c'est mal à propos qu'on a mis ces évêques (ils étoient six) dans les signataires de la lettre à M. le Régent au nombre des purs accommodans.

Synode

M. Bossuet ne pensoit qu'aux moyens de s'acquitter des obligations que Jésus-Christ, le Souverain Pasteur, luy avoit imposées en l'élevant à l'épiscopat. Il avoit déjà fait la visite de plusieurs paroisses dans quelques districts de doyennés, mais avant d'achever celle de tout le diocèse, il crut ne devoir plus différer la convocation d'un synode. Il donna à cet effet, le 21 Avril 1722, un Mandement pour indiquer ce synode au mercredi 17 Juin suivant, et il y recommanda aux curez de dresser des *Mémoires* sur l'état de leurs paroisses, pour les luy remettre avant le synode, et afin de l'aider à continuer ses visites avec plus de facilité et d'utilité. Il fit aussy un Mandement pour l'établissement des promoteurs ruraux, et pour leur instruction et celle des doyens dans l'exercice de leurs fonctions, afin d'établir une plus grande correspondance qui le mît à portée de savoir ce qui se passoit dans toutes les églises du diocèse, et de faire tenir tout ce qu'il auroit à communiquer. Ce

Mandement est datté du 14 Juin, et, le même jour, le prélat donna des statuts pour être publiés dans le Synode. D'abord il y confirma les anciens, et parla ensuite du baptême, de la pénitence, de la communion paschale, du mariage, de l'office divin, des secondes messes, de l'exposition du Saint-Sacrement, des fêtes, des reliques, des bâtons de confrairies, de la clôture des cimetières, de la résidence des curez, de la desserte des paroisses, de la demeure des femmes avec les ecclésiastiques, des maîtres d'école, des calendes (1) pour la distribution des saintes huiles, et de l'ordre qui doit être gardé aux processions générales.

Le 17 Juin, jour indiqué pour le synode, étant arrivé, vers les sept heures du matin, on fit la procession à laquelle M. de Troyes n'étoit point, parce qu'il étoit incommodé. Mais l'après-midy, se trouvant mieux, il vint à l'assemblée dans la grande salle de l'évêché, il proposa ses statuts qu'il avoit dressés avec ses grands vicaires. A la lecture qui en fut faite, il y en eut plusieurs contre lesquels on réclama publiquement, et entr'autres, celui qui ordonnoit que, toutes les fois qu'on voudroit se confesser hors de sa paroisse pendant l'année, on iroit en demander la permission à son curé. Les curez de la ville firent signifier leur opposition six jours après, le 23 du même mois, et en écrivirent à M. le Procureur général du Parlement de Paris une lettre contre M. l'évêque de Troyes et ses statuts synodaux, ce qui causa beaucoup de chagrin au prélat. Le 28 Juillet, les curez renouvellèrent leurs oppositions aux grands vicaires, qui, le 8 d'Août, malgré ces oppositions, invitèrent le promoteur de requérir l'enregistrement des statuts du synode au greffe de l'officialité. Il refusa, disant qu'il n'en avoit point l'ordre de M. l'évêque, et qu'il n'étoit

(1) Calendes, « assemblée de curés de campagne convoquée par l'évêque », d'après les dictionnaires de Gattel, Boiste et Littré. Littré remarque que La Fontaine a écrit : *Calende* : « C'étoit jour de calende, et nombre de confrères devoient diner chez lui. » *Cas de consc.*

pas marqué qu'il feroit cette réquisition. Il allégua encore plusieurs autres raisons qu'il offrit de leur donner par écrit quand ils le jugeroient à propos. Sur ses refus, les grands vicaires invitèrent le notaire Châtel, procureur à l'officialité, de requérir cet enregistrement, mais ils furent encore refusés, et le notaire leur donna pour raison, qu'il y avoit de plus anciens procureurs que luy à l'officialité. Malgré tous ces obstacles, le Dimanche 9 Août, les statuts furent publiés au prône de la plupart des paroisses, et le lendemain on les afficha aux portes des églises et aux carrefours des rues, ce qui ne s'étoit jamais fait dans Troyes. Le même jour, les grands vicaires envoyèrent permettre aux Oratoriens du Saint-Esprit et du Collège, et aux Religieux de Saint-Loup, de confesser tous ceux qui se présenteroient à eux, parce qu'ils ne vouloient plus le faire, cela leur étoit défendu par un article du synode et par les curés. Ces statuts furent enfin enregistrés au greffe de l'officialité, le 19 Décembre suivant, mais ils ne l'ont point été au Parlement, ce qui les empêche d'avoir force de loy coactive. L'article 3 du statut de la Pénitence deffend de donner des permissions vagues et indéterminées d'aller à confesse où l'on voudra, et il ordonne de désigner les confessseurs, conformément au statut 1er de 1652. Ce statut attira une mortification à M. l'évêque, car, le samedi 10 Avril 1723, un sergent et deux recors vinrent à l'évêché faire au prélat une sommation, au nom et de la part du seigneur de Saint-Benoît-sur-Vannes, de luy donner un billet pour aller faire sa confession et sa communion pascale où il voudroit, protestant qu'en cas de refus, il prendroit ce refus pour un consentement. Nous ignorons si cette affaire eut des suites.

Calendes

M. l'évêque s'appliquoit toujours au gouvernement de son diocèse. Il tint au mois de May de cette année, dans l'église de son diocèse et dans l'église du séminaire de Notre-Dame en l'Isle des calendes pour les curez de l'archiprêtré, et ensuite pour ceux du doyenné de Troyes ou grand doyenné.

Ouverture de la Châsse de Saint-Aventin

Deux jours après, il alla à Saint-Etienne, où il fit ouvrir, en présence de témoins, la châsse de saint Aventin (1) : il en tira, du consentement du chapitre, un ossement d'entre le poignet et le coude, et l'envoya à Rome au cardinal Gualtieri. Ce cardinal que notre évêque avoit sans doute connu étant à Rome, luy avoit demandé des reliques de ce saint, pour les mettre dans une chapelle qu'il avoit fait bâtir sur le mont Aventin.

Visites

Malgré les fréquens voyages que M. Bossuet faisoit à Paris, il ne négligeoit point le soin de son troupeau, il tenoit exactement ses calendes et faisoit des visites en différentes églises. Le 19 Décembre 1724, il fut visiter celle de Saint-Remy, et le 22, celle de la Madeleine qui en est la succursale. Il venoit de mettre un curé à Saint-Nicolas, et dans l'assemblée de Sainte-Madeleine, il proposa d'y mettre un curé, ainsy qu'à Saint-Nicolas et Saint-Pantaléon. Mais il y trouva des obstacles. Les paroissiens et les marguilliers de Saint-Remy y formèrent conjointement leur opposition ; les Marguilliers de Saint-Frobert, qui s'y trouvèrent, déclarèrent qu'ils y consentoient. Il y eut de

(1) Cf. sur saint Aventin, Courtalon-Delaistre, *Topographie*, etc., t. II, p. 23 ; P. Giry, *Vie des saints*, corrigée, complétée et continuée jusqu'à notre temps par M. Paul Guérin, Paris, Palmé, 1862, 4ᵉ édition, t. II, p. 420-421.

grandes difficultez à ce sujet. La séance fut longue et M. l'évêque ne sortit de l'église qu'à trois heures après midy. Le 29 suivant, les marguilliers et principaux paroissiens de Sainte-Madeleine luy firent signifier une opposition en règle à l'érection de leur paroisse en cure, et demandèrent trois mois pour y aviser. Il paroit qu'ils persistèrent dans leur opposition, puisque cette église est toujours demeurée succursale de Saint-Remy.

Dans les visites qu'il faisoit, il donnoit aux paroissiens la liberté de déclarer avec modération ce qu'ils avoient à dire de la conduite de leur curé. Mais il ne croyoit pas aisément le mal qu'on disoit de luy, à moins qu'il n'en eût de bons avis d'ailleurs. Au contraire, il autorisoit autant qu'il pouvoit les curez devant les peuples, louant hautement les bons et épargnant les autres par respect pour le ministère. Voicy un bel exemple :

M. Jérôme Jolly, mort, curé de Torvilliers (1), en odeur de sainteté, ayant été obligé de quitter le diocèse de Châlons à cause du refus qu'il fit de signer le formulaire et d'accepter la constitution *Unigenitus* pour une cure qu'on luy offroit, M. Bossuet, qui profitoit volontiers des pertes que les évêques constitutionnaires faisoient sans regret, le reçut avec plaisir dans son diocèse, et luy donna la desserte de Montreüil, succursale de Montieramey (2).

Arrivé dans sa nouvelle paroisse, il trouva un poste d'un revenu médiocre, mais suffisant à la frugalité, cherchant, non les biens, mais le salut de ses paroissiens ; il en donna des preuves par son esprit de pénitence et de pauvreté, son amour pour les pauvres, par le zèle ardent qu'il fit paroître en travaillant sans relâche à la sanctification de son troupeau, et principalement par son attachement

---

(1) Torvilliers. canton et arrondissement de Troyes. Cf. Courtalon-Delaistre, *Topographie*, etc., t. III, p. 134-135.

(2) Montreuil et Montiéramey, canton de Lusigny, arrondissement de Troyes. Cf. Courtalon-Delaistre, *Topographie*, etc., t. III, p. 101-110.

inviolable à l'observation exacte des règles dans le tribunal de la Pénitence, attachement qui, continuant à l'élever au-dessus de toute crainte humaine, luy attira tant de persécutions de la part de gens qui, quoiqu'ignorant les premiers principes de la religion, et vils esclaves de leurs passions, étoient assez ennemis d'eux-mêmes pour exiger d'être admis en cet état à la participation des choses saintes. Le démon, qui régnoit paisiblement dans leur cœur et qui craignoit de s'en voir chassé, les transporta de haine et de fureur même contre luy, il fut insulté, injurié, calomnié, mais, les yeux attachés sur Jésus-Christ, le chef et le modèle des pasteurs, il ne leur opposa que ses prières et une patience à toute épreuve. La mort même donc le menaça un jour. Un de ces furieux, qui, la main sur son épée, ne parloit que de la luy passer au travers du corps, ou de le brûler vif à son propre feu, ne put altérer en luy cette disposition, ny luy arracher ce que sa conscience ne luy permettoit pas d'accorder. Mais, si cette crainte n'opéra rien sur le cœur de ce digne ministre, elle fit une telle révolution dans son corps, qu'on peut la regarder comme le principe des infirmitez auxquelles il a été sujet depuis.

Ces révoltés allèrent se plaindre à leur curé de la prétenduë sévérité de leur desservant. Le curé, quoiqu'ami des gens de bien et attaché aux bons principes dont il ne tiroit pas toujours toutes les conséquences au tribunal [de la pénitence], luy en fit des reproches.

Il n'y fut pas insensible, mais loin d'en être abbatu, il lui prouva, au contraire, que la conduite qu'il tenoit, étoit celle que doivent tenir tous les dispensateurs du sang de Jésus-Christ, s'ils ne vouloient se rendre coupables de la prophanation de ce sang adorable. M. Jolly luy parla avec tant de solidité, de douceur et d'onction, que ce vénérable curé, dont la droiture de cœur formoit le caractère, se rendit à ses raisons après plusieurs entretiens sur cette matière, et, gémissant amèrement de la conduite qu'il avoit tenue jusqu'alors, il se réforma

si bien que ses paroissiens disoient que son vicaire l'avoit
perverti.

Mais les paroissiens de Montreüil n'imitèrent pas le bel
exemple que leur donnoit leur curé. N'ayant plus rien à
attendre de luy, ils se retournèrent du côté de l'évêché, ils
présentèrent des requêtes pleines de mensonges et de
calomnies ; leur vicaire est mandé, il se justifie, et, comme
on ne cherche pas l'iniquité dans la maison du Juste, il est
renvoyé absous.

Mais la justice que la cour épiscopale rend à son innocence, n'est pas capable d'arrêter la fureur et l'acharnement
de ses paroissiens. On continue de se plaindre et à jetter
de si hauts cris que M. Bossuet est obligé de se transporter
à Montreüil pour y faire une visite dans les formes. Il
écoute en juge équitable les raisons des deux parties,
et trouve celles du vicaire si bonnes, et sa conduite si
régulière qu'il en fait l'éloge devant toute la paroisse, et
termine sa visite en exhortant les révoltés à suivre ses
conseils et à se soumettre à la conduite de celuy que Dieu
leur avoit donné dans sa miséricorde. Qu'il faisoit beau
entendre l'humble curé de Montieramey [M. Pierre Lorrin]
joindre sa voix à celle de son évêque, pour justifier son
vicaire, louer sa fermeté, en même tems qu'il se condamnoit hautement de relaschement ! « Oui, Monseigneur,
disoit-il, avec une franchise sans exemple, c'est M. le
vicaire qui fait son devoir, et moy, je ne suis qu'un lâche. »
Il seroit difficile de décider à qui, ou du vicaire, ou du curé,
ce trait fait plus d'honneur.

Cette estime de M. le curé de Montieramey pour les
lumières et la conduite de son vicaire, n'étoit point un de
ces sentimens passagers que voyent naitre et disparoître
les grandes occasions, elle étoit d'autant plus enracinée chez
luy, qu'il avoit eu plus de peine à concevoir cette conduite,
étant toute opposée à sa première façon de penser et d'agir.
Elle ne faisoit que se fortifier lorsque Dieu, par un juste
jugement sur Montreüil, luy enleva, comme nous allons

le voir, le fidèle dispensateur dont les habitans s'étoient rendus si indignes, car M. le curé de Montieramey, ayant été obligé de se charger alors de la conduite de cette succursale, fut ravi jusqu'à répandre des larmes de joye quand les personnes qui étoient dans l'usage des sacremens sous M. Jolly, s'adressèrent à luy, il en étoit dans l'admiration, et convenoit que ce qui luy avoit paru impossible, étoit pratiquable, disant tout haut qu'il n'y avoit de fruit véritable et solide à attendre que d'une conduite conforme à celle du vicaire qu'il regrettoit ; il en étoit même si persuadé qu'il crut ne pouvoir rien faire de plus avantageux pour sa paroisse, que de se donner pour successeur la personne de M. Ferillon [?], un second M. Jolly.

M. le curé de Montieramey pensoit alors bien différemment qu'un certain prédicateur dont il est parlé dans la vie abrégée de M. Pierre de Tressan de la Vergne (1), prêtre au diocèse de Mende et célèbre missionnaire, mort en odeur de sainteté en 1684. Voici le fait :

« Un jour, un prédicateur qui n'étoit pas des plus « favorables à M. l'abbé de la Vergne, prêcha sur la péni- « tence et le délai de l'absolution, avec une force à laquelle « il ne s'attendoit pas. Cette agréable surprise fit qu'il ne « put résister au mouvement de son cœur, incapable de « prévention, qui le porta à aller témoigner à ce prédica- « teur combien il avoit été effectivement édifié de ses sen- « timents. Mais il n'eut pas sujet de l'être de la réception qui

______

(1) Pierre de Tressan de la Vergne (1618-1684), d'une maison de Languedoc, fut élevé dans la religion réformée qu'il abjura à l'âge de 20 ans. Après avoir passé quelques années à la cour, il se retira auprès de Pavillon, évêque d'Aleth. La part qu'il prit au livre de la *Théologie morale* le fit exiler : mais, peu de temps après, le roi lui rendit la liberté dont il ne jouit pas longtemps. Il se noya près du château de Terargues, en venant à Paris, en 1684. Son principal ouvrage est intitulé : *Examen général de tous les états et conditions, et des péchés qu'on y peut commettre*, 1670, 2 vol. in-12, sous le nom du sieur de Saint-Germain, avec un 3e vol. concernant les marchands et les artisans.

« luy fut faite, et il sortit de cette visite indigné, moins de la
« froideur avec laquelle on l'avoit reçu, que de ce qu'on
« avoit osé luy dire formellement, que c'étoit bien là des
« sentimens que l'on pouvoit débiter quelquefois en chaire,
« mais que l'on se garderoit bien de suivre dans le tribunal
« de la pénitence. Il eut besoin de toute sa modération, pour
« se tirer de ce pas sans éclat et sans bruit »

Malheureusement on ne voit que trop de prêtres, même
parmi ceux qui sont bien instruits et vrayement attachés
à la vérité, qui pensent et agissent ainsy. *O tempora !
o mores !*

Dieu, justement irrité contre les ingrats habitants de
Montreüil, les priva donc de ce pasteur selon son cœur.
La Providence ne fit presque que le montrer dans ce coin du
diocèse, elle voulut le raprocher du centre en le plaçant
à Torvilliers, village distant de la ville d'environ une
lieuë, afin que la bonne odeur de sa conduite et le discernement des esprits dont il savoit si bien faire usage dans
la direction des consciences, se répandit plus au loin, et
portât la lumière dans un plus grand nombre d'âmes
disposées à chercher le Seigneur, mais qui manquoient
d'un guide de confiance, pour diriger leurs pas, car son
zèle ne se borna pas, dans ses jours de liberté, à sa nouvelle
paroisse, et quelque répugnance qu'il eût à se charger de
ceux qui n'avoient pas un droit acquis à l'exercice de ce
zèle, il se vit souvent forcé de l'étendre au-delà des limites
de son territoire, quoiqu'il eût bien désiré de s'y renfermer,
parce que son humilité déroboit à ses yeux cette sagesse
qui frappoit ceux qui avoient l'avantage de le connoître.
Plusieurs élèves du petit séminaire, si bien administré,
comme on l'a vu cy-dessus, se sont formés à la piété sous
sa direction.

Choix des prédicateurs

Le respect que notre prélat avoit pour la parole de Dieu, le soin de l'instruction des fidèles, lui faisoient regarder comme une affaire importante le choix des prédicateurs, il en usoit pour les chaires comme pour les bénéfices ; il ne les donnoit point à ceux qui les demandoient pour eux-mèmes, et il n'en accordoit aucune à la simple recommandation de qui que ce fut ; mais il s'informoit avec soin du mérite des prédicateurs, et il n'en prenoit aucun dont il ne crut être assuré. Les religieux qui avoient du mérite, y étoient employés comme les autres, et il en a fait prêcher plusieurs dans sa cathédrale. Il honoroit toujours la parole de Dieu en la personne de ceux qu'il faisoit venir pour l'annoncer à son peuple; [il] les admettoit à sa table. Aussy chacun d'eux n'est jamais sorti de chez lui, qui ne fût très satisfait de ses manières obligeantes et de sa conversation. Il vouloit que les prédicateurs cherchassent plutôt à s'instruire qu'à plaire, et qu'ils préchassent la morale de l'Evangile dans toute sa pureté, sans craindre pour cela ni les contradictions ni les divisions. Car il avoit pour maxime, que rien ne doit retenir un ministre évangélique, quand il s'agit d'annoncer au peuple des véritez qu'il doit savoir. Mais pour les autres choses qui sont plutôt matière de dispute entre les théologiens, que d'instruction pour les fidèles, il défendoit absolument qu'on en parlàt publiquement. C'est qu'il aimoit la paix aussi bien que la vérité ; dès que les intérèts de l'une étoient à couvert, il n'y avoit rien qu'il ne voulût faire pour conserver l'autre.

Notre prélat a toujours eu attention d'avoir de tels prédicateurs, et il a été heureux dans son choix, car il a eu la satisfaction d'avoir dans ses chaires les plus grands hommes des différens corps tels que, pour l'Oratoire, le P. de Gennes, connu par de si bons exemples et ouvrages, surtout par ses belles *Lettres* contre l'état de pure nature ;

le P. Fabre, continuateur de M. de Fleury ; le P. Laurent, auteur de la vie si édifiante de Mme de la Fosse, miraculée par le Saint-Sacrement. sur la paroisse de Sainte-Marguerite, à Paris ; le P. Pacaut, dont les sermons sont imprimés ; le P. Royer ; le P. Camusat ; le P. Chantereau, qui a fait une relation si édifiante de son voyage à la Trappe, qui est imprimée ; le P. Terrasson. qui a été curé de Treigny (1). diocèse d'Auxerre ; — pour les Doctrinaires, le P. Jard (2), l'un des plus célèbres et plus anciens prédicateurs de Paris, plus estimable encore par sa grande régularité que par ses grands talens ; — pour les Capucins, le P. Ambroise, qui a été si persécuté par ses confrères à cause de son attachement à la bonne doctrine qu'il a été obligé de prendre la fuite et de se retirer en Hollande. Il y en a eu aussi de très célèbres parmi les Jacobins et les Génovéfains. Le célèbre M. le Gros, docteur et chanoine de l'église de Reims, a fait plusieurs sermons à la Cathédrale et à la Madeleine.

Je crois devoir entrer dans quelque détail sur quelques-uns de ces prédicateurs :

Le P. de Gennes [3]

En 1726, le Mardi Saint, le P. de Gennes fit à la cathédrale le sermon, où, après une procession solennelle, le clergé séculier et régulier, et tous les corps de la ville, ont accoutumé d'assister.

(1) Treigny, canton de Saint-Sauveur, arrondissement d'Auxerre (Yonne).

(2) François Jard, doctrinaire. né à Bollène en 1675, mort à Auxerre le 10 avril 1768, a donné la *Religion chrétienne méditée dans le véritable esprit de ses maximes*, Paris, 1715-1768, 6 vol. in-12. On a publié en 1768 ses *Sermons*, 5 vol. in-12.

(3) Julien-René-Benjamin de Gennes. de Vitré en Bretagne (1687-1748).

Comme ce sermon éprouva une contradiction étonnante, je crois en devoir donner ici un court extrait.

Le P. de Gennes prit pour texte ces paroles de l'Evangile :

« Rendez à César ce qui est à César, et à Dieu ce qui
« est à Dieu. »

Dans ces deux points, il combattit deux erreurs, « l'une
« des faux zélés, qui croyent que la religion est un motif
« suffisant pour se soustraire à l'obéissance duë aux
« Princes ; l'autre des indifférens et des politiques, qui, par
« la crainte de la puissance temporelle, manquent à ce
« qu'ils doivent à Dieu et à la Religion.»

Dans son premier point, il établit :

« Le devoir indispensable d'être soumis au prince pour
« tout ce qui concerne le gouvernement temporel.... [Il fit
« voir que] le motif de cette soumission doit être d'obéir
« à Dieu même... Soyez soumis aux Roys, dit Saint-Pierre,
« pour l'amour de Dieu, *propter Deum*. [Il ajouta] que cet
« assujettissement au souverain doit partir du fond du
« cœur ; et qu'on luy doit un amour tendre et respectueux,
« [d'où il prit occasion d'observer qu'il] n'appartient qu'à
« la religion chrétienne d'inspirer une véritable soumission
« pour les Princes de la terre, parce qu'elle seule nous les
« fait regarder comme ministres et dépositaires de sa
« puissance souveraine.... Que la crainte, l'intérêt et toute
« autre vûe humaine ne sont qu'un faible rempart contre
« la sédition ; puis, dès qu'on cesse de craindre la puissance
« temporelle, ou d'en rien espérer, le mécontentement ou
« l'amour de l'indépendance peut aisément entraîner dans
« la révolte ; au lieu qu'un homme, instruit par la Religion
« à respecter son Dieu dans les têtes couronnées, reçoit
« tous leurs ordres, quelque durs qu'ils luy paroissent,
« comme venant du Ciel.»

Il combattit ensuite la fausse maxime, qui servit autrefois de prétexte à la Ligue pour justifier ses attentats [que
quand le Prince combat la religion, il doit être permis de

la défendre]. « Quel étoit l'Empereur, s'écria le P. de Gennes,
« à qui saint Pierre et saint Paul ordonnoient d'obéir pour
« principe de conscience ? Un payen, un Néron, digne d'être
« le premier persécuteur du christianisme puisqu'il étoit
« l'ennemi du genre humain.... La religion s'est établie par
« les souffrances, par le martyre.... Recourir aux armes
« pour la maintenir, c'est la rendre odieuse et devenir
« prévaricateur. Un chrétien ne sait ce que c'est que de se
« révolter, mais il sait souffrir et mourir.

Il ajoute que « comme nul motif, nulle vexation ne
« pouvoient excuser la révolte contre les Princes de la
« terre, nuls abus, nul mauvais traitement ne pouvoient
« autoriser le schisme et la séparation ; parce que c'est une
« maxime fondamentale, qu'il n'y a jamais de raison juste
« de rompre l'unité. *Scindendæ unitatis nulla justa*
« *necessitas.*»

Dans son second point, il s'éleva avec une grande
force contre les faux chrétiens, « qui ne sont point soumis
« à leur Prince dans les choses temporelles par amour
« pour Dieu et par principe de conscience, mais, unique-
« ment, par des intérêts humains, et qui, par ces mêmes
« intérêts, préfèrent la volonté de leur Prince à celle de
« Dieu.... Pourquoi, disoit-il, la Religion des Princes est
« elle ordinairement la Religion dominante ? c'est que les
« craintes et les espérances humaines font plus d'impres-
« sion sur la plupart, que les biens invisibles que Dieu
« promet et les maux éternels dont il menace.»

A cette occasion, il rapporta ce qui s'étoit passé dans
le IVe siècle de l'Eglise sous le règne de l'Empereur Cons-
tance, qui, séduit par les Ariens, persécuta les plus éclairés
défenseurs de la foy, pour les forcer de souscrire des formules ariennes.

« Alors, dit-il, les colonnes de l'Eglise parurent ébran-
« lées, les plus fermes chancelèrent. Le pape Libère
« tomba, et presque tous les Evêques cédèrent au tems, dit
« saint Grégoire de Nazianze».

Quoique le P. de Gennes n'en fit point l'application à l'état où est aujourd'hui l'Eglise, le parallèle en plusieurs points étoit si marqué et si frappant, que personne ne s'y méprit, et que les mal intentionnés luy en firent un crime.

Il traita encore un autre sujet qui blessa tous ceux du clergé séculier et régulier, que l'ignorance ou un vil intérèt attache servilement au char de l'autorité sans bornes que la cour de Rome s'arroge. Il fit voir que la prétendue infaillibilité du Pape n'étoit qu'une vaine idole forgée par la flatterie, érigée par l'orgueil et adorée par la cupidité : « Sans ces vuës basses et intéressées, sans cet esprit d'adu-« lation, dit-il en propres termes, se fût-on jamais avisé d'at-« tribuer l'infaillibilité à un homme mortel ? »

Il n'en fallut pas tant pour faire jetter les hauts cris aux ultramontains, aux constitutionnaires, et aux politiques. Leurs clameurs retentirent jusqu'aux oreilles du Roy et de ses Ministres, devant qui ils accusèrent le P. de Gennes d'avoir parlé contre l'autorité du Roy et du Pape, et leurs brigues auroient dès lors réussi à faire proscrire cet intrépide prédicateur de toute vérité, si M. l'Evèque de Troyes, qui avoit assisté à ce sermon, n'eùt pris sa défense, et paré tous les coups qu'on vouloit lui porter.

M. Bossuet ne se contenta pas de défendre le P. de Gennes contre ses calomniateurs, il luy ordonna de continuer à prècher, et dans sa cathédrale, et partout ailleurs, comme auparavant. En vain cet humble prètre, qui brûloit d'envie de suivre son attrait dominant pour annoncer l'évangile aux pauvres et aux captifs, représenta-t-il au prélat que, s'il continuoit à prècher dans de grands auditoires, les ennemis de la vérité en deviendroient plus furieux contre lui, et qu'ils ne manqueroient pas d'envenimer tous ses discours, l'évèque demeura inflexible.

Forcé d'obéir, son zèle pour les pauvres et les prisonniers n'en fut pas moins ardent ; ce qui l'engagea à se livrer à des fatigues au-dessus de ses forces. Car, quoiqu'il prèchàt souvent dans les plus grandes églises, il faisoit encore plus fréquemment entendre sa voix dans les prisons, et surtout dans la Tour-Bateau, qu'on appelle ainsy, parce que l'eau l'entoure presque de tous côtés. Un grand nombre de prisonniers y gémissoient alors, privés de toute instruction, n'y ayant ni chapelle, ni salle assez vaste pour les contenir. Le seul endroit où l'on pouvoit les assembler, étoit un grand souterrain très malsain et très humide. Les horreurs, ni le mauvais air, de ce ténébreux cachot n'empêchèrent pas le P. de Gennes d'en faire le théâtre de son zèle. Ses entrailles furent émuës de compassion en voyant la faim de la Parole que souffroient ces malheureux infortunés, et qu'il ne se trouvoit personne pour leur rompre ce pain salutaire. Outre les dimanches et les fêtes, il les en nourrissoit, pendant le cours de la semaine, autant de fois qu'il en avoit le tems. Bientôt, grand nombre de personnes de la ville l'y suivirent pour profiter des instructions d'un prédicateur si évidemment apostolique, et Dieu les rendit si efficaces qu'elles opérèrent la conversion de plusieurs de ces prisonniers.

Qui eût pu croire qu'une œuvre d'elle-même si pénible, et que les libertins les plus déclarés n'eussent pu s'empêcher d'admirer, dût éprouver la contradiction de MM. les constitutionnaires? Elle l'éprouva néanmoins. Ils accusèrent le P. de Gennes en 1728, de faire, dans un souterrain, des assemblées clandestines, pour y débiter à son aise des maximes pernicieuses, propres à porter les fidèles à se révolter contre l'Eglise; et le cardinal de Fleury prêta si fort l'oreille à ces calomnies, qu'il fit défendre au P. de Gennes de prêcher en quelque endroit que ce pût être. Le Père de la Tour se voyant obligé, pour le soustraire à une plus violente persécution, de le faire sortir de cette ville, l'envoya à Nevers.

Il est bon de ne pas obmettre que, tandis qu'il étoit encore à Troyes, les fatigues excessives de ses prédications ne l'empêchèrent pas d'employer en même tems sa plume pour la défense de la vérité.

Dom Petit-Didier (1), président de la congrégation de Saint-Vannes, ayant fait un écrit pour établir la nécessité d'accepter la Constitution, le P. de Gennes y répondit par un ouvrage de 70 pages in-quarto, dans lequel il réfuta en même tems l'instruction pastorale qui venoit de paroitre, sous le nom de M. le cardinal de Bissy. Cet ouvrage du P. de Gennes fut très applaudi. Le célèbre M. [Quiqueran] de Beaujeu, évèque de Castres, dit publiquement, que cet écrit lui paroissoit d'une beauté charmante et d'une force invincible.

Le P. de Gennes, conjointement avec M. l'abbé Duguet, et quelques autres personnes de Troyes, dressa aussy l'acte d'appel du Formulaire, et fit un écrit, dans lequel il démasqua les sourdes intrigues qui se tramoient à Embrun pour opprimer M. l'évèque de Senez, et où il démontra la nullité et l'injustice de tout ce qu'on fit dans l'Assemblée contre ce saint évèque.

Si M. de Troyes étoit ferme à soutenir les prédicateurs qui annonçoient librement la vérité dans tout son jour et son éclat, il avoit la même fermeté pour imposer silence publiquement à ceux qui s'écartoient de leur devoir. En voicy un exemple : En 1724, le prédicateur du Mardi Saint, s'acquittant mal de sa prédication dans laquelle il y avoit des invectives contre des Princes, notre prélat luy commanda, au milieu de son premier point, de passer le reste et de dire le second point (2).

(1) Dom Matthieu Petitdidier, bénédictin, né à Saint-Nicolas, en Lorraine, en 1659, devint abbé de Senones en 1715, puis évêque de Macra en 1726, mourut à Senones en 1728. Ses principaux ouvrages sont : *Remarques sur les premiers tomes de la* Bibliothèque ecclésiastique *de Dupin*, 3 vol. in-8° : l'*Apologie des* Lettres provinciales, Delft (France), 1697, 2 vol. in-8° ; *Traité de l'Infaillibilité du Pape*, Luxembourg. 1724, in-12.

(2) L'auteur du manuscrit cite, dans une note qui doit se rapporter à ce passage, un « Extrait d'une lettre de M. Chèvre, doyen de Villemaur, à M. Duhalle, négociant, du 8 février 1770 » : «Je me souviens qu'en 1723, un sieur de Boust, curé de Piney, homme singulier et plus familier avec son Horace et son Tite-Live qu'avec

L'analyse du sermon du P. de Gennes, fait en 1726, nous montre bien la différence qu'il y a de la prédication sur le pied qu'elle étoit alors, d'avec celuy où elle se trouvoit du tems de nos pères, qui surchargeoient leurs discours de quantités de passages entassés les uns sur les autres et non digérés, qui non seulement étoient latins, mais grecs, ce qui a fait dire à M. de La Bruyère, qu'il falloit être bien sçavant pour prêcher si mal.

En 1634, M. Bonaventure Guillot, chanoine de Bar-sur-Aube, fit imprimer un discours qu'il avoit débité à Saint-Pierre, le Mardi Saint de la même année, où l'on trouva des citations même de vers, de Virgile et de Sénèque le Tragique.

Vers le commencement [du siècle], le sermon du Mardi Saint fut prêché à Saint-Pierre par un jeune Troyen, savoir le P. Thienot, capucin de la maison de Troyes, et natif des environs de cette ville, qui fit une pièce à ce sujet, si goûtée et si applaudie de tout le monde et de M. Bouthillier, lors évèque de Troyes, qu'il luy prit envie de le faire imprimer, ce qu'il fit, et l'orgueil s'étant saisi de cette jeune barbe, il la mit bas, quitta les Capucins, parut en abbé, et je ne sais si depuis il est rentré dans son ordre, tant la vanité fait de renversement dans une tète disposée à la recevoir. Il eût bien mieux valu pour luy de faire une pièce moins applaudie ou d'être demeuré court à son sermon, car l'homme auroit été mortifié, et, bien loin de sortir de sa communauté, il se seroit resserré dans sa

saint Paul, fut chargé du discours du Mardi saint où j'étois ; cet original fit un grand mérite à nos pères d'avoir refusé un roi protestant, et dit mille impertinences dans ce goût-là dans l'acte même où nous faisons amende honorable de cette faute. M. Bossuet fut obligé de se lever et de lui imposer silence, dont tout le clergé et la ville furent enchantés. » M. Chèvre de la Charmotte, né à la Charmotte, paroisse de Boissy-le-Repos, au doyenné de Sézanne, le 29 novembre 1697 et mort le 23 juin 1781, a gouverné pendant cinquante-quatre ans « comme doyen-curé » la paroisse de Villemaur. Il avait composé un ouvrage sur l'histoire de Villemaur. Cf. Courtalon-Delaistre. *Topographie*. etc., t. III. p. 181-184.

cellule comme un escargot dans sa coquille. Peut-être le Seigneur lui aura fait la grâce de se reconnoître, peut-être un peu tard, mais la miséricorde est de tous les tems.

Le Père Terrasson

Le P. Gaspard Terrasson, dans le tems de la mort de M. le premier Dauphin, fils du roy Louis XIV(1), régentoit à Troyes, il prononça l'oraison funèbre de ce prince, dans l'église des Pères Cordeliers de Troyes. Malgré le succès qui accompagna ce premier essay de ses talens pour la chaire, il ne continua pas la prédication, se contentant de faire des exhortations dans les séminaires ; il se borna à ce genre de travail pendant tout le tems que son frère, André Terrasson, brilla dans la prédication, mais après la mort de ce frère, il se livra alors à la prédication, et s'acquit bientôt une réputation supérieure à celle dont son frère avoit joui.

En 1727 et autres années, il a prêché dans différentes églises de Troyes avec un applaudissement universel. On disoit de luy, qu'il poursuivoit le pêcheur à la piste sans le quitter un moment de vuë, ni se jetter ni à droite ni à gauche, qu'il avoit une grande justesse de raisonnement, que les autres prédicateurs, pour la preuve de leurs propositions, font un enchaînement de raisonnemens entassez et d'autoritez, que luy, au contraire, n'employe qu'un seul raisonnement et le pousse à bout et le suit *mordicus*, donne des couleurs odieuses au péché et au pécheur par des définitions fortes et chargées, et rend la vertu aimable par des traits tout contraires, que l'homme se retrouve toujours dans son discours d'un bout à l'autre, et en découvre et met à nud tous les replis du cœur humain, et tout cela sans affectation, sans figures. L'on dit enfin de luy : *ad finem*

(1) Le Grand Dauphin mourut à Meudon en 1711.

fortifier. Préchant un jour devant M. Bossuet, il dit : « qu'il
« n'avoit garde de rien hazarder qui ne fût orthodoxe,
« ayant l'honneur de parler devant un Evêque si distingué
« par son exactitude pour la bonne morale et la saine
« doctrine. »

En 1732, préchant à la cathédrale, le chapitre fit cesser
le sermon en commençant l'office. Cette insulte mortifia
beaucoup M. Bossuet. C'étoit dans le tems de la dispute
pour le missel. Il y avoit plusieurs chanoines qui étoient
très opposés au prélat dans cette affaire, et ils furent charmés de trouver cette occasion de le mortifier, à cause qu'ils
savoient qu'il faisoit un grand cas du Père Terrasson.

L'on verra avec plaisir la lettre que le grand Colbert,
évêque de Montpellier, écrivit à notre prélat à ce sujet,
le 28 Mars 1732 :

« Il ne sera pas dit, Monseigneur, que vous ferez le
« bien, et que vous ne serez point en butte aux contradic-
« tions des ennemis de tout bien. Je viens d'apprendre que
« leur esprit s'est glissé dans votre Chapitre, et qu'on l'a
« porté à se déshonorer par une action aussi humillante
« pour ceux qui triomphent, qu'elle est glorieuse pour ceux
« qu'on a prétendu humilier. Si le Père Terrasson avoit
« des talens communs, les usages de votre Chapitre auroient
« subsisté en sa faveur. Mais un prédicateur, rempli de
« l'esprit de Dieu, peut-il ne pas exciter l'envie des ennemis
« de la vérité en préchant sous les yeux d'un Evêque qui
« se déclare si publiquement pour la vérité ? Dans l'im-
« puissance où l'on étoit de luy fermer la bouche entière-
« ment, on a essayé de la luy fermer en partie, et on l'a
« exécuté d'une manière scandaleuse. Quelles prières que
« celles qui ont commencé par insulter à Dieu même en la
« personne d'un ministre par qui il parloit ! demander le
« secours de Dieu : *Deus, in adjutorium meum intende ;*
« faire l'éloge de sa loy : *Mirabilia testimonia tua ;* mar-
« quer le bonheur des petits, à qui l'explication de sa parole
« donne l'intelligence : *Declaratio sermonum tuorum*

« *illuminat, et intellectum dat parvulis ;* et en même
« tems empêcher les petits de recevoir l'explication de
« cette parole qu'ils écoutent avec avidité ! Quelle honte
« pour les auteurs d'une démarche si contraire à la Reli-
« gion ! Seroit-ce donc qu'on auroit voulu montrer en priant
« par un esprit si éloigné de l'esprit de charité, qu'il n'est
« pas vray que la charité seule honore Dieu, et que c'est
« elle seule que Dieu entend? Si saint Paul avoit à Troade(1)
« de pareils contradicteurs, il n'y auroit pas annoncé la
« parole de Dieu comme il le fit une nuit tout entière. Le
« jeune homme qui tomba du haut d'une fenêtre, auroit
« évité cet accident. Mais aussi l'église de Troade auroit
« été ainsi privée de la double consolation, d'entendre la
« parole de l'Evangile, et de la voir confirmée, par la
« résurrection d'un mort. »

« Ce qu'il y a de plus douloureux c'est que ce sont des
« prêtres qui cherchent à mettre ainsi obstacle au progrès
« de l'Evangile. De toutes parts, il semble n'y avoir de zèle
« que pour affliger, et pour contrarier ceux qui l'annon-
« cent, avec une conscience pure et irréprochable. De jour
« en jour le péché contre le Saint-Esprit devient plus
« commun. Que ne doit-on pas craindre après cela de la
« colère de Dieu? seroit-il surprenant que son Royaume
« nous fût ôté, pour être donné à une autre nation qui
« portât des fruits avec abondance ? »

« Je suis avec un tendre et respectueux attachement. »

Notre prélat eut, par la suite, un autre sujet de peine
au sujet du Père Terrasson, qui luy fut si sensible qu'il en
pleura réellement ; ce fut en apprenant que M. de Caylus,
évêque d'Auxerre, l'avoit nommé curé de Treigny dans son
diocèse. Il luy écrivit dans l'amertume de son cœur en luy
disant que c'étoit un larcin qu'il luy avoit fait, qu'ayant

---

(1) Cf. *Actes des Apôtres*, chap. XX, 7 et 11. — Troas, ville
sur la côte de Mysie, non loin de l'emplacement de l'ancienne
Troie.

professé et prêché longtems à Troyes, il avoit plus de droits sur luy qu'un autre. « Qui auroit jamais cru. ajouta-t-il, qu'un Père Terrasson eût accepté une cure de campagne ? J'aurois cru l'insulter que de la luy proposer ».

Le Père Terrasson travailla avec un zèle infatigable au soin de son troupeau, employant tout son tems aux fonctions de son ministère, et menant une vie austère et pénitente.

Il faisoit beaucoup de fruit sur sa paroisse, lorsqu'au mois d'octobre 1735, il fut arrêté par ordre du roy, sous prétexte qu'il recevoit des convulsionnaires ; il fut traîné ignominieusement dans une charrette, et mis à Vincennes, où il fut resserré très durement. On l'en fit sortir en 1744 pour le mettre chez les Minimes d'Argenteuil, où il éprouva des vexations terribles. Comme il sentoit que sa tête, extrêmement affaiblie par une dure captivité de près de neuf ans, pourroit luy manquer, il avoit eu soin de faire un acte, pour se précautionner contre tout ce qu'on pourroit luy supposer, ou luy extorquer de contraire à ses sentimens, tant qu'il seroit en captivité. Cependant, peu de temps après son entrée chez les Minimes, on vit avec le dernier étonnement paroître sous son nom, un Acte par lequel il se soumet au Formulaire et à la Bulle, Acte d'ailleurs, qui ne peut tourner qu'à la confusion de ceux qui l'ont extorqué d'un épuisement de tête dont il avoit fait luy-même l'aveu. Au reste, on remarque dans cet Acte un goût d'enthousiasme et d'exagération, un air de hauteur et de mépris, des expressions passionnées, qui ressemblent plus au style jésuitique qu'à celui de l'ancien Père Terrasson.

Comme les deux frères du P. Terrasson ont demeuré à Troyes, je pense que l'on ne sera pas fâché d'en savoir quelques anecdotes, quoiqu'elles ne se soient pas passées en l'épiscopat de M. Bossuet.

Jean Terrasson, après avoir été à l'institution de l'Oratoire, se tourna du côté de la littérature et des académies, il a régenté à Troyes, a été précepteur des enfans de M. Rémond, Troyen, et gros traitant.

André Terrasson, prêtre de l'Oratoire et prédicateur du roy, a prêché à Troyes avec un applaudissement universel. Il n'avoit pas une grosse voix, mais élevée, tenante sur la haute taille, il étoit de stature de corps raisonnable en hauteur, mais il étoit mince, la tête petite, mais assez haute, le visage assez vermeil, assez bel aspect, beau geste, belle élévation de voix, rien de monacal, et, hors la chaire, homme fort gracieux, ne s'en faisant pas accroire, au surplus apprenant ses pièces mot à mot, ayant un petit garçon qui tenoit son papier. En 1711, il prêcha à Troyes, et en 1714 il y prêcha le carème ; il venoit de prêcher avec applaudissement à la Cour de Lorraine. Le duc de Lorraine l'envoya à Troyes dans une chaise de sa maison ; dans une de ses prédications du carème, il fronda les magistrats, en prétendant qu'ils devoient quitter leurs charges quand ils ne se sentoient pas capables et en état de les remplir. Il leur appliqua ce passage du prophète Isaye, *Descende, sede in pulvere, ...sede tacens et intra in tenebras* (1). Il fit revenir plusieurs fois ce passage à la charge, mais avec tant de justesse, que ceux qu'il n'accommodoit pas, furent obligés de baisser la tête et *tacentes sedent*. Ç'a été pour luy qu'on a commencé de payer au prédicateur du carème à la paroisse de la Madeleine, la somme de 300 livres ; il avoit eu 800 livres de l'Avent qu'il venoit de prêcher au duc de Lorraine.

Après avoir prêché un carème à Paris, il fut la victime de son zèle ; comme il étoit très opposé à la Constitution *Unigenitus* de Clément XI, il fut mis à Bicètre, vêtu d'une robe blanche, sans comparaison, semblable en cela à Notre-Seigneur Jésus-Christ, que Hérode, en dérision, fit habiller d'une robe de cette couleur, voulant faire comprendre que c'étoit un innocent, mais insensé.

(1) *Isaïe*, ch. 48, v. 1, 5. *(Note du manuscrit).*

Le père des Terrasson étoit un homme de grand mérite, il avoit trois enfans. il fit les pauvres son quatrième héritier.

Prieur de Saint-Loup

Je finis ce détail de prédicateurs, en faisant mention d'un prieur de Saint-Loup, qui a fait en 1725 le panégyrique de ce saint à la grande satisfaction de tout son auditoire qui étoit très nombreux. Ce prieur n'étoit à Troyes que depuis un an, où il faisoit beaucoup de fruit, prêchant tous les dimanches à la grande messe de l'église de Saint-Loup, visitant et confessant les malades, attirant à ses prônes quantité de monde, mais qui a été obligé de quitter ce prieuré en septembre, audit an 1726, pour aller prendre le prieuré de la maison d'Auxerre, toute déroutée et dérangée par le crime horrible d'un religieux d'icelle maison qui tua, en sa chambre, une fille, à coups de couteau, avec laquelle il avoit des habitudes criminelles et la gardoit en cachette, l'ayant trouvée dans le tems qu'elle forçoit et crochetoit son cabinet. Il falloit un homme de mérite, et de cette prudence, pour remettre cette maison, si déshonorée par le délit d'un particulier. Ce prieur avoit été prieur-curé à Amiens où il avoit fait beaucoup de fruit. Il a été fort regretté à Troyes.

Il prit pour texte de son sermon, ces paroles de saint Paul : *Fidelis fuit ei, qui fecit illum*, Heb., c. 3, v. 2.

Son dessein étoit de faire paroître que Notre-Seigneur avoit été le modèle que saint Loup avoit pris pour sa conduite, et qu'il l'avoit imité autant qu'une créature, aidée de la grâce, le peut.

Il dit que Dieu, destinant de grands sujets pour son Eglise, et de grands saints, le faisoit par des manières toutes opposées, et d'où l'on devoit attendre toute autre chose, se jouant de la prudence humaine, et que le monde étoit la dupe de sa providence. *Spiritus Domini ludens in orbe terrarum* (1).

Il fit valoir cette pensée dans sa première partie à l'égard de saint Loup. Après avoir remarqué ce que dit de luy Sidonius, il remarqua qu'il naquit avec les biens de la fortune, les talens de la nature, une éloquence naturelle, toutes choses qui sembloient l'assurer au monde ; de plus, qu'il réussit dans le barreau, y mérita des applaudissemens, ce qui étoit un obstacle pour se donner à Dieu, que cependant le monde en fut la dupe ; qu'il se maria avec une fille de naissance et de mérite, biens, naissance de part et d'autre, éloignement pour se donner à Dieu, apparence dont le monde fut encore la dupe ; que, comme Dieu les avoit unis, leur mariage fut saint ; que, dans les autres mariages, Dieu ne s'y trouve presque point, parce qu'on ne l'y appelle pas, l'ambition, l'avarice et quelque chose de plus forment les mariages : *Matrimonia vere mercimonia*.

Il fit valoir leur sainte union, mais où il appuya fort, ce fut sur leur séparation après sept années de mariage.

Il dit que des mariez à l'ordinaire se séparent sans douleur, cela n'est pas surprenant, mais deux personnes unies par le Seigneur après sept ans de leurs chastes amours, se séparer, se dire un dernier adieu, c'est ce qui le surprenoit et qu'il ne pouvoit concevoir que Pimeniole pouvoit dire comme Sara dit à Abraham, etc.

Il montra que ses études dans le monde luy servirent dans l'état ecclésiastique [et qu']après cette dure séparation, il se plaça à Lérins, [et] s'y renferma dans une solitude. Il luy appliqua tout ce que Notre-Seigneur a dit de saint Jean dans le désert : *Quid existis videre*, etc., (2) il fit valoir cet endroit.

Il représenta les macérations qu'il exerçoit sur son

(1) *Prov.*, c. 8, v. 31. *(Note du manuscrit)*.
(2) Matthieu, XI, 7 ; Luc, VII, 24.

corps, imitant les souffrances du Sauveur, il le représenta étudiant là les saintes écritures, *bibit de cisterna sua*.

Enfin Dieu l'en tira pour l'élever sur le thrône de l'Eglise de Troyes, de ce grand diocèse, il fallut l'y conduire par force.

Il fit voir que, comme un prélat doit être toujours entre le vestibule et l'autel pour fléchir le Seigneur sur les péchés de son peuple, il redoubla toutes ses macérations, sachant qu'il en avoit plus besoin que jamais pour son troupeau, et que ce ne fut qu'à un âge avancé et à sa faiblesse qu'il pût donner quelques adoucissemens ;

Qu'en arrivant dans son diocèse, il trouva tout en désordre, *cæcus populus, cæcus sacerdos*, il réforma son clergé par la suite, et fit un séminaire de saints personnages, que quatre évèques en furent tirés, saint Camélien, son successeur à l'évêché de Troyes (1), saint Pulchrone, évêque de Verdun (2), saint Alpin, évêque de Châlons-sur-Marne, saint Sévère, évêque de Trèves (3), qu'il reforma aussi le peuple.

Il fit une description en orateur zélé de l'erreur de Pélage, expliqua la nature et la qualité de cette hérésie, et de celle de Célestius (4), qui, étant de leur naturel rusés, spirituels, adroits, et hypocrites, et passant dans l'esprit du public pour gens sçavans et pieux, séduisirent des évêques, mais ces hérésiarques ayant été foudroyés par un concile d'Afrique et par saint Augustin, à qui l'Eglise avoit mis sa cause en main, ils se retirèrent en la Grande Bretagne, leur pays, où saint Loup et saint Germain passèrent pour les détruire entièrement.

(1) Cf. sur saint Loup et saint Camélien, Courtalon-Delaistre, *Topographie*, etc., t. I, p. 275 et 283.

(2) Cf. *Gallia christiana*, Paris, 1656, t III, p. 1162.

(3) Cf. *Gallia christiana*, Paris, 1656, t. I, p. 717.

(4) Cf. Alzog, *Histoire universelle de l'Eglise*, trad. fr., Paris, Waille, 1845, t. I, p. 399 et suiv.

Il passa ensuite à ce que ce saint fit au sujet d'Attila, ce fléau de Dieu ; il ajouta : « Que seroient devenus les murs de cette ville sans ce saint évêque ? » Il représenta qu'Attila, à la tête de quatre cent mille hommes, faisoit marcher la terreur et la mort devant luy, et que luy, qu'un déluge de sang n'avoit pu encore rassasier, fut arrêté par saint Loup.

Il compare ce fléau de Dieu à Alexandre, de qui il est dit que *in conspectu ejus siluit terra*, ce qu'il luy adapta très bien.

Il toucha l'ingratitude des Troyens au retour de la conduite d'Attila, il parla de sa retraite.

Il n'oublia pas ses aumônes libérales, employant utilement le bien de l'Eglise qui est le sang de Jésus-Christ, et le faisant ainsy rentrer dans ses veines, *Beatus qui intelligit super egenum et pauperem*, cherchant les pauvres où ils étoient et les prévenant, sa charité se montrant partout hors son diocèse et où il y avoit des pauvres, et qu'on avoit pu dire de luy ce qu'on a dit de saint Paul : *cor Pauli, cor mundi.*

Il finit en s'adressant au précieux dépôt et monument de ses reliques, qui sont au maître-autel de cette église, que nous avons, et en se tournant du côté de son chef, il fit une énumération des parties de son corps, disant : « Ces yeux qui ont tant pleuré pour nous, cette bouche qui a si bien prêché, etc. »

Conduite de M. Bossuet envers les exilés

M. Bossuet faisoit un très bon accueil aux prêtres et aux ecclésiastiques, que les malheureux préjugés du tems arrachoient à leur bénéfice ou à leur patrie par l'exil. On luy en envoya un bon nombre à qui il procuroit les adoucissemens et les consolations qui pouvoient dépendre de luy, et il tira bon parti de chacun, pour le bien de ses diocésains. Tous édifioient par leur piété et la régularité de leur conduite, il en employa quelques-uns au ministère du tribunal de la pénitence.

Voici un certain détail sur ces respectables exilés, qui fera sûrement plaisir au lecteur.

M. Petitpied

M. Petitpied, docteur de Sorbonne, dont les grands talens sont si connus, il a prêté sa plume à notre prélat pour la défense du Missel, a demeuré à Troyes environ deux ans.

M. Lenain

M. Claude-Mathieu Lenain, chanoine de Laon. Distingué par ses lumières, son talent pour la prédication et la direction des âmes, [il] a été exilé à Troyes. M. Bossuet l'a favorablement accueilli, et l'a employé dans le Saint Ministère ; il est mort en 1735 et a été enterré dans le cimetière de Saint-Jacques.

M. Le Goix

M. Claude Le Goix, docteur, curé de la Madeleine à Reims. Exilé en 1735, il vint au secours des Carmélites du Faubourg, ayant besoin d'un prêtre pour leur dire la Messe. Il y mourut en 1740 et est enterré dans l'église desdites dames Carmélites.

M. Le Gros

M. Nicolas le Gros, docteur de théologie et chanoine de Reims, connu par une très grande quantité de bons ouvrages dont il est auteur, est demeuré à Troyes et y a prêché avec beaucoup d'applaudissement (1).

M. Duguet

Le célèbre M. Duguet, qui demeuroit à l'abbaye de Saint-Martin-ès-Aires, où il avoit une chapelle domestique dans laquelle il disoit la messe avec la permission de M. Bossuet (2).

M. Roussel

M. Jean-Baptiste Roussel, clerc du diocèse d'Evreux. Il étoit chargé de la supériorité de théologie à Sainte-Barbe, à Paris, il avoit un caractère doux, aimable et bienfaisant, et un talent singulier pour donner à ses élèves le bon goût des sciences et de la piété, il avoit aussi une attention singulière à faire revivre l'esprit de Port-Royal, à faire connoître la nature et les caractères de la vraye justice, à introduire la connoissance et la pratique des saintes règles de la Pénitence, à procurer l'intelligence

(1) Cf. quelques indications sur M. Le Gros, dans Loriquet, *Jean Lacour, chanoine de Reims*, p. 25, 39, 48 (*Travaux de l'Académie Nationale de Reims*, 80ᵉ vol (année 1885-1886, t. II), Reims. Michaud, 1888.

(2) Cf. sur Duguet, [Guilbert] ,*Mémoires historiques et chronologiques sur l'abbaye de Port-Royal des Champs depuis la paix de l'Eglise en 1668, jusqu'à la mort des dernières religieuses et amies de ce monastère*, Utrecht, 1756, t VII, p. 525 ; Sainte-Beuve, *Port-Royal*, Paris, 1878, t. VI, liv. VI, chap. VIII et IX, p. 1-82.

et à inspirer l'amour des divines Ecritures. Il voyoit fréquemment M. Bossuet. Il étoit aveugle. Ayant appris que M. de Ségur, évêque de Saint-Papoul, étoit démis de son évêché pour se consacrer à la pénitence, il alla rendre visite à M. de Troyes et luy dit, en luy annonçant cette nouvelle : « *Ergo et episcopis pœnitentiam dedit Deus ad vitam* ». M. de Troyes prit cela très bien ; il est mort à Troyes en 1740, et a été enterré dans le cimetière de Saint-Jacques.

M. Varré

M. Henry Varré, curé d'Iron, diocèse de Laon. Une douceur de caractère, une gravité et une modestie vrayement ecclésiastiques accompagnées d'un air de gayeté, d'une aimable affabilité, luy gagnoient le cœur de tous ceux qui le connoissoient. Un zèle vif, mais tempéré par la prudence, une bonté sans mollesse, une fermeté établie sur les bonnes règles et soutenuë par une tendre et ardente charité, furent les qualitez dominantes de ce digne pasteur. Ses instructions étoient simples, claires, solides et touchantes. Parlant avec facilité et dignité, il mettoit ses discours à la portée de tout le monde et édifioit encore plus efficacement par son exemple que par ses paroles. Son extérieur étoit simple, sa nourriture sobre, frugale, pénitente, et même mortifiée. M. Bossuet le reçut bien volontiers dans son diocèse, et luy donna même de l'employ. Il étoit dans la plus intime liaison avec MM. Ploix et Collard. Il est mort à Paris en 1756, [il] y vivoit dans la plus profonde retraite.

M. Ponce Droüillet

M. Ponce Droüillet, curé et doyen rural de Mouzon, diocèse de Reims. Ce curé étoit un des plus vertueux ecclésiastiques du diocèse de Reims, également respecté

par ses confrères à cause de sa piété et de sa sagesse
singulière, et par ses paroissiens, à cause de son désintéressement et de sa charité sans bornes. Il est mort à Troyes,
le 25 Décembre 1733, en grande odeur de sainteté, et a été
inhumé dans le chœur de Saint-Nizier, derrière la bancelle ;
il étoit en si grande vénération, que l'on a fait imprimer
en latin et en françois une prière pour l'invoquer :

Prière

O Dieu qui avez rempli de force et de sainteté sacerdotale, votre serviteur PONCE, et qui, dans son exil, qui a
duré jusqu'à la mort, avez couronné les combats qu'il a
soutenus pour votre vérité et les règles saintes de votre
Eglise, de la douceur et de la simplicité chrétiennes, caractère de vos élus, accordez-nous que ceux qui implorent son
secours, éprouvent, étant exaucez, le crédit qu'il a auprès
de vous. Nous vous en prions par Notre-Seigneur Jésus-
Christ. Ainsi-soit-il.

Oratio

Deus qui famulum tuum PONTIUM sacerdotali fecisti
dignitate vigere, quemque in exilio usque ad mortem pro
veritate sanctissimisque legibus certantem, mansuetudine
Christiana simplicitateque filiorum Dei ornatum coronasti,
concede, quaesumus, ut omnes qui intercessionem ejus im-
plorant, protectionem ejus apud te experiantur.
Per Christum Dominum nostrum.

Amen.

M. Desterboy

M. Gérard Desterboy, curé de Saint-Michel, à Reims,
caractérisé par la prudence et la fermeté. Il fut employé
dans ce diocèse où il travailla à la sanctification des âmes.
Il est mort à Paris en 1749..

M. Le Blond

M. Le Blond, chanoine et théologal de l'église d'Orléans, étoit un prêtre distingué par sa science et par sa piété, il fut exilé à Troyes en 1729, et y est mort sur la paroisse de la Madeleine en 1733, après avoir édifié par sa vertu et par sa patience.

M. Geoffroy

M. Louis Geoffroy, curé de Saint-Symphorien, docteur en théologie, chanoine et théologal de Reims. Il a eu la connoissance, dans sa jeunesse, de M. Duguet, dont il a profité beaucoup, il a aussi été quelquefois dire la messe et a été lié d'amitié avec les restes précieux de Port-Royal, et fit des instructions. Après différens exils, il a été transféré à Troyes par la protection connue du cardinal de Rohan, qui l'estimoit beaucoup pour l'avoir connu au collège du cardinal Lemoine, lorsqu'il y faisoit sa licence. Arrivé à Troyes, il s'y est trouvé comme dans la Terre promise après avoir erré dans le Désert, y a été employé dans le ministère par M. Bossuet, y a exercé son zèle et ses talens pendant 19 années, surtout envers les religieuses et les jeunes ecclésiastiques, et y a été généralement estimé et respecté. Il est mort à Paris en 1747.

M. Baudoin [1]

M. Claude Baudoin, chanoine de Reims et docteur en théologie ; c'étoit un saint prêtre, qui employa tout son tems à l'étude, à la prière, aux services qu'il rendoit aux

(1) Cf. sur MM. Geoffroy et Baudouin, Loriquet, *Jean Lacour, chanoine de Reims à la Bastille*, p. 25 et *passim*, dans *Travaux de l'Académie nationale de Reims*, 80e vol. (1885-1886), Reims, Michaud, 1888, t. II.

pauvres, ainsy qu'à toutes les personnes qui s'adressoient à luy pour leur conduite, avec un zèle et une édification singulière. Il fut excommunié par M. de Mailly, dans la 39e année de ses exils, âgé de 81 ans. Il a été très aimé et considéré à Troyes.

M. Terreur

M. Terreur, prêtre exilé du diocèse de Laon. Ce vénérable vieillard étoit très lié avec MM. Ploix et Collard. Un jour de grande fête, l'office devant finir fort tard à Saint-Nizier, M. Collard ne comptoit point faire d'instruction, il avoit déjà donné le signal pour que les séminaristes se retirassent, et il s'étoit mis luy-même en marche pour les suivre modestement, les yeux baissés, lorsque M. Terreur l'arrête par le bras, et le prie de jetter les yeux sur la nef, sur toute l'église qui étoit pleine et sur tant de personnes qui s'étoient assemblées dans l'espérance d'une instruction, et qui se retireroient mortifiées, si leur attente étoit frustrée. M. Collard fit des difficultez, et allégua qu'il ne s'y étoit pas attendu, et qu'il n'avoit rien préparé. Le bon vieillard insistant, il se rendit, se mit pendant quelques minutes en prière au bas du sanctuaire, monta en chaire, et prêcha pendant cinq quarts d'heure, avec une méthode, une énergie et une onction qui étonnèrent tout le monde. On dit à cette occasion qu'il parloit bien lorsqu'il étoit préparé, mais qu'il le faisoit encore mieux lorsqu'il le faisoit par l'abondance de son cœur.

M. Joubert [1]

M. François Joubert, prêtre du diocèse et de la ville de Montpellier ; c'étoit un saint prêtre, plein de reconnois-

(1) François Joubert, prêtre de Montpellier, né en 1689, mort le 23 décembre 1763, à 74 ans. Il était fils du syndic des États de

sance pour une miséricorde si gratuite de l'avoir arraché
au monde, à ses faux biens, et à ses vains amusemens ; il
n'a point cessé d'aimer les véritez de la grâce, de les
exposer dans ses beaux écrits sur les Prophétes et l'Apocalypse, d'en faire sa nourriture journalière, sa consolation,
la base de son espérance. Appliqué avec grand soin à la
lecture de la loy et des prophètes, il a travaillé pour en
faciliter l'intelligence, dans la seule vuë de servir ses frères
et de les consoler, sans ambition, sans autre désir que de
plaire à Dieu. Il a mieux aimé vivre dans l'oubli et par-
ticiper aux disgràces des défenseurs de la vérité, que de
jouir des avantages temporels que la considération de sa
famille et ses propres talens auroient pu lui procurer.
Ayant été obligé, en 1731, de s'éloigner de Paris de 30 lieües,
il choisit la ville de Troyes, dans laquelle nombre de ses
amis jouissoient de la paix sous la protection de M. Bossuet.
Il y fut trois ans. C'est dans cette ville qu'il travailla sur
l'Apocalypse. Il mourut à Paris le 29 Décembre 1763, fort
avancé en âge.

M. Gauvin

M. Gauvin, curé de Baye, diocèse de Reims ; il a été
traité d'une manière indigne par l'évêque de Nitrie. Les
Jésuites projetterent de bien persécuter ce saint prêtre qui

Languedoc. Il exerça lui-même cette charge pendant quelque
temps. Son attachement au jansénisme le fit enfermer à la Bastille.
Il est l'auteur d'un *Commentaire sur l'Apocalypse*, Avignon,
1762, 2 vol. in-12. On a encore de lui : *De la connaissance des
temps par rapport à la religion*, in-12 : *Lettre sur l'interprétation des Écritures*, in-12 : *Explication de l'Histoire de
Joseph*, in-12 ; *Eclaircissemens sur le discours de Job*, in-12 ;
Traité du caractère essentiel à tous les prophètes, in-12 ;
Explication des Prophéties de Jérémie, Ezéchiel, Daniel,
5 vol. in-12 ; *Commentaires sur les XII petits prophètes*,
6 vol. in-12 ; *Dissertations sur les effets physiques des convulsions*, in-12.

devoit être enfermé chez eux, il évita cette persécution par
la fuite ; il fut enfin exilé à Troyes, où M. Bossuet l'employa
dans le Ministère. Il est mort sur la paroisse de Sainte-
Savine, et a été inhumé dans le cimetière.

Le P. Blondel

Le Père Pierre Blondel, chanoine régulier de Sainte-
Geneviève, docteur en théologie, curé de Saint-Etienne du
Mont, à Paris, et chancelier de l'Université. On ne peut
assez dignement décrire sa conduite pastorale et les biens
qu'il fit dans cette paroisse. Quelle exactitude et quelle
dignité dans ses fonctions ! Quelle attention, quelle affabilité, quelle charité pour son troupeau ! Quel zèle pour se
procurer des coopérateurs capables d'instruire et d'édifier !
Quel clergé que celuy de Saint-Etienne sous un tel curé !
Quels catéchismes ! Quelles conférences ! Quels prônes !
Oui, on peut dire que la paroisse de Saint-Etienne du Mont
étoit alors dans tout son brillant, il étoit réservé à M. de
Vintimille, destructeur de tout bien, de déplacer un tel
curé ; il le fit révoquer de sa cure par ses supérieurs, en 1730.
Il fut envoyé à Troyes, dans la maison de Saint-Loup, où
il fut employé dans le Ministère sous M. Bossuet, et interdit
par M. Poncet, il y menoit une vie de retraite, d'étude et
de prière. Il est mort à Soissons en 1745.

Le Père Pommart

Le R.-P. Nicolas Pommart, chanoine régulier de Sainte-
Geneviève, et curé de Saint-Médard, à Paris ; il en remplit
dignement les fonctions, et se donna tout entier au soin de
son troupeau. Ce qui luy a fait beaucoup d'honneur, c'est
d'avoir attiré dans son clergé le Bienheureux François de

Paris, de l'avoir administré et enterré. Ses sentimens contre la bulle et en faveur des miracles du saint diacre, et son adhésion à la cause de M. de Senez, le firent destituer de sa cure en 1730. On l'envoya dans l'abbaye de Bourg-moyen à Blois, où l'évêque, M. de Caumartin, luy fit l'accueil le plus favorable. Après la mort de ce prélat, il fut transféré à Troyes, où M. Bossuet le fit prêcher et confesser : mais M. Poncet, son successeur, destiné pour détruire le bien de ce diocèse, ne tarda pas à l'interdire. En 1750, M. Poncet auroit bien voulu se débarrasser de luy, comme il avoit fait du P. Blondel, mais il ne put réussir dans son projet. Ce respectable religieux mourut muni des sacremens, le 6 Février 1754, âgé de 80 ans.

Le P. Mortier

Le R.-P. Armand Mortier, chanoine régulier et prieur de Saint-Loup, n'accepta, en 1736, ce prieuré qu'avec beaucoup de peine ; la profonde vénération qu'il avoit pour les PP. Blondel et Pommart, qui demeuroient pour lors à Saint-Loup, étoit pour luy un grand attrait, et toutes fois quelle peine n'eut-on pas à surmonter les sincères résistances de son humilité ! La petite paroisse dont il étoit chargé, en sa qualité de prieur de l'abbaye, ne l'inquiétoit pas sous l'épiscopat de M. Bossuet, parce qu'il en partageoit la sollicitude avec les PP. Blondel et Pommart, ce qui luy faisoit dire quelques fois, qu'il n'y avoit pas en France de curé comme luy, puisque, dans une paroisse de vingt ou trente communions, il avoit deux respectables curez de Paris pour vicaires. Mais M. Poncet changea bientôt cette consolation en amertume, et peu après le P. Mortier succomba, non pas tant sous le fardeau de cette cure, que sous un autre travail de surcroit, que la disette de confesseurs luy attira. Il mourut le 17 Mai 1744. Les larmes qu'on répandit à son enterrement, surtout ses confrères, marquent mieux l'estime qu'on faisoit de sa vertu que tout ce qu'on pourroit dire de luy.

M. Lévêque

M. Lévêque, prêtre de Rouen, que l'on croit avoir été chargé de l'éducation de Messieurs Dufossé, à Rouën, étoit vrayement remply de la science des saints, il a exercé les fonctions du Saint Ministère sur la paroisse de la Madeleine avec toute l'édification et satisfaction possible. Je crois qu'il est mort dans le diocèse d'Auxerre.

L'idée que tous ces grands personnages ont laissée de leur science et de leur sainteté est telle que leur mémoire est toujours en grande vénération dans ce diocèse.

Qu'une ville est heureuse d'avoir possédé de pareils hommes ! Quelle consolation pour un évêque d'avoir eu de pareils coopérateurs ! On peut dire qu'il n'y a pas eu de diocèse dans la France plus florissant que celuy de Troyes, et où les saintes règles de l'Eglise dans le Tribunal de la Pénitence ayant été mieux connues et mises en pratique. Le clergé y étoit des plus édifians, les monastères d'hommes et de filles vivoient dans la plus grande régularité, le peuple en général y étoit rangé et avoit un goût décidé pour la bonne doctrine. Quelle source de bénédictions qu'un bon évêque ! quel terrible fléau qu'un mauvais évêque !

Calendes

En 1725, il devoit se tenir une assemblée générale du clergé de France, et M. de Troyes devoit se trouver à l'assemblée provinciale de Sens, pour y nommer des députez. Avant de partir, il tint encore ses Calendes pour l'archiprêtré, et pour le grand doyenné. Dans ces dernières il se plaignit de certains curez qui s'approchoient rarement du Sacrement de Pénitence, les exhortant de quitter cette mauvaise coutume ; il fit aussy des reproches à quelques curez de la ville qui, au tems de Pâques, avoient donné une permission générale, et non particulière, d'aller à confesse où ils voudroient. C'étoit la suite du statut dont nous avons parlé. M. l'évêque, partant pour Sens, le 25 Avril, passa à Pons où il tint encore des Calendes, et de là se rendit dans la Ville Métropolitaine pour se trouver ensuite à Paris à l'assemblée générale qui devoit se tenir au mois d'octobre. Elle finit le 20 de ce mois par une lettre de cachet du Roy, qui deffendit aux députez de l'assemblée [de siéger] davantage, parce qu'ils ne vouloient luy rien donner, si Sa Majesté ne deschargeoit le clergé du payement du cinquantième. Le Roy ne voulut point acquiescer à leurs désirs, et l'assemblée cessa.

Assemblée du Clergé de 1725 [1]

Les desseins de l'assemblée du clergé dont on fut si occupé pendant tout le mois de Septembre, ne tardèrent pas à se manifester. Le bureau de doctrine commença à faire son rapport le 2 Octobre, M. l'archevêque de Rouen [de Tressan], chef du bureau, portant la parole. Ce prélat dit que les députez de la commission avoient cru nécessaire de porter leurs plaintes à l'assemblée touchant les écrits et la conduite de M. de Montpellier [2] sur la signature du for-

(1) Cf. ce que dit Courtalon-Delaistre, dans sa *Topographie*, etc., t. I, p. 467, sur le rôle de Bossuet de Troyes dans cette assemblée, et, sur cette assemblée elle-même, voy. l'abbé comte de Robiano, *Continuation de l'histoire de l'Eglise de Bérault-Bercastel*, t. I, p. 75-76.

(2) Charles-Joachim Colbert, fils de Charles Colbert, marquis de Croissy, second frère du grand Colbert.

mulaire, qu'il leur sembloit qu'il n'y avoit point d'autre voye
pour arrêter ce scandale que la tenüe du Concile provincial, dans lequel ce prélat répondroit aux plaintes qui étoient
formées de toutes parts contre luy ; qu'il requeroit donc
que l'assemblée nommât des députez pour demander en son
nom au Roy la permission de convoquer incessamment le
Concile de la Province de Narbonne. On dit que M. de
Rouen parla avec beaucoup d'aigreur, et peu de ménagement, pour M. de Montpellier. D'ailleurs l'avis du bureau
avoit été mis par écrit, et on en fit lecture. Le rapport étant
fait, et l'assemblée étant sur le point d'opiner, MM. de
Narbonne [de Beauvau] et de Béziers [de Bousset] se retirèrent pour ne pas fournir un moyen de récusation à M.
de Montpellier, au cas que le Concile se tint, et on peut
penser que M. de Narbonne fut bien satisfait de voir proposer cette affaire pour laquelle il s'étoit donné tant de
mouvemens, et encore plus de voir conclure l'assemblée
à la demande d'un concile.

Apres que ces deux prélats se furent retirés, M. l'archevêque d'Arles [de Janson], premier opinant, fit remarquer que M. de Roüen, dans son rapport, n'avoit chargé
M. de Montpellier qu'au sujet de la signature du formulaire, mais que ce prélat n'étoit pas moins coupable dans
tout ce qu'il avoit fait touchant la constitution *Unigenitus*,
qu'il ne falloit point séparer ces deux affaires, mais prendre
des mesures pour arrêter et punir le scandale que M. de
Montpellier avoit donné sur l'une et sur l'autre. Cet avis
fut suivi, et ce fut pour cela que la délibération parle des
écrits du prélat sur le formulaire et sur les autres contestations présentes.

M. l'archevêque de Sens [de Chavigny], opinant à son
tour, représenta fortement l'irrégularité de la conduite
qu'on vouloit tenir, et par laquelle on commençoit à diffa-
mer un prélat sans l'avoir averti ni entendu dans ses
deffenses Il conclut à ce qu'on ne nommât, dans la délibération de l'assemblée, ni M. de Montpellier, ni la province

de Narbonne ; mais qu'on se contentât, comme à l'ordinaire, de demander la permission·d'assembler les Conciles provinciaux auxquels il appartiendroit de pourvoir aux différens besoins des évêques de chaque province. M. l'évêque de Rodez [de Tourouvre] fut du même avis.

M. l'évêque de Troyes, instruit, apparemment, de ce qui devoit se faire dans cette séance, y porta un réquisitoire signé de sa main dont il fit lecture, et qui étoit assez long. Il y représentoit que l'assemblée prenoit la résolution de demander au Roy la permission de tenir le Concile de Narbonne pour juger M. de·Montpellier, « en un moment, « sur la simple et rapide lecture de l'avis de la commission, « destitué de preuves et de pièces justificatives, lecture à « peine suffisante pour donner l'idée de cet avis, loin de « suffire pour en faire sentir la justice et la vérité à tous « ceux qui devoient prononcer le jugement.» Il ajouta qu'une telle conduite de l'assemblée envers un évêque respectable par son ancienneté dans l'épiscopat, par son mérite personnel, par son siége, et par sa naissance, est étrange et sans exemple, et qu'elle n'est capable que de déshonorer le clergé de France ; que, sans entrer dans le fond des plaintes qu'on porte contre ce prélat, la manière dont on procède contre luy, est inouïe et pleine d'irrégularités, qu'on commence par flétrir ses écrits et sa doctrine, et par conséquent sa personne même, sans l'avoir averti, ni lu ses écrits, contre toutes les règles canoniques, et contre les lois de la bienséance. Dans le même réquisitoire. M. de Troyes déclare que ce n'est point pour son intérêt personnel qu'il parle, puisqu'il est dans des sentimens différens de ceux de M. de Montpellier sur le formulaire (1), et qu'il en exige la

---

(1) Le grand Bossuet avoit été élevé par le sr Cornet, ex-jésuite et fabricateur des fameuses propositions faussement attribuées à M. Jansénius. Le sr Cornet qui avoit abandonné l'habit de jésuite, sans en quitter l'esprit, voyant de grandes dispositions dans son élève, s'appliqua d'une manière particulière à luy inspirer toutes ses préventions contre Jansénius, de façon que le grand Bossuet qui s'est particulièrement appliqué à la controverse contre les

signature pure et simple dans son diocèse. Enfin il conclut en disant qu'il ne peut s'empêcher de réclamer contre une pareille entreprise, et qu'il demande que l'assemblée luy donne acte du présent réquisitoire, et qu'il soit inséré sur les registres. On le luy refusa, et il déclara que, si l'assemblée ne se rendoit à sa demande, il feroit une opposition en forme.

M. de Troyes, fatigué par la lecture de son réquisitoire et par l'altercation dont elle fut suivie, et y ayant gagné

protestans, s'en est totalement rapporté aux préventions qui luy avoient été suggérées contre Jansénius. D'ailleurs, l'admiration qu'on a pour les grands hommes, ne nous oblige pas d'approuver tout ce qu'ils ont fait, ni tout ce qu'ils ont dit ou écrit. La lecture des ouvrages de ce prélat prouve que, malgré ses préventions, sa doctrine étoit diamétralement opposée à celle des Jésuites et de Cornet. M. Treuvé, théologal de Meaux, qui étoit si estimable et si estimé par M. Bossuet, luy parlant un jour des affaires du jansénisme, luy dit : « Monseigneur, vous avez été élevé par Cornet, vous avez sucé toutes ses préventions, vous vous en êtes tenu là à ce sujet.» Le prélat luy répondit : « Voilà mon Bourguignon », ce qui veut dire : « mon homme franc et naturel ». M. Bossuet, évêque de Troyes, qui avoit été élevé sous les yeux de son oncle, a eu en quelque façon les mêmes préventions qui, par le laps du temps et les événements, se sont beaucoup dissipées.» En voici un exemple : M. François qui avoit été obligé de quitter Châlons, son diocèse, à cause de l'exaction de cette signature, vint à Troyes où il fut des mieux accueillis. M. Bossuet s'empressa de le bien placer ; connoissant son mérite, il lui donna une cure. [On ne se rappelle pas précisément si le fait dont il s'agit icy, s'est passé pour la cure de Moussey ou de Saint-Pantaléon, ayant occupé ces deux cures]. Quand il se présenta pour avoir ses provisions, le secrétaire luy proposa la signature du formulaire. Il refusa net, en disant : « J'ay quitté mon diocèse à ce sujet, je me donneray bien de garde de le signer ici. » Il alla sur le champ en porter ses plaintes au prélat qui luy dit : » De quoy s'avise mon secrétaire de vous parler de cela ? Ce n'est pas mon intention Dites-luy de vous donner vos provisions purement et simplement.» Ce qui fut fait. Il est très certain que l'on n'a pas parlé de formulaire à tous ceux qui ont été ordonnés et placés par la suite. *(Note du manuscrit).* — Cette note est importante. Elle confirme les sympathies de Bossuet et des jansénistes qui regrettent, pourtant, de ne pouvoir reconnaître en lui un tenant de leur doctrine. Elle montre aussi que Bossuet, de Troyes, qui, tout d'abord, exigeait la signature du Formulaire, ne l'a plus exigée dans les derniers temps de son épiscopat.

une extinction de voix, sortit pendant qu'on achevoit d'opiner sur l'affaire de M. de Montpellier. Le reste de la délibération ne fut pas long. Tous les autres évèques et tous les députez du second ordre, excepté M. l'abbé de Panat, furent de l'avis de la commission. Cet abbé se rangea du côté de MM. de Sens, de Rodez et de Troyes, et il commença ainsi son avis : « Je vois bien, Messieurs, que « le parti que je vais prendre en opinant, ne sera pas « agréable à la compagnie, et mettra obstacle à ma fortune, « mais je ne puis trahir ma conscience, ni l'honneur du « clergé. » Il fut donc délibéré et arrêté, sur le rapport des commissaires nommés pour examiner les écrits de M. de Montpellier, qu'on demanderoit au Roy, au nom de l'assemblée, la permission de convoquer le concile de la province de Narbonne pour juger ce prélat.

Après cette délibération, M. l'évèque d'Angers [Poncet] fit le rapport à la commission au sujet du Mandement de M. l'évèque de Bayeux [de Lorraine] de 1722. Il dit qu'il y avoit une dénonciation sur cette affaire, et que ce Mandement autorise par un jugement juridique les sentimens solemnellement condamnés par l'Eglise, qu'il contient une mauvaise doctrine, et qu'il met l'Eglise en péril. Sur quoi M. d'Angers conclut, après un discours assez court, à demander la permission d'assembler le Concile de la province de Roüen, soit pour ramener le prélat par la voye de douceur, soit pour le juger selon la rigueur des canons. Lorsqu'il fallut délibérer là-dessus, M. l'archevêque de Roüen, M. l'évèque de Lisieux [de Brancas], se retirèrent ; MM. de Sens et de Rodez renouvelèrent les mêmes représentations qu'ils avoient faites au sujet de M. de Montpellier, et persistèrent dans le même avis. MM. d'Embrun [de Tencin] et de Mende [de Choiseul] se joignirent à eux aussi bien que l'abbé de Panat. Quelques personnes prétendent que M. l'archevêque de Narbonne avoit dit quelque chose de favorable à M. de Bayeux, mais cela paroît incertain. M. de Troyes, étant rentré dans l'assemblée lorsqu'on commençoit à opiner sur M. de Bayeux, voulut se joindre à MM. de Sens et de Rodez. mais on luy répondit que, n'ayant pas assisté au rapport, il ne pouvoit pas opiner. Enfin l'assemblée prit la même délibération sur cette seconde affaire que sur la première, et il fut résolu qu'on demanderoit aussi la tenue du Concile de la province de Roüen pour juger M. l'évêque de Bayeux.

Dans la séance du 10 Octobre, au matin, M. de Troyes remit sur le bureau de l'assemblée son réquisitoire du 2, signé de luy, et demanda de nouveau qu'il fût inscrit dans les Actes du clergé, faute de quoy il feroit une protestation dans les formes. Les prélats se trouvèrent fort embarrassés, et, M. de Troyes s'étant retiré pour laisser délibérer, il y eût entre eux quelques altercations, après lesquelles M. de Troyes étant rentré, on luy répondit que, son réquisitoire contenant des choses qui étoient injurieuses à l'assemblée, elle ne pouvoit permettre qu'il fût inscrit dans les registres, à moins qu'on n'en retranchât les endroits choquans, ou qu'on n'y joignît une réponse : que l'Assemblée chargeoit MM. les commissaires d'examiner le réquisitoire, et d'y joindre les notes convenables. Le requisitoire fut inscrit, et on ajouta en marge, comme pour le réfuter, que l'assemblée n'avoit pas eu dessein de censurer les écrits, ny de flétrir la personne de M. de Montpellier.

MM. de Montpellier et de Bayeux firent signifier par des notaires et huissiers à l'assemblée leurs protestations contre tout ce qu'elle pourroit faire contre eux.

Les députés furent très mal reçus en cour, et la demande des Conciles de Narbonne et de Roüen ne fut pas écoutée, et par conséquent n'eut pas lieu.

Le public fut tellement soulevé de la conduite de l'assemblée, que les prélats les plus acharnés contre MM. de Montpellier et de Bayeux furent si honteux du soulèvement général contre les délibérations de l'assemblée qu'ils crurent se descharger de l'indignation publique en disant : « Avez-vous donc cru que nous ayons eu intention d'obtenir

« ces Conciles ? Ne voyez-vous pas que nous ne les avons
« demandés que pour contenter certaines gens » ? D'autres
prélats dirent hautement : « que l'assemblée n'avoit eu
« aucune intention d'obtenir ces conciles provinciaux,
» mais de noter simplement MM. de Montpellier et Bayeux,
« et de laisser dans leurs actes des preuves de leur zèle
« pour la saine doctrine. »

M. de Montpellier, apprenant la généreuse démarche
de M. de Troyes, luy écrivit pour luy en témoigner sa
reconnoissance en ces termes :

« Je vous dois mille actions de grâces, Monseigneur,
« pour la générosité avec laquelle vous avez pris ma défense
« dans l'assemblée du clergé. Je n'attendois rien moins de
« votre amour pour la justice, et de votre zèle pour l'hon-
« neur de l'épiscopat. L'une et l'autre, je dis la justice et
« l'honneur de notre ordre, ont été foulés aux pieds en ma
« personne, mais ils ont trouvé en la vôtre un vengeur
« intrépide de l'outrage qui leur a été fait. Vous avez senti,
« Mgr, toutes les conséquences d'une démarche aussy
« irrégulière que l'est celle de l'assemblée contre M. de
« Bayeux, et contre moy, et vous n'avez pas eu besoin
« d'être excité pour en arrêter autant qu'il est en vous
« les mauvais effets. Si cette forme de procéder, inconnüe
» aux payens même, étoit autorisée parmi nous, quel est
« l'évêque qui, voulant faire son devoir, pût être en sûreté
« dans son diocèse ? On ne s'écarte si grossièrement, envers
« M. de Bayeux et moy, des règles les plus communes,
« que parce qu'on sent qu'en les observant, on ne pourroit
« venir à bout de nous chagriner. Or, ce que l'on fait aujour-
» d'huy contre nous, dans deux jours on le fera contre
« vous, Monseigneur, si on laisse passer de tels attentats
« sans s'y opposer. L'amour de la paix et la crainte de
« donner occasion à de nouveaux troubles, ont empêché
« jusqu'à présent de se réunir pour faire tête aux ennemis
« de l'épiscopat. Mais, permettez-moi de vous dire, Mon-
» seigneur, que tant qu'on ne prendra pas ce party, ils ne

« cesseront de travailler à nous opprimer. Ils sont les seuls
« qui se montrent et qui parlent : c'est ce qui leur donne
« tant de hardiesse. Mais que ce qu'il y a d'évêques en
« France qui gémissent de leur tyrannie, paroissent à leur
« tour, et dès lors, si nous ne les faisons pas taire, au moins
« leur ferons-nous baisser le ton. »

« Vingt évêques qui auront la vérité, la justice et l'in-
« nocence de leur côté, se rendront toujours formidables,
« et qui empêche que nous ne soyons davantage ? C'est une
« chose qui me paroît aisée à exécuter, pour peu que nous
« nous donnions de mouvement les uns [et] les autres. Ce
« que je connois de la disposition de plusieurs, me fait parler
« de cette manière. »

« On m'écrit que quelques évêques de l'assemblée
« publient que la demande des Conciles n'aura point lieu.
« C'est un leurre pour arrêter le zèle des prélats bien inten-
« tionnés. La conduite de M. de Narbonne à mon égard,
« est, ce me semble, une assez bonne preuve. A entendre
« ce prélat, lorsqu'il arriva à Paris, il n'avoit point été
« question de moy dans l'assemblée de Narbonne ; j'avois
« eu peur de mon ombre. Pas un mot de vray, disoit-
« il, de tout ce qui étoit rapporté dans ma lettre cir-
« culaire à ce sujet. Ceux à qui il tenoit ce langage,
« n'avoient garde de se persuader qu'il pensât à rien faire
« dans l'assemblée générale. Vous avez vu, Monseigneur,
« si ces intentions étoient aussy pures et aussy innocentes
« qu'il vouloit qu'on le crût. Pour moy, j'étois bien assuré
« de n'avoir rien avancé mal à propos. J'avois été exacte-
« ment informé de tout par des députez du premier et du
« second ordre. Un d'entr'eux m'avoit même laissé par
« écrit ce que j'ay rapporté dans une lettre circulaire. Or
« cette affectation à publier qu'on ne pense à rien dans le
« tems qu'on a les plus mauvais desseins, dit beaucoup à
« qui veut l'entendre. Il me paroit donc très important de
« ne point prendre ici le change. L'opposition des quatre
« prélats de l'assemblée pourra retarder l'exécution des

« projets concertés ; mais si on en demeure là, elle ne les
« fera pas échouer. »

« J'espère Monseigneur. que vous achéverez votre
« ouvrage. et que nous vous aurons l'obligation d'avoir
« contribué plus que personne à nous délivrer de l'esclavage
« où l'on s'efforce de nous réduire. Encore une fois, mon-
« trons-nous. Qu'il paroisse qu'il y a encore en France un
« [certain] nombre d'évèques qui sentent ce qu'ils sont, qui
« connoissent leurs devoirs, et qui sont résolus de soutenir
« les droits de leur caractère ; et il ne sera pas aisé de nous
« attaquer. »

« Vous voyez. Monseigneur. que je vous parle à cœur
« ouvert. Mais pourquoi sommes-nous évèques, si ce n'est
« pour nous opposer comme un mur d'airain à l'injustice
« et à l'iniquité ? Je suis, etc. »

M. de Montpellier, dans un projet de réponse à M.
l'évèque d'Angers, dit : « Rien n'a été capable de faire chan-
« ger la résolution de nous condamner sans nous entendre.
« Le réquisitoire de M. l'évèque de Troyes, inséré, sur la
« demande qu'il en a faite, dans les actes du clergé, sera un
« monument éternel de la précipitation avec laquelle
« l'assemblée a formé sa délibération contre nous ; et en
« même tems qu'on lira que, sur le rapport des commis-
« saires *nommés pour examiner nos écrits, on a pris la*
« *résolution de demander la tenuë d'un Concile pour*
« *nous juger*. on lira aussy. dans le réquisitoire de M.
« l'évèque de Troyes, *que l'assemblée a pris son réqui-*
« *sitoire en un moment, sur la simple et rapide lecture*
« *de l'avis de la commission, destitué de preuves et de*
« *pièces justificatives : lecture à peine suffisante*, dit le
« réquisitoire, *pour donner l'idée de cet avis, loin de*
« *suffire pour en faire sentir la justice et la vérité à*
« *tous ceux qui devoient prononcer le jugement.* »

Dans un autre endroit. il dit : « Je sais qu'en insérant
« le réquisitoire de M. de Troyes dans le procès-verbal,
« l'assemblée a déclaré *qu'elle improuve ledit écrit*,

« *notamment en ce qu'il contient des termes injurieux*
« *à l'assemblée, et des faits contraires à la vérité.* »

« Il est plus aisé de le dire que de le prouver. Jamais on
« ne soupçonnera un Evêque d'avoir avancé des faits
« contraires à la vérité, sous les yeux d'une assemblée qui
« est très intéressée à les contredire, et qui se trouve dans
« l'impuissance d'en marquer un seul qui ne soit pas exac-
« tement vray. »

« Vous vous consolez, ajoute-t-il, sur la persuasion où
« vous êtes, que tout ce que l'on conclura du réquisitoire
« de M. de Troyes, c'est que celuy qui en est l'auteur, a fait
« à mon égard *le personnage d'ami.* »

« Oui, Monseigneur, on conclura que M. l'évêque de
« Troyes a fait le personnage d'ami, et cela luy est d'autant
« plus glorieux que l'état de tribulation où je suis, ferme
« la bouche à beaucoup d'autres qui pensent de même, et
« n'osent le dire. Mais on ne manquera pas de conclure
« aussi qu'il a fait *le personnage de chrétien ;* car il n'est
« pas homme à le *déposer* pour faire celuy d'ami. Il a en
« horreur les principes du jésuite que M. l'évêque d'Auxerre
« vient de condamner par un excellent Mandement ; et il
« est bien éloigné de croire que ce Prélat ait excédé dans
« ce qu'il a dit contre une maxime si opposée aux règles
« du christianisme. »

Dans la séance de l'assemblée du 18, M. l'archevêque
d'Arles voulut y donner une nouvelle preuve de son zèle,
en proposant encore à l'assemblée de dresser un formulaire
sur la constitution *Unigenitus* pour remédier aux maux
de l'Eglise. Mais M. l'archevêque de Toulouse [de Nesmond],
président, selon le conseil que M. de Troyes alla brusque-
ment luy donner à l'oreille, rompit sur-le-champ l'assemblée, pour éviter le trouble où alloit jetter cette proposition.
M. d'Arles insista, requit du moins que sa demande fut
inscrite sur les registres pour être un témoignage de son
zèle pour la conservation de la foy catholique. Mais il ne
fut point écouté, et l'assemblée se sépara.

Par ce formulaire, on auroit déclaré et reconnu que la condamnation du livre du P. Quesnel et de ses cent une propositions par la Bulle *Unigenitus*, avoit été faite avec raison et avec justice, disant ce livre plein d'erreurs et de faussetés. On devoit introduire ensuite l'usage de le faire signer à tous les ecclésiastiques du royaume. Cette signature eût été exigée avec tant de rigueur, que les refusans eussent été privés de leurs bénéfices, les chanoines dépouillés de leurs maisons canoniales et de tous leurs bénéfices.

M. Bossuet, fort indigné d'une proposition si téméraire, si injuste et si sujette à tant de désordres, s'y opposa, comme on l'a vu cy-dessus, de toutes ses forces, et fit voir à quels dangers on alloit exposer tous les bénéficiers du royaume. Luy seul, résista en face au dessein de l'assemblée, avec une générosité peu commune ; le formulaire projetté n'eut point lieu, et par là, il rendit un grand service à l'Eglise de France. Cette action hardie luy acquit beaucoup d'estime dans tout Paris et dans tout le Royaume. Lorsqu'il revint, le premier décembre, dans sa ville épiscopale, il fut complimenté à cet égard par le chapitre de sa cathédrale, dont le grand chantre, portant la parole, luy dit que toute la ville, le diocèse et même tout le clergé de France luy avoit de grandes obligations de tout ce qu'il avoit fait à l'assemblée générale (1).

« Politique tirée de l'Ecriture Sainte »

Avant son épiscopat, M. Bossuet avoit travaillé à rassembler tous les manuscrits des ouvrages que le grand évêque de Meaux, son oncle, luy avoit laissés à sa mort. Il avoit employé le loisir dont il jouissoit alors pour les

(1) Cf. Courtalon-Delaistre, *Topographie historique*, etc., t. 1, p. 467, qui s'exprime dans les mêmes termes. Il semble que Courtalon Delaistre a dû connaître le manuscrit que nous publions.

mettre en état de paroitre en public. Il commença par la
Politique tirée de l'Ecriture sainte dont le succès
répondit à son attente. Mais les soins continuels, et la
multitude des affaires dans le gouvernement de son diocèse,
lorsqu'il fut appellé à l'évêché de Troyes, l'obligèrent d'interrompre l'édition de ces ouvrages que la réputation de
l'auteur faisoit attendre avec impatience. Lorsqu'il eût
pris une connoissance parfaite de son diocèse, par la tenue
d'un synode et des calendes, et par la visite des paroisses
de tous les doyennés, lorsqu'il eût établi la discipline qu'il
vouloit entretenir et qu'il eût pourvu à ce qu'il luy avoit
paru de plus pressé et de plus important, il reprit un travail
qui faisoit le désir des plus grands et des plus illustres
personnages de tous les états et de toutes les nations.

« Elévations sur les Mystères »

Sur le privilège qu'il avoit obtenu quatre ans après la
mort de son oncle, il fit imprimer, en 1727, chez Jean Mariette,
à Paris, l'ouvrage des *Elévations à Dieu sur tous les
Mystères de la Religion chrétienne* (1). On reconnoit dans
cet ouvrage la beauté, l'élévation et la grandeur du génie
de l'auteur et sa profonde intelligence des Ecritures. M. de
Troyes, en faisant ce présent au public, en recommanda
la lecture aux fidèles de son diocèse par un mandement

(1) Dans son remarquable travail, intitulé *Quelques documents
sur Bossuet*, Lille, H. Morel, 1899, p. 9-10, le P. E. Griselle, S.J.,
signale le fait suivant : « Le *Journal historique ou Clef du
Cabinet des Princes de l'Europe* (t. XXIII, p. 36 et 37) publiait
au mois de janvier 1728 la réclame suivante : « Il y a peu de
personnes qui ne connoissent le *Discours sur l'histoire
universelle*. [Suit un éloge du livre et de Bossuet.] Sur la fin de
sa vie, il [Bossuet] crut devoir s'appliquer à développer plus parfaitement les grandes vérités qu'il avait traitées dans ce premier
ouvrage ; et pour cela il en entreprit un nouveau, dont M. Bossuet,
évêque de Troyes, son neveu, vient de donner une partie au public,

qu'il a mis à la tête de l'ouvrage dans lequel, comme il le dit luy-même, il fait un tableau en raccourci de tout l'ouvrage, avec le pinceau de l'auteur. En effet, il emprunte jusqu'aux expressions. Après avoir tracé l'idée de tout l'ouvrage, il expose ce qu'il y est dit des contradictions que Jésus-Christ a éprouvées et éprouvera dans tous les tems. Voici comme il parle sur celles qu'il éprouve sur le mystère de la grâce, ou plutôt comme parle l'auteur qu'il ne fait que copier :

« [Jésus-Christ] est contredit, sur le mystère de sa
« grâce, écüeil terrible à l'orgueil humain. L'homme
« veut se faire juste, et que le coup qui décide de son
« salut, vienne primitivement de luy. Il veut par
« quelque coin se glorifier en soy-mesme, et trouver
« quelque chose à quoy se prendre dans son libre-arbitre.
« Il veut trouver dans sa volonté des forces égales pour le
« bien et pour le mal (1). »

Il passe ensuite aux contradictions qu'il éprouve dans sa Morale : contradiction la plus douloureuse du Sauveur. « Des hommes qui portent le nom de chrétiens,
« de fidèles, de catholiques, en sont venus jusqu'à vouloir
« courber la règle. Ils se font des doctrines erronées, et
« de fausses probabilitez. C'est la cupidité qui résout les
« cas de conscience ; on cherche des excuses aux passions :
« la régularité passe pour rigueur ; on luy donne le nom de

sous le titre d'*Elévations à Dieu* sur tous les misteres de la Religion chrétienne : ouvrage posthume, etc, Paris, chez Jean Mariette, etc. Il seroit infiniment à souhaiter qu'un pareil ouvrage eût pu être achevé. M. l'évêque de Troyes nous fait espérer qu'on sera dédommagé en partie de la perte de ce qui restoit à traiter par un autre Ouvrage de feu M. son oncle qu'il publiera bientôt sous le titre de *Méditations sur l'Evangile.* » Ce qu'il faut surtout retenir de cette *annonce*, c'est l'idée de rattacher le nouvel ouvrage à la seconde partie du *Discours sur l'histoire universelle*, et aussi de préparer les voies aux *Méditations sur l'Evangile.* »

(1) Cf. p. 28-29 de ce *Mandement* dans l'édition des *Elévations*, Paris, Jean Mariette, 1727, in-24.

« secte ; et la règle ne peut plus se faire entendre. Pour
« affoiblir tous les préceptes dans leur source, on attaque
« celuy de l'amour de Dieu. On ne veut pas que ce soit un
« précepte particulier et distingué des autres. Bien loin de
« l'étendre à toutes ses actions, en les rapportant à Dieu
« comme à son souverain bien et à sa dernière fin, à peine
« peut-on trouver le moment où on soit obligé de le prati-
« quer. On l'exclut même du Sacrement de la réconciliation ;
« on substitue l'esprit de la loy à l'esprit de l'Evangile, la
« crainte servile à l'amour filial dans l'action de la vie qui
« demande le plus notre amour (1).»

M. de Troyes nous apprend, après M. de Meaux, que la
prédiction de Siméon s'accomplit dans tous les tems ; mais
que, malgré ces contradictions, la vérité triomphera éternellement dans l'Eglise, où l'esprit de la tradition qui est
celuy de l'Eglise, décide de tout. « Dieu, pour défendre sa
« vérité, suscitera toujours dans son Eglise des docteurs
« pleins de vérité et d'efficace, et les contradictions de
« Jésus-Christ ne serviront qu'à découvrir les secrets des
« cœurs (2). »

Le Mandement sur les *Elévations* contredit la Bulle
dans tous ses points. La doctrine des XII articles (3)
y est établie d'une manière forte et pleine de noblesse. On
y parle avec avantage des dignitez de la nouvelle alliance
au-dessus de l'ancienne, de la volonté de Dieu qui s'accomplit toujours, page 12. On parle de la nécessité de la grâce,
de sa gratuité, de sa force, de la nature de cette grâce qui
fait tout faire par amour. On y donne la vraye idée de la
justice chrétienne et de sa stabilité ; elle n'est point passagère ; elle nous fait justes, persévérans, marchant coura-

(1) Cf. p 29-30 du même *Mandement* dans l'ouvrage précité.

(2) Cf. p. 31 du même *Mandement*, dans l'ouvrage précité.

(3) Sur les XII articles et la doctrine qui s'y trouvait contenue,
cf. Montagne, *De Gratia*, dissertatio duodecima (de Quesnello),
dans Migne, *Theologiae cursus completus*, Parisiis, Migne, 1841,
col. 493-494.

geusement et humblement sous les yeux de Dieu, durant
toute la suite de nos jours. Il est dit, page 33, que la
conversion d'un pécheur n'est point l'ouvrage d'un moment ;
que cette grande œuvre est le fruit de grands travaux ;
page 39, on expose les grands avantages de l'Ecriture
Sainte, et on exhorte de la lire nuit et jour. On peut
terminer ce qu'on vient de rapporter de cet excellent
ouvrage par ces paroles qu'on lit, page 32 : « Il faut encore
« que Jésus-Christ soit persécuté, et que tous ceux qui sont
« à luy, ayent part à ses persécutions et à ses croix. Jésus
« fuit en Egypte avec sa sainte famille, et les Innocens
« sont massacrez ; mais Hérode est le jouët de sa politique ;
« et Dieu montre qu'il faut que tout ce qu'il veut s'accom-
« plisse sans que les hommes puissent l'empêcher ; et qu'il
« sçait faire servir tout à ses desseins, jusqu'à leurs pré-
« cautions mêmes, et à leurs finesses »

M. de Troyes envoya à M. de Montpellier un exemplaire
des *Elévations* et de son Mandement ; ce prélat le remercia
en ces termes :

« J'ay reçu, Monseigneur, le présent que vous avez eu
« la bonté de me faire. Il m'est cher et précieux par bien
« des endroits : cher en luy-même pour tout ce qu'il contient,
« cher par rapport à son illustre Auteur, cher, et très-cher,
« par rapport à celuy de qui je le tiens. Vous me demandez
« grâce pour le Mandement qui est à la tête. Non, Mon-
« seigneur, je ne luy ferai point cette injure. J'en ai été si
« satisfait, que je croirois être le plus injuste de tous les
« hommes si je refusois à une aussy excellente pièce les
« éloges qu'elle mérite. C'est une analyse des plus belles, et
« des mieux écrites, d'un ouvrage qu'on ne peut assez louer.
« En représentant les sentimens de feu M. de Meaux, on est
« charmé d'y trouver les vôtres, et d'avoir dans ce double
« témoignage une digue si forte à opposer aux ennemis de
« la vérité. »

C'est, dit-on, le sort des bons ouvrages d'être critiqués,
celuy-cy ne parut pas plus tôt, qu'il essuya non-seulement

une critique amère pour le style dans lequel il est écrit,
mais encore une satire mordante pour la doctrine qu'il
renferme. Quoiqu'il eût été reçu du public avec empressement, les jésuites auteurs du *Journal de Trévoux* entre-
prirent de le décrier et se servirent, pour l'exécution de
leur projet, d'un ecclésiastique appelé Michel Fichant,
prêtre du diocèse de Quimper. Ils insérèrent, dans leur
Journal du mois de juin 1731 (1), une lettre qu'ils s'écrivirent
à eux-mêmes, sous le nom, sans doute emprunté, de Michel
Fichant. La réponse est rapportée dans l'article suivant. Il
s'agit dans l'une et dans l'autre de prouver que le livre des
Elévations de feu M. Bossuet, évêque de Meaux, est faussement attribué à ce prélat, ou que, du moins, il a été
interpolé, et a reçu ses accroissemens et ses traits
d'une autre plume. L'entreprise est hardie, il faut l'avouer,
mais elle est digne de ceux qui l'ont conçue et méditée
pendant quatre ans ; car cet ouvrage posthume du grand
Bossuet a été publié en 1727.

Les jésuites, cachés sous le nom du prêtre de Quimper,
osent donc donner un démenti formel à M. l'évêque de
Troyes, de qui le public a reçu les *Elévations* comme l'ouvrage de M. son oncle, et qui s'en est rendu garant par le
beau Mandement qu'il a mis à la tête. Un tel démenti
donné à un prélat si respectable, si digne de foy, si bien
informé du fait dont il s'agit, devoit être sans doute appuyé
sur des preuves claires et incontestables. Il ne nous convient pas d'en faire icy la discussion ; nous nous contenterons d'observer que Michel Fichant prétend que les
Elévations ne peuvent être de feu M. Bossuet, parce que le
livre renferme, dit-il, des propositions contraires à ce qui
a été enseigné dans ses livres de controverse et dans les
ouvrages qui sont entièrement de luy. De plus les jésuites,

(1) Dès 1728, d'après les *Nouvelles ecclésiastiques,* on avait
pris à partie l'évêque de Troyes pour le *Mandement* qui servait
de préface aux *Elévations.* Cf. le P. E. Griselle, S. J., *Quelques
documents sur Bossuet,* Lille. H. Morel, 1899, p. 10.

parlant en leur propre et privé nom dans la réponse au prétendu Breton, enchérissent encore sur cette preuve, et soutiennent, non seulement que l'ouvrage ne peut pas être de M. Bossuet, mais qu'il est de l'auteur de la *Prière publique* (1), dont ils reconnoissent, disent-ils, le stile et les expressions. Il est à craindre que cette remarque ne les fasse passer pour aussi mauvais connoisseurs en stile qu'en doctrine : car, pour peu qu'on s'y connoisse, on ne trouve jamais dans les *Élévations* le stile de la *Prière publique*.

Au reste le motif secret de cette critique hazardée paroît être évidemment de rendre le livre *Janséniste*, c'est-à-dire hérétique, ainsi que les jésuites l'entendent, et, comme il arrivera infailliblement que le livre restera à M. Bossuet, comme on le verra cy-après, les jésuites, forcés de se rendre sur ce point, tireront toujours de la découverte de leur Fichant les avantages qu'ils se proposent, parce qu'alors ils concluront qu'il faut abandonner le livre et l'auteur ; de sorte qu'ils n'auront plus qu'une réponse courte et simple à opposer à l'autorité de M. Bossuet contre leurs égaremens, c'est que M. Bossuet est convaincu d'hérésie.

M. de Troyes ne put souffrir sans indignation son honneur si fort compromis et l'ouvrage de son oncle si cruellement attaqué. Garder le silence dans une occasion si importante, c'eût été convenir que le livre des *Élévations* étoit réellement supposé ou falsifié, et qu'il renfermoit les erreurs que les journalistes luy attribuoient. Le prélat crut donc qu'il étoit nécessaire de se pourvoir en justice contre les accusations odieuses dont il étoit chargé. Au mois de Mars 1733, il présenta à la grand'chambre du parlement, une requête où il se plaint *des calomnies avancées dans le Journal de Trévoux*, et contre sa personne, et surtout contre les *Élévations*. Il y offre de représenter le manuscrit original entièrement écrit de la

(1) M. du Guet.

main de feu M. Bossuet, pour le confronter avec l'exemplaire imprimé, et un exemplaire du *Journal* : cette requête est réponduë le 24 du même mois, et en conséquence les exemplaires sont déposés au Greffe ; le prêtre Fichant, le Provincial des Jésuites [de la Province de France], le supérieur de la maison professe, le Recteur du Noviciat et celuy du collége de la Ruë Saint-Jacques sont assignés à comparoître pour voir l'imprimé et le manuscrit collationnés en leur présence.

Les jésuites employèrent la protection de M. l'intendant de Champagne, qui, sous prétexte d'autres affaires, vint à Troyes et logea, contre son ordinaire, à l'évêché ; il engagea M. de Troyes à retirer sa requête au Parlement, mais le prélat fut inflexible à cet égard, et M. l'intendant ne put obtenir ce qu'il demandoit. L'affaire se poursuivit donc, et, la collation étant faite, il se trouva que l'un et l'autre étoient conformes, que le manuscrit étoit réellement écrit de la main de M. de Meaux, et que l'ouvrage n'étoit ni falsifié, ni altéré, ni interpolé. Alors la Cour rendit le 7 Septembre, en faveur de M. l'évêque, un arrêt où elle donne acte aux jésuites « de ce qu'ils conviennent et « reconnoissent que l'imprimé du Livre des *Elévations* « est conforme au manuscrit entièrement écrit de la main « de M. de Meaux, en outre acte de la déclaration par « eux faite de veiller plus que jamais sur le travail des « auteurs du *Journal*, enfin acte à M. l'évêque de Troyes « de ce qu'il ne demande plus ni réparation personnelle, « ni dommages et intérêts, ni dépens. »

Par cet arrêt, M. de Troyes avoit déjà « constaté « juridiquement et dans la forme la plus authentique, que « le livre des *Elévations* est véritablement l'ouvrage de M. « de Meaux, et qu'il l'a donné tel qu'il est sorti de cette « *sçavante plume*, sans addition, ni changement, ni altéra- « tion. » Il luy restoit à démontrer que « ce livre n'enseigne « aucune des erreurs que les journalistes luy attribuent, « qu'il enseigne expressément et nettement les véritez oppo-

« sées à ces erreurs : que leurs calomnies n'ont pas la
« moindre apparence, que tout ce qu'ils ont relevé comme
« *opposé aux sentimens avérés du grand Evêque de*
« *Meaux*, est la doctrine même qu'il a donnée dans tous ses
« autres ouvrages pour la doctrine catholique, avec l'ap-
« plaudissement général de toute l'Eglise ; enfin qu'ils ne l'at-
« taquent que sur le fondement de quelque erreur, et de
« fausses opinions dont ils sont prévenus. » Voilà le plan de
cette instruction. M. de Troyes l'exécute si parfaitement,
que quelque idée qu'on ait des grandes ressources de la
Société [de Jésus], on est forcé de douter qu'elle puisse effacer
une pareille tache. « Impudent stratagème, calomnie sans
« nombre, impostures et sophismes grossiers ; ignorance,
« malignité, artifice et mauvaise foy, pitoyables chicanes,
« scandaleuses railleries, vaines puérilitez, malignes et
« calomnieuses remarques, opposition à des points essentiels
« de la doctrine chrétienne, erreurs manifestes, capitales,
« pernicieuses », c'est de quoy les Jésuites auteurs des Journaux de Trévoux sont, non pas simplement accusés, mais
atteints et convaincus dans cet ouvrage, de même que de
« se jouër de la religion, de la théologie et du public. » Ce
sont les propres termes de *l'Instruction*, pages 114 et 125.
« Ils [les Jésuites] ont encouru, continue M. de Troyes, la
« malédiction prononcée par le prophète, contre ceux *qui*
« *appellent le mal bien, ou le bien mal, changeant les*
« *ténèbres en lumière, et la lumière en ténèbres : l'amer*
« *en doux, et le doux en amer.* Ce malheur.... qui a des
« suites si funestes dans l'Eglise, d'où vient-il, Mes chers
« frères, ajoute ce prélat, sinon de cet orgueil profond ...
« par lequel des hommes *sages à leurs propres yeux,*
« *amoureux de leurs sentimens,* et jaloux de leurs propres
« pensées, osent donner pour règle leurs faux préjugés,
« entreprennent de subjuguer les plus grands Maitres, en
« calomniant leurs écrits, et s'efforcent d'élever sur les
« ruines de l'ancienne et inébranlable doctrine de l'Eglise
« un sistème ruineux dont ils sont les inventeurs et les

« architectes ? Quel étonnant problème ne seroit-ce point,
« dit encore le digne neveu du grand Bossuet, que celui de
« savoir à qui on en doit croire sur la doctrine chrétienne,
« et sur la manière dont il faut l'énoncer, ou de M. de
« Meaux, ou des journalistes de Trévoux ? »

Les jésuites n'avoient pas borné leur audacieuse
critique au seul ouvrage des *Elévations*. Ils s'étoient
portés dans le *Journal* de Février 1732 aux mêmes excès
contre les *Méditations sur l'Evangile*, autre ouvrage
posthume du grand Bossuet, dont nous parlerons plus bas.
M. de Troyes, à la fin de son instruction, propose contre
cette nouvelle entreprise de courtes réflexions, et il en
annonce une discussion plus exacte, c'est-à-dire plus ample :
« Ont-ils donc entrepris, demande ce prélat en parlant
« des Jésuites, de décrier comme contraires à la foy tous
« les Livres où l'Eglise n'a jamais aperçu que sa propre
« doctrine ? La critique qu'ils font [*Journal*, Juin 1732] des
« ouvrages de M. Nicole seroit-elle encore une suite de ce
« projet insensé ?.... On n'y sera donc plus trompé, [c'est
« toujours M. de Troyes qui parle] et toute la terre saura
« quelle est la doctrine à laquelle ces sortes de gens donnent
« des noms de sectes, et qu'ils s'efforcent, par toutes sortes
« de voyes, de décrier comme nouvelle et dangereuse....
« Ainsi quand ils crieront à l'hérésie, à la nouveauté, il
« faudra bien se deffier de ce cri vague et confus : il n'an-
« noncera ordinairement que la doctrine des Saintes
« Ecritures, que l'ancienne et perpétuelle tradition de
« l'Eglise, et une opposition constante et courageuse à
« toutes les nouvelles et dangereuses opinions, dont les
« jésuites entreprennent de l'obscurcir. »

Voilà ce que M. de Troyes voit dans la conduite et les
démarches des Jésuites, et ce qu'il veut que toute la terre
sache et voye comme luy, parce qu'en effet cela est évident.
Mais MM. ses illustres confrères, dit un auteur respectable,
le verront-ils ? s'ils le voyent, le diront-ils et agiront-ils en
conséquence ? Cependant la critique des journalistes dont

M. de Troyes se plaint, est un « amas de calomnies contre
« luy-même, contre feu M. de Meaux, et contre l'Eglise
« catholique ; elle est hardie et licencieuse, injurieuse au
« Saint-Esprit, à l'Eglise et à l'épiscopat, qui, étant un par
« toute la terre, est offensé dans la personne d'un seul
« évêque : enfin, elle ne tend qu'à décrier la doctrine la
« plus salutaire, et à ruiner les principaux fondemens de
« la piété et de la morale chrétienne » C'est ce qui est
démontré dans cette instruction dans laquelle M. de Troyes
s'acquitte si bien tout à la fois de ce qu'il doit à son nom,
à son caractère et à la vérité.

On y trouve [pages 87 et 88], une nouvelle assurance
que l'ouvrage imprimé, il y a déjà longtems, sous ce titre :
Justification des réflexions morales du P. Quesnel, etc.,
est non seulement de M. de Meaux, mais exactement
conforme à l'original, dont M. de Troyes dit avoir une
copie revûe et corrigée par M. de Meaux LUY-MÊME, *au
haut de laquelle est écrit de sa main : Première copie.*
M. de Troyes ajoute que M. de Meaux « fut très-fâché qu'on
« n'en eût pas fait l'usage pour lequel il l'avoit composé. »
« Ce grand homme, continue-t-il, nous a dit plusieurs fois que
« c'étoit le plus beau morceau de théologie qu'il eût jamais
fait. » C'est toutefois ce même ouvrage que les Jésuites, et
quelques évêques à leur instigation, assuroient, lorsqu'il
parût, n'être point de M. de Meaux, ou avoir été désavoué
par cet illustre prélat. Le docteur Gaillande publia aussy
à ce sujet un libelle auquel il donna le nom d'*Eclaircisse-
ment sur quelques ouvrages de théologie* (1), mais qui
n'étoit en effet qu'une satire contre les *Réflexions morales*
et contre l'auteur, l'approbateur et l'apologiste de ces
réflexions. Ce libelle donna lieu à un écrit fort curieux du
P. Quesnel, qui fut imprimé, [s. l.], en 1713, in-12, et qui a pour
titre : « *Vains efforts des Jésuites contre la Justification
« des Réflexions*, etc., où l'on examine les faits publiés

(1) Paris, 1712, in-12.

« sur ce sujet par MM. les évêques de Luçon et de la
« Rochelle (1), et par le s⟨r⟩ Gaillarde (2). »

Méditations sur l'Evangile

Cependant les journalistes n'avoient pas borné leur
satire au seul ouvrage des *Elévations*. Ils s'étoient donné
la même licence sur celuy des *Méditations sur l'Evangile*
que notre évêque donna au public au mois de Janvier 1731,
et sur le Mandement qui est à la tête de cette édition. Ils
avoient rapporté dans un autre journal [Trévoux, février
1732,] une seconde lettre du prétendu Fichant, prêtre de
Quimper, dont l'objet étoit de prouver que les *Méditations
sur l'Evangile ne peuvent être regardées comme le pur
ouvrage de M. Bossuet*, et que dans une infinité d'articles,
l'on y trouve les hérésies des Quiétistes et des Calvinistes
que M. de Meaux a combattues avec le plus grand succès.
M. de Troyes avoit compris ce nouvel objet dans sa

(1) Dans leur *Instruction pastorale.... sur le livre intitulé
Justification des Réflexions sur le Nouveau Testament*, La
Rochelle, in-4°. du 14 mai 1711.

(2) Cf. sur ce sujet le remarquable travail de M. l'abbé Urbain,
*Bossuet apologiste du P. Quesnel. Nouvelles recherches sur
le jansénisme de Bossuet.* Paris, Letouzey et Ané, 1901, p. 10.
Voici les paroles textuelles de Bossuet de Troyes sur la *Justification des Réflexions morales,* dans l'*Instruction pastorale de
Monseigneur l'évêque de Troyes au sujet des calomnies avancées au Journal de Trévoux, du mois de Juin 1731,* contre
les Élévations a Dieu sur tous les mystères de la religion
chrétienne, Ouvrage posthume de feu M. Bossuet, Evêque de
Meaux, Paris, Barthelemy Alix. 1733, p. 87-88 : « Le premier [ouvrage
où Bossuet a expressément traité la matière de la foi] est celuy qui
paroît imprimé depuis plus de vingt ans sous le titre de *Justification des Réflexions morales,* etc., et qui, dans la copie originale que M. de Meaux nous a laissée, au haut de laquelle est écrit
de sa main *Première Copie,* revûë et corrigée par luy-même, est
intitulé *Avertissement sur l'édition présente du Nouveau*

requête en plainte pour les *Elévations*, et il fut également reconnu d'une manière authentique que le dernier ouvrage n'étoit pas plus falsifié, ni altéré que le premier, et qu'il étoit aussi écrit en entier de la main du grand Bossuet.

M. de Troyes publia à ce sujet en 1734 une instruction pastorale très-étendue, dans laquelle il détruisoit les calomnies avancées dans le *Journal de Trévoux*. Voicy ce que disoit ce prélat sur cette nouvelle entreprise de la Société [de Jésus] : « Grâces immortelles en soient rendües « à celuy qui a promis que les portes de l'enfer ne prévau- « dront point. Tous les efforts de nos adversaires seront aussi « vains que leurs armes sont fragiles. L'Eglise où l'esprit « de la foi vit éternellement, ne peut méconnoître sa vraye « doctrine ni ses vrais défenseurs ; et l'avantage qu'elle « tirera de la témérité des journalistes, avantage précieux, « sera de reconnoître enfin qu'elle porte dans son sein des « hommes superbes et ambitieux qui, sous prétexte de la « servir, ne travaillent en effet qu'à déchirer ses entrailles, « à maltraiter ses vrays enfans, à décrier ses plus fidéles . « amis, à luy inspirer de la défiance et de l'éloignement de

---

Testament en François avec des Reflexions, etc. Quoique nous n'ayons eu aucune part à l'impression de cet ouvrage, nous devons ce témoignage à la vérité que l'imprimé est exactement conforme à l'original, et que l'Auteur y avoit mis la dernière main. M. de Meaux l'avoit donné à M. le Cardinal de Noailles pour être mis à la tête de la nouvelle Edition qu'il faisoit faire des *Réflexions morales*, afin d'écarter toute ombre de difficulté, et d'ôter tout prétexte aux ennemis de cet illustre Archevêque. M. de Meaux fut très fâché qu'on n'en eût pas fait l'usage pour lequel il l'avoit composé. Ce grand homme nous a dit plusieurs fois que c'étoit le plus beau morceau de théologie qu'il eût jamais fait. Nous avons été témoin de l'application qu'il y donna : et l'on peut voir à la copie originale que nous en avons, remplie d'additions et de corrections toutes écrites de sa main, avec quel soin il l'avoit travaillé, revû, et corrigé » On trouvera dans le tome X, col. 479 et suiv. du *Theologiae cursus completus* de Migne (Parisiis, Migne, 1841) toute la série des raisons qu'on paraît avoir opposées de nouveau, mais avec bien peu de succès, à la thèse de M. l'abbé Urbain : ces raisons sont développées dans un traité *De Gratia*, composé par Montagne (1687-1767).

« ses plus puissans défenseurs, et à luy attirer la haine, le
« mépris et les insultes de ses ennemis. »

« Vous verrez donc dans cette instruction, continue
« M. de Troyes: 1º que les journalistes calomnient indigne-
« ment les ouvrages de M. de Meaux, en leur imputant des
« erreurs qui y sont expressément réfutées partout, et aux
« endroits même où ils prétendent les trouver ; 2º Que la
« doctrine des *Médiations* est précisément la même que
« M. de Meaux a enseignée toute sa vie et dans les livres
« qu'il a donnés au public ; 3º Qu'il avoit puisé cette
« doctrine dans les sources les plus pures ; 4º Que les jour-
« nalistes n'y opposent qu'ignorance, erreur, faux préjugés,
« absurdes raisonnemens, chicanes puériles ; enfin qu'ils
« impliquent plusieurs véritez avec l'erreur ; qu'ils abusent
« des décisions de l'Eglise pour attaquer ses dogmes ; qu'ils
« la mettent perpétuellement en contradiction avec elle-
« même, et que tous leurs efforts ne tendent qu'à obscurcir
« la doctrine salutaire qui nous a été révélée dans les
« Saintes Ecritures, et transmise par la tradition, pour
« substituer à la place des opinions particulières, et perni-
« cieuses (1). »

Le même prélat repousse icy l'accusation insensée
du Quiétisme, que les jésuites, sous le nom de Fichant,
croyoient trouver dans le discours sur l'acte d'abandon
qui se trouve à la fin du tome IV des *Médiations*.
« Il n'y avoit au monde que des journalistes de Tré-
« voux capables d'accuser de Quiétisme et M. de Meaux,
« le fléau des faux mystiques, et un discours qu'il a com-
« posé exprès pour préserver de leurs illusions les âmes
« qui aspirent à la perfection chrétienne. Il est vray qu'il
« s'est trouvé un écrivain, tel que l'auteur de la nouvelle
« histoire de Meaux [D. Toussaint Duplessis, bénédictin],
« qui, soit par attachement aux maximes de M. de Cambray,

(1) Pages 7 et 8 de la *Seconde instruction pastorale de Monseigneur l'évêque de Troyes*.

« soit par complaisance pour les amis de ce prélat intéressés
« dans sa cause, ou jaloux de la gloire de son vainqueur,
« a essayé de répandre quelques nuages sur la candeur, la
« droiture et la pureté du zèle de feu M. de Meaux : qualités
« si reconnues de tout le monde dans ce grand évêque, que
« ce prétendu historien n'a remporté pour prix de sa témé-
« rité que les éloges des journalistes de Trévoux avec
« l'indignation du public, et particulièrement de tout le
« clergé de la ville et du diocèse de Meaux, [et même de
« ceux qui l'avoient mis en œuvre]. On en voit d'autres
« qui s'efforcent de ramener au jour les principes de M. de
« Cambray, et de les tirer, pour ainsy dire, des cendres
« et des débris d'un système foudroyé. Ils montrent par
« leurs cris multipliés, que, malgré la condamnation la
« plus solennelle, ce prélat a laissé après luy un trop grand
« nombre de partisans attachés aux opinions qui furent la
« source de ses égaremens (1). »

Ce nouvel excès des jésuites donna donc occasion à
M. de Troyes : 1° de dévoiler de plus en plus les erreurs des
jésuites ; 2° de donner à ses diocésains des instructions
très-lumineuses sur le mérite des œuvres, que les jésuites
ne veulent pas qu'on attribue tout entier à la grâce, et
qu'ils attribuent au contraire au libre arbitre comme à son
principe ; sur la volonté absolue et spéciale en Dieu et en
Jésus-Christ de sauver les élus ; sur la nécessité de la grâce
efficace pour commencer a faire le bien et y persévérer,
sur la nécessité de la charité qui fait le caractère propre
du chrétien, etc., toutes véritez combattues, niées ou
altérées par les jésuites. Le prélat dit en finissant cette
belle et longue instruction, que la critique des journalistes
roule sur un grand nombre d'erreurs : « Erreurs sur le
« libre arbitre, qu'ils élèvent au-delà de ses bornes au
« préjudice de la grâce de Jésus-Christ ; et sur la concu-
« piscence, dont ils ne reconnoissent ni l'empire ni le combat

(1) Page 9 de la *Seconde instruction*, etc.

« perpétuel, erreurs sur la prédestination dont ils combat-
« tent la gratuité, et sur la grâce dont ils nient l'efficacité,
« erreurs sur le mérite des œuvres, qu'ils attribuent au
« libre arbitre, comme à son principe, erreurs sur les
« vertus chrétiennes, qu'ils font subsister sans ce qui en
« fait l'âme et le caractère essentiel, erreurs enfin sur
« l'Eglise, dont ils veulent qu'on puisse être un vray
« membre sans la charité ».

« Ils attaquent dans cette nouvelle critique les mêmes
« véritez et les mêmes dogmes, c'est-à-dire les fonde-
« demens mêmes du christianisme et de la piété chré-
« tienne ; et ils les attaquent par les mêmes voyes et avec
« les mêmes armes, ignorance, mauvaise foy, calomnie,
« absurdes raisonnemens, erreurs pernicieuses ».

« Ils croyent sans doute, continue M. de Troyes, avoir
« trouvé dans les troubles de l'Eglise, et dans le mouvement
« des passions humaines, le moment et l'occasion favorable
« de renverser les colonnes même de l'édifice, par les plus
« détestables machines, et d'élever sur les ruines de l'an-
« cienne foy, une nouvelle et pernicieuse doctrine. »

« Ils s'efforcent de dissiper le mur que la bonté de celuy
« qui veille à la garde d'Israël, semble avoir élevé pour la
« consolation de son peuple, contre le torrent d'erreurs qui
« se répand sur la face de la terre. »

« Voyez, Seigneur, et considérez. Arrêtez cette entre-
« prise insensée. Couvrez de confusion la face de ces hommes
« téméraires et audacieux, afin que, revenus à eux-mêmes,
« ils cherchent la gloire de votre saint nom. *Imple facies*
« *eorum ignominia* (1), etc.

MM. les archevêques d'Embrun [de Tencin] et de Sens
[Languet], apologistes et protecteurs du *Journal de Trévoux* contre feu M. de Meaux, ne sont ni oubliés ni flattés
dans cette instruction de M. de Troyes. Ce qui les concerne

____

(1) Page 220 de la *Seconde instruction*, etc.

13

est indiqué dans la table des chapitres et des sommaires en ces termes :

« [CLIV] Les journalistes applaudis et en même tems « contredits par M. l'archevêque de Sens. Embarras et « imprudences de ce prélat. »

« [CLV] Vaines et absurdes défaites de M. l'archevêque « de Sens. »

« [CLVI] M. l'archevêque d'Embrun, livré à l'em- « portement et aux excès des journalistes contre les « ouvrages posthume de M. de Meaux. »

[CLVII] Calomnie manifeste de M. d'Embrun (1). »

Après avoir un peu anticipé sur les années pour parler de suite de l'édition qui occasionna tant de bruit, nous revenons sur nos pas pour ne point passer sous silence les faits qui ont rapport à l'histoire de notre évêque, qui a eu beaucoup de part aux affaires de l'église gallicane.

Légende de Grégoire VII

Vers ce tems-là. l'office du Pape Grégoire VII, canonisé à Rome, faisoit beaucoup de bruit en France. Sa légende avoit été venduë publiquement à Paris, et arrêtée sans bruit. quelques jours après. Ce Pontife, qui fut élu le 22 avril 1073, est le premier qui, par une entreprise dont les suites ont été si funestes, s'est arrogé un prétendu droit de souveraineté sur les Roys et sur leurs couronnes. Le tems où tout étoit sacrifié à la Bulle, parut favorable pour canoniser en France les prétentions ultramontaines et tirer parti de la censure de la proposition XCI : « La « crainte d'une excommunication injuste ne doit pas nous « empêcher de faire notre devoir » Ce Pape, dont la congrégation des rites à Rome, venoit de fabriquer l'office

(1) A la dernière page de la « Tables des chapitres » de la *Seconde instruction*, etc.

pour être inséré dans tous les bréviaires, avoit très-injustement excommunié l'empereur Henry, et soulevé contre luy une partie de ses sujets par la crainte de la même excommunication. Dans sa lettre à Herman, évêque de Metz (1), où il tâche de justifier ses violences contre Henry, il cite cet endroit de saint Paul, où l'apôtre dit : « qu'il est prêt à punir toute désobéissance, » puis il ajoute : « Ils « croyent peut-être que la dignité Royale est au-dessus de « l'Episcopale, on en peut voir la différence par l'origine de « l'une et de l'autre. Celle-là a été inventée par l'orgueil « humain ; celle-ci instituée par la bonté divine. » Quel aveuglement ! il s'autorise d'un mot de saint Paul, et il ne craint pas de combattre les textes les plus formels de ce grand apôtre, qui prononce, que « la puissance des rois « vient de Dieu même, que s'y opposer, c'est résister à « l'ordre que Dieu a établi. »

Tel étoit ce Pape, que la cour de Rome vouloit faire honorer comme saint par les fidèles, en leur présentant comme une vertu héroïque et inspirée par le Saint-Esprit, l'entreprise de priver l'empereur Henry de la communion des fidèles et « de son Royaume, et de décharger les « peuples qui lui étoient soumis, de la fidélité qu'ils lui « avoient jurée. » Ce sont les paroles qui se lisent dans la cinquième leçon de son office.

Notre prélat, digne neveu du grand Bossuet, et héritier de ses sentimens et de ses maximes, ne pouvoit, par conséquent, pas passer une occasion comme celle de la légende, sans faire connaître les avantages des principes contenus dans l'immortel ouvrage de l'évêque de Meaux en faveur des libertez de l'église gallicane ; il s'est distingué parmi le petit nombre de ses collègues [qui ont soutenu les droits de] nos Roys contre cette légende. On a vu paroître avec joye un mandement et instruction pastorale

(1) Cf. [Gosselin], *Pouvoir du Pape sur les souverains au Moyen-âge*, Paris-Lyon, Périsse, 1839, p. 315.

de ce prélat, qui traite à fond le point de la distinction
des deux puissances spirituelle et temporelle, chacune
souveraine en son genre, et indépendantes l'une de
l'autre. Cette vérité, importante pour la tranquillité
des états, est établie dans ce mandement par l'Ecriture
et la tradition, qui sont les deux sources de la révélation ; on y montre les affreux inconvéniens, et la
nouveauté des maximes ultramontaines, et l'on répond
très solidement à tout ce qu'on peut alléguer en leur faveur.
Cet ouvrage est d'autant plus précieux, qu'il contient un
abrégé de l'excellent monument que M. de Meaux a laissé
sur cette matière, et qu'il composa, par ordre de Louis XIV,
pour la défense des IV articles de 1682.

M. de Troyes fait voir que le Saint Ministère, dont
Jésus-Christ, le souverain pasteur, l'a chargé, et l'obligation
qu'il lui impose de veiller à la conservation du dépôt de la
saine doctrine, ne luy permettent pas de garder le silence
au sujet de cette légende ; il fait voir d'une manière évidente
le danger de cette légende ; il en fait sentir tout le poison ;
il fait remarquer qu'elle autorize les entreprises de
Grégoire VII contre la puissance royale, et qu'elle tend à
inspirer aux fidèles les opinions des ultramontains, c'est ce
que M. de Troyes démontre par des raisons et des preuves
aussi claires que savantes, ce qui le conduit insensiblement
à exposer aux yeux de ses lecteurs les suites affreuses de
ces entreprises et de ces opinions ; il fait connoître en
même temps l'importance qu'il y a de les prévenir et d'en
éloigner le danger, il y entre dans une discussion savante
et curieuse, sur la puissance directe et la puissance indirecte, il y détaille exactement toutes les grandes et affreuses
conséquences qui résultent des principes de ceux qui
admettent la puissance indirecte. Il y découvre l'origine et
la naissance de la doctrine extrême et insoutenable
de la cour de Rome, sur le temporel des souverains
et il ne dissimule pas que les ultramontains ne la doivent,
cette doctrine, qu'à l'esprit d'orgueil, de domination, à

l'idée flatteuse d'une Monarchie universelle, que Grégoire VII crut avoir trouvé l'occasion [d'établir] dans la décadence et dans la foiblesse de tous les empires de son tems.

M. de Troyes dit à ses diocézains qu'ils doivent recevoir cette instruction avec d'autant plus de joye et de confiance qu'elle ne contient que la pure doctrine que son cher et très-honoré oncle a cru si certaine qu'il proteste « qu'il la « portera avec assurance au Tribunal de Jésus-Christ. »

Il conclut enfin en disant, que, tant pour donner au Roy de nouvelles preuves de son attachement immuable à sa personne sacrée, de son zèle pour la défense des droits de la couronne et pour le maintien de la tranquillité du Royaume, que pour préserver le troupeau que Jésus-Christ lui a confié, des illusions d'une fausse piété, il a défendu, et défend sous les peines de droit, à toutes les communautez, etc, d'insérer dans aucun livre d'église la légende de Grégoire VII.

Statuts Synodaux

Tant d'occupations n'empêchoient pas M. Bossuet de penser aux affaires particulières de son diocèse. Il recueillit tous les statuts synodaux qui avoient été faits depuis M. Malier (1) et les fit imprimer ensemble. Il y joignit plusieurs ordonnances, déclarations, édits, arrêts et réglemens qui concernent les ecclésiastiques, curez et vicaires, leurs droits, prérogatives et charges, afin que ceux qui ne les avoient pas, ou qui les ignoroient, pussent en être instruits et les trouver aisément. Le mandement qui est à la tête est daté du 18 décembre 1728, mais l'édition ne fut faite qu'en 1729 à Troyes, chez Michelin, imprimeur de M. l'Evêque. Ces statuts n'ont point force de loy, parce qu'ils n'ont point été homologués au Parlement, et quelques

(1) Cf. sur François Malier, évêque de Troyes (1641-1678), Courtalon-Delaistre, *Topographie*, etc, t. I, p. 412.

fois les curez qui voudroient s'y conformer, se feroient des affaires et se verroient condamnés en justice.

Opposition à la Constitution [1]

M. Bossuet fut toujours opposé à la Bulle *Unigenitus*, et son opposition luy attira des disgrâces, qui souvent luy furent communes avec les évêques, ses confrères, qui étoient dans les mêmes sentimens à l'égard de ce décret du Saint-Siège. En 1730, il fit signifier, conjointement avec M. d'Auxerre, à l'assemblée du clergé un acte d'opposition à toute délibération favorable à la constitution *Unigenitus*, parce qu'il fût relégué dans son diocèse et ne put se trouver à Sens, à l'assemblée provinciale où il s'agissoit de nommer des députés pour l'assemblée générale du clergé de 1730. La cause de cette relégation étoit son union avec M. de Senez qu'il défendit de toutes ses forces. M. de Chavigny, archevêque de Sens, fut le seul prélat de cette assemblée. M. de Caylus, évêque d'Auxerre, étoit dans le même cas que M. Bossuet, et M. l'évêque de Nevers étoit en visite. Le Métropolitain avoit demandé qu'ils pussent y assister, mais il ne luy fut pas possible de l'obtenir, malgré ses pressantes sollicitations auprès du cardinal de Fleury qui étoit alors premier Ministre.

Concile d'Embrun [2]

M. de Tencin, archevêque d'Embrun, notifia, par une lettre circulaire du 15 juin 1727, aux évêques de sa province l'indiction d'un Concile à Embrun, dont il leur fixa l'ouverture au 16 Août suivant; ces prélats reçurent en même

(1) Cf. Courtalon-Delaistre, *Topographie*, etc, t. I, p. 467.
(2) Sur le Concile d'Embrun, cf. *Concilium provinciale Ebreduni habitum*, Gratianopoli, apud Petrum Faivre, 1728.

tems une lettre du Roy qui leur marquoit qu'ils eussent à se rendre à Embrun au jour indiqué par l'archevêque, pour s'y assembler en concile, et y traiter suivant les formes et les lois canoniques, des affaires qui intéressent essentiellement la religion ; il leur est enjoint de ne pas sortir de la ville avant la fin du concile, et sans son consentement.

Quoiqu'aux termes de la lettre de convocation, la tenüe du concile eut pour objet « de conserver sans tache le dépôt de la foy, de diriger les mœurs sur la règle de la vie chrétienne, de corriger les excès et de ranimer la vigueur de la discipline ecclésiastique », on ne douta point que l'unique fin de cette assemblée ne fut de procéder contre le saint évêque de Senez, l'un des chefs de l'appel.

On avoit sacrifié à la Bulle, avec assez peu de succès, une multitude de victimes du second ordre, on voulut luy en dévoüer une du premier, dans l'espérance de faire plus d'impression par ce coup éclatant. L'ostracisme s'étoit d'abord déclaré contre M. de Montpellier. Les prélats des deux dernières assemblées du clergé, au moins le très grand nombre, crioient *Tolle* contre luy, il étoit le plus redoutable fléau de la Bulle, de ses partisans. et il s'étoit élevé avec force contre l'exaction de la signature pure et simple du formulaire : c'est un serment sur ce qu'il y a de plus sacré, par lequel on affirme qu'un certain livre renferme cinq propositions qu'on n'y a jamais pu trouver, si ce n'est la première mais qui se trouve rectifiée par ce qui précède et ce qui suit. Ce crime ne pouvoit s'expier que par la déposition du prélat. mais le nom de Colbert si illustré par les dignitez, par les alliances, et par les services rendus à l'Etat, en imposoit au ministre, qui se borna à faire saisir les revenus de l'évêché de Montpellier, et même le produit du jardin de la Verure, dont le régisseur fit labourer les allées.

Le sort tomba sur M. Soanen, que Louis XIV avoit tiré de l'Oratoire pour le faire évêque de Senez ; il n'avoit pour luy que la réputation d'un des plus grands prédicateurs de son siècle, toutes les qualitez d'un bon pasteur, une piété éminente et une frugalité qui luy faisoit trouver dans le modique revenu de son évêché de quoy faire d'abondantes aumônes. Il venoit de publier une instruction pastorale en forme de Testament spirituel, où il prenoit de nouveau la défense du Livre des *Réflexions morales*, et où il adoptoit les principes de M. de Montpellier sur le *Formulaire*. Cette instruction forma le corps de délit. Senez étant de la Métropole d'Embrun, on étoit assuré de trouver dans l'archevêque, un juge qui ne seroit retenu ni par la vertu et la sainteté de l'accusé, ny par les discours et les écrits humilians que luy attireroit le contraste trop frappant, pourvû qu'il pût monter plus haut, aussi peu embarrassé de faire un hérétique de M. de Senez, qu'il l'avoit été de déclarer le fameux Law bon catholique (1).

Le saint évêque étoit dispensé par les canons de se rendre au lieu indiqué pour le Concile, puisqu'il avoit plus de 80 ans ; ses amis et les avocats de Paris qu'il consulta,

(1) C'était l'épigramme qui courait alors à Paris. Pour la comprendre, « il faut se rappeler que le Régent, ayant conçu le projet de nommer ministre du Roi le fameux Law, et n'osant pas violer les lois du royaume qui exigeaient d'un ministre la profession de la religion catholique, décida Law à faire abjuration de son protestantisme : mais le cardinal de Noailles, archevêque de Paris, qui ne croyait pas à la sincérité de cette conversion, ne voulait autoriser aucun ecclésiastique à recevoir l'abjuration de Law dans son diocèse. Alors l'abbé de Tencin, — il n'était pas encore évêque, — se rendit avec le financier et ses fils à Melun, dans le diocèse de Sens, et c'est là qu'il reçut leur abjuration dont il leur donna un acte solennel. Dans une des nombreuses chansons faites ensuite contre Law, on disait :

> Ce parpaillot, pour attirer
> Tout l'argent de la France,
> Songea d'abord à s'assurer,
> De notre confiance ;
> Il fit son abjuration,
> La faridondaine, la faridondon,
> Mais le fourbe s'est converti,
> Biribi,
> A la façon de Barbari,
> Mon ami. »

Cf. *Lettres inédites du chancelier d'Aguesseau*, publiées par D. B. Rives, Paris, Imprimerie royale, 1823, t. II, p. 168-169.

luy conseilloient de n'y point aller. Mais, animé du même
zèle que le saint vieillard Eléazar, il voulut donner un
exemple de fermeté et de courage, et ne pas manquer l'occasion de rendre un glorieux témoignage aux véritez qu'il
avoit prêchées de vive voix et par ses écrits : il alla à
Embrun à cheval, il n'y fut pas longtems sans reconnoitre
qu'il y étoit déjà condamné ; un messager qui luy apportoit
des papiers, fut arrêté et conduit en prison. L'Archevêque
refusa de se conformer à l'usage de la communion de tous
les prélats à la messe pour l'ouverture du Concile, afin de
ne la pas donner à M. de Senez. Ses deux théologiens furent
exclus des congrégations. S'étant rendu à l'archevêché
pour assister au *Te Deum* qui devoit se chanter dans la
Cathédrale, en actions de grâces de l'heureuse délivrance
de la Reine, l'archevêque luy dit que les évêques ne vouloient pas souffrir qu'il fût avec eux à la prière publique
ordonnée par le Roy, et que, s'il y paroissoit, il en arriveroit
du scandale. Le bon prélat crut devoir l'éviter : il quitta
ses habits d'église, et retourna chez luy.

Le prétendu concile n'eut aucun égard aux moyens,
soit d'incompétence, soit de récusation, que M. de Senez
produisit, tant contre le président, comme n'étant pas purgé
du crime de simonie, que contre ses quatre suffragans, et
contre les neuf évêques que le président du Concile leur
avoit associés, ils avoient été appelés de cinq provinces
différentes, sans la participation de l'accusé qui, suivant
les lois, devoit en avoir le choix. Cependant, il crut devoir
remplir toute justice, en reconnoissant, devant l'assemblée
que l'Instruction pastorale dont on luy faisoit un crime,
étoit de luy, et qu'elle avoit été imprimée et publiée par
son ordre ; il en signa même un exemplaire qui luy fut
présenté, et attendit en paix ce qu'il plairoit à ses juges de
prononcer.

L'instruction pastorale fut condamnée comme « témé-
« raire, scandaleuse, séditieuse, injurieuse à l'Eglise, aux
« évêques et à l'autorité royale, schismatique, pleine d'un

« esprit hérétique, remplie d'erreurs, et fomentant des
« hérésies. » La sentence qui est du 20 septembre 1727,
n'indique aucune de ces erreurs dont elle dit que l'instruction est remplie ; elle n'a extrait aucune proposition à qui
on puisse appliquer l'une des dix qualifications.

Par la même sentence, le vénérable vieillard est déclaré
suspens de tout pouvoir et jurisdiction épiscopale, et de
tout exercice de l'ordre tant épiscopal que sacerdotal. S'il
ne fut pas déposé, c'est qu'on voulut ménager la cour de
Rome, qui prétend que cette peine ne peut être prononcée
contre un évêque que par le Pape, ou par les juges qu'il
auroit délégués.

M. de Senez fit signifier au Concile ses appels et protestations contre la sentence et tout ce qui pourroit s'en
suivre ; il écrivit au Roy, et en même tems aux évêques de
France, pour se plaindre du violement des droits de
l'épiscopat, et de l'infraction des saints canons à son égard.
Il envoya à un chanoine de son église, un précis de la
sentence, et luy dit : « Vous jugez bien que mon cœur est
« déchiré dans toutes ses veines ; car après Dieu, j'aime
« mon troupeau et mes pauvres.... mais Dieu veut que
« je préfère à mes enfans, à mes amis, à mon honneur,
« à ma propre vie, sa vérité, sa grâce, son amour ; et c'est
« à ces trois devoirs qu'on livre la guerre. »

Le lendemain de la signification de la sentence, M. de
Senez apprit qu'il y avoit défense dans toutes les églises
d'Embrun, de lui laisser dire la messe, on lui dit en même
tems de ne pas se présenter pour la communion laïque,
parce qu'elle lui seroit refusée : il apprit aussi que lui et
ses théologiens n'avoient pas la liberté de sortir de la ville.
Après luy avoir fait donner cet avis, M. l'archevêque vint,
avec le président de Tencin, son frère, luy faire une visite,
l'accabla de politesses et de caresses, et l'invita à diner ;
mais il s'en excusa en disant : « Quand on est séparé de
« l'Autel de Jésus-Christ, on ne doit point aller aux tables
« des grands ; il faut que je demeure dans l'humiliation où

« Dieu m'a mis. » Enfin, le 11 Octobre, on luy signifia la
lettre de cachet qui l'exiloit à l'abbaye de la Chaise-Dieu,
en Auvergne, où il fut conduit par un Commissaire des
Guerres ; il s'y trouva investi par les neiges qui sont très
abondantes dans ces montagnes ; ce qui devoit abréger les
jours de ce saint vieillard. Cependant il y vécut quatorze
ans, prenant la qualité de prisonnier de Jésus-Christ, et
conservant cette heureuse liberté des enfans de Dieu, que
la vérité seule peut donner.

Sa condamnation à Embrun excita dans les esprits un
soulèvement général. Le cri de l'indignation publique se
fit entendre de toutes les parties du royaume, et spéciale-
ment de la capitale, de la part même de plusieurs constitutionnaires. Le cardinal de Rohan avoit toujours désap-
prouvé le projet du Concile. L'abbé Couet en avoit démontré
tous les inconvéniens, dans un mémoire dont il donna
copie aux ministres et aux premiers magistrats du Parlement. Il insistoit principalement sur le contraste entre
le juge et l'accusé, contraste qui révolteroit les plus indifférens, et qui serviroit à fortifier le party des appellans
que l'on prétendoit affoiblir.

Douze évêques, du nombre desquels étoit M. de Troyes,
écrivirent au Roy pour se plaindre de la condamnation du
saint évêque de Senez. Le cardinal de Noailles étoit à la
tête. Les autres évêques sont MM. de Montpellier, de
Mâcon, d'Angoulème, de Montauban, d'Auxerre, de Castres,
de Rodez, de Blois, de Bayeux, et l'ancien évêque de
Tournai ; ces prélats rendent témoignage à l'innocence du
prélat opprimé (1). Parmi les injustices commises contre

(1) Le manuscrit reproduit en note une « Lettre de M. Jacques-
Bénigne Bossuet, évêque de Troyes, à M. l'évêque de Senez, au sujet
du Concile d'Embrun » : Je ne finirois pas, Monseigneur, sur ce qui
regarde votre personne, et sur ce qui fait le fond de la grande
affaire de l'Eglise, si je me laissois aller à ma douleur, et à l'intérêt que je prends à une cause que je regarde comme la cause
de tous les évêques : mais je puis bien vous assurer, qu'avec la
grâce du Seigneur, je ne changerai jamais ni les sentimens d'amour,

luy, la lettre des XII fait remarquer que le Concile d'Embrun n'a pas respecté l'appel interjetté au Pape et au Concile, c'est celuy du violement de la paix de Clément IX ; ils font des vœux pour que le Roy immortalise la gloire de son règne, en travaillant, ainsi que le fit Louis XIV en 1668, à la pacification des troubles de l'Eglise. C'est un double témoignage rendu à la paix de Clément IX, il ne faut pas l'oublier. Ces prélats prennent aussi la défense des XII articles que Benoit XIII avoit permis d'autoriser.

Leur démarche [29 Mars] déplut à la Cour. M. de Maurepas, secrétaire d'Etat, fut chargé de leur témoigner le mécontentement du Roy, et de leur renvoyer la lettre qu'ils avoient eu l'honneur d'écrire à Sa Majesté ; ce renvoy donna lieu à de très-humbles remontrances : mais l'évèque de Castres avoit déjà écrit au Roy pour soutenir la démarche qu'il avoit faite, et se plaindre du jugement porté à Embrun.

Les remontrances des dix prélats au Roy avoient été prcédées d'un acte d'opposition à l'enregistrement de toutes les lettres patentes, bulles. brefs, et autres actes confirmatifs de ce qui s'est passé en laditte assemblée tenüe a Embrun, ou concernant laditte assemblée directement ou indirectement, et notamment à l'enregistrement de toutes lettres patentes qui pourroient être expédiées sur le bref de cour de Rome du 17 décembre 1727, confirmatif du concile d'Embrun. L'acte fut signifié au procureur général

d'estime et de respect dont je suis rempli pour vous ; ni ceux que j'ai déclarés dans la lettre des XII évèques au Roy, et dans les remontrances qui l'ont suivie, et que je signerois de nouveau de mon sang s'il étoit nécessaire ; m'estimant heureux si je pouvois me dire, à de si justes titres que vous, *vinclus Jesu Christi*. Je me recommande à vos saintes prières : recevez-moi, je vous conjure, au nombre de vos plus intimes amis, et me croyez avec le dévouement ie plus sincère,

Monseigneur,

Votre très-humble et très-obéissant

Signé : ✝ JACQUES-BÉNIGNE,

Evêque de Troyes.

du parlement de Paris, au nom de neuf prélats, l'évêque de Montauban ne le signa pas. L'oppression du vieux confesseur de la vérité divine, comme autrefois le sang des martyrs, [étoit] une semence de chrétiens. Le courage croissoit, loin de diminuer.

M Bossuet a été un des premiers évêques qui a pris la défense du saint évêque de Senez, et a écrit à ses amis pour les engager à s'unir à luy. Le chapitre de la cathédrale a été le complimenter à ce sujet. Les curez et supérieurs de communautés ont fait la même chose et ont promis de se joindre à luy.

Le clergé de Troyes a écrit à cette occasion une très-belle lettre à M. Bossuet, elle est signée des curez de la ville, des chanoines réguliers, des bénédictins, des domini-cains, des deux communautez de l'Oratoire, de plusieurs chanoines, et de quelques autres réguliers. Les curez de la campagne en ont fait autant, de façon que le témoignage de l'église de Troyes a été très nombreux, ce qui a été très flatteur pour notre illustre prélat.

Le saint évêque de Senez remercia notre illustre prélat en ces termes : « Recevez, je vous prie, mes plus tendres remer-
« ciemens pour les trois généreux témoignages que vous
« venez de rendre envers vos illustrissimes collègues à la
« vérité, aux maximes du royaume, à l'épiscopat, et pour la
« part que votre bonté veut bien m'y donner. Qu'il faut de
« courage pour oser dire la vérité devant les Roys en tous tems,
« mais surtout dans celui de leurs préventions et de leurs
« menaces ! Qu'il faut de piété et de religion pour soutenir
« les ruines de nos libertez devant leurs plus fidèles défen-
« seurs, qu'on force aujourd'huy d'être muets ! Mais quelle
« droiture et quelle force n'est pas nécessaire pour venger
« les outrages de l'épiscopat devant les Pontifes, pendant
« qu'ils en sont les oppresseurs, dans ces jours de terreur
« et de séduction ! Plus le monde oppose d'obstacles à la
« consommation de votre victoire, plus il la rend éclatante
« aux yeux du Seigneur qui, malgré tout l'effort de l'envie,

« prouve la justice de sa cause par les miracles de sa pro-
« tection. Continuez-moy, s'il vous plait, Mgr. la vôtre et
« permettez que je vous rende mille grâces du présent
« magnifique dont vous m'avez enrichi, en m'envoyant *Les*
« *Elévations à Dieu* de Mgr votre illustre oncle, qui vous a
« conféré ce précieux trésor, et qui, en quittant la terre,
« vous a laissé pour héritage son esprit de force et d'amour
« pour l'Eglise. Faites moy la grâce d'être convaincu du
« profond respect, avec lequel j'ai l'honneur d'être, etc. .

Il est supérieur des Calvairiennes [1]

En 1730, M. de Tourouvre, évêque de Rodez, un des supérieurs majeurs des religieuses Bénédictines du Calvaire,
et jusqu'alors anticonstitutionnaire, se trouva à l'assemblée du clergé, changea de sentimens et signa avec les
autres prélats la lettre au Roy contre M. l'évêque de
Montpellier. Son changement luy fit appréhender des difficultés dans la communauté des Calvairiennes. Il ne voulut
pas, dit-il, *se trouver exposé*, et, sous prétexte de mauvaise
santé, il abandonna la supériorité de ces religieuses qui
étoient un grand sujet d'édification dans l'Eglise par leur
fidèle attachement à la vérité outragée par la bulle *Unigenitus*, et par l'exacte observance d'une règle des plus austères. Il s'agit de luy donner un successeur, et Mme de
Coëtquen qui étoit supérieure générale, choisit, pour le remplacer, M. Bossuet, évêque de Troyes, dont les sentimens luy
étoient connus et dont la doctrine sympathisoit avec celle
de M. Colbert, évêque de Montpellier, l'un des supérieurs
de cette respectable maison. Celui-ci en félicita Mme de
Coëtquen et, par une lettre du 18 décembre 1730, témoigna

(1) Cf. Courtalon-Delaistre, *Topographie*, etc, t. I, p 470.

à M. de Troyes la joye qu'il avoit de luy être associé dans cette bonne œuvre. Voici la lettre :

« Je viens d'apprendre, Monseigneur, par une lettre de
« Mme de Coëtquen, que vous avez bien voulu accepter
« votre nomination pour la supériorité du Calvaire ; per-
« mettez-moi de vous témoigner la joye que j'ay de vous
« être associé dans cette bonne œuvre. Vous m'aiderez,
« Monseigneur, à réparer les fautes que j'ay faites, et vous
« m'empêcherez d'en faire de nouvelles. Si l'homme ennemi
« s'efforce de troubler la paix de la congrégation, je sais
« par expérience ce que nous devons attendre de votre
« secours. Dans des tems si difficiles, nous ne pouvions
« faire un choix plus heureux. Je ne suis pas embarrassé
« de la manière dont il sera reçu par les personnes du
« dehors ; mais je suis bien assuré qu'il calmera les inquié-
« tudes d'un grand nombre de filles que Dieu a rendues sen-
« sibles aux maux de son Église, elles désiroient avec ardeur
« un supérieur qui ne fut pas capable de certaines démarches,
« dont le souvenir leur est toujours présent et toujours amer.
« Je me réjouis avec elles de ce qu'elles ont trouvé ce qu'elles
« demandent. J'ay l'honneur d'être avec respect, etc. »

M. de Montpellier, premier supérieur majeur du Calvaire, informé des pressantes sollicitations que l'on faisoit à Rome, pour y obtenir une Bulle qui changeàt le gouvernement de cette congrégation, de peur de surprise, voulut avoir une personne à Paris qui agit en son nom, et qui s'opposàt à toutes les entreprises qui iroient à blesser les droits d'une congrégation dont il étoit le père. On voit par les lettres qu'il écrivoit à Mme de Coëtquen, générale du Calvaire, les dispositions où il étoit de défendre de tout son pouvoir, des filles que leur amour seul pour la vérité rendoit odieuses aux ennemis de tout bien. Dieu s'est contenté de ses dispositions, et en appellant à luy le prélat dans lequel il les avoit mises, il nous apprend à adorer ses jugemens, et à ne mettre notre confiance qu'en luy seul. [Il est mort le 8 avril 1738.]

La congrégation du Calvaire est fondée et établie sous le gouvernement et la jurisdiction de trois supérieurs, c'est une des principales conditions de l'établissement, dont le survivant, ou les survivans, ont essentiellement droit de se choisir et de s'aggréger un co-supérieur, ou deux, s'il se trouve en même tems deux places vacantes. Ces trois supérieurs majeurs ont toujours été trois évèques ; sous les trois évèques supérieurs perpétuels, il y a un visiteur triennal. MM. les abbés Lagneau, de Coucy, du Bourg, Dandigné, l'ont été successivement. On voit par là que le régime de cette congrégation religieuse ne pouvoit être confié à de meilleures mains ; mais il est aisé d'apercevoir aussy ce qui a dû déplaire dans cette forme de gouvernement. D'abord, après la mort de M. de Montpellier, MM. de Troyes et d'Auxerre reçurent une lettre de M. de Maurepas, du 17 Août, portant qu'il a ordre du Roy de leur écrire pour qu'ils suspendent la nomination d'un troisième supérieur du Calvaire. Cette congrégation étoit suspecte du prétendu jansénisme. Le choix de ses supérieurs augmentoit les soupçons. Il falloit donc en bonne politique dépouiller ces supérieurs de leur autorité, et forcer les religieuses à reconnoître ceux qui leur seroient donnés par le Pape, ou les disperser. Le repos de l'Etat le demandoit. Pour l'assurer, le cardinal ministre fit venir un bref de Rome, adressé à M. de Vintimille, archevêque de Paris. Le caractère de ce prélat le portoit naturellement à vivre en paix en y laissant les autres, mais par un abaissement incompréhensible dans un homme de son rang et de sa naissance, il étoit livré aux volontez du cardinal ministre, de qui cependant il n'obtenoit rien ny pour luy, ny pour les siens.

Par le bref, qui est du 7 Août 1738, M. l'archevêque de Paris est établi pour quatre ans visiteur apostolique des maisons du Calvaire qui sont dans son diocèse, et la même qualité est donnée pour deux ans aux évèques dans le diocèse desquels se trouvent des maisons de cette congrégation, à la charge de rendre compte de ce qu'ils auront

remarqué, et croiront devoir être ordonné, à l'archevêque
de Paris, à qui les plus amples pouvoirs sont conférés pour
tout réformer et changer dans les couvens du Calvaire.
Afin de l'en faire jouïr paisiblement, le Pape suspend
absolument toute supériorité, droit de visite, direction et
administration des supérieurs majeurs et du visiteur
général, et pour comble d'abus, il donne pouvoir au même
archevêque de Paris de destituer et de suspendre à perpétuité les supérieurs majeurs. On est censé avoir déposé la
qualité d'évêque, quand on accepte une commission qui
dégrade et avilit l'épiscopat dans la personne de ses
collègues.

Il y eut ensuite des lettres du Roy de la même année pour
envoyer ce bref, et ensuite des lettres patentes pour établir
une commission du Conseil qui connoisse des appels comme
d'abus, etc.

Ces religieuses reçurent peu après une lettre de cachet
pour recevoir l'archevêque en cette nouvelle qualité, et
exécuter ses ordres. En conséquence elles remirent à cet
archevêque, lors de sa première visite, une déclaration de
protestation contre sa prétendue qualité, et tout ce qu'il
pourroit faire contre elles. Elles adressèrent des remontrances au Roy pour déduire les abus du bref dans le fond
et dans la forme, et écrivirent en même tems au cardinal
ministre, qui, dans sa réponse, rend témoignage sur leur
vertu, et leur fait reproche de leur désobéïssance.

Elles reçurent dans ces circonstances plusieurs lettres
de MM. de Troyes et d'Auxerre, qui prouvent, non seulement
que ces deux prélats se regardent toujours l'un et l'autre
comme supérieurs majeurs perpétuels et non amovibles
des religieuses du Calvaire, mais aussi le cas qu'ils font de
cette congrégation, l'estime qu'ils ont pour la Générale, et
l'approbation authentique qu'ils donnent à la généreuse
et unanime résistance des deux maisons de Paris.

Le 15 Décembre 1738, M. de Troyes écrivoit à Mme la
Générale en ces termes :

14

« Je reçois. Madame, avec toute la reconnoissance
« possible, et en vous rendant toute la justice qui vous est
« dûe, toutes les preuves que vous voulez bien me donner,
« et toute votre sainte et chère communauté, de votre
« courage, de votre zèle, et de toute votre fidélité à vos
« devoirs ; vous ne manquez à rien, et vous prévoyez tout.
« Je ne doute point qu'à votre loisir, vous ne rendiez le
« même compte de toutes vos actions et de toutes vos
« démarches à M. l'évêque d'Auxerre, à qui je n'ay rendu
« qu'un compte superficiel depuis deux ou trois jours de ce
« qui se passoit, ne pouvant faire mieux. Si l'état de ma
« santé me permettoit de sortir, j'espère que je trouverois
« bien le moyen de vous aller rendre mes devoirs, et de
« tàcher d'aider à votre consolation et à votre soutien dans
« les différens assauts où vous êtes exposée. Je ne saurois
« assez me réjouïr en Notre-Seigneur avec vous, Madame,
« de la réunion entière de votre communauté et de celle du
« Calvaire du Luxembourg, dans les mêmes sentimens de res-
« pect, de vénération et de soumission pour votre personne ;
« c'est Dieu qui agit visiblement dans tout cela. Je tàcherai,
« Madame, de mon côté, de répondre aux bons exemples
« que vous me donnez, et je serai toujours dans les mêmes
« dispositions où vous m'avez vu, pour les intérêts de votre
« congrégation et pour sa conservation. Vous connoissez
« mieux que personne ce qui en est, vous ayant toujours
« ouvert mon cœur avec sincérité sur tout ce qui concerne
« votre personne, votre communauté, et toute la congré-
« gation. Je vous supplie de vouloir bien me servir de
« caution auprès de toutes vos saintes filles, et de vouloir
« bien leur témoigner, de ma part, et la douleur que je
« ressens des épreuves où elles se trouvent, et ma véritable
« joye de les voir réünies dans les mêmes sentimens. Je
« n'oublierai jamais les témoignages qu'elles me donnent
« de leur affection, et je m'estimerai toujours très heureux
« de pouvoir trouver quelqu'occasion de leur donner des
« preuves effectives de l'estime que j'ay pour elles, et de

« l'extrême désir que j'ay de pouvoir contribuer à leur
« repos et à la conservation de tous les droits de leur sainte
« congrégation. Vous pouvez aussy en particulier, Madame,
« témoigner la même chose de ma part aux supérieures et
« religieuses des monastères répandus dans tous les dio-
« cèses éloignés de celuy de Paris. J'ay l'honneur d'être
« avec tout le respect, l'attachement et la vénération
« que vous méritez, etc. *Signé:* † J.-BÉNIGNE, évêque de
« Troyes, un des supérieurs majeurs de la congrégation du
« Calvaire. »

Cette lettre est datée de Paris, ou les indispositions
du prélat le retenoient.

En voici une autre sans date, mais qui paroit avoir été
écrite dans le même tems à la prieure du Calvaire du
Luxembourg :

« Je reçois, ma Révérende Mère, avec toute la recon-
« noissance possible, la lettre que vous me faites l'honneur
« de m'écrire, et tout ce que vous y joignez. Je ne puis
« assez louer votre courage et celuy de vos saintes filles.
« Je bénis le Seigneur, de toute l'étendüe de mon cœur, de
« vous inspirer des sentimens si généreux, si conformes à
« vos devoirs et à vos saintes règles et constitutions. Qu'il
« soit votre récompense. Je le prie ardemment qu'il vous
« fortifie tous les jours de plus en plus, et qu'il vous donne
« sa sainte bénédiction et à toute votre sainte communauté.
« Je suis avec tout le respect possible et le plus sincère
« dévouement, ma Révérende Mère, votre, etc.»

« *Signé :* † J. BÉNIGNE, évêque de Troyes. »

« P. S. Je me recommande toujours à vos saintes prières
« et à celles de toute la communauté. J'y ai une entière
« confiance. »

M. de Vintimille fit, en 1738, une seconde visite, dans
laquelle il suspendit la générale de l'exercice de ses fonctions et de toute juridiction dans les monastères de Paris,
sous prétexte de désobéissance au Pape et au Roy. La

communauté fit un acte capitulaire, par laquelle elle
déclara persister dans sa première déclaration. La générale
fut exilée à l'abbaye de Jarcy en Brie où elle y fut constituée prisonnière.

Le 27 Janvier, M. l'évêque de Troyes écrivit à la supérieure du Calvaire du Marais, la lettre suivante :

« Je reçois avec une grande consolation, ma Révérende
« Mère, la lettre que vous m'écrivez. Je ne puis trop admirer
« votre fermeté et celle de toutes vos chères sœurs : c'est
« un effet certain de la grâce de Notre-Seigneur sur vous,
« et vos prières sont bien écoutées de ce divin maître. ...
« Je prie le Seigneur qu'il continue à vous combler de ses
« grâces, et qu'il vous donne la santé. L'indisposition qui
« m'empêche de sortir, il y a plus de deux mois, ne me
« permet pas de vous écrire plus longue lettre. Je ne puis
« finir sans vous assurer que je serai toujours le même
« à votre égard, et que je ne vous abandonnerai jamais,
« vous regardant toutes comme mes chères filles en Jésus-
« Christ, et me regardant comme votre légitime supérieur.
« Je me recommande à vos prières, et suis pour la vie, et
« avec un respect singulier, Madame et très honorée Mère,
« en Notre-Seigneur Jésus-Christ votre très humble et
« très obéissant serviteur et père. † J. Bénigne, évêque de
« Troyes.

« P. S. Vous ne sauriez donner une plus grande joye
« à votre Révérende Mère générale, que de vous tenir toutes
« bien unies, et de marcher toutes sur la même ligne avec
« le même courage, la même fidélité et la même confiance
« en Dieu. Dieu soit avec vous. »

M. de Vintimille s'étant associé pour le gouvernement
de cette communauté l'archevêque de Rouen, l'évêque de
Saint-Brieuc, et les P.P. Dubiez et Boucher, bénédictins.
MM. de Troyes et d'Auxerre firent signifier, les 19, 22, et 29
Avril 1744, à M. l'archevêque de Paris, à M. l'archevêque
de Rouen, un acte, dans lequel ils disent, « qu'en qualité de

« supérieurs majeurs de la congrégation des religieuses
« bénédictines réformées, dites du Calvaire, ils ne peuvent
« garder le silence, sur ce qu'ils ont appris, qu'au mépris de
« leur caractère et de leur susdite qualité, il auroit été porté
« par certains particuliers, dans les différens monastères de
« la susdite congrégation, une espèce de Lettre circulaire,
« par laquelle on fait assavoir qu'en vertu du Bref du Pape,
« et pour se conformer aux pieuses intentions de Sa Sainteté,
« M. l'archevêque s'est associé d'autres évêques et prêtres
« réguliers, agréables au Roy, pour faire et statuer tous
« ensemble ce qu'ils estimeroient utile à laditte congréga-
« tion, etc., ce qui est une entreprise manifeste contre l'au-
« torité desdits seigneurs évêques de Troyes et d'Auxerre,
« seuls supérieurs légitimes de laditte congrégation ; ... ils
« s'opposent à tout ce qui pourroit avoir été fait, ou pourroit
« se faire par lesdits sieurs Archevêque de Paris, Arche-
« vêque de Rouën, évêque de Saint-Brieuc, et religieux sus-
« nommés, ou par telle autre personne que ce pourroit être,
« sous quelque prétexte et en quelque qualité que ce soit, au
« préjudice de la susditte qualité : comme étant le tout nul,
« incompétemment fait et attentatoire à l'autorité légitime
« desdits seigneurs évêques de Troyes et d'Auxerre :
« lesquels d'abondant déclarent.... ne point entendre par
« la présente opposition.... soumettre au prétendu tribunal
« desdits seigneurs prélats leur personne ni leur susdite
« qualité, ni reconnoître en iceluy aucun droit de s'im-
« miscer dans ce qui peut concerner la susdite congréga-
« tion ; et ce pour les motifs et causes à déduire en tems et
« lieu, et devant tribunal compétent, protestant de nullité
« contre tout ce qui pourroit se faire ou avoir été fait au
« préjudice de leur susdite qualité, et de leur présente
« opposition, et de se pourvoir ainsi et comme ils avise-
« ront. »

Au préjudice de tout cela, les prétendus supérieurs
ont été leur train. En conséquence MM. de Troyes et
d'Auxerre, seuls supérieurs légitimes de la congrégation

du Calvaire, crurent devoir adresser une lettre au Roy pour l'instruire de leurs nouvelles démarches : d'abord ils y avouent que leur amour pour la paix et un éloignement, peut-être excessif, de toute contestation, leur ont fait dissimuler dans les deux premières années une entreprise qui sembloit, disent-ils, devoir se dissiper d'elle-même, tant elle est contraire à toutes les règles. Mais la vivacité avec laquelle on la suit, les a obligés à ne plus différer de venir au secours de pieuses filles, dont il suffit, ajoutent-ils, qu'ils soient les pasteurs et les pères, pour ne pouvoir les laisser périr sous leurs yeux, sans avoir tout employé pour leur défense. Ils demandent ensuite comme une grâce la justice de n'etre pas condamnés sans être entendus dans leur justification intimement liée avec celle d'une congrégation de vierges chrétiennes injustement troublées dans la possession de leur état. Tel est en abrégé le début de cette lettre épiscopale. Après cela, les deux prélats exposent, d'une manière claire et précise, quelle est, dans la congrégation du Calvaire, la forme du gouvernement, fixée à perpétuité par les bulles des Papes sur la demande des parties intéressées, appuyée par les Roys, prédécesseurs de S. M. Ils insistent, comme il convient, sur les obligations contractées en conséquence par les membres de cette congrégation, et en particulier sur l'obéissance canonique qu'elles ont vouée à leurs supérieures et supérieurs légitimes, et, après avoir fait valoir les engagemens sacrés que l'on veut obliger ces religieuses de rompre, après avoir relevé en gros les abus intolérables du bref de Clément XII, déjà relevés en détail et avec tant de force dans le grand Mémoire imprimé, ils rappellent la maxime constante dans le royaume que le Pape n'a point de jurisdiction immédiate sur les personnes soumises aux ordinaires des lieux. Puis ils remarquent que, selon les bulles de l'établissement des religieuses du Calvaire, ils en sont les supérieurs ordinaires ; et que le Pape, par conséquent, ne peut légitimement les troubler dans l'exercice des droits attachés à une qualité qui leur est confirmée par une possession de plus de cent ans ; de là, le soin qu'on a eu de dérober le bref aux lumières et à l'équité du Parlement, où les abus dont cette pièce est remplie, auroient été trop sûrement apperçus.

L'opposition juridique de près de la moitié des religieuses à laquelle on n'a eu aucun égard, et dont on leur a fait même un crime ; les ordres rigoureux qui ont enlevé à toute la congrégation une Mère encore plus précieuse par ses vertus que par sa naissance, et à plusieurs maisons des prieures qui les gouvernoient avec sagesse et avec édification ; enfin le nouveau Tribunal composé par M. l'archevêque de Paris, et qui s'attribue, disent les deux prélats, « le droit de gouverner à son gré une congréga- « tion qui nous est immédiatement soumise, d'y introduire « une forme d'élection jusqu'ici inconnuë, et de nous « dépoüiller nous - mêmes, d'une supériorité qui nous « appartient par des titres si incontestables », ce sont autant de circonstances qui n'ont pas permis à ces deux illustres prélats de demeurer dans l'inaction. C'est pour cela qu'ils se sont d'abord opposés, suivant la forme de droit, à tout ce qui auroit pu être fait ou pourroit se faire par les commissaires, au préjudice de leur qualité et de leurs droits de supérieurs majeurs et ordinaires. Cette opposition a été portée par les commissaires au Conseil de Sa Majesté, parce qu'ils reconnoissoient sans doute qu'ils n'étoient pas compétens pour en connoître ; mais MM. de Troyes et d'Auxerre représentent au Roy que l'arrêt de son conseil sur une affaire qui ne pouvoit être jugée que par un tribunal ecclésiastique, ne peut être regardée que comme un effet de la surprise faite à la religion de Sa Majesté. Ils répon- dent ensuite à l'unique motif pour lequel le bref, selon l'arrêt du Conseil, a suspendu l'exercice de leur autorité, savoir l'incompatibilité de leurs fonctions avec celles des commissaires : fonctions nullement incompatibles par elles-mêmes. Mais en même temps ils observent que le bref ne s'en tient pas là, et que le pouvoir qu'il attribue aux commissaires, est sans bornes. Dans ce même arrêt du Conseil, le Roy déclare, que, par rapport aux deux supérieurs majeurs, ce n'est pour aucune raison personnelle que leur pouvoir est suspendu : et au sujet de la congrégation même, le Roy reconnoit qu'elle est édifiante par sa régularité. Ces deux aveux, ou plutôt cette double justice que Sa Majesté a bien voulu rendre aux supérieurs et aux religieuses du Calvaire, est saisie, comme il convenoit, par les deux prélats qui en tirent avec beaucoup de respect, de force et de dignité, tout l'avantage qui en revient à la cause qu'ils défendent. S'il est étonnant, disent-ils, que, tandis qu'il y a tant d'abus et de désordres qui demeurent impunis, l'on attaque une congrégation de vierges chrétiennes à qui on ne reproche rien, et dont on est même forcé de louer l'édifiante régularité, il n'est pas moins étrange que les commissaires soient si peu touchés de ces considérations, et qu'ils ne soient point arrêtés par les oppositions les plus juridiques, les plus persévérantes et les mieux fondées. Les excès de leur mandement pour l'élection d'une générale, et les suites déplorables qu'il ne peut manquer d'avoir, sont ici sommairement exposés aux yeux de Sa Majesté. Il en résulte pour la congrégation du Calvaire, si le Mandement y est exécuté, comme il l'a été en effet, un désordre et une confusion auxquels on ne peut penser sans frémir, il en résulte qu'on a tout à craindre d'un tribunal dont les premières démarches annoncent un tel renversement. « Pour nous, Sire, concluent ces généreux « prélats, nous ne pouvons oublier que nous sommes les « supérieurs légitimes, les pasteurs et les pères de la congré- « gation du Calvaire.... C'est l'Église.... qui.... avec le « concours et l'approbation expresse des Roys, vos augustes « ayeuls, nous a confié le soin spirituel de ces religieuses, et « qui nous a établis leurs pasteurs ordinaires : nous avons « à en rendre compte à Jésus-Christ, le prince des pasteurs, « et à l'Église même, et comment pourrions-nous nous

« justifier devant l'un et l'autre, si nous ne faisions pas
« tout ce qui dépend de nous pour leur défense, et si nous
« négligions d'employer toute l'autorité qui nous est confiée,
« et toutes les voyes de droit, pour empêcher qu'une
« congrégation qui nous est si précieuse, ne soit déchirée
« par une division et un schisme que les Saints Docteurs
« de l'Église nous ont appris à craindre comme le plus
« grand des maux ? Parmi ces voyes de droit, Sire, nous
« n'en avons point trouvé de plus régulière et de plus
« épiscopale, après avoir fait signifier notre seconde oppo-
« sition, que celle d'un mandement sage et modéré, par
« lequel, en vertu de l'autorité que nous avons sur les
« religieuses du Calvaire, nous leur défendons d'avoir
« égard à celuy des commissaires, donné contre toutes les
« règles. Nous espérons, Sire, que Votre Majesté sera
« satisfaite du compte que nous avons l'honneur de luy
« rendre de notre conduite, et des raisons essentielles sur
« lesquelles elle est fondée ; et que les impressions qu'on
« auroit pu lui donner contre nous s'effaceront à la lumière
« de tout ce que nous venons de luy représenter.

« Mais comme la justification des religieuses du Calvaire
« est inséparable de la nôtre, souffrez, Sire, que nous im-
« plorions pour ces chastes épouses de Jésus-Christ, comme
« pour nous, la protection puissante de Votre Majesté, et
« [parce qu'elles] peuvent luy être d'un si grand secours,
« et par les témoignages que Votre Majesté a bien voulu
« leur rendre, qu'elles sont édifiantes par leur régularité.
« Cet éloge seul leur tient lieu de recommandation auprès
« d'un prince qui aime ses sujets, qui en est le père, et qui
« a appris du plus sage des Roys, que la miséricorde et la
« vérité gardent le Roy, et que la clémence est l'affermisse-
« ment du thrône, etc. »

Traités du Libre arbitre et de la concupiscence

Malgré toutes ces affaires dont tout autre eût été accablé, avec les soins de son diocèse, M. l'évêque de Troyes n'abandonnoit point l'édition des œuvres posthumes de son oncle. Il publia, en 1731, les *Traités du libre arbitre et de la concupiscence*, à la tête desquels, il mit, à son ordinaire, un Mandement, pour en recommander la lecture au clergé et aux fidèles de son diocèse, en faisant l'analyse de ces deux ouvrages, et montrant les fruits précieux qu'on peut en tirer, en les lisant avec toute l'attention qu'ils demandent.

Le saint évêque de Senez, en remerciant M. de Troyes des *Traités du libre arbitre et de la concupiscence*, qu'il luy avoit envoyés, luy écrit en ces termes :

« Pardonnez, s'il vous plaît, Monseigneur, le retarde-
« ment de ma réponse, touchant la lettre obligeante que
« vous m'avez fait l'honneur de m'écrire ; et je vous supplie
« de n'imputer mon silence qu'à l'attente où j'ai été d'une
« semaine à l'autre, de voir venir les précieux livres que
« vous me promettiez. Ils sont enfin arrivés à bon port ;
« mais, dans le moment, ils ont été enlevés de mes mains
« par diverses personnes d'un vray mérite et qui vous
« honorent infiniment. J'ai été forcé de les laisser courir
« dans cette province d'un ami à l'autre, qui en sont tous
« charmés ; et comme ils ont cru que j'avois de vous une
« ample procuration pour recevoir en votre nom leurs
« applaudissemens les plus sincéres, ils me les ont confiés
« pour les faire passer jusqu'à vous. Quelque tendres,
« pourtant, que soient les leurs, ils ne peuvent approcher
« des miens. Jamais on n'a écrit plus savamment, et avec
« plus de dignité, du libre arbitre et de son accord avec la
« grâce efficace, ni plus chrétiennement des ravages de la
« concupiscence... Je vois avec joye, Monseigneur, comme
« toute la France, qu'un tel oncle vous fait grand honneur.

« Mais vous le luy rendez avec usure ; et ce qui met le
« comble à votre gloire, c'est la réponse sage, généreuse et
« digne d'un prélat des premiers siècles en déclarant au
« ministre que vous savez ce que vous devez au Roy, à
« Dieu et à l'Eglise, en qualité d'évèque. Ces paroles, qui
« sont votre gloire, sont mon instruction. Je n'ay rien à
« dire de plus grand pour vous, ni de plus utile pour moi-
« même, et je finis en vous remerciant très tendrement de
« vos présens enchantés, et en vous assurant du profond
« respect avec lequel j'ay l'honneur d'être, etc. »

Mort de M. de Chavigny, archevêque de Sens

9 Novembre 1730

La mort de M. de Chavigny, archevêque de Sens, fut
un coup accablant pour M. de Troyes, qui avoit toujours
vécu avec ce prélat dans la plus parfaite union. Il se hâta
de donner un Mandement, en disant : « Vous savez, mes
« très chers frères, quelles étoient ses grandes qualitez, de
« quels dons précieux la nature l'avoit enrichi, de combien
« de vertus Dieu l'avoit orné. Formé au ministère épiscopal
« sous un aussi grand maître que son illustre oncle qu'il
« pouvoit regarder comme son modèle, il vous en retraçoit
« l'image. »

« Et ce fut, mes chers frères, votre plus grande conso-
« lation en le voyant remplir sa place : vous retrouviez
« dans le neveu, l'esprit et le cœur, les lumières, la sagesse,
« la bonté et la douceur de l'oncle. »

« En nous remettant, ajoute-t-il, le gouvernement de ce
« diocèse, il ne nous avoit laissé d'autre soin que d'arroser
« le champ qu'il avoit cultivé avec tant de zèle, de faire
« fructifier la bonne semence qu'il y avoit jettée, d'y main-
« tenir la bonne discipline qu'il y avoit établie, d'y conserver
« le dépôt de la saine doctrine qu'il y avoit laissé, et surtout

« d'y entretenir la paix dont il l'avoit fait joüir jusqu'alors.
« pour laquelle il avoit un si grand amour, et qu'il regar-
« doit avec raison comme la gardienne de tous les trésors
« qu'il nous remettoit entre les mains. »

On voit que M. Bossuet pensoit bien différemment de
plusieurs évêques de ce malheureux siècle qui, succédant à
des évêques qui avoient fait l'honneur de l'Église et de
l'épiscopat, se sont fait un prétendu mérite de détruire tout
le bien que leurs illustres prédécesseurs avoient fait, et
d'altérer le précieux dépôt de la foy qu'ils leur avoient
laissés.

M Languet, archevêque de Sens

La nouvelle du choix de M. Languet pour successeur
de M. de Chavigny, fut un coup de foudre pour ce grand
diocèse et pour toute la Province, à qui le diocèse de
Soissons n'annonçoit que trop ce qu'elle devoit attendre de
son nouveau Métropolitain. Les prises que M. de Troyes
eut avec ce prélat, mettent dans la nécessité de le faire
connoître, au moins par ses traits les plus frappans. Il
étoit le dernier évêque nommé par le P. Le Tellier, et
sans doute un de ceux à qui le P. confesseur disoit, selon
Philotanus, *après les avoir guindés sur le Thabor : « Ah
ça, l'abbé, serez-vous un bon frère ?* » et qui répondoient :
« *Oui, sur mon Dieu, mon très révérend Père.* » Fidéle à
sa parole, il se montra le plus vif, et le plus zélateur de la
Bulle, et en vint jusqu'à se croire seul capable de la
défendre envers et contre tous. D'abord il publia deux
écrits, sous le titre d'*Avertissement*, qui eurent quelque
succès, parce que, sous un air de modération, il donna à sa
cause tous les spécieux dont elle pouvoit être susceptible,
en avançant néanmoins un paradoxe, jusqu'alors inoui,

sçavoir: que *l'Église, pour le bien de ses enfans, proscrit, dans les ouvrages suspects, les expressions dont elle révère le vray sens dans les Saints Pères.* On luy fit sentir le faux et l'absurde de sa maxime, et on le releva sur d'autres points. Sans vouloir reculer d'un pas, il s'engagea dans des défilés sur la forme et sur le fond de la Bulle, où il ne fit plus que des chutes. Il porta l'autorité et l'infaillibilité des Papes plus loin que les ultramontains même, comme on le luy a reproché dans le tems. Pour se tirer de ce passage de saint Jérôme, qui dit que l'univers fut surpris de se voir Arien, il étonna à son tour le monde entier, en faisant naitre des milliers d'évêques opposés à la formule de Rimini. Il prit hautement la défense du P. Assermet, qui, pour soutenir la censure des propositions du P. Quesnel sur la grâce, avoit osé avancer ce blasphème : *Que Dieu est tout-puissant dans ce qu'il veut d'une volonté absolue, mais non pas par rapport au salut de l'homme.* Benoit XIII, parlant, dans sa bulle du jubilé, de la volonté de Dieu, dit, d'après les Saintes Écritures, que personne ne luy résiste, *cui non est qui resistat.* M. Languet réforme le Pape et luy fait dire : « *La volonté de Dieu à laquelle personne ne doit résister.* » Par la même infidélité, il avoit fait dire à saint Jérôme, que Dieu abandonne sa toute-puissance à notre libre arbitre, et pour n'être plus embarrassé des textes des Saints Pères dont on l'accabloit, il se retrancha à dire dans sa lettre à M. de Boulogne : « qu'il « n'est [pas] question de citer les morts ni d'alléguer tous les « Saints Pères, ni tous les évêques qui sont dans le ciel.... « que recourir à cette Église invisible, et appeler tous les « morts a son secours, c'est avouer que l'on a contre soi « l'autorité visible qui existe sur la terre... » Il s'est rendu l'écho de l'affreuse apologie des casuistes, par ces paroles d'une de ses lettres pastorales : « Nous condamnons ceux « qui disent que toutes les actions sont péché, si elles ne « sont pas rapportées à Dieu aimé pour luy-même, et « considéré comme fin dernière. · Il alla même jusqu'à

qualifier cette doctrine, « d'erreur anathématisée par
« l'unanimité de la foy, dans toute l'Église, depuis l'Orient
« jusqu'à l'Occident. »

Enfin, M. de Soissons publia la *Vie d'une religieuse de
la Visitation de Paray-le-Monial, en Charolois.* Le style
en est tout romanesque. On n'y entend parler que de caresses,
d'amour passionné, de colloques amoureux entre Jésus-
Christ et la religieuse. Ici, elle a vu le cœur d'un Jésuite,
son confesseur, s'embraser pendant qu'il dit la Messe ;
ensuite paroit celuy de Jésus-Christ, auquel le cœur du
confesseur et de la pénitente s'unissent pour toujours.
Ailleurs, c'est Jésus-Christ qui se montre sous une forme
sensible, et fait reposer doucement la tête de sa servante
sur sa poitrine : une autre fois il prend la forme d'un rayon
plus éclatant que ceux du soleil, et vient se placer sur son
sein : aussi est-elle constituée héritière de tous les thrésors
de Jésus-Christ avec permission d'en user selon son désir
et d'en disposer à son gré.

Mais le plus important et le plus décisif pour la soumission à la Bulle, que ce prélat voit partout, c'est l'ordre
que Jésus-Christ réitère souvent à Marie Alacoque, « d'obéir
« à ses supérieurs, lors même qu'ils luy défendroient de
« faire ce que Jésus-Christ luy-même auroit commandé ; »
et cette vision merveilleuse où « elle apperçut dans le
« Purgatoire des âmes qui n'avoient d'autre caractère de
« prédestination que de n'avoir point haï Dieu. » « Je frémis,
disoit M. de Troyes dans une lettre à M. Languet, en trans-
crivant ces paroles. »

La capitale et les provinces retentissoient encore des
critiques et des chansons que cette pitoyable histoire avoit
occasionnées, lorsque son auteur fut élevé sur l'un des
plus grands sièges de l'église de France. M. de Troyes et
M. d'Auxerre prirent une part plus sensible à l'indignation
du public contre un choix qui les touchoit de si près. Ils
concertèrent une lettre au Roy, qui existe encore manuscrite, pour le prier de révoquer sa nomination. Ils expo-

soient, dans une juste étendue, à Sa Majesté, les écarts de
M. Languet, soit sur la doctrine de l'Église, soit sur les
maximes du royaume vengées par le Parlement, qui avoit
condamné au feu quelques-uns de ses écrits. Ils insistoient
fortement sur le mépris et le ridicule dont ce prélat s'étoit
couvert par les puérilités et les indécences de sa Marie
Alacoque. « S'il y a, disoient-ils, des personnes intéressées,
« quand il s'agit d'un métropolitain, ce sont les évêques
« comprovinciaux ; l'obligation réciproque où ils sont,
« suivant l'esprit des canons les plus anciens et les plus
« respectables, de conférer ensemble et avec cordialité, sur
« ce qui concerne l'utilité de la province, et de régler tout
« dans un esprit de concorde et de paix, et la nécessité
« évidente et indispensable d'un tel concert pour l'adminis-
« tration des églises, qui, autrement, auroient le sort de ce
« royaume dont parle l'Evangile dont les parties divisées
« l'une contre l'autre, entraîneroient la désolation et la
« ruine. » Ils rapportoient des autoritez et des exemples qui
établissent le droit qu'ils avoient de s'opposer à la nomination de M. Languet, droit que le Concordat laisse subsister ;
et ils finissent ainsy : « Par quelle affreuse destinée faut-il
« que de cette main, d'où coulent tant de bienfaits, il tombe
« sur nous un si rude coup ; et qu'au lieu de n'être occupés
« qu'à nous répandre en actions de grâces et de louanges,
« nous soyons réduits à ne pouvoir vous présenter que des
« gémissemens et des larmes ? »

Cette lettre ne fut pas envoyée au Roy, parce que M. de
Nevers, le troisième suffragant de Sens, refusa de la signer,
non pas qu'il pensât différemment de ses deux comprovinciaux ; mais il fut retenu par un fond de timidité, qui
mit souvent obstacle au bien qu'il auroit voulu faire.
D'ailleurs la démarche des deux prélats n'auroit eu d'autre
effet que de rendre le Cardinal Ministre encore plus favorable à son protégé.

Le saint évêque de Senez, apprenant la mort de M. de
Chavigny, écrivit à un Père de l'Oratoire la lettre suivante:

« Je vous avoue que la nouvelle de la mort de M. l'Ar-
« chevêque de Sens, quoiqu'on dut s'y attendre depuis deux
« ou trois mois, me paroit très affligeante pour ce diocèse,
« et encore plus pour les évêques d'Auxerre et de Troyes.
« L'air du bureau est, aujourd'hui, de mettre des brûlots
« dans tous les lieux où il y a eu des chefs modérés.
« Hélas ! celui que nous regrettons, connoissoit et aimoit
« la vérité. Mais les combats violents qu'on luy livre pré-
« sentement, font que son seul amour ne sauvera pas. Il
« pourroit suffire, si elle étoit calme ; on se sauveroit du
« moins en la prêchant et [en] exhortant le peuple à l'aimer.
« Mais, quand elle est battue à boulet rouge, il faut se
« déclarer pour elle, il faut combattre à masque levé, quand
« on est chef comme l'est un évêque, un pasteur, un docteur,
« etc. Je crois que ce sera un gros article pour le compte
« du chef deffunt. Je prie de tout mon cœur pour luy, mais
« je tremble pour son diocèse. Si MM. de Marseille ou de
« Soissons n'y sont pas appellés, il faudra qu'on ait en main
« quelque fanatique plus emporté. Je crains encore plus
« pour Auxerre et Troyes. Je prévois même que, si on peut
« se bien assurer de Narbonne, on pensera fortement à
« Sens, pour sapper trois fondemens à la fois. Hé ! que ne
« fait-on pas quand on peut tout, et qu'on ne se prescrit
« aucune loy que son pouvoir ! La seule chose qui m'a fait
« espérer, c'est la résistance des XI.... car il est difficile de
« penser qu'on veuille courir en même tems après ces trois
« affaires, à moins que le tems de Dieu ne soit venu.
« J'appelle ainsy l'aveuglement et les ténèbres palpables
« qu'il semble répandre à pleine main... »

Et dans une autre lettre il dit : « Enfin le mystère du
« silence et de la cabale a donc éclaté. Il étoit bien juste
« que tant de cris contre le gouvernement, et tant de bro-
« cards contre l'indigne vie de Marie-Alacoque, et mille
« autres promesses, fussent récompensés d'un tel honneur.
« Ce sera le premier miracle que la sainte aura opéré. Ce
« premier pourra en faire un second, je veux dire, quelque

« indigne dessein de copier le grand original d'Embrun et
« de travailler à ce bel ouvrage, dès qu'on aura des Bulles,
« en même tems qu'à celuy de Narbonne.»

Les travaux de notre prélat ne cessoient point. Ils se
succédoient avec rapidité. A peine eut-il donné au public
les *Traités du libre arbitre et de la concupiscence*, que
son zèle pour la doctrine qui avoit été déclaré autrefois
dans une Assemblée provinciale, l'obligea d'entreprendre
et de soutenir une guerre théologique avec son nouveau
Métropolitain. M. Languet, évêque de Soissons, venoit de
monter sur le Siège Archiépiscopal de Sens. A son avène-
ment dans son Diocèse, cinquante-neuf prêtres luy expo-
sèrent, par une lettre, leurs allarmes sur sa doctrine de
l'amour de Dieu et du rapport de nos actions au Souverain
Être. Le Prélat entreprit sa justification par une Lettre
pastorale qu'il envoya à ses suffragans, mais il n'eut pas
lieu d'être content des réponses qu'ils luy firent. Ce fut là le
commencement des hostilitez et des *vives disputes* dont
toute la Province a été instruite (1).

M. de Troyes, après une lecture assez rapide, comme
il le dit luy-même, répondit par une lettre du 10 octobre 1731,
dans laquelle il dit à son Métropolitain : « que l'Instruction
« Pastorale a fait sur lui un effet tout contraire à celuy que
« l'auteur paroissoit s'être proposé ; que les idées les plus
« simples et les plus nettes y sont embrouillées et obscur-
« cies sur le rapport des actions à Dieu, sur l'amour de
« Dieu et la Charité, qui sont des termes synonymes dans
« l'Écriture, dans toute la tradition, dans les Pères, dans la
« saine théologie, et dans tout le langage de la piété.» Il luy
marque en outre qu'il y trouve « des choses contradictoires,
« des raisonnemens peu concluans, même des imputations
« qui luy paroissent injustes, et qu'il ne peut assez s'étonner
« que M. Languet ne s'en aperçoive pas le premier. » M. de

(1) Le manuscrit insère ici ce *Nota bene* : « L'anagramme de
Joannes Josephus Languet est : *Pelagius Senonas renit* ».

15

Troyes dit encore que les curez de Sens ne mettent en avant, dans leur lettre, que l'obligation de rapporter à Dieu toutes ses actions par amour, et qu'ils ne veulent soutenir autre chose que ce qui a été décidé par la censure de M. de Gondrin et de toute la province dans le siècle dernier, et que prétendre qu'il y a quelque chose de contraire à cette doctrine dans les décisions de l'Église, ce seroit manifestement en imposer et faire l'Église contraire à elle-même. Enfin il renvoye M. l'Archevêque aux écrits qu'il cite de M. de Meaux, pour se convaincre que ce sçavant prélat ne s'est jamais démenti en ce point, dans aucun de ses ouvrages.

M. de Troyes ne se borna pas à cette lettre. Le 20 Février suivant, il continue ses batteries par une lettre à M. d'Auxerre où il répond plus en détail à celle de M. Languet, et qu'il adressa ensuite par une lettre pastorale à tous les fidèles de son diocèse. Il marque à M. d'Auxerre, qu'il approuve la doctrine de sa lettre pastorale en réponse à celle du métropolitain, qu'il y adhère et qu'il la trouve entièrement conforme à celle de l'Ecriture et de la tradition, et en particulier de M. de Meaux. Plein de sa matière, il combat les fausses suppositions de M. Languet, sur lesquelles tout le système et tout le raisonnement de l'auteur paroissent rouler, et il employe surtout l'autorité du grand Bossuet, pour terrasser son adversaire dont il fait voir ensuite les contradictions, les fausses conséquences, les mauvais employs des autoritez du Concile de Trente, de la Bulle de Pie V contre Baius, de saint Thomas, de M. de Meaux. Sa lettre contient plus de 30 pages in-4°, et il dit que ce n'est encore qu'un échantillon de la discussion théologique qu'il s'étoit proposé de faire de la lettre pastorale de M. de Sens, mais que celle de M. d'Auxerre le dispense pleinement de ce travail. Il finit par plaindre le métropolitain de son funeste engagement et il espère qu'avec un peu d'attention ce prélat reviendra à de meilleurs sentimens ; enfin, pour mieux montrer la doctrine de cette province, M. de Troyes joignit à sa lettre la condamnation de l'apologie des casuistes, faite dans une assemblée provinciale, sous M. de Gondrin, en 1660, laquelle condamnation est signée du respectable M. Malier.

Nous avons vu que M. Languet et les Jésuites ne furent pas les seuls qui attaquèrent M. l'évêque de Troyes. M. de Tencin, archevêque d'Embrun, fameux constitutionnaire, avoit épousé la querelle de ces derniers contre M. Bossuet au sujet des ouvrages posthumes du grand évêque de Meaux. L'accusation étoit plus sérieuse ; ce n'étoit plus un simple prêtre de Quimper (1), c'étoit un prélat, un Archevêque, le président du brigandage d'Embrun, ce fameux confidenciaire qui, dans une Instruction pastorale, déclamoit contre ces livres, comme supposés, et comme renfermant une doctrine réprouvée par l'Église et par M. de Meaux lui-même. Il prétendoit qu'il étoit nécessaire de prémunir les fidèles de *l'abus énorme* qu'on vouloit faire du nom respectable de cet illustre Père de l'Église. Marchant sur les traces des journalistes, il disoit qu'on connoîtroit par les écrits que ce grand homme avoit publiés, combien il avoit en horreur les opinions fanatiques et les erreurs monstrueuses qui le faisoient gémir, et que ces écrits n'étoient faits que pour le mettre en contradiction avec luy-même. « S'il est vray qu'il en soit l'auteur, ajoute cet « archevêque, nous avons droit de penser qu'il ne les a pas « jugés dignes de paroître en public, et que s'il les eût « voulu mettre au jour, il les eût retouchés avec cette « exactitude sévère, qui rendit sa plume si redoutable aux « plus intrépides défenseurs de la Réforme. Laissons-les « dans l'oubli auquel il les a condamnés. Si les écrits qu'on « nous oppose ne sont pas conformes à ses autres ouvrages, « nous pouvons dire qu'ils avaient déjà été réfutés, et le

____

(1) Prête-nom des journalistes de Trévoux qui révoquoit en doute l'authenticité des *Élévations* et des *Méditations*. *(Note du Manuscrit)*.

« *nom respectable dont on les décore, ne peut les mettre*
« *à couvert de la censure.* » Lorsque M. de Tencin parloit
ainsy (1), il ne prévoyoit pas sans doute la vérification
qui fut faite, au Parlement, des imprimés avec le manuscrit. M. de Troyes ne répondit pas d'abord à cette instruction, il la crut suffisamment réfutée par la sienne
contre les jésuites, et par la publication de l'arrêt du parlement qui reconnut l'authenticité de ces ouvrages.

L'illustre Colbert, évêque de Montpellier, dans sa lettre
pastorale sur un miracle opéré à Laverune (2) par l'intercession du Bienheureux [François] de Paris, réfute ainsi M.
d'Embrun : « Il y a, dit-il (3), des hommes qui calomnient
avec « tant d'art, qu'ils rendent leurs mensonges presque plus
« vraysemblables que la vérité. Avec de tels hommes les
« discussions sont nécessaires, les apologies inévitables.
« Avec M. d'Embrun, le travail est moins pénible, il suffit
« de renvoyer le lecteur à l'ouvrage même qu'il attaque.
« Les preuves de ses calomnies sautent aux yeux. »

« Voulez-vous une idée de son discernement ? Il com-
« mence par attaquer M. Pascal, dont nous avons adopté
« une pensée sur les miracles ; et il finit par nous aban-
« donner M. Bossuet comme complice des erreurs qu'il
« nous attribue. Quel coup d'œil ! Représentez-vous, mes
« frères, M. de Tencin entre M. Bossuet et M. Pascal, non
« pour écouter ces deux grands maîtres, mais pour les
« juger et les condamner. »

« L'évêque de notre siècle, qui a défendu l'Eglise avec

(1) Son instruction pastorale est du 5 Août 1733, et l'arrêt du
parlement à cette occasion est du 7 Septembre. *(Note du manuscrit).*

(2) Laverune, canton et arrondissement de Montpellier (Hérault).

(3) M. de Montpellier, qui se faisoit un devoir de prendre part
à tout le bien qui se faisoit dans l'Eglise, écrivit ainsy à M. de
Troyes au sujet de l'excellente instruction pastorale qu'il donna
sur l'amour de Dieu :
« Recevez, Monseigneur, mes actions de grâces les plus sincères
« pour l'excellent ouvrage que vous venez de donner à l'Eglise. Il

« plus de succès, qui a mieux connu ses prérogatives, qui
« les a discutées avec plus de soin, M. d'Embrun l'accuse
« d'avoir *annoncé la défection ou l'apostasie générale
« du ministère*. L'homme qui a parlé de la religion avec plus
« de grandeur, plus de lumière et d'élévation, M. d'Embrun
« luy reproche d'anéantir l'Eglise. M. Bossuet et M. Pascal,
« redressés par M. de Tencin ! Au moins faudroit-il garder
« les bienséances. »

« Il est vray que M. d'Embrun ne nous abandonne que
« les ouvrages posthumes de M. Bossuet. Plein d'estime,
« à ce qu'il prétend, pour tous les ouvrages que ce grand
« évèque a publiés pendant sa vie, il veut qu'on laisse dans
« l'oubli ceux qui n'ont paru qu'après sa mort. Si on l'en
« croit, *le nom respectable dont on décore ces derniers,
« ne peut les mettre à couvert de la censure, ils semblent
« n'être faits que pour mettre le grand évèque de Meaux
« en contradiction avec luy-même*. »

« Mais *le grand évèque de Meaux* mériteroit-il les
« éloges que ses adversaires sont forcés de luy donner, s'il
« avoit ignoré le dogme de l'Église jusqu'à enseigner des
« erreurs aussi grossières que celles qu'ils luy reprochent
« dans ses ouvrages posthumes ? Quoi donc ! un évèque si

« a été longtems attendu ; mais on doit se trouver abondamment
« dédommagé par le fruit qu'il ne peut manquer de produire. La
« vérité y est annoncée sans crainte et sans déguisement. Vous la
« délivrez de l'asservissement, où l'on faisoit effort pour la tenir.
« Vous la rétablissez dans tous ses droits. Que ceux qui l'aiment,
« vous donnent les justes louanges que vous méritez, et qu'ils ne
« cessent de bénir Dieu de vous avoir mis dans le cœur de prendre
« la défense de son amour avec tant de générosité. Je comprends,
« Monseigneur, que ce n'est ici que le commencement de vos
« combats, ou plutôt de vos victoires. Les coups que vous portez
« à l'erreur, sont trop violens pour qu'elle vous laisse tranquille.
« Mais Dieu est votre lumière et votre salut : qu'avez-vous à
« craindre ? Plus vous annoncez l'Évangile avec liberté, plus vous
« êtes fort et hors d'atteinte. Continuez, Monseigneur, à donner
« de si grands exemples à vos collègues. Malheur à quiconque
« rougira de vous imiter ! Je suis, avec l'attachement le plus tendre
« et le plus respectueux, etc. » (*Note du manuscrit*).

« éclairé dira le oui ou le non : il soutiendra les promesses
« et les anéantira : catholique en public, hérétique en
« secret. Quelle idée veut-on nous donner du défenseur et
« du boulevard de la religion ? Non, Mes frères, les contra-
« dictions que l'on veut trouver dans M. Bossuet, n'eurent
« jamais le plus léger fondement. Il avoit deux sortes
« d'ennemis à combattre ; ceux du dehors et ceux du
« dedans. Les premiers *ôtent* à la promesse : en écrivant
« contre eux, il falloit relever les prérogatives de l'Église,
« et la venger de leurs outrages. Les seconds *ajoutent* à la
« promesse : en les réfutant, il falloit montrer les abus qui
« sont dans l'Église, faire voir jusqu'où ils peuvent aller, et
« donner des règles pour se précautionner contre. Voilà ce
« que M. Bossuet a rempli parfaitement. Ceux qui ajoutent
« à la promesse, le vantent et le louent, quand il combat
« les hérétiques qui ôtent à la promesse. Pour nous, nous
« ne le divisons point, nous ne le partageons point. Nous
« recevons tous ses ouvrages, et nous y trouvons des
« armes pour combattre au dehors et au dedans, et faire
« face partout. Que dis-je ? M. d'Embrun ne peut pas même
« se flatter de ne rejetter que les ouvrages posthumes de
« M. Bossuet. Nous n'avons cité que son *Discours sur*
« *l'histoire universelle*, et ses *Méditations sur l'Evangile*.
« Le premier de ces écrits est très ancien. Le second n'a été
« imprimé qu'après la mort de l'auteur ; mais il l'avoit
« adressé de son vivant aux religieuses de la Visitation de
« Meaux. Je vous adresse, leur dit-il, *ces* Méditations sur
« l'Évangile, *comme à celles en qui j'espère qu'elles*
« *porteront des fruits plus abondants. c'est pour quel-*
« *ques-unes de vous qu'elles ont été commencées ; et vous*
« *les avez reçues avec tant de joye, que ce m'a été une*
« *marque qu'elles étoient pour vous toutes. Recevez-les*
« *donc comme un témoignage de la sainte affection qui*
« *m'unit à vous.* »

« Un M. Bossuet qui parle de la sorte à des Vierges
« chrétiennes, à des ouailles qui luy sont confiées, peut-il

« être soupçonné de leur avoir donné du poison au lieu du
« pain qu'elles luy demandoient ? Peut-il être accusé de
« leur avoir mis entre leurs mains un écrit si mal digéré,
« et si dangereux en même tems, qu'il seroit le premier à
« le condamner s'il vivoit ? Heureuses les filles de la Visi-
« tation d'Embrun, si leur archevêque pouvoit leur faire de
« tels présens ! »

« Pour vous, Mes frères, que devez-vous penser de voir
« M. Bossuet partager avec nous les outrages qui nous
« sont faits ? Jugez de notre force, et de la foiblesse de nos
« adversaires. Pour nous trouver coupables, les voilà
« réduits après vingt années de combat, à décrier la
« mémoire d'un évêque, qui a fait la gloire de notre ordre,
« la joye de l'Église, la terreur de ses ennemis. Si M.
« Bossuet est catholique, nous le sommes. Les accusations
« qu'on forme contre luy, on les fait contre nous. Ses
« ennemis sont les nôtres. Ils disent de nous que nous
« annonçons la défection du Ministère : ils le disent de M.
« Bossuet. Même haine, même aversion, mêmes calomnies.
« Que notre cause est belle, et que j'aime à vous la faire
« voir dans ce point de vue ! Pour qui combattons-nous ?
« Nous sommes les défenseurs des miracles et des hommes
« à l'invocation de qui Dieu les fait. Nous sommes les défen-
« seurs du grand évêque de Meaux, les défenseurs de M.
« Pascal ! Nous sommes donc les défenseurs de la cause de
« Dieu. Les miracles disent aux simples: « Voilà ceux qu'il
« faut écouter ». M. de Meaux dit aux sçavans : « Voilà ceux
« qui s'attachent à l'ancienne foy, et qui repoussent la
« nouveauté». M. Pascal dit aux libertins : « Voilà ceux avec
« lesquels je vous conduirai, quand je vous aurai convaincus
« de la vérité de la religion chrétienne. »

Qui se seroit jamais imaginé que le chapitre de l'Église
de Troyes, en annonçant, en 1761, par un Mandement, la
nomination de M. de Barral à l'évêché de Troyes, auroit
fait l'éloge de M. de Tencin. C'est ainsy qu'il s'exprime
pour donner au diocèse une idée avantageuse de ce nouveau

Prélat : « Elevé et formé par les soins d'un oncle [M. le
« Cardinal de Tencin] dont les talens et les qualitez qui
« caractérisent les grands hommes, relevèrent l'éclat de la
« pourpre romaine dont il estoit revêtu : placé ensuite à la
« tête d'un grand diocèse, où l'on ne peut encore le nommer
« sans le regretter et le désirer : il passa à la Cour, séjour
« critique où il est également difficile de se faire des amis
« et de n'avoir point d'ennemis ». Il faut bien peu respecter
la vérité et les bienséances pour oser parler ainsy. La
surprise cessera, quand on sçaura les ravages que feu M.
Poncet a faits dans le diocèse de Troyes et que le chapitre
de cette église est presque entier du choix dudit sr Poncet.
O tempora ! O mores !

Pour peu que l'on sache l'histoire de la Constitution, on
n'ignore pas que le sr de Tencin ne doit son élévation et
celle de sa famille qu'à cet infortuné décret qui a ravagé
toute l'Eglise de France. [On n'ignore pas non plus] la peine
qu'il a eu d'estre revêtu de la pourpre romaine à cause de
ses confidences, l'indigne personnage qu'il a fait au brigandage d'Embrun contre le saint évêque de Senez, la manière
lumineuse avec laquelle il s'est expliqué au sujet de la
Constitution en disant : *« qu'il falloit croire d'une manière
implicite des vérites indéterminées. »* On sait aussy que,
son ambition étant satisfaite, il disoit naïvement sur la fin
de ses jours : *« La Constitution a été ma maitresse, elle
est à présent ma femme, je ne lui dois plus tant
d'égards. »*

Miracle de Mme de Mégrigny

L'année précédente avoit offert à Troyes le miracle
opéré en faveur de Mme Marie-Magdeleine de Mégrigny,
religieuse bénédictine de Notre-Dame aux Nonnains. Voici
le fait, tel que nous l'apprennent les Mémoires du tems.
Cette religieuse, fille du comte de Mégrigny, âgée de 36 ans,

avoit perdu un œil depuis huit ans, et, depuis un grand nombre d'années, étoit cruellement tourmentée de grands maux de tête, occasionnés par une chute qui luy étoit arrivée dès sa plus tendre jeunesse, ce qui avoit causé un abcès qui, de tems en tems, s'évacuoit par les yeux, par les oreilles, par les narines et par la bouche ; elle tomba dans une telle situation qu'elle devint paralytique tout d'un côté. Depuis près de trois semaines, elle avoit perdu l'autre œil. Réduite en cet état, la malade pria son confesseur, le Père Colinet, prêtre de l'Oratoire, et supérieur du Collège de Troyes, de commencer, le jour de saint Joseph, 19 Mars 1732, une neuvaine pour obtenir de Dieu sa guérison par l'intercession du bienheureux François de Pâris, inhumé, depuis cinq ans, dans le cimetière de Saint-Médard de Paris. Le père confesseur invita sa communauté de commencer et de suivre cette neuvaine avec luy. La religieuse souffrit beaucoup pendant ce tems-là, son corps fut agité de convulsions, et l'on crut qu'elle alloit expirer. Le chirurgien, M. Lefévre, avoit été renvoyé pendant cette neuvaine, et la malade à qui il vouloit appliquer les ventouses derrière la tête, luy dit qu'elle ne vouloit faire aucun remède. Enfin ses yeux fermés se rouvrirent tout-à-coup, sa langue se délia, et elle s'écria alors : « *Mon Dieu, faites-moy miséricorde* ». On fut fort surpris de la voir aussitôt se lever, s'habiller, et inviter les autres religieuses à aller remercier Dieu de sa guérison. Ce qui, alors, fit l'admiration et l'étonnement des chirurgiens, ce fut que son abcès se dissipa entièrement sans qu'il se fit aucune nouvelle évacuation.

Toute la ville connut cette guérison, mais les esprits furent différemment affectés. Les uns la regardoient comme un miracle opéré par l'intercession de M. de Pâris, les autres nioient le miracle, et prétendoient que la guérison étoit purement naturelle. Le chirurgien qui la vit alors, dit *qu'il n'y avoit plus rien à faire et qu'il reconnoissoit le doigt de Dieu*, que c'étoit un vray miracle et qu'il alloit en avertir M. l'évêque de Troyes. Le prélat se trouva embarrassé dans cette conjoncture. D'un côté, il craignoit, en constatant le miracle, de s'attirer les disgrâces de la Cour. D'un autre côté, Mme de Mégrigny luy avoit déclaré qu'elle n'avoit été guérie que par une puissance surnaturelle et qu'elle étoit prête à répandre son sang pour en soutenir la vérité. Le promoteur présenta une requête à M. l'évêque, afin qu'il luy plût de faire *informer juridiquement de la vérité, nature et circonstances de la maladie de ladite dame sœur de Mégrigny, ensemble de la vérité et circonstances de sa guérison.* L'abbesse et toute la communauté furent tellement convaincuës de la vérité de ce miracle qu'elles récitèrent le *Te Deum* en actions de grâces. La renommée répandoit partout le bruit de cet événement. M. l'évêque d'Auxerre en demanda des éclaircissemens à M. de Troyes qui luy envoya la relation faite par la religieuse elle-même. Il luy répondit que, quoy qu'on criât *au miracle de toutes parts et dans le monastère autant et plus qu'ailleurs,* il n'alloit pas si vite, qu'il *douteroit jusqu'à ce que tout fût porté au dernier degré d'évidence,* que le lendemain il alloit commencer une procédure juridique, et que, quand il auroit achevé les informations, son dessein étoit de consulter les gens du royaume les plus éclairés et les plus impartiaux, avant de porter son décret. Cette lettre est du 1er Avril. Le même jour, sur la requête du promoteur, il rendit une ordonnance pour informer des faits.

Le ministre, attentif à contredire et à étouffer, s'il étoit possible, toutes ces merveilles, ne pensa en cette occasion qu'à mettre un prompt obstacle à la manifestation de ce fait important. Dès le 2 avril, M. l'intendant de Champagne, qui étoit alors à Paris, arrive à Troyes en poste, se transporte à l'évêché sur les onze heures du matin, y prend toutes les mesures nécessaires pour détourner M. l'évêque de suivre les règles prescrites en pareil cas ; de là il va au monastère ; il intimide, il fait des défenses de se déclarer en faveur du miracle ; il menace de l'indignation de la Cour et de toutes sortes de disgrâces celles qui oseroient rendre témoignage à la vérité ; et il fait enfin disparoître la preuve parlante et subsistante d'un prodige si évident. La religieuse guérie est punie par les hommes d'avoir été trop manifestement favorisée du Ciel. On l'enleve à la vue de ses sœurs, et au milieu des pleurs de toute la communauté, c'est-à-dire que l'autorité séculière l'arrache d'un sanctuaire où elle étoit placée de la main de Dieu, pour la conduire on ne savoit en quelle maison. Sa supérieure régulière l'ignoroit. Les supérieurs ecclésiastiques n'en étoient pas informés. Le chef de l'expédition disoit ne le pas savoir luy-même. On donna seulement à la prisonnière une sœur converse pour compagne ; mais on luy refusa la consolation de faire avertir Madame sa Mère et de l'embrasser avant son départ.

On apprit par une lettre de Senlis, du 18 Avril, que Mme de Mégrigny y étoit arrivée le dimanche des Rameaux, 6 du même mois, avec la sœur converse, un exempt et quelques archers. Une petite difficulté rendit bientôt la chose publique. La supérieure de la Présentation à qui on s'adressa, ne se contenta pas de la lettre de cachet : elle exigea, pour recevoir la religieuse étrangère, une permission par écrit de M. l'évêque qui officioit actuellement. Il fallut donc attendre la fin de l'office pour avoir audience. On descendit à l'auberge des *Trois pots*, vis-à-vis la cathédrale. Mme de Mégrigny y alla à pied entendre la messe avec tout son cortège, et fut vue, dans la rue et à l'église, aller et venir comme une personne bien saine, à la pâleur de son visage près, qui pouvoit bien être causée par la situation triste où elle se trouvoit. La converse fut reconduite à Troyes et la religieuse enfermée dans le monastère de la Présentation de Senlis, dirigé par les RR. PP. Capucins, dont tout le monde connoissoit la modération et les lumières.

Lors de la dispersion des religieuses de Port-Royal, on

enferma dans ce même couvent une sœur converse qui y fut fort maltraitée. Un grand vicaire, à force de la tourmenter, luy arracha une signature, et ce service signalé, rendu, disoit-on, à l'Église et à l'État fut tellement vanté qu'on luy donna le prieuré de Saint-Maurice de Senlis, de trois à quatre mille livres de rente.

Le 12 Juin 1733, Mme de Mégrigny fut transférée de la Présentation de Senlis chez les religieuses du Moncel(1), au Pont-Sainte-Maxence.

Le grand Colbert, évêque de Montpellier, informé du miracle et de l'enlèvement de Mme de Mégrigny, en écrivit ainsy à M. d'Auxerre : « Il me tardoit de me réjoüir avec « vous du miracle operé à Troyes sur Mme de Mégrigny. « J'appris hier que cette dame vient d'être enlevée par « ordre de la Cour. Je ne crois pas que cela doive empêcher « M. de Troyes d'aller en avant. Plus les hommes font « d'efforts pour étouffer la voix de Dieu, plus nous devons « faire usage de la nôtre pour publier ses merveilles. Les « preuves de la maladie et de la guérison ne manqueront « pas. Si la religieuse n'a point été entendue juridiquement, « son état dépose pour elle-même… »

Dans une seconde lettre de M. Colbert à M. d'Auxerre où il luy parle des lettres écrites par M. de Troyes sur l'enlèvement de Mme de Mégrigny, il dit :

« Je suis plus content de la seconde lettre de M. de « Troyes que de la première. Dans un tems de paix, *con-* « *sulter les impartiaux*, cela est dans les régles. Mais « aujourd'huy, où trouver les personnes éclairées, judi- « cieuses, aimant la vérité, qui n'ayent pris aucun party ? « C'est en avoir pris un très mauvais que d'être demeuré « dans le silence, quand la vérité et ceux qui la défendent « sont traités comme nous le voyons. Je craindrois fort que

(1) Le Moncel, prieuré de religieuses, sur le territoire de la commune actuelle de Pontpoint, canton de Pont-Sainte-Maxence, arrondissement de Senlis (Oise).

« les prétendus *impartiaux* ne voulussent pas donner un
« conseil courageux ; et que le même esprit de timidité qui
« tient leur langue captive depuis si longtems, n'influât
« dans la délibération où ils seroient appelés. Quand la
« vérité est persécutée, les meilleurs conseils sont ceux qui,
« par leurs actions, montrent qu'ils aiment plus la gloire
« de Dieu que celle des hommes. Falloit-il attendre, pour
« reconnoître les miracles de Jésus-Christ et des Apôtres,
« que les *impartiaux* eussent prononcé ? La guérison de
« Mme de Mégrigny a tous les caractères d'une guérison
« miraculeuse. Les précautions que l'on prend pour étouffer
« ce miracle, achèvent de le constater. M. de Troyes, dans
« les remontrances qu'on assure qu'il médite, doit, ce me
« semble, en parler comme un homme persuadé. Le dernier
« mot de la seconde lettre dit beaucoup. Qui est-ce, en effet,
« qui osera dire au Roy la vérité, si un évêque ne l'ose pas ?
« Est-ce donc vainement qu'il est écrit : *Loquebar de testi-*
« *moniis tuis in conspectu Regum, et non confundebar?*»

En 1733, les constitutionnaires débitèrent avec triomphe,
à Paris et en province, un désaveu du miracle, et une accep-
tation de la Constitution par Mme de Mégrigny, que le Père
le Gros, cordelier et confesseur des Cordelières du Moncel
avoit tiré d'elle en luy persuadant qu'il y avoit du maléfice
dans la prière qu'elle récitoit tous les jours en l'honneur
de M. de Pâris. Cette prière se trouve entre les mains de
tout le monde. Elle commence ainsy : «*Deus qui Ecclesiam
tuam tot malis afflictam,* etc. » Il la menaça de luy
refuser l'absolution si elle continuoit à la réciter. Ce Père,
flatté du funeste succès de son entreprise, s'en fit un mérite
auprès du cardinal ministre qui luy répondit fort prudemment qu'il falloit se deffier de cette religieuse, prendre
bien ses mesures, ne rien précipiter. Pour avoir des
témoins oculaires d'un changement si merveilleux, il a été
permis à plusieurs personnes, non seulement de voir Mme
de Mégrigny et de l'entretenir, mais de luy voir dire et
signer de sa propre main l'instrument authentique de sa

prévarication. Il y a apparence qu'on ne prévoyoit pas les aveux ingénus qui luy ont échappé dans ces différens entretiens et que l'on a tenus dans le tems de bon endroit : « 1° une confirmation bien circonstanciée de ses longues « infirmitez et de sa guérison subite et surnaturelle : sa « langue retirée, ses yeux éteints, tous ses membres telle- « ment sans action qu'il falloit la servir comme une enfant ; « et tout à coup, la vûe, la voix, les forces recouvrées ; la « deffense que l'abbesse luy fait de se lever comme elle le « vouloit en luy disant : *Ma fille, il ne faut pas tenter* « *Dieu* ; enfin un rétablissement si prompt, qu'il luy permit « de se trouver le lendemain la première au chœur ; et une « santé qui s'est toujours soutenuë depuis, et qu'elle a « regardée comme un miracle venant *de la toute puis-* « *sance de Dieu.* » 2° Lorsqu'on luy demandoit si elle n'avoit pas invoqué M. de Pàris, si on n'avoit pas fait des neuvaines pour elle, si on ne luy avoit pas donné de la terre du tombeau, des reliques, en un mot si elle ne croyoit pas que Dieu avoit opéré sa guérison par l'intercession du saint diacre, elle a varié dans ses réponses ; avec les uns elle est convenue de l'invocation, de la neuvaine, de messes, etc.; elle a répondu aux autres « qu'on le luy avoit dit; « mais qu'elle n'en sçavoit rien : que, si elle avoit invoqué « M. de Pàris, elle étoit dans l'erreur, qu'elle n'a pu être « guérie par luy, *parce qu'il n'est pas reconnu saint* « *dans l'Église* ; qu'elle n'ignore pas qu'il a bien vécu ; « mais qu'elle ne peut luy attribuer son miracle, parce qu'il « n'est pas canonisé ; et qu'elle ne laisseroit pas de dire « toute sa vie *qu'elle a été guérie par la puissance de* « *Dieu.* » 3° et sur ce qu'on luy représentoit, tantôt qu'elle devoit craindre le jugement de Dieu et le juste châtiment de son ingratitude, tantôt qu'on espéroit que Dieu luy feroit la grâce de se reconnoitre, elle paroissoit s'attendrir, et néanmoins elle persistoit à dire, selon la nouvelle ins- truction qu'elle avoit reçue, *qu'on ne pouvoit attribuer les miracles à celuy qui n'étoit pas déclaré saint par l'Église*, comme si cette bonne fille eût ignoré ce que tout le monde sçait, que ceux que l'Eglise *reconnoit et déclare saints*, ne sont *reconnus et déclarés tels* que sur des miracles préalablement *reconnus et prouvés avant leur canonisation!* Preuve trop claire que l'homme laissé à *luy-même n'a de lumière que pour s'égarer!* Cependant Mme de Mégrigny, article 5 de son acte, ou plutôt de l'acte du Père le Gros, Cordelier, *rend grâces à Dieu de l'avoir conduite dans l'abbaye du Moncel, où, instruite de la pure doctrine par la prudence et le zèle de son confesseur.... et fortifiée par les grands exemples des dames religieuses,* elle se trouve heureusement éclairée des lumières de la vérité.

Il n'y a personne qui, en lisant cet Acte infortuné, ne le réfute ; on remarque surtout qu'il est fait par une religieuse enlevée de son couvent, conduite à Senlis par des archers, prisonnière depuis plus d'un an, et enfermée enfin au Moncel *par ordre du Roy,* comme l'acte même qui y est fabriqué, le porte. On observe en deuxième lieu que, par le terme de *désaveu* de l'invocation faite en son nom, la religieuse convient qu'on a donc réellement invoqué pour elle M. de Pàris, et lorsqu'elle dit, article 2e : « *La guérison prétendue de ma maladie* », on ne sait comment concilier cette expression avec la notoriété d'une guérison réelle, supposée d'ailleurs, et avouée même dans toute la suite de l'acte, non-seulement comme réelle, mais comme tellement extraordinaire, qu'on renonce, art. 3, *aux sortilèges, aux maléfices* auxquels on pourroit avoir eu recours pour y parvenir. 3° sur l'*Acte* que Mme de Mégrigny convient, art. 4, avoir signé et remis à M. l'évèque de Troyes, *pour luy demander,* dit-elle, *que ma guérison fût rendue publique,* on demande lequel doit paroître plus authentique et plus vray, ou ce premier acte fait en liberté, dans le couvent, c'est-à-dire le *domicile* ordinaire de la religieuse, en présence de sa Supérieure, au milieu de ses sœurs, témoins oculaires du fait qu'elle attestoit, ou ce 2e acte, dressé par un Cordelier, corrigé en Cour, réformé par un ministre dont la partialité en ce point n'est pas douteuse, signé enfin par une fille timide et peu éclairée, au bout de près de huit mois de prison, actuellement prisonnière d'Etat, lasse de sa captivité, qui en craint la durée et les suites, et en qui ceux qui luy parlent, ne remarquent que trop qu'elle n'a pas été insensible aux espérances flatteuses d'une puissante protection.

Au reste tout ce procédé est tellement odieux, et la vérité si grossièrement outragée, que les adversaires des miracles en parurent eux-mêmes honteux ; ils n'osèrent en triompher ; et c'est une chose remarquable que les défendeurs des miracles furent les premiers à publier un pareil événement. La police même en a fait peu de cas, parce qu'on en sent toute la faiblesse et l'absurdité ; à l'égard des amis de la vérité, ils gémirent d'une chute effroyable, dans laquelle chacun voit tout à la fois, et le juste sujet d'une religieuse crainte pour soi-même, et un pressant motif de prier Dieu pour la personne séduite et pour les séducteurs. Toute la ville de Troyes en a été autant scandalisée qu'affligée ; surtout Mme de Mégrigny la mère, qui, connoissant toute l'énormité du crime de sa fille, luy en a écrit de manière à luy faire sentir tout le poids de sa douleur et de son ressentiment.

Au mois de Juin 1733, M. le cardinal de Fleury envoya à M. l'évêque de Senlis une lettre que Son Eminence croyoit avoir été écrite par Mme de Mégrigny au P. Colinet, lequel, lors de la maladie et de la guérison de cette religieuse, étoit son confesseur. Par cette prétendue lettre, la religieuse remercioit ce Père de l'Oratoire des remèdes qu'il luy avoit envoyés, le priant de luy en envoyer encore, parce qu'elle s'en trouvoit bien. M. de Senlis ne perdit point de tems pour aller au monastère de la Présentation faire usage d'une si utile découverte. D'abord il fit des reproches à Mme de Mégrigny de la communication qu'elle avoit avec son confesseur ; il se plaignit surtout de ce que luy, évêque, n'en avoit aucune connoissance. La religieuse luy protesta que non seulement elle n'avoit point écrit au P. Colinet ni à qui que ce soit, mais que depuis son enlèvement elle n'avoit eu nulle relation avec ce Père, et ne savoit même s'il étoit mort ou vivant. Le prélat, étonné d'un tel langage, luy montra et luy fit lire la lettre en question qu'elle reconnut être entièrement supposée. Il fit apporter des plumes, de l'encre et du papier, la fit écrire devant luy, et, par la comparaison des deux écritures, se convainquit de la supercherie et de la supposition. Il en rendit compte au ministre ; et peu de jours après, Mme de Mégrigny fut enlevée et conduite aux Cordelières du Moncel, où, séduite par le P. Le Gros, elle a signé l'acte dont il a été parlé.

On a trouvé dans les papiers du P. Colinet, mort le 18 janvier 1760, un acte de Mme de Mégrigny, du 26 février 1738, par lequel elle demande pardon à Dieu d'avoir *trahi*, dit-elle, *la vérité, et où elle répare volontairement et de tout son cœur le scandale que la violence et la persécution lui avoient fait donner par sa rétractation.*

On a imprimé dans le tems : 1° une lettre au sujet de ce miracle ; 2° la déclaration de Mme de Mégrigny en faveur de ce miracle ; 3° les lettres de M. de Troyes à M. d'Auxerre ; la lettre de cachet qui défend à M. de Troyes de faire des informations ; la requête du promoteur ; la commission de M. de Troyes et l'ordonnance du commissaire ; 4° la déclaration du P. Colinet. On a gravé in-folio et in-douze l'enlèvement de Mme de Mégrigny.

J'oublie de dire que Mme de Mégrigny écrivit de sa propre main, au commencement de 1735, une lettre qui fut communiquée au P. Colinet en ces termes : « Je ne suis pas « telle qu'on le pense, et si je pouvois parler librement, « j'aurois bien des choses incroyables à vous dire. L'op- « pression où l'on me tient et qui seroit au-dessus de mes « forces, si je m'expliquois, me fait prendre le parti du « silence, et même de dissimuler, jusqu'à ce qu'il plaise à

« Dieu de me mettre en liberté. C'est une grâce dont je suis
« indigne, mais que je luy demande de toute l'ardeur de
« mon cœur. »

Elle recommande le silence sur toutes ses dispositions
et sa situation, de peur qu'on ne la rende plus malheureuse,
et qu'on ne l'expose à de nouvelles fautes.

La thèse du P. de la Coste

En 1734, le P. Jean Sylvain de la Coste, docteur de la
faculté de théologie de Paris, cordelier, eut l'imprudence
et l'effronterie de faire distribuer par toute la ville une
thèse de théologie qui devoit se soutenir, le 29 Avril, dans la
maison des cordeliers. Les curés de Saint-Nizier, Saint-
Jean, Saint-Jacques, Saint-Remi, Saint-Denis et Saint-
Pantaléon en furent si indignés qu'ils se hâtèrent de la
dénoncer à M. de Troyes, qui ne fit pas la moindre difficulté
de l'arrêter. Ces respectables curez, n'étoient pas des chiens
muets. Ils veilloient jour et nuit à la garde d'Israël, ils
étoient solidement instruits du dépôt de la foy, et bien
attentifs à ce qu'il ne fût point altéré. Tels étoient les
hommes que M. Bossuet choisissoit pour les coopérateurs
de son ministère ; ils prouvèrent dans leur dénonciation
que cette abominable thèse étoit contraire à la foy de
l'Église, à la doctrine des Pères de l'Église et à celle du
grand Bossuet, évêque de Meaux, et de leur respectable
évêque.

M. Remy Breyer, docteur de Sorbonne et chanoine de
l'église de Troyes, connu par son attachement à toute
vérité, et par la supériorité de ses lumières, fit des réflexions
théologiques sur cette thèse, qui en démontrèrent tout le
venin et l'horreur, ce qui prouve qu'il y avoit alors dans le
chapitre de l'église de Troyes des hommes qui étoient
vrayement dignes des plaintes des curez.

Voicy une partie des plaintes des curez :

« 1° L'auteur de la thèse, disent-ils, après avoir dit à la
« fin de la première position que la loy naturelle ne ren-
« ferme pas les préceptes qui n'en sont que des conséquences
« éloignées, *non continet ea quae non nisi remote infe-*
« *runtur*, met dans sa seconde position, au nombre de ces
« conséquences éloignées les préceptes qui défendent l'usure
« et le vol. : *Una non est habita ratione conclusionum*
« *quae remote a principiis generalibus eruuntur....*
« *unde falsa judicis in nationibus quae usuram et*
« *furtum inter praecepta non recensebant*, sans nous
« arrêter, ajoutent-ils, à la contradiction qui paroit dans
« ces paroles, et en nous bornant même à ce qui regarde le
« larcin, nous sommes effrayés de la hardiesse avec laquelle
« l'auteur de la thèse ne donne que comme une conséquence
« éloignée de la loy naturelle, le précepte qui défend le vol,
« précepte si expressément et si profondément gravé, selon
« saint Augustin, dans le cœur de tous les hommes, qu'il
« n'en peut être effacé que par leur malice : *Furtum certe*,
« dit ce Père, *punit lex tua, Domine, et lex scripta in*
« *cordibus hominum quam ne ipsa quidem delet iniqui-*
« *tas ;* mais nous sommes encore plus allarmés par les
« suites, lorsque de son principe que la loy naturelle ne
« renferme point les préceptes, qui en sont des conséquences
« éloignées, cet auteur donne lieu de conclure que le
« précepte qui défend le vol, n'est point du tout renfermé
« comme conforme également à la justice et à la charité,
« selon tous les théologiens après saint Thomas, 22, *Quaest.*
« *66, art. 5 et 6.*

« 2° La proposition qui se lit dans la 3e position, n'est
« ni moins téméraire, ni moins dangereuse. L'auteur, en
« supposant qu'il n'y eût aucune loy positive, supposition
« plus que frivole, décide que les péchés qui blesseroient
« immédiatement le prochain, ne seroient punis dans cette
« supposition que temporellement, soit de la peine du dam,
« soit de la peine du sens : *In ea suppositione in qua nulla*

« *exlaret lex positiva, haec putamus : peccata.... quae*
« *proximum immediate laedent, poena utraque (damni*
« *et sensus), temporali tantum, plecterentur.* Que pense
« donc l'auteur de ces sortes de péchés, par exemple de
« l'homicide, du vol, de la haine consommée, du péché des
« désirs consentis, de la plus cruelle vengeance ? Dans la
« supposition qu'ils ne fussent défendus par aucune loy
« positive, ne seroient-ils pas alors péchés ? Qui peut le
« nier ? Mais s'ils étoient péchés, ne seroient-ils pas véniels ?
« Qui peut l'avoüer ? et s'ils étoient mortels, ne seroient-ils
« pas punis éternellement de l'une et de l'autre peine,
« de celle du dam et de celle du sens, puisqu'elles sont les
« peines propres à tout péché mortel, comme l'Écriture
« Sainte et toute la Tradition nous l'apprennent ? Qui ne
« sent que la proposition dont il s'agit ne peut qu'affoiblir
« l'horreur des plus grands crimes et autorizer le plus
« outré libertinage.

« 3° La 4e position renferme, elle seule, plusieurs pro-
« positions erronées ; nous en avons remarqué trois ou
« quatre principales. La première porte que nous sommes
« obligés par la loy naturelle de produire des actes d'amour
« de Dieu, du moins les jours de fête : *actus illos cadere*
« *sub praecepto, diebus sallem festis.* Proposition qui ne
« fait que trop clairement entendre qu'il n'y a point de
« précepte de la loy naturelle qui nous oblige à produire
« de ces sortes d'actes les jours ouvrables, et par conséquent
« dans les semaines où il ne se trouveroit aucun jour
« fêté, celuy qui les passeroit toutes entières sans produire
« aucun acte d'amour de Dieu, ne violeroit point la loy
« naturelle. Saint Augustin étoit bien éloigné de croire que
« l'amour commandé par la loy naturelle pût demeurer si
« longtems oisif. *Dilectio*, dit-il, *vacare non potest : da mihi*
« *vacantem amorem et nihil operantem (Praef. in Psal.,*
« *31).* Mais à quelle fin rapporteroit donc toutes ses actions
« celuy qui passeroit un si long espace de tems sans produire
« aucun acte d'amour de Dieu ? il ne les rapporteroit point

« certainement à Dieu, puisqu'on ne luy rapporte ses actions
« que par amour, et qu'on suppose que celuy dont il s'agit,
« n'en produiroit aucun acte, et cependant il n'est pas
« moins certain que la loy naturelle nous oblige à rapporter
« toutes nos actions à Dieu et que toutes celles qui ne sont
« pas rapportées ou actuellement, ou virtuellement, ne sont
« pas exemptes entièrement de péché. *Nec potest*, dit encore
« admirablement saint Augustin, *in Psal. 121, vacare*
« *amor in animâ amantis, necesse est ut ducat, sed*
« *vis nosse qualis amor sit, vide quo ducat.* C'est ce que
« nous avons appris, Monseigneur, disent-ils, et l'auteur de
« la thèse est d'autant plus coupable qu'il a dû et pu l'ap-
« prendre, comme nous, de ces belles paroles que Votre
« Grandeur nous a données à la tête des *Méditations* de
« votre illustre oncle : *Amour de Dieu*, nous dit-elle,
« d'après le grand évêque de Meaux, *qui réunit en luy*
« *toutes nos affections et tous nos désirs, qui est en nous*
« *le principe de toutes nos actions, qui fait qu'on ne*
« *s'occupe que du soin de luy plaire, de luy obéir, de*
« *faire sa volonté, de l'étudier toute sa vie, à toute*
« *heure, en tout lieu, car on ne peut l'aimer sans luy*
« *obéir, ny luy obéir sans l'aimer.*

   « 4º Une autre proposition de la même position est conçue
« en ces termes : *Cum motivum charitatis sit excellen-*
« *tioris longe ordinis, perfectius [facit] qui adimplet*
« *legem quae virtutes a charitate distinctas imperat,*
« *si agat praecise ex motivo charitatis, quam si ageret*
« *ex honestate quam illae virtutes prae se ferunt.* En
« n'accordant, comme on fait icy, au motif de la charité que
« l'avantage de nous faire accomplir plus parfaitement la
« loy qui commande les autres vertus, on suppose claire-
« ment que l'on peut accomplir cette loy *parfaitement*, et
« comme il faut, en agissant par quelqu'autre motif que
« celuy de la charité. Or vous nous avez démontré, Mon-
« seigneur, disent-ils fort bien, la fausseté de cette supposi-
« tion, en nous faisant part de la lettre que vous écrivites,

« le 20 Février 1732 à M. l'évêque d'Auxerre. *Il est bien*
« *évident*, nous y dit Votre Grandeur, page 21, *que ces*
« *vertus [la foy et l'espérance, et par conséquent toutes*
« *les autres, quand elles sont de véritables vertus] font*
« *tendre à Dieu, s'unir à luy, et qu'est-ce que c'est*
« *que cette tendance, sinon un mouvement de l'es-*
« *prit de charité, et un commencement de la sainte*
« *dilection, comme M. de Meaux nous le dira dans la*
« *suite.* Et encore page 25 : *Mais dans cette action où la*
« *charité n'influera pas, quel amour en sera le prin-*
« *cipe ? Car l'amour est le maître du cœur, dit encore*
« *M. de Meaux, c'en est le premier mobile. Dès là donc*
« *que l'amour de Dieu ne sera pas le mobile de cette*
« *action, elle ne rendra pas à Dieu l'hommage qui luy*
« *est dû, comment sera-t-elle donc méritoire ? Ce sera*
« *donc un autre amour qui en sera le mobile, et l'ha-*
« *bitude de la charité ne l'empêchera pas, car l'habitude*
« *de la charité, quand elle n'est point actuellement*
« *exercée, et qu'elle demeure oisive, n'empêche pas*
« *qu'un mauvais amour ne puisse être le mobile de nos*
« *actions.* Si l'auteur de la thèse, continuent les curez,
« n'avoit pas cru devoir se rendre à des raisons et à des
« autoritez d'un si grand poids, il auroit dû du moins
« écouter saint Augustin qui inculque partout la même
« doctrine : *Non est fructus bonus*, dit ce Père, *qui de*
« *radice charitatis non surgit ... Quid boni faceremus*
« *nisi diligeremus.... Quaecumque mandat Deus, tunc*
« *recte fiunt, cum referuntur ad diligendum Deum, et*
« *proximum propter Deum* (1).

5° Une autre proposition de cette même position, ouvre
« la porte aux décisions les plus relaschées de la morale,
« en renvoyant à la seule sagesse des hommes le discerne-

(1) [Saint Augustin]. *Lib. de spiritu et littera*, c. 14 ; *Lib. de gratia*, c. 26 ; *Euchiridion [de fide, spe et caritate]*, c. 121. (*Note du manuscrit*).

« ment des péchés véniels. *Transgressionum harum*
« *discrimen sit penes sapientem*, sans faire aucune
« mention ni de l'Écriture Sainte, ni des Conciles, ni des
« Pères de l'Église, et sans avertir combien nous devons
« nous deffier en cette matière de toute la sagesse et la
« prudence des hommes, c'est ce que l'auteur de la thèse
« auroit dû apprendre de saint Augustin : « *Quae sint levia,*
« *quae gravia peccata, non humano, sed divino sunt*
« *pensanda judicio* », et s'il avoit lu la suite de ce passage,
« il y auroit vu plusieurs exemples par lesquels saint
« Augustin prouve que la Sainte Écriture nous oblige de
« regarder comme des péchés très griefs ce que nous
« aurions pris selon notre prudence et notre sagesse
« propre pour des péchés très légers, d'où le Docteur conclut
« ainsi : « *Sunt quaedam quae levissima putarentur, nisi*
« *in Scripturis demonstrarentur opinione graviora.*
« L'auteur nous fournit luy-mesme un exemple, dans
« la même position, combien la sagesse et la prudence
« humaine sont une règle peu sûre dans le discernement
« des péchés, car ce n'est sans doute qu'en consultant cette
« prétendüe sagesse, qu'après avoir donné dans les plus
« grands excès de relaschement, il décide avec une rigueur
« aussy excessive, que celuy qui secoureroit dans un pres-
» sant besoin, par un motif de vaine gloire, pécheroit mor-
« tellement contre l'humilité : « *Si quis ex vana gloria*
« *proximo extreme indigenti succurreret.... mortaliter*
« *peccaret contra humilitatem* ». Tout motif de vaine
« gloire est-il donc capable de convertir en péché mortel
« une œuvre bonne de soy-même ?»

« 6° Nous avons lu, disent enfin ces respectables curez,
« avec autant d'étonnement que d'indignation, dans la
« dernière position de la thèse, cette proposition exprimée
« en termes généraux : *Per leges ecclesiasticas actus*
« *interni non praecipiuntur.* Comment l'auteur n'a-t-il
« pas été retenu par la condamnation si sévère et si juste
« que le clergé de France fit, en 1700, de deux Propositions

« qui ne sont que des applications particulières de la
« sienne ? La première étoit conçue en ces termes : *Eidem*
« *Ecclesiae praecepto [audiendi sacrum] satisfit per*
« *reverentiam exteriorem tantum, animo licet volun-*
« *tarie in aliena imo et prava intentione de fine*. La
« seconde étoit ainsi énoncée : *Praecepto communionis*
« *annuae satisfit per sacrilegam corporis Domini man-*
« *ducationem*, et voici la censure que le clergé de France
« fit de l'une et de l'autre. *Doctrina his duabus proposi-*
« *tionibus contenta, temeraria est, scandalosa, erronea,*
« *impietati et sacrilegio favet, et praeceptis Ecclaesiae*
« *illudit*. Ne faut-il pas s'être fait un front d'airain pour
« oser renouveller une telle doctrine après de si terribles
« qualifications ? La même thèse, concluent les curez,
« contient encore, Monseigneur, plusieurs autres proposi-
« tions peu exactes, pour ne rien dire de plus, mais nous
« avons pensé que celles que nous venons d'extraire, suffi-
« soient pour exciter le zèle de Votre Grandeur toujours
« attentive à écarter de son troupeau tout ce qui pourroit
« corrompre la saine doctrine dont elle le nourrit continuel-
« lement, et pour l'engager à prendre les mesures que sa
« sagesse luy inspirera afin de prévenir les mauvais effets
« que la publicité d'une telle thèse est capable de produire.
« C'est dans cette confiance que nous avons l'honneur d'être
« avec un profond respect.... »

On voit par cette dénonciation que les curez, sous
l'épiscopat de M. Bossuet, savoient leur religion, et qu'ils
s'y intéressoient vrayement par le cœur, et M. Bossuet, en
employant son autorité pour arrêter, comme il le fit, cette
abominable thèse, donna des preuves de son zèle pour le
dépôt de la doctrine de l'Eglise. Que l'Eglise de Troyes
seroit heureuse si les successeurs de ce grand Evêque
eussent marché sur ses pas. *O tempora! O mores!*

L'année 1735 vit M. notre évêque essuyer des mortifications et des disgrâces. L'assemblée générale du clergé
devoit se tenir, et, pour y envoyer des députés, on fit une

assemblée provinciale à Sens. M. l'archevêque désiroit fort d'être député, mais, quoiqu'il fût le métropolitain et que sa province ne fut composée que de quatre évêques, il ne put en venir à bout ; [M. Bossuet] fut élu par les vœux de l'assemblée [provinciale] ; il fut exclu par ordre de la Cour... dont il reçut une lettre de cachet. M. de Montpellier dit qu'on le craignoit « plus que trente autres évêques. parce « qu'il avoit la vérité pour luy, et qu'avec elle il seroit « plus fort que tous les autres ensemble. »

Non seulement ce prélat n'assista pas à l'assemblée du clergé, mais il eut encore le chagrin de voir ses deux dernières Instructions pastorales dénoncées à M. l'archevêque de Sens, et la dénonciation fut rendüe publique dans le mois de Juin 1735 sous ce titre : « *Dénonciation « des erreurs de M. de Troyes*, à Avignon, chez Joseph « Castel. imprimeur du saint office, 1735. Par permission « des supérieurs. » Le dénonciateur, dans sa lettre à M. de Sens, signée : Pelletier, chanoine de Reims, défère à ce métropolitain les instructions de son suffragant *comme* étant *hérétiques*, et il le supplie d'en porter son jugement : « Souffrirez-vous, luy dit-il, qu'on répande avec profusion « dans votre province, et qu'on inonde toute la France de « ces scandaleuses instructions qui renouvellent des erreurs « proscrites par une Bulle reçue de toute l'Église, et affer- « mie par l'autorité royalle ? »

Ce renouvellement des prétenduës erreurs, proscrites par la Bulle *Unigenitus,* fait tout le fondement de l'étrange dénonciation dont il s'agit ; et le dénonciateur ne prouve en effet l'héréticité des instructions de M. de Troyes que par la conformité de la doctrine de ce prélat avec la *doctrine hérétique du P. Quesnel,* par exemple avec les Propositions 26, 27, 28 : « Point de grâces que par la foy », — « La foy est la première grâce et la source de toutes les autres. » En un mot, M. de Troyes est accusé d'enseigner de grandes hérésies. Les hérésies qu'il est accusé d'enseigner, sont celles de Jansénius et de Quesnel. Le fameux

Pelletier est son accusateur, et le célèbre M. Languet est pris pour juge.

Mais ce n'est pas proprement à la doctrine de M. de Troyes qu'on en veut ; c'est à celle du grand Bossuet, son oncle, doctrine que ce digne neveu a si solidement exposée et justifiée dans ses instructions, doctrine, à la vérité, qu'il seroit difficile de concilier avec la bulle *Unigenitus* et qui s'accorde beaucoup mieux avec la doctrine du P. Quesnel et de toute la Tradition qu'avec celle des jésuites. Ces Pères ne perdent point de vue le plan qu'ils ont hasardé dans leurs journaux. On a beau insinuer dans la dénonciation qu'ils n'y ont aucune part ; elle entre naturellement dans leur système et dans leurs vûes ; c'étoit d'abord M. Fichant, c'est aujourd'hui M. Pelletier ; tantôt un prêtre de Quimper, tantôt un chanoine de Reims. La société ne manque point, au besoin, d'enfants perdus, pour les envoyer à la découverte ; elle ne refusera pas de convenir (comme elle a fait au Parlement) que les ouvrages qui portent le nom de M. Bossuet sont réellement les ouvrages de ce grand homme, mais il faudra à quelque prix que ce soit que la doctrine contenüe dans les admirables ouvrages du grand Bossuet soit hérétique, parce qu'elle ne peut s'accorder avec la doctrine erronée de la société, ni par conséquent avec celle de la bulle *Unigenitus*. Un prétendu ·docteur qui se « découvrira, dit-on, en tems et lieu, en dénonçant à toute « l'Eglise la doctrine hérétique de M. de Troyes, contenue « dans tous les écrits qui portent son nom, » — ce docteur anonyme (personnage, comme on voit, ajusté au théâtre), dans une lettre de même datte que celle du sieur Pelletier, lettre sur laquelle le dénonciateur s'appuye, et qu'il joint à sa dénonciation, avance hardiment que « depuis les « instructions de M. de Troyes, les écrits du grand Bossuet « sont tombés dans le mépris et le discrédit, et que plu- « sieurs catholiques ne veulent plus les regarder ». Quelques autres traits de cette lettre, plus impudens encore dans un autre genre, auroient bien mérité une marque publique d'improbation de la part d'un archevêque, à qui ils sont tellement présentés et adressés, qu'il semble qu'on s'autorise de son nom pour les mettre au jour.

C'est sans doute ce qui a principalement excité le ministère public contre ce libelle, lequel fut déféré au Parlement le 2 Juillet 1735 par Messieurs les gens du Roy, « comme un libelle scandaleux et punissable » que la Cour ne verroit « qu'avec indignation. » Il fut effectivement condamné ce même jour « à être brûlé et lacéré.... par l'exécuteur de la haute justice. »

Le même arrêt, outre les clauses de style, « ordonne que « le nommé Pelletier, chanoine de Reims, sera assigné en « la Cour, pour être oüi et interrogé par devant M. Severt, « conseiller, sur les faits sur lesquels il plaira au procu- « reur général du Roy de le faire entendre, pour... être « par luy pris telles conclusions, et par la Cour ordonné ce « qu'il plaira » Il se tint caché, n'ayant osé comparoître. Ce chanoine ne fut pas le seul dénonciateur de M. de Troyes. M. l'évêque de Laon se chargea d'une pareille commission auprès de l'assemblée du clergé, et y dénonça aussy les deux instructions pastorales. Mais le Parlement en ayant pris la défense, l'affaire n'alla pas plus loin.

Ce prélat ne s'effraya pas des attaques et des menées de ses ennemis. Il persista dans la même doctrine qu'il fit paroître encore, peu de tems après, dans son Mandement à la tête du *Traité de l'amour de Dieu dans le Sacrement de Pénitence* du grand évêque de Meaux, qu'il donna au public (1). Il y établit la nécessité d'aimer Dieu par-dessus toutes choses pour rentrer en grâce avec luy dans ce Sacre-

---

(1) « *Traité de l'amour de Dieu, nécessaire dans le sacrement de pénitence, suivant la doctrine du concile de Trente .... donné avec la traduction françoise par Messire J.-B. Bossuet, évêque de Troyes*, Paris, B. Alix, 1736, in-12. Autre édition la même année. La traduction est attribuée au génovéfain Lenet ». Cf. Ch. Urbain, *Bibliographie critique de Bossuet*, Paris, Fontemoing, p. 16.

ment. Il fut complimenté sur cette édition et sur son Mandement par M. de Montpellier qui l'exhorta à enrichir l'Eglise des précieux monumens qu'il avoit entre les mains, et à ne point se laisser abattre par les contradictions qui devoient au contraire luy donner une nouvelle ardeur de publier ce qu'on voudroit étouffer.

En effet, notre prélat avoit besoin de force et de courage pour repousser les traits qui luy étoient lancés de toutes parts. Une nouvelle guerre se préparoit contre luy. Nous allons en décrire les faits où le lecteur verra de nouveau M. Languet, archevêque de Sens, aux prises avec M. Bossuet, évêque de Troyes. L'un et l'autre combattant défendit sa cause avec beaucoup de chaleur, et la victoire demeura tout entière à M. Bossuet qui perdit peu de terrain.

Affaire du Missel

Il y avoit environ cinquante ans que le diocèse de Troyes manquoit de missels propres, et qu'on ne s'y servoit presque généralement que du Romain, lorsque M. Bossuet entreprit, en 1725 (1), d'en donner un à son diocèse. Il nomma à cet effet, des députés. Le Chapitre de la cathédrale en

(1) Dans le manuscrit se trouvent intercalés ici six feuillets de deux écritures différentes. Ils renferment des détails assez précis sur les démêlés du Chapitre de Troyes avec Bossuet, à l'occasion du Missel. En voici le texte :

« M. Bossuet, Evêque de Troyes, se détermine, en 1726, à donner un nouveau missel à son diocèse, dans le dessein d'exécuter le louable projet de MM. de Chavigny, ses prédécesseurs, qui, peu d'années auparavant, avoient fait imprimer un nouveau bréviaire. Les pieuses idées des auteurs du bréviaire devoient être suivies dans la composition du nouveau missel, et l'on s'étoit proposé de soutenir la piété des ecclésiastiques par les édifians rapports qui devoient se trouver entre le missel et le bréviaire.

M. de Troyes se choisit trois commissaires et demanda que le chapitre en nommât trois aussi pour travailler avec lui à la com-

nomma pareillement ; et des hommes versés dans les matières liturgiques se consacrèrent pendant plusieurs

position de l'ouvrage projeté depuis lontems, et nécessaire par le défaut d'exemplaires dés anciens missels propres au diocèse.

On travaille pendant sept années consécutives et, en 1733, le missel est achevé par les six commissaires. Le 21 aoust 1733, on en fait rapport au chapitre qui consent à l'impression.

Le 1ᵉʳ juillet 1735, l'ouvrage imprimé, M. Breyer, l'un des commissaires pour le chapitre, représente à la Compagnie que les rubriques sont changées. Il lit un mémoire auquel M. le Doyen répond solidement, et qu'il réfute par cette raison surtout que les usages de l'Église n'étoient pas ceux qui, depuis quarante ou cinquante ans, s'étoient introduits par l'usage du missel romain et autres, mais ceux qui se retrouvoient dans les anciens missels et ordinaires troyens, et que l'on a dû rétablir ou conserver. Enfin, dans ce chapitre général, le mémoire du sieur Breyer est rejeté, et les rubriques du nouveau Missel consenties au moyen de cette clause *Salvis Ecclesiae cathedralis usibus,* clause accordée à l'opiniâtreté du sʳ Breyer.

En 1736, le 27 Juillet, le chapitre ordonne que le bref pour l'année suivante sera fait conformément au nouveau missel. Par ce même acte, il est décidé qu'on se servira du missel incessamment, c'est-à-dire aussitôt que les exemplaires qui étoient chez les relieurs, seroient aportés. Peu de jours après, le chapitre en reçoit six exemplaires de la part de M. de Troyes pour l'usage du chœur et de l'église.

Voilà, ce semble, une affaire consommée.

Dans le mois suivant, et en l'absence d'un grand nombre, quelques mécontents de longue main prennent l'occasion des rubriques pour se venger, les uns de..., les autres de.... On engage dans le parti quelques esprits faibles et peu éclairés. Enfin on dit qu'il faut que M. de Troyes réforme les rubriques. Le 29 aoust, le premier, Doé lit en chapitre un mémoire fort mal digéré et qui n'est entendu de personne (il n'a jamais vu le jour). Presque tous disent qu'il faut attendre le retour prochain de M. de Troyes. Le sieur Collés, greffier, tout dévoué au parti, conclut que les rubriques du nouveau missel seront réformées sur les usages de l'Église, terme équivoque sous lequel on pouvoit entendre les nouveaux comme les anciens, contre l'intention de ceux-mêmes qui l'ont passé aux criailleries et aux clameurs des mécontens. Quelques-uns de ceux-cy sont chargés de faire le mémoire de ce qu'il étoit à corriger C'étoit pour eux une opération trop difficile. Un coup fourré étoit bien plus assorti aux dispositions de ces Messieurs.

M de Troyes étoit de retour vers le milieu du mois de septembre. Le 7 octobre, il fait publier son mandement pour la publication du nouveau missel. Voilà l'occasion d'éclater. Le 10 suivant, l'un d'eux en rend sa plainte au chapitre. On commence par faire

années à la composition de ce missel. Le P. Lenet, chanoine
régulier de la congrégation de France, prieur de Saint-

sortir de force et contre l'usage et la règle les grands vicaires, les
commensaux et officiers ecclésiastiques de l'Evêché. M. le doyen
veut faire entrevoir les suites de la résolution qui étoit prise et
l'indécence d'une telle démarche. On ne veut pas l'entendre, on
heurle, il faut qu'il sorte avec plusieurs autres. On conclut donc
sans examen, contre la disposition des délibérations précédentes,
que le chapitre appellera dudit mandement à M. de Sens, Métropolitain. Les vices de cette conclusion étoient trop grossiers et les
nullités trop marquées pour qu'ils ne se fissent pas sentir dans cet
emportement mesme. Pour les couvrir, s'il est possible, on ordonne
que le chapitre sera convoqué *ostiatim* au-lendemain. Ce jour, M. le
Chantre y fait opposition en forme. On passe outre et on confirme
la prétendue délibération. On donne pouvoir au sieur Berthelin
de suivre l'apel à Sens. Néanmoins, dit-on, pour marquer le désir
de vivre en paix avec M. le R. Evêque, il sera sursis à l'exécution
de la présente délibération, jusqu'à ce que les sieurs Doé et Collés
luy ayent fait des représentations, clause au moyen de laquelle
les esprits devoient avoir le temps de se remettre et sans laquelle
la conclusion n'auroit pas passé à la pluralité. On le voyoit bien.
Il falloit un tems plus favorable. Dès ce jour-là, après midy, les srs
Doé et Collés, sans avoir dressé ny communiqué au chapitre les
représentations qu'ils devoient faire, vont à l'évesché, trouvent le
prélat dans l'assemblée de la Chambre ecclésiastique à laquelle
sont députés quatre ou cinq chanoines de la cathédrale. Ils lui
disent bien qu'ils sont chargés de lui faire des représentations,
mais ils ne lui en font aucunes. Le prélat leur dit qu'il a attendu
pendant un mois à donner son mandement, qu'au reste, si le
chapitre avoit quelques difficultés, il peut les lui proposer par écrit
et qu'il y répondra de même et lui donnera toute la satisfaction
possible. Sur le champ, après complies, on rassemble neuf ou dix
des mieux intentionnés. Et le sieur Doé rapporte la réponse de M.
le R. Evêque, qui est prise pour un refus et sur laquelle on conclut
que le chapitre apelera à Sens. On admirera icy la justesse du
raisonnement et la compétence de cette poignée de mutins. La
chose pressoit. Le lendemain, le sr Doé partoit pour la campagne.

A la première nouvelle de cette entreprise, quatorze chanoines,
avec toutes les dignités, y forment opposition. Peu de jours après,
cinq autres en font autant avec deux archidiacres et chanoines
vétérans. Ces désaveus ne sont pas suffisants pour rendre à la justice
et à l'honneur du chapitre ce qui lui étoit dû. Dans le premier chapitre suivant, on demande qu'il soit fait lecture des délibérations
anciennes et nouvelles touchant le nouveau Missel. Le chapitre
l'ordonne. Le greffier Collés n'en tient compte, il refuse même son
ministère. Il faut des notaires qui verbalisent hors du chapitre et,
étant empêchés par les violences de ces Messieurs, il faut des

Martin-ès-Aires, et parent de Mgr Bossuet (1), fut un des

arrêtés de la Cour... [qui] mettent les choses en règle. Le premier ordonne au greffier de délivrer expédition en forme desdites délibérations. Le second veut que, en présence du Lieutenant général, il soit délibéré sur le contenu dans lesdites délibérations. Cette délibération portée en la cour, il est fait défense par un troisième arrest en datte du 1er décembre d'exécuter ces prétendues délibérations des 10 et 11 octobre, et de trouble en chapitre à peine de 1000 liv., [le] tout sur les conclusions de M. le Procureur général.

C'est ainsi que depuis le jour de la Toussaint 1736, on continue de se servir du nouveau missel au chœur, et on se conforme entièrement à ses rubriques, sans qu'on en puisse introduire d'autres, ainsi qu'il a été délibéré dix fois depuis un an dans les chapitres généraux et ordinaires. M. de Sens, en dernier lieu, est revenu au secours de ces Messieurs, non comme juge de l'apel interjetté le 11 octobre 1736 avec assignation donnée à M. de Troyes ledit jour, mais comme supérieur du Chapitre qui n'a pas eu la complaisance de recevoir son mandement après avoir enregistré celui de M. de Troyes du 14 juin sur la prétention du métropolitain, aussi bien que la lettre écrite par nous, et celle que M. de Troyes nous a récrite. Il ne faut pas oublier de rendre compte d'un incident des plus singuliers. Le sieur Collés, greffier, absent depuis huit à dix mois, a remis, en partant pour Paris, les clefs du trésor et des archives, à un de ses fidèles qui, contre les ordres, après les a retenues pendant tout ce tems, au mépris des injonctions qui lui ont été faites par le Chapitre avec menace de procéder contre lui. Le Chapitre, en continuant de donner dans toute cette affaire un exemple de patience et de modération, attendoit ou le retour du sieur Collés, ou l'expiration du tems de son exercice. Enfin, y étant arrivé, on fait choix d'un nouveau greffier. On entend bien que les clefs du trésor lui seront remises selon l'usage. Point du tout. Les clefs passent dans les mains d'un autre homme qui en fait dépost au greffe du Bailliage et requiert le Lieutenant général à ce qu'il lui plaise venir aposer les scellés sur les portes du trésor, coffres et armoires du Chapitre. La chose [occasionne] une nouvelle plainte au Parlement qui ordonne que les scellés seront levés. Ce qui a été le 12 de ce mois, et [le Parlement] veut qu'avant faire droit sur l'usage des clefs, il sera délibéré au chapitre convoqué *ostiatim ad hoc* sur la déposition ordinaire desdites clefs, qui est, que l'une sera remise au Doyen (ou président en vacance), et l'autre au greffier, ainsi qu'il a été déclaré au Chapitre, le 15 du présent mois. Voilà, etc. »

(1) Philibert-Bernard Lenet, génovéfain, était d'une famille originaire de Dijon. Il aurait, comme on l'a dit précédemment, traduit en français le *Traité de l'amour de Dieu* que le grand Bossuet avait composé en latin (Paris, 1736, in-12) et rédigé les *Conférences ecclésiastiques* de Duguet, Cologne, 1742, 2 vol. in-4°.

principaux qui travaillèrent à ce missel ; c'étoit un grand théologien. Les trois commissaires nommés par le chapitre, avec ceux de M. Bossuet, s'assembloient à l'évêché trois fois la semaine, et ne travailloient qu'en commun, ordinairement avec le prélat et suivant le plan qu'il en avoit dressé. L'on fut attentif à n'employer que les paroles de l'Écriture Sainte, prises dans leur sens naturel, et conforme à la Tradition, et pour mettre sous les yeux un plus grand nombre de textes de l'Écriture, on en employa toujours de différens, ne répétant point ceux dont on avoit fait usage. On trouve, ainsy qu'il est aisé de s'en convaincre, et comme dit M. Bossuet luy-même, on trouve dans chaque messe du propre du tems, un objet unique, c'est-à-dire quelque vérité importante, à laquelle toutes les parties de la messe ont rapport. Dans les messes, tant du propre que du commun des saints, on a développé leurs principaux caractères, et proposé les vertus qui ont le plus éclaté en eux, et que nous devons particulièrement imiter. Enfin on y a exposé les mystères avec le plus de netteté, dit M. de Troyes, qu'il a été possible, et de la manière la plus propre à faire entrer dans l'esprit de l'Église, à consoler, à nourrir et à fortifier notre foy.

Par rapport aux rubriques, M. de Troyes déclare trois choses : 1° qu'il a rétabli, autant qu'il luy a paru convenir à l'usage présent, celles qu'il a trouvées dans les anciens missels de son diocèse ; 2° qu'il s'est conformé, autant qu'il a été possible, à ce qui s'observe dans sa métropole ; 3° que parmi les plus anciennes pratiques de l'Église, il a rappelé celles qui luy ont paru les plus propres a faire entrer les fidèles dans l'esprit du sacrifice : à exciter la foy qui les doit animer dans la participation aux saints mystères, en leur faisant comprendre la part qu'ils y doivent prendre, et l'union qu'ils ont avec le prêtre qui l'offre en leur nom.

M. Bossuet communiqua ce plan à M. de Chavigny, archevêque de Sens, qui l'approuva. Il le consulta plusieurs fois, soit lorsque ce prélat venoit à Troyes, soit lorsque luy-mesme se trouvoit à Sens. Pour ne manquer à rien, il prit aussy l'avis du doyen de la métropole, vicaire général de M. de Chavigny. Tous deux témoignèrent tant de satisfaction du projet pour la composition de ce missel, que, malgré la bonté de celuy de Sens, ils eussent souhaité qu'on y eût suivi le même plan. Celuy de Sens servit pourtant toujours de modèle, et les compositeurs l'eurent sans cesse devant les yeux ; ils le consultoient dans les difficultés, tant pour le fond que pour les rubriques, et l'on ne faisoit qu'ajouter les changemens qu'exigeoient ou l'exécution du plan, ou les usages particuliers de l'Eglise de Troyes.

Qui croiroit que malgré tant de sagesse et de concert, quelques chanoines de l'église de Troyes se seroient néanmoins élevés contre cet ouvrage ; et que, sans égard au suffrage de la plus nombreuse comme de la plus saine partie de leurs confrères, refusant même indécemment de communiquer leurs difficultez par écrit à leur évêque, ils auroient pris, dans des assemblées tumultueuses, la résolution violente et irrégulière de porter l'affaire à un tribunal incompétent ; qu'ils ne tiendroient nul compte des remontrances et des oppositions de leurs confrères plus prudens et plus modérés qu'eux ; et qu'enfin, après avoir fait cette étonnante démarche auprès du métropolitain, ils la soutiendroient par une conduite si opiniàtre, que l'autorité des tribunaux séculiers seroit obligée de la réprimer par ses arrêts.

Mais on sera moins surpris sans doute que le métropolitain ait fait droit sur appel si frivole, quand on saura que M. Languet est ce métropolitain. Sa manière ordinaire de procéder ne s'est point démentie en cette rencontre. Il a cru que le moment étoit venu de tirer vengeance et de triompher à sa façon d'un suffragant et d'un confrère, qui luy a quelquefois si fortement et si généreusement résisté. M. Languet, dans une première instruction pastorale de 60 pages, commence donc par déclarer le chapitre de

Troyes soumis à sa jurisdiction immédiate ; en conséquence, il défend au diocèse de Troyes de faire usage du missel de son évêque. M. de Troyes s'élève aussitôt par un mandement très court, mais très énergique, contre une entreprise aussi nouvelle que bizarre, et M. de Sens qui s'aperçoit que cette nouveauté a réellement de quoi révolter tous les esprits, essaye de détruire cette impression, par une lettre de 12 pages, adressée à M. le curé de Saint-Sulpice, son frère, étonné luy-même, comme il paroit par la lettre, de la prétention inouïe de M. de Sens. Dans cette lettre, M. Languet soutient généreusement son droit imaginaire, 1° par un faux raisonnement, 2° par un faux titre. Voicy le raisonnement : Les sentences de l'official du chapitre de Troyes ne sont point portées par appel à l'official de Troyes, mais à l'official de Sens ; donc l'archevêque de Sens a une jurisdiction immédiate sur le chapitre de Troyes. On reconnoit là la force ordinaire des argumens de M. de Sens, comme si les sentences portées par appel à un tribunal prouvoient autre chose qu'une jurisdiction médiate et en seconde instance ! ce qui n'est pas contesté. Voici le titre : On me défie, dit M. Languet, de produire un seul titre de ma jurisdiction immédiate. En voicy un. Jean Léguisé (1), évêque de Troyes, eut recours à Salazar, archevêque de Sens au XV° siècle, afin que celuy-cy remédiàt aux désordres qui se commettoient à certaines fêtes dans les églises de Saint-Pierre et de Saint-Etienne, l'une cathédrale et l'autre collégiale de Troyes. « Je ne puis de moy-même « y remédier, fait-on dire à Jean Léguisé, pour ce qu'ils « sont exemtés de ma jurisdiction et que les dittes églises « sont à vous sujettes. » On peut se figurer les commentaires emphatiques que M. de Sens fait là-dessus. Mais par mal-

(1) Sur Jean Léguisé, cf. Courtalon-Delaistre, *Topographie historique*, etc. t. I, p. 385. Sur sa lettre à Louis de Melun, archevêque de Sens, à propos des désordres de la fête des fous, voy. le même ouvrage, t. II, p. 128-129.

heur, Jean Léguisé étoit mort vingt-quatre ans avant que Salazar fut placé sur le siège de Sens.

Ce ne sont là, dit M. Languet dans la première partie de sa seconde instruction pastorale, que des querelles incidentes et personnelles, par lesquelles on ne me distraira point de mon objet. On diroit presque que ce n'est pas ce prélat qui a fait luy-même cette querelle. Mais on n'y est pas trompé : c'est M. de Sens qui quitte le combat, en prenant toutes fois la sage précaution de se munir d'un arrêt du conseil, par lequel le Roy évoque à soy toutes les contestations nées et à naitre au sujet du missel de Troyes. On attaque et l'on triomphe à coup sûr avec cette ressource.

Ce qui est essentiel à l'Église, dit M. de Sens, c'est que sa foy ne soit point blessée(1). Voilà, ajoute-t-il, à quoy je me borne. Que n'annonce pas un pareil début ? M. de Troyes renverse apparemment la foy, et abolit les plus essentielles de nos saintes cérémonies. Il faut en donner seulement quelques échantillons. Le premier objet de M. l'archevêque de Sens, ce zélé défenseur de l'Église de Dieu, c'est la rubrique qui regarde la manière et le tems de donner aux fidèles la communion(2). Elle ne devroit pas, dit la

(1) Languet aimait à s'occuper de liturgie. Dès 1720, étant évêque de Soissons, il avait écrit un traité *De vero Ecclesiae sensu circa sacrarum caeremoniarum usum* contre l'*Explication simple, littérale et historique des cérémonies de l'Eglise* qu'avait publiée dom Claude de Vert. On trouvera cet ouvrage de Languet dans Migne, *Theologiae cursus completus*, Paris, 1842, t. XXII, col. 722 et suiv.

(1) Sur l'usage qui s'est introduit dans l'Eglise, à Jérusalem, au temps de saint Cyrille, de donner la communion en dehors de la messe, cf. Benoit XIV, *De sacrosancto missae sacrificio*, lib. III, cap. XIX, dans Migne, *Theologiae cursus completus*, Parisiis, Migne, 1840, t. XXIII, col. 1199 et suiv ; Jean Fornici, *Institutions liturgiques*, Paris, Roger et Chernoviz, 1879, p. 368. « C'est.... la règle, dit Fornici, que les assistants communient après le prêtre » Il y a un motif raisonnable de les faire communier après la messe, si « on craint avec raison de les ennuyer en retardant la fin de la messe par un grand nombre de communions.»

rubrique du missel, *non deberet*, être différée après la messe. M. de Sens fait dire à M. de Troyes : « On ne doit pas », comme s'il y avoit *non debet*, et sur ce fondement il ajoute : « Selon le nouveau rubriquaire, la communion hors la « messe est un abus ; c'est un péché grief et notable contre « les rits ecclésiastiques. La communion se fera toujours « désormais pendant la messe ; on la donnera, si j'ose « m'exprimer ainsy, sans façon [sans répéter le *Confiteor*]. « Le peuple communiera comme le prêtre et avec le prêtre ; « après avoir récité la messe avec luy, il recevra la sainte « Eucharistie comme on reçoit la Cène profane chez les « protestans. » Quels cris, quels vacarmes ! Pourquoi et contre qui ? Contre un évêque qui a dit qu'il seroit dans l'ordre de communier pendant la messe. Mais que penser, quand on voit que c'est contre une rubrique conforme à l'esprit du sacrifice, et, ce qui est plus bizarre encore, contre une rubrique copiée mot à mot du missel de Sens ? Que M. Languet, si souvent repris, ou du moins suspect d'ultramontisme, souffre qu'on luy représente icy avec assurance qu'à Rome même, les prêtres tant soit peu instruits se font un devoir de donner la communion pendant la messe, sans que les zélateurs de ce pays-là, auxquels M. de Sens cherche à plaire d'une manière si persévérante, se soient jamais avisés d'y trouver à redire.

Dans la suite de la même rubrique, on n'a point prescrit dans le missel de Troyes de répéter le *Confiteor* pour les fidèles qui communient tout de suite après le prêtre ; mais aussi on ne l'a point deffendu : ce silence si propre à faire sentir aux fidèles qu'ils doivent se joindre à toutes les dispositions et à tous les sentimens de celuy qui célèbre, ce silence autorisé par l'antiquité, par le rite ambrosien, et même par le missel de Sens de 1745, déplaît souverainement à M. l'archevêque de Sens dans le missel de son suffragant. Il s'épuise en érudition pour prouver qu'anciennement dans plusieurs églises « le prêtre luy-même « récitoit pendant le cours du sacrifice, des formules d'ac-

« cusation et de contrition » comme si ce n'étoit pas encore
aujourd'hui la même chose partout.

Mais d'où vient, luy a-t-on dit, que dans certaines
occasions les évêques qui assistent à la messe, y communient sans répéter le *Confiteor*, par exemple à la messe
pontificale qui se dit à l'ouverture des assemblées du clergé
de France? On ne le répète point non plus à la communion
des prêtres dans leur ordination. « Pour les prêtres, répond
« directement le métropolitain, c'est que, par leur ordina-
« tion, ils sont placés avec les anges et même au-dessus des
« anges. Après la purification première de leurs âmes
« opérée par l'humble confession qu'ils ont faite au bas de
« l'autel, et comme hors de l'autel, y étant montés, ils
« n'ont plus d'autres prières à faire, que celles que l'Église
« leur met à la bouche, non pas tant pour eux-mêmes que
« pour l'Église entière,.... Ce seroit en quelque façon les
« faire descendre du troisième Ciel où ils sont élevés, que
« de les ramener avec le peuple à la confession publique
« de leurs péchés ». M. de Sens a bientôt oublié, comme on
voit, toute son érudition sur les formules *d'accusation* et
de *contrition* que les prêtres récitoient autrefois pendant
le sacrifice. «A l'égard des évêques, ajoute-t-il, ils sont, par
« leur dignité, revêtus de la personne même de Jésus-Christ
« qu'ils représentent sur la terre avec sa supériorité de
« puissance qu'il leur a communiquée (voilà une supériorité
« de puissance bien placée!) ils sont censés offrir avec
« Jésus-Christ.... ce n'est point à celuy qui est associé à une
« telle fonction à s'humilier dans ce moment sous la main
« d'un autre prêtre, pour luy dire : « J'ay péché, réconciliez-
« moi ». Cette prière, toute pieuse qu'elle est en elle-même,
ne semble plus être convenable. » On reconnoit encore là
M. Languet, et l'on ne sauroit s'y méprendre, à moins
qu'on ne trouve qu'il s'est surpassé en cette occasion.
Qu'il est triste de voir un archevêque d'un grand siège
avancer que le prêtre monté à l'autel, oublie qu'il est
pécheur, et que ce n'est presque plus pourluy-même qu'il dit :

« Détruisez nos iniquitez, daignez me pardonner tous mes
« péchés ; je vous offre pour mes péchés mes offenses, mes
« négligences, qui sont sans nombre », tant d'autres formules
de confession et de contrition, que les plus saints ministres
ont cru jusqu'ici pouvoir réciter principalement en leur
nom, sans pour cela « descendre du troisième Ciel » ! « Dans
« quel esprit, demande M. de Troyes, dans quelle disposi-
« tion M. de Sens offre-t-il le sacrifice de la messe quand il
« célèbre ! » luy qui fait entendre que c'est quelque chose
de bas, surtout pour des évêques, que d'avoir des sentimens
d'humilité et de componction à l'autel ? D'où a-t-il pris
cette imagination, que l'évêque qui entend la messe, offre
le sacrifice à raison de sa puissance d'autorité, d'une
manière plus relevée qu'un prêtre ou un simple fidèle qui
l'entendent ainsy ? « Un évêque, ajoute très solidement M.
« de Troyes, qui entend la messe sans célébrer, n'offre point
« le sacrifice autrement qu'un prêtre ou un simple fidèle
« qui y assistent en même tems ; ils l'offrent tous également
« par les mains de celuy qui célèbre, et s'il y a de la
« différence, ce n'est point la dignité, mais la charité, qui
« l'a faite entr'eux. » Mais que dira M. de Sens dans sa
seconde Instruction pastorale de 180 pages, quand il se
verra confondu sur tous les points ? « Oh ! si on n'est pas
« content de mes raisons mystiques, on n'a qu'à en donner
« de meilleures.» Encore un trait de ce prélat au sujet de la
critique qu'il fait des rubriques de Troyes. Il avoue en
termes formels que « l'on n'a point entrepris dans le nou-
« veau missel de retrancher aucune des fêtes ni des messes
« qui doivent être célébrées en mémoire de Marie.» Cependant, à la marge, à côté de ces mots, on lit, aussy bien que
dans la table, ces paroles : « Fêtes et messes ôtées à la
« Sainte Vierge par le nouveau missel. » Après cela, comme
la composition de ces messes n'est pas de son goût, ou plutôt parce qu'il a envie de se mettre de mauvaise humeur,
il chicanne pour la satisfaction de dire et répéter avec
emphase qu'on a prétendu diminuer, affoiblir et dégrader

le culte de la Sainte Vierge. Sur quoy M. de Troyes, après l'avoir convaincu de mauvaise foy et de la malignité la plus évidente, luy déclare que, s'il a de la religion et de l'honneur, il luy doit une réparation authentique d'une calomnie si atroce avancée publiquement et qu'il a droit. luy, M. de Troyes, d'exiger cette réparation. Mais étoit-on dans un tems où l'on pouvoit espérer quelque réparation des calomnies les plus évidentes et les plus graves ?

Pour ce qui regarde la foy, les changemens qu'on a faits au missel de Troyes font trembler M. Languet, du moins il affecte de le dire. Quoi ! auroit-on donc changé dans ce missel le canon de la messe ? auroit-on retranché quelqu'une des principales parties de la messe ? Nullement. On y a changé des introïts et des graduels, pour les assortir au principal objet que l'épître et l'évangile de chaque messe présentent. Encore d'où les a-t-on tirés, ces introïts et ces graduels ? Des propres paroles de l'Ecriture Sainte. Malgré cela, « c'est avec crainte, c'est avec douleur, dit « tendrement M. Languet que nous envisageons les suites « de ces singularitez, et que nous en prévoyons le danger.»

Mais ces suites funestes, ces dangers, ne sont-ils pas à craindre dans le missel de Sens, et dans ceux de presque toutes les autres églises ? Y en a-t-il une seule qui, comme ce prélat voudroit le faire entendre, conserve ses anciens missels sans changement ? N'importe : il faut déclamer, quand on pourroit s'exposer, par de pareilles déclamations, à faire penser qu'on ne croit pas soy-même un seul mot de ce qu'on dit. Mais encore, quel est le sujet des alarmes de M. de Sens? C'est que, dans ces textes de l'Ecriture, on a voulu insinuer les erreurs de Jansénius et de Quesnel. Mais si la doctrine de ces deux grands hommes étoit erronée, seroit-il possible que l'Ecriture Sainte fut propre à la favoriser par des textes formels et complets? Oui, répond hardiment M. de Sens, et la chose est ainsy, par exemple, dans le graduel du dimanche de la Septuagésime. A ce texte, qui est de Jésus-Christ même : « La porte de la

« vie est petite, le chemin qui y mène est étroit, il y en a
« peu qui le trouvent. » on a joint cet autre texte, de saint
Paul : « Ayez soin d'opérer votre salut avec crainte et
« tremblement, car c'est Dieu qui opère en vous le vouloir
« et le faire selon qu'il luy plaira. » Que résulte-t-il de là ?
Est-ce que ces textes ne sont pas chrétiens ? « Ils le sont,
« dit le grand défenseur de la bulle, chacun à part ; mais
« réunis ensemble et placés comme concourant à la même
« idée, ils présentent un autre sens ; et ce sens est une
« erreur, savoir, que si la porte du Ciel est étroite, pour-
« quoi l'est-elle ? C'est parce que c'est Dieu qui opère en
« nous les bonnes œuvres, selon son unique bon plaisir. »
Etrange théologie qui ne voit pour les fidèles que du
désespoir, si on leur dit avec l'Ecriture, que leur salut est
entre les mains de Dieu, et que c'est de sa toute puissante
miséricorde qu'ils doivent l'espérer ! Au reste, faut-il être
surpris d'une pareille prétention de la part d'un prélat qui
trouve *insupportable* la lecture de l'épître de la 6e férie de
la seconde semaine de l'Avent, c'est-à-dire précisément les
premiers versets du 62e chapitre d'Isaïe, qui renferment
une des plus magnifiques prophéties de l'Église, et où, au
contraire, M. de Sens aperçoit quelque chose de si affreux,
qu'il ne craint pas de pousser le blasphème jusqu'à dire que
la pudeur l'empêche de critiquer au long le choix bizarre
qu'on a fait de cette épître ? Il est pareillement choqué que
dans une secrète l'on dise à Dieu humblement qu'il ne doit
sa sagesse à personne, *quam nullis debes*. Il est encore
blessé d'un passage de saint Paul aux Ephésiens, IV, 17-19,
qui marque l'état d'aveuglement où étoient les gentils,
et qui pourroit, selon luy, favoriser l'erreur (prétendüe)
que *la foy est la première grâce*. Il trouve, tant il est
pénétrant, qu'un texte contenant dans saint Paul une
proposition particulière, forme dans le missel (quoiqu'on
n'y ait rien ajouté ni retranché) une proposition générale
qui luy déplaît. Pour ce qui est des passages de l'Écriture
qui avertissent, et qui prouvent qu'il faut rapporter à Dieu

toutes ses actions par un motif d'amour, M. de Sens continue de regarder comme *intolérable* cette doctrine, et comme l'extinction des vertus distinguées de la charité. En un mot, ce qui fâche M. de Sens, ce qui le trouble et l'irrite dans les passages des livres saints qui composent les introïts et les graduels du missel de Troyes, c'est proprement ce qui est opposé aux erreurs réellement *intolérables* dont il s'est si hautement déclaré le défenseur.

A l'égard de M. de Troyes, il a composé pour la deffense de son missel, trois instructions pastorales, dans lesquelles on voit un prélat qui se deffend avec autant d'avantage que de modération : ne s'éloignant jamais des vûes qui ont dirigé la composition de son missel, et y ramenant toujours un adversaire, qui de son côté, ne paroît, selon son ancienne méthode, avoir d'autre but que d'en imposer à ses lecteurs. Car si on retranchoit des instructions pastorales de cet archevêque contre son suffragant les pures déclamations et une frivole érudition fastueusement employée pour prouver la plupart du tems ce que personne ne conteste, il n'y resteroit qu'une passion déraisonnable de tout critiquer, accompagnée de hauteur et d'amertume, et fondée sur des chicanes, des artifices, des infidélités, des défiances affectées, des soupçons injustes et pleins de malignité. M. de Troyes a fait voir tout cela dans ses réponses.

Six prélats de France, dont M. de Sens étale les témoignages, et dont aucun n'a dit avoir lu le missel de Troyes, le trouvent toutes fois rempli de nouveautez dangereuses. En conséquence, ils n'ont pas manqué de prodiguer leurs louanges à l'archevêque qui les fait parler, en même tems qu'ils n'ont pas épargné leur censure contre son illustre adversaire. Comme les noms et la réputation des témoins ne laissent pas de donner souvent du poids à leur témoignage, il est bon qu'on sache que [ces] six approbateurs et panégyristes de M. Languet et de sa doctrine contre M. Bossuet sont : MM. de Saint-Albin, archevêque, duc de Cambray ; de Tencin, archevêque d'Embrun : de Brancas,

archevêque d'Aix ; Madet, évêque de Chàlon-sur-Saône ;
Lallement de Bez, évêque de Seez ; Hardouin de Chaslon
de Maisonnoble, évêque de Lescar. M. de Sens pouvoit
encore se vanter d'avoir eu pour luy le supplément jésuitique.

Enfin, après tant d'écrits de part et d'autre, M. l'évêque
de Troyes, pour faire cesser les disputes *dont le fruit,*
dit-il, *n'est que la discorde et la dissension,* crut devoir
donner une quatrième instruction pastorale, en forme
d'ordonnance, dans laquelle il fait voir la droiture et la
pureté de ses intentions dans la composition du nouveau
missel ; il y déclare qu'il ne se propose pour objet que la
paix et l'édification de ses ouailles, et que, comme il n'a
rien fait dans un esprit d'innovation et de singularité, il
veut faire voir aussy qu'il est encore plus éloigné de tout
esprit de dispute et de contention. « Dès le moment que la
« doctrine du missel est en sûreté, ajoute-t-il, et qu'il ne
« s'agit que d'un point de rit ou de cérémonies qui n'ap-
« partient qu'à la discipline, nous sommes véritablement,
« dans le cas où il est non seulement permis, mais hono-
« rable à un évêque de sacrifier son sentiment particulier
« [quoiqu'il luy eût paru fondé sur de bonnes raisons]
« au bien de la paix et au désir d'éloigner tout ce qui
« pourroit la troubler. » En conséquence, il ordonna que le
terme *submissiori voce* ne pourroit s'entendre, selon ses
intentions, que de la même manière que ceux de *secreto* et
submissa voce, que les prêtres récitassent à l'autel les
parties de la messe qui se chantent au chœur, et ajouta
l'ordre exprès de réciter le *Confiteor* avec les autres
prières ordinaires avant la communion des fidèles pendant
la messe. Enfin il ordonna qu le dispositif du mandement
fût imprimé sur une feuille séparée, pour être mis à la
tête de tous les exemplaires du nouveau missel, comme il
s'en trouve encore aujourd'huy en plusieurs églises du
diocèse. Cette ordonnance est dattée du 15 octobre 1738.
Ainsi le missel, à l'exception de ces articles, est resté au

diocèse, tel qu'il a été composé, et toutes les églises s'en
servent, non seulement sans scandale pour la doctrine,
mais encore avec édification. D'ailleurs il est imprimé chez
Pierre Michelin, en beaux caractères et beau papier, et il
fait honneur à la typographie troyenne.

Les disputes excitées par la publication du nouveau
missel de Troyes donnèrent occasion à Dom Charles-
François Toustain, prêtre, religieux, bénédictin de la
congrégation de Saint-Maur, mort à Saint-Denis en France,
le 1er juillet 1754, de faire des recherches dans les anciens
monumens sur le secret des saints mystères, et sur la
manière dont on prononçoit anciennement les paroles de
la consécration. Il composa sur ce sujet un ouvrage assez
étendu, où règne une critique fine et pleine de sagesse. Cet
ouvrage étoit entre les mains de M. l'abbé Oliva, bibliothécaire de M. le cardinal de Soubise (1).

MM. les évêques d'Apt et de Marseille ayant reproché
à M. Colbert, évêque de Montpellier, d'avoir donné à un
furieux [M. Gaulthier](2), un blanc-seing pour faire paroître

(1) Jean Oliva, né en 1689 à Rovigo, connut à Rome le Cardinal
de Soubise qui se l'attacha et en fit son bibliothécaire. Jean Oliva
mourut à Paris en 1757. Il a laissé des traductions et quelques
dissertations sur divers points d'érudition. Le cardinal n'eut qu'à
se louer du choix qu'il avait fait. Sa bibliothèque devint le centre
de l'érudition et l'asile des savants étrangers. Trente-six années
de recherches continuelles enrichirent prodigieusement le dépôt
confié à l'infatigable abbé Oliva ». Il avait fait, en 25 vol. in-fol.,
le catalogue manuscrit de cette bibliothèque. Cf. *Nouveau dictionnaire historique*, par une société de gens de lettres, Caen, 1789,
t. VI, p. 566 ; Ladvocat, *Dictionnaire historique*, Paris, Didot,
1760, t. II, p. 372.

(2) Jean-Baptiste Gauthier (1685-1755), né à Louviers, fut le
théologien de M. de Langle, évêque de Boulogne, et ensuite de
M. Colbert, évêque de Montpellier. Il a publié un grand nombre
de brochures contre les incrédules et sur les querelles du temps.
Signalons : *Le poème de Pope intitulé* Essai sur l'homme
convaincu d'impiété, 1746, in-12 ; — *Lettres théologiques....
contre le système impie et socinien des PP. Hardouin et
Berruyer*, 1756, 3 vol. in-12 ; — *Critique du ballet moral dansé
dans le Collège des Jésuites de Rouen*, 1756, in-12 ; — *Les*
Lettres persanes *convaincues d'impiété*, 1751, in-12.

tout ce qu'il jugeroit à propos sous son nom, M. de Montpellier leur répond : « qu'il est bien éloigné de penser que « le rang que les évèques occupent dans l'Eglise soit une « raison de ne pas consulter les théologiens habiles, qu'ils « font bien de consulter les personnes éclairées de leur « clergé.... que pour luy il se fait un devoir d'aller plus « loin.... qu'il ne peut s'en repentir.... et qu'il leur conseille « pour le bien de l'Église, pour l'honneur de l'Episcopat, et « pour le leur en particulier, de faire la même chose.» Mais quoique M. de Montpellier consultât, ses ouvrages étoient vrayment de luy. Il en donnoit le plan, il en revoyoit exactement tous les morceaux, et non seulement pour le fond des choses, mais pour le style et les expressions, il y mettoit sa propre forme, son goût, son langage, et, pour ainsy dire, son empreinte. Aussy trouvet-on en tous un esprit d'unité et cette magnanimité vrayement épiscopale qui luy est propre, et qui caractérisoit ce qui sortoit de sa plume.

M. Bossuet tenoit exactement la même conduite, il s'attachoit à consulter d'habiles théologiens, leur donnoit le plan de ce qu'il vouloit faire, revoyoit leur ouvrage et y mettoit la dernière main.

Dans la dispute au sujet du nouveau missel, comme la ville de Troyes avoit reçu dans son sein M. Petitpied au retour de son premier exil, et que M. Bossuet l'avoit honoré de sa protection, il crut qu'il méritoit bien qu'il le secourût et qu'il lui donnât part dans ses travaux. Il composa donc pour M. Bossuet une première instruction pastorale dattée du 8 septembre 1737. Il y justifie contre les contradicteurs les rubriques et cérémonies établies par le nouveau missel, aussi bien que plusieurs usages du diocèse qui y étoient rappelés ; et passant, dans une seconde instruction pastorale du 27 septembre de la même année, à un objet beaucoup plus important, il y deffend divers points du dogme catholique, mais surtout le précepte d'aimer Dieu de tout son cœar, et de luy rapporter toutes ses actions, devoir auquel le prélat censeur donnoit de dangereuses atteintes.

Ces deux instructions pastorales furent suivies d'une troisième, en date du 1er may 1738. M. Petitpied y prend la défense de plusieurs rubriques, cérémonies, rites anciens propres à l'Eglise de Troyes sur la manière d'administrer la communion aux fidèles, de réciter le canon de la messe et sur la décoration des autels, etc., que M. Bossuet avoit jugé à propos de conserver ou de rappeler ; et il paroit par cet ouvrage, que M. Petitpied n'étoit pas moins versé dans les matières liturgiques que dans celles qui ont pour objet le dogme et la doctrine de l'Église.

M. de Troyes donna l'année suivante, comme il est dit cy-dessus, une quatrième instruction pastorale, pour répondre à différentes accusations que formoit contre luy M. l'archevèque de Sens sur quelques points de doctrine. M. Petitpied, non seulement n'est pas l'auteur de cette dernière instruction pastorale, et il n'est pas inutile ni difficile de le remarquer, mais même il en fut très affligé, ainsy que tous les gens de bien.

Il y a lieu de croire que M. Bossuet donna premièrement à M. Petitpied le plan et le fond de ce qu'il vouloit répondre à M. Languet, parce qu'on sait bien certainement que, lors de ces disputes sur le Missel, M. Bossuet pria M. Collard, supérieur du petit séminaire, de luy envoyer un jeune théologien bien entendu, et dont l'écriture fut bonne, afin d'écrire sous sa dictée ce qu'il avoit à répondre à M. Languet. M. Collard luy envoya M. Huet, qui étoit un de ceux qui faisoient le mieux en théologie. M. Huet a rapporté depuis à ses amis qu'il avoit été surpris de la profondeur des lumières et de la facilité du prélat, et ajouta même que sa plume avoit peine à suivre les réflexions du prélat.

Je crois, avant que de finir l'histoire des disputes au sujet du nouveau missel, devoir dire que M. Remy Breyer, docteur de Sorbonne, appelant et chanoine de l'église de Troyes, ne s'est uni aux opposans que parce qu'on avoit touché à quelques rubriques auxquelles il étoit très attaché, mais quand il a vu que M. Languet attaquoit la doctrine du Missel, il en a été indigné et s'est bien repenti de son union aux opposans.

Dispute avec M. de Tencin

M. Bossuet avoit encore une dispute avec M. de Tencin, archevêque d'Embrun, relativement aux ouvrages posthumes du grand évêque de Meaux, et aux instructions pastorales de feu M. Colbert, évêque de Montpellier. On sait que la doctrine de M. de Tencin, très zélé constitutionnaire, ne s'accordoit point avec celle de MM. de Troyes et de Montpellier. M. d'Embrun s'étoit joint aux jésuites pour déclarer que les ouvrages posthumes de M. de Meaux, ou n'étoient point de luy, ou avoient été falsifiés. Dans la seconde instruction que M. de Troyes donna, en 1734, pour la justification du livre des *Médilations*, ce prélat répondit en même temps à M. d'Embrun, et luy montra qu'il étoit certainement dans l'erreur. M. de Montpellier avoit donné l'année précédente une instruction pastorale, où il avoit inséré divers textes des *Médilations* pour prouver que les gentils, qui sont les branches de l'olivier sauvage, devoient craindre un traitement semblable à celuy des juifs, s'ils imitent leur ingratitude. De là M. de Tencin, dans une instruction pastorale du 5 août de la même année, prit occasion d'accuser M. de Montpellier d'enseigner la défection du ministère de l'Église, et dit que l'auteur des *Médilations*, dans les textes cités par M. de Montpellier, *annonçoit la défection et l'apostasie générale du Ministère*. Il parut plusieurs lettres et instructions de ces prélats, soit

pour constater la réalité de l'accusation, soit pour justifier
et déclarer leur innocence. M. de Tencin écrivit à M. de
Troyes une lettre datée du 27 octobre 1737 et imprimée en
1738, quoiqu'elle fut réellement du 27 octobre 1737.

M. Bossuet entreprit sa justification et celle de M. de
Montpellier ; cet ouvrage de notre prélat auroit dû paroître
en 1739, et il se disposoit à le publier, lorsqu'on le fit entrer
dans l'accommodement qui enfanta la quatrième et dernière
instruction pastorale et ordonnance au sujet du Missel,
ordonnance qui déplut fort aux honnêtes gens, qui la regar-
dèrent comme une absence d'esprit, produite par le grand
âge et les infirmitez du prélat, ou comme une punition du
silence qu'il avoit gardé sur la guérison de Mme de Mégrigny,
religieuse de Notre-Dame. L'ouvrage dont nous parlons ne
parut qu'après la mort de M. Bossuet en 1774, sous le titre
de *Projet de réponse de M. Bossuet, évêque de Troyes,
à M. de Tencin, archevêque d'Embrun, communiqué
aux ecclésiastiques du diocèse de Troyes pour leur
instruction*. Cet écrit n'est que de 42 pages in-4°, mais
tout y porte coup ; et il en est peu qui réunissent autant
d'agrément, d'énergie et de solidité dans les expressions et
dans les choses.

M. de Troyes montre à M. de Tencin, par une foule de
preuves accablantes, que M. de Montpellier enseigne
positivement le contraire, et n'a jamais pensé à appuyer de
l'autorité de M. Bossuet, évêque de Meaux, une erreur que
luy-même n'a jamais enseignée. Après avoir justifié sur
cela le grand Colbert, de la manière la plus triomphante
et la plus claire, il parle ainsi à M. de Tencin : « Si cepen-
« dant, par surabondance de droit, vous voulez une nouvelle
« preuve de sa catholicité, lisez son ouvrage posthume
« contre les erreurs du Père le Courayer (1) : *defunctus
« adhuc loquitur*. Que ne dit-il pas pour établir l'unité,

(1) Le P. Le Courayer, né à Rouen en 1681, appartint aux
chanoines réguliers de saint Augustin. Il fut bibliothécaire de
Sainte-Geneviève. Il était d'opinions jansénistes. Il publia une

« l'infaillibilité, l'indéfectibilité de l'Eglise, la primauté du
« Pape, et tous les dogmes que les derniers sectaires se
« sont efforcés d'abolir ? Comme M. de Montpellier, vous
« avez publié, Monsieur, une instruction pastorale contre
« le Père le Courayer. Avez-vous mieux défendu la cause
« de l'Eglise ? Trouve-t-on dans votre ouvrage plus de
« lumière et le dogme mieux présenté, les erreurs plus
« puissamment réfutées ? O prévention, que tu es aveugle ?
« Tu poursuis comme destructeur de l'Eglise, un évêque qui
« meurt les armes à la main contre les ennemis de l'Église !
« Tu l'accuses d'anéantir les promesses faites à l'épouse de
« Jésus-Christ ; et ceux qui les anéantissent n'ont pas de
« plus redoutable adversaire que luy ! »

Ce qui fait que M. de Saléon, évêque de Rodez, paroit
à son tour dans cette réponse à M. de Tencin, c'est que
celui-ci, invité et défié de marquer les erreurs qu'il prétendoit avoir été avancées par M. de Troyes, l'avoit renvoyé
à M. de Saléon, qui, selon luy, s'en étoit acquitté avec une
force, une netteté, une précision ou luy-même, M. de
Tencin, n'auroit pu atteindre. « Qu'un évêque est à plaindre,
« dit sur cela M. de Troyes, quand il ne voit que par les
« yeux des Jésuites ! Il appelle le bien, mal, et le mal, bien ;
« il croit être l'humble disciple des Pères de l'Eglise, et il
« n'est que l'écho d'un Julien le Pélagien. » M. de Troyes fait
donc voir que M. de Saléon ne trouve des erreurs dans ses
Mandemens, que parce que luy-même est dans l'erreur. En
effet, il avoit entrepris de montrer que M. de Troyes étoit
tombé dans une erreur pernicieuse, parce qu'il ne reconnoissoit point d'amour mitoyen entre la charité et la
cupidité. M. de Troyes avoue cette prétendüe erreur, et l'on
peut dire même qu'il s'en glorifie, puisque (selon les textes
qu'il cite) elle luy est commune avec saint Augustin, saint

Dissertation sur la validité des ordinations anglicanes,
Bruxelles, 1723, 2 vol. in-12, qui fit grand bruit et suscita des
polémiques passionnées. Le P. Le Courayer passa en Angleterre
en 1728 et y mourut en 1776.

Léon, saint Césaire, saint Grégoire, le clergé de France et le grand Bossuet, qui établissent tous disertement qu'il n'y a point de milieu entre la charité et la cupidité. Cependant M. de Rodez regarde ce principe comme pernicieux ; et une des conséquences horribles qui en naissent, selon luy, par rapport à la religion, c'est que Dieu « n'a pu créer l'homme « dans l'état que les théologiens appellent de pure nature. »

« Mais je demande, — dit M. de Troyes, — quel intérêt « la religion prend à l'état de pure nature, si ce n'est pour « le condamner ? » Et comme la possibilité de cet état n'intéresse M. de Saléon que parce qu'il suppose que nous y sommes [dans un] amour mitoyen, M. de Troyes ajoute : « Et où le trouve-t-on, cet amour mitoyen ? Les divines « Ecritures lui assignent-elles des devoirs? L'Église en « recommande-t-elle la pratique à ses enfans? Fait-il l'objet « de quelques-unes de ses prières ? Que M. de Rodez nous « dise à laquelle des demandes du *Pater*, il le faut rapporter.» Si l'amour mitoyen que soutient M. de Rodez, est, comme il le prétend, le principe d'une infinité *d'actions*, sa morale soustroit, donc, comme le remarque M. de Troyes, une infinité d'actions au premier précepte du Décalogue, — morale, au reste, qui doit être de tous les constitutionnaires rigides et conséquens, puisque M. de Saléon ne fait que suivre en ceci le sens littéral de la Constitution. Cette morale, ajoute M. de Troyes, « introduit dans la religion « deux ordres de préceptes, deux ordres de devoirs, deux « ordres de vertus, les unes plus parfaites, les autres « moins, mais toutes irrépréhensibles. Elle partage la vie en « deux tems, dans l'un desquels le chrétien peut dire à J.-C : « Vous ne m'êtes pas nécessaire. » Elle inspire à l'homme, en « certains tems, de s'approcher de Dieu, sans médiateur. « Elle apprend à déposer la qualité de chrétien dans tous « les tems destinés à l'exercice de l'amour mitoyen. M. de « Saléon, — demande son illustre collègue, — a-t-il apperçu « toutes les conséquences des principes qu'il a établis. »

Ce n'est pas tout, on lui rapporte des passages du grand

Bossuet, où son amour mitoyen est mis en poudre. On lui fait voir que, pour ce sçavant évêque, tout est charité ou cupidité. « C'est, continue-t-on, le langage de la tradition, « qui ne connoit que deux sortes de citoyens, les citoyens « de Jérusalem et les citoyens de Babylone ; l'amour de « Dieu jusqu'au mépris de soi-même fait les premiers ; « l'amour de soi-même jusqu'au mépris de Dieu fait les « seconds. L'amour mitoyen forme-t-il des citoyens d'une « troisième espèce ? Qui n'est pas avec moy, dit J.-C., est « contre moy. Qui ne recueille pas avec moy dissipe. « Quelle est donc cette profane nouveauté que l'on nous « débite comme un dogme salutaire ? La fin de tous les « préceptes est la charité, *finis præcepti est charitas*. Si « Dieu ne commande que la charité, obéit-on à Dieu, « lorsque l'on fait des actions qui n'ont la charité pour « principe en aucun degré ? »

Cette vérité est poussée avec beaucoup de force contre M. de Rodez et une grande abondance de preuves.

« Avouez, Mgr, dit M. de Troyes à M. de Tencin, qu'il « est humiliant pour M. de Rodez et pour vous, qu'il ne « faille pour vous répondre, que transcrire ce que « saint Augustin écrivoit il y a treize cens ans contre un « Pélagien. »

M. de Troyes termine sa réponse en observant que, lorsque M. de Tencin le renvoye à M. de Rodez pour être instruit de la foy de l'Église, il luy donne « un maitre qui « auroit besoin de devenir disciple, puisqu'il ignore les « premiers dogmes du christianisme. » Ce prélat avoit proposé à son illustre collègue, pour terminer toute dispute entre eux, de recourir à l'autorité du St-Siège. « Est-ce, « répond M. Bossuet, pour apprendre si c'est Dieu seul qui « nous sauve ? Nous n'avons pas besoin d'aller à Rome. Il « suffit d'aller au catéchisme. Si c'est pour prononcer sur « des questions plus difficiles, j'y consens, à une condition, « c'est qu'auparavant nous nous unirons pour demander au « Pape la publication de la Bulle contre le livre de Molina.

« Elle est toute dressée, la mort seule de Clément VIII en
« ayant suspendu la publication. Cette démarche [vaut
« mieux] que celle que me propose M. de Rodez. Tout ce
« que nous sommes d'évêques en France, unissons-nous
« pour demander à l'Église cette consolation dans les
« troubles qui nous agitent. Supplions en même tems S. S.
« d'autoriser par un décret solennel les XII articles de
« doctrine que le Pape Benoît XIII avoit promis de publier.
« Quand nous aurons obtenu du St-Siège ces deux points,
« s'il reste quelque difficulté entre M. de Rodez et moy, qui
« ne puisse être terminée par les évêques de France, nous
« aurons recours à l'autorité du St-Siège, dont le jugement
« sera d'autant plus aisé à obtenir, que l'affaire aura été
« préjugée par la publication des deux pièces dont je
« parle.... Que M. de Rodez, ajoute M. de Troyes en
« finissant, restitue à Dieu tous les mouvemens de notre
« cœur, qui luy sont dûs à titre de fin dernière. Qu'il
« reconnoisse avec saint Augustin, que sans l'amour du
« Créateur nul n'use bien des créatures. Qu'il confesse avec
« le Pape saint Grégoire qu'il n'y a point la moindre verdeur
« dans les branches de l'arbre qui produit les bonnes
« œuvres, s'il n'a la charité pour racine. Que ce prélat
« rende hommage à la toute-puissance de Dieu en confessant
« humblement que c'est à Dieu à incliner le cœur, à opérer
« dans la volonté le vouloir même ; que c'est luy seul qui
« convertit, qui justifie, qui sauve. Que M. de Rodez confesse
« ces articles fondamentaux de la religion, et je commen-
« cerai à l'écouter. Mais jusque là je ne pourrai le regarder
« que comme un homme qui résiste opiniâtrement à la vé-
« rité. Si je suis assez heureux, M., pour que ce que j'ay dit
« ait fait impression sur votre esprit, servez-vous du crédit
« que vous avez sur M. de Rodez, pour le réconcilier avec
« la vérité, qu'il a le malheur de combattre. Nous pouvons
« nous soustraire au jugement des hommes, mais nous ne
« pouvons nous arracher à celuy que la vérité rendra contre
« nous, si nous portons contre elle un faux témoignage.

« Travaillons à nous la rendre favorable dans le tems,
« puisqu'elle seule peut nous délivrer pour l'éternité. »

Graduel et Processionnal

Dans la même année 1739, M. de Troyes donna à son
diocèse le Graduel, ou livre de chant des messes, conformément au nouveau missel, et l'année suivante, 1740, il
publia le Processionnal, dont M. de Barral a donné une
nouvelle édition en 1769 (1).

Affaire au sujet de la députation à l'Assemblée du Clergé en 1740

L'Assemblée générale du clergé devoit se tenir, selon
l'usage, dans la présente année 1740. M. Languet n'avoit pu
parvenir à se faire députer aux Assemblées qui s'étoient
tenües depuis qu'il étoit monté sur le siége de Sens. Ses
suffragans ne vouloient pas, et pour cause, lui confier leurs
intérêts. Il n'en restoit plus que deux : M. de Nevers étant
mort depuis peu. Cette circonstance parut favorable à M. de
Sens pour s'assurer la députation. L'Assemblée provinciale
se tint chez luy le 10 May. On commença, comme à l'ordinaire, par y lire les procurations. Celle de M. d'Auxerre et
de son clergé, donnoit seulement pouvoir de faire et gérer
tout ce qui conviendra *pour le bien temporel du clergé*. M.
de Sens dit qu'il ne pouvoit l'admettre, n'étant pas conforme
au modéle dressé par l'Assemblée de 1700, qui porte : *pour le
bien temporel et spirituel du clergé*. L'omission avoit été
faite contre l'intention de M. d'Auxerre, qui, dans ses procurations, avoit toujours fait suivre le modèle de l'Assem-

(1) Cf. Courtalon-Delaistre, *Topographie historique*, etc., t. I,
p. 474.

blée. Le député du clergé de Sens et celuy de Nevers opinèrent de même, contre ceux d'Auxerre et de Troyes qui défendirent fortement la validité de cette procuration. Ainsi elle fut rejetée. Le député d'Auxerre fit ses protestations, et ceux de Troyes y adhèrèrent. Après quoy M. de Sens déclara que « par respect pour les ordres du Roy, il ne « nommeroit ni M. d'Auxerre, ni M. de Troyes pour député « du premier ordre. » A quoy le député de M. l'évèque de Troyes répliqua que M. de Sens ne pouvoit se dispenser de nommer l'un ou l'autre ; que, loin que le Roy l'eût défendu, les ordres de S. M. que luy, archevèque, avoit adressés à ses suffragans, supposent au contraire que chaque évêque donnera son suffrage pour un député du premier aussi bien que du second ordre, que M. l'archevèque étoit obligé de s'y conformer, et qu'en agir autrement, ce seroit violer les règles les plus indispensables, qu'au reste, si M. l'Archevèque avoit des ordres, il le suplioit de les montrer. Il répondit tout simplement que, s'il en avoit, il ne manqueroit pas de les produire, comme il persiste dans son refus. Les députés de Troyes protestèrent contre, et en demandèrent acte, ainsy que des dires de M. l'Archevèque, et de leurs réponses, ce qui leur fut accordé. L'acte fut signé par M. l'Archevèque et par tous les députés. Après que ceux d'Auxerre et de Troyes se furent retirés, M. de Sens fut député à l'Assemblée générale par le député de son clergé et par celui de Nevers. M. Dollet, doyen de Nevers, fut nommé député du second ordre (1).

M. de Sens avoit fait son calcul avant que de tenir son assemblée, il ne pouvoit compter que sur les voix du clergé de Sens et de celuy de Nevers. En donnant son suffrage à M. de Troyes ou à M. d'Auxerre, il faisoit la pluralité pour l'un ou pour l'autre ; c'est ce qui luy avoit fait prendre la résolution de ne point nommer,

(1) L'*Abrégé de l'Europe ecclésiastique*, Paris, Duchesne, 1758, p. 87, indique M. Nollet comme vicaire général de Nevers sous l'épiscopat de Mgr de Tinseau.

et de se prévaloir des intentions du Roy à luy connues, qu'il qualifia d'ordres, pour en imposer davantage. La tête pleine de son projet, il ne sçut pas tirer avantage du défaut qu'il n'avoit pu prévoir, mais que luy-même venoit de relever dans la procuration du seul député de l'évêque et du clergé d'Auxerre. Cette procuration étant rejettée, et son porteur exclus, il ne restoit plus que les deux voix des députés de Troyes, qui auroient nommé M. d'Auxerre. M. de Sens en avoit pareillement deux pour luy ; en donnant son suffrage à M. de Troyes, il y avoit égalité de voix entre luy et M. d'Auxerre. La marche étoit régulière, et il ne pouvoit douter que le partage ne fut levé en sa faveur par l'assemblée générale. Mais ces réflexions ne se présentèrent pas à son esprit préoccupé.

Le député d'Auxerre et les deux députés de Troyes se consolèrent de n'avoir pas été invités au dîner qui se donne toujours en pareil cas. Mais, avant que de partir, ils se firent délivrer une expédition en forme du procès-verbal de l'Assemblée provinciale, qui leur donnoit acte de leurs dires et protestations, et elle fut envoyée à M. d'Auxerre. Il la porta à M. de Troyes qui étoit malade à Paris, et il se chargea de faire les démarches nécessaires. Il consulta d'habiles avocats, à qui il ne fallut pas beaucoup de tems pour saisir l'irrégularité du procédé de M. de Sens, et la nullité de la députation faite de sa personne à l'assemblée générale. Le député de M. d'Auxerre et de son diocèse devoit être admis, quoique sa procuration ne fût pas en tout conforme au modèle donné par l'assemblée de 1700. Cette assemblée n'a pas prescrit qu'on s'y conformeroit mot à mot à peine de nullité, et les nullités ne se suppléent point.

M. de Sens, en refusant de nommer l'un des suffragans, se nommoit luy-même ; et en alléguant les ordres du Roy qui luy assuroient la députation par l'exclusion de ses suffragans, il devenoit « incapable pour jamais de tous emplois « dans les Assemblées provinciales et générales du clergé », ainsy qu'il avoit été conclu et arrêté par la délibération de l'Assemblée du clergé du 3 juin 1650. Pour ces motifs, et autres à déduire en tems et lieu, MM. d'Auxerre et de Troyes se rendirent opposans à ce que M. l'archevêque de Sens et M. Dollet ayent et puissent avoir entrée dans l'Assemblée générale du clergé. M. d'Auxerre en avoit prévenu M. l'archevêque de Paris, qui devoit présider à l'Assemblée ; ce prélat n'étoit pas du tout partisan de M. Languet, sur qui il exerçoit son talent pour les bons mots. Il fut bien aise d'avoir occasion de mortifier un homme qui se donnoit pour le coryphée des évêques, et qui parloit et écrivoit sur ce ton. Il se trouva plusieurs autres prélats, du nombre des députés, qui étoient dans les mêmes dispositions. M. d'Auxerre revint très content de sa visite chez M. l'archevesque.

L'Assemblée générale du clergé s'ouvrit le 23 mai. M. de Sens fut obligé de sortir et de ne point paroître aux premières séances dans lesquelles on délibéra sur les oppositions de MM. de Troyes et d'Auxerre. On nomma des commissaires à la tête desquels on mit M. de Narbonne [de Crillon], pour examiner cette affaire et en rendre compte ; mais, en attendant, M. de Sens fut admis, par provision seulement, dans l'Assemblée ; il fut même nommé président ; et, dans son remerciment, il dit qu'il y étoit d'autant plus sensible qu'il *s'y étoit moins attendu*. Dès que M. d'Auxerre en fut informé, il courut à l'archevêché pour se plaindre. « Quoi, dit-il à M. de Vintimille, vous êtes bon « gentilhomme, et vous ne tenez pas à votre parole ! — « Je n'y ai pas manqué, répondit l'archevêque, votre procès « ne pouvoit être si promptement jugé : il le sera quand les « commissaires auront fait leur rapport. Mais écoutez-moy, « mon cher seigneur, nous avons dans notre Assemblée « une affaire terrible pour le travail [c'étoit une vérifica-« tion des dettes des diocèses], il nous falloit un bœuf, « nous l'avons trouvé ; nous l'avons pris ; ne vous fâchez « pas.» Et comment se fâcher, quand on ne peut s'empêcher de rire ? M. d'Auxerre alla voir M. de Narbonne, chef de la commission, et il eut tout lieu d'en être satisfait, ainsy que des autres commissaires, surtout de M. de Die.

La présence de M. d'Auxerre à Paris pendant la tenûe de l'Assemblée, commençoit à faire peine à M. le Cardinal ; il y avoit des *Zelanti* qui en murmuroient hautement, et on vouloit les contenter. M. d'Auxerre qui en fut informé, écrivit à l'Eminence qu'il se disposoit à s'en aller. Étant de retour dans son diocèse, il ne perdit pas de vûe son procès avec M. de Sens, sur lequel il n'avoit pu parvenir à avoir un jugement. Il écrivit à M. l'Archevêque de Paris et luy manda qu'il avoit toujours compté sur les promesses réitérées qu'il luy avoit faites, et sur les marques d'amitié dont il les avoit accompagnées ; qu'il y a près de deux mois qu'il [en] attend les effets, et qu'il est tems enfin de luy rendre justice, ainsi qu'à M. de Troyes ; que l'affaire est simple, toute instruite ; qu'elle intéresse tout le clergé.

« Serions-nous forcés, ajoute-t-il, de nous pourvoir « contre un déni de justice de la part de nos confrères ? « J'espère que vous vous éviterez le chagrin d'en venir « à cette extrémité. » Il en écrivoit sur le même ton à M. de Narbonne, en luy disant que c'est par respect qu'ils ont différé si longtems de faire des sommations, et il envoya copie de ses lettres à M. de Troyes qui étoit resté à Paris : « Vous êtes aussi impatient, mon très honoré seigneur, « que méchant, lui répondit M. de Vintimille, de quoi je suis « fâché, car, à travers de tout cela, je ne laisse pas de « conserver pour vous les sentiments d'amitié et de consi-« dération que vous me connoissez depuis bien des années. « Les affaires du Roy doivent passer devant, et les affaires « générales de tout le clergé doivent être préférées à celles « d'une province ; on ne fera point de tort à la vôtre pour « l'avoir retardée. Dites donc votre *meâ culpâ* sur votre « impatience, et soyez persuadé du respect, etc, »

M. de Troyes, après avoir lu la copie des lettres de M.

d'Auxerre, alla trouver M. de Narbonne qui s'expliqua plus
ouvertement de vive voix ; il luy dit : « Si vous forcez de
« juger, le jugement sera contre vous, et l'Assemblée n'en
« rougira pas. » Cet archevêque étoit convaincu de la justice
des demandes de MM. de Troyes et d'Auxerre ; mais il voyoit
jusqu'où se pouvoit porter le zèle aveugle de plusieurs
prélats, qui n'auroient rougi que d'avoir jugé en faveur de
prélats opposés à la Constitution.

Cependant les commissaires firent leur rapport le 30
juillet, et, après un assez long débat, la pluralité fut contre
M. de Sens ; mais le jugement ne fut pas écrit. Ce prélat
en manda le détail à M. de Mipons, son neveu, à qui il dit
que les commissaires avoient rapporté l'affaire *brusque-
ment et sans l'avoir entendu*, mais qu'il avoit eu pour
luy *les plus saints et les plus respectés de tous les prélats*, que la Cour avoit du mécontentement et que M. le
Cardinal luy *a fait savoir* d'aller aux assemblées à l'ordinaire. « J'y retourne, dit M. Languet, j'y préside de tems
« en tems ; j'y opine en tour de province, *et personne ne
« me dit mot.* » C'est là le langage d'un homme qui sait
bien qu'il n'est que toléré. N'importe, il étoit de l'Assemblée, et il disoit comme le jésuite Binet : « Soit de bond, soit
« de volée, que nous en chaut-il, pourvu que nous prenions
« la ville de gloire ? » Sa lettre à M. de Mipons courut dans
Dijon, il en vint des copies à Paris, et on ne fut pas content
de voir la sainteté dévolue aux partisans de M. de Sens,
et les autres accusés, contre la notoriété, de l'avoir jugé,
sans l'entendre.

On ne trouve point dans le procès-verbal de l'Assemblée le jugement définitif dont se plaint M. de Sens, mais
seulement la délibération, où ce prélat demanda humblement d'être admis provisoirement, et sortit ; et le rapport
de M. de Narbonne qui fit un exposé très exact des moyens
d'opposition de MM. de Troyes et d'Auxerre, et des défenses de M. de Sens, sur lesquelles il ne pouvoit manquer
d'être condamné. Pour se justifier du refus de nommer un

député du premier ordre, M. de Sens avoit cité les canonistes, qui disent qu'une élection n'est pas nulle par le
défaut de la voix d'un des électeurs qui refuse de la donner.
Mais y a-t-il des canonistes qui disent que l'un des électeurs peut s'abstenir de renoncer, quand, par ce moyen, il
s'assure d'être élu luy-même ?

On trouve aussi dans le procès-verbal la lettre de M.
de Maurepas, du 27 mai, à M. l'Archevêque de Paris, par
laquelle il luy marque qu'ayant rendu compte au Roy des
lettres à luy écrites par MM. de Troyes et d'Auxerre, Sa
Majesté désirant maintenir le clergé dans l'usage où il a
toujours été de décider sur la validité des protestations,
son intention est que l'Assemblée prenne connoissance de
cette contestation, et y statue provisoirement ou définiti-
vement. Ce procès-verbal ne parut imprimé que dans le
mois de décembre 1742. M d'Auxerre écrivit à M. de Narbonne qu'il venoit de lire avec la plus grande satisfaction
le rapport de sa contestation avec M. de Sens, où ses raisons sont mises dans le plus grand jour, et qu'il se hâte de
luy en marquer toute sa reconnoissance. M. de Narbonne
luy répondit qu'il étoit charmé d'avoir occasion de luy
prouver son respectueux et sincère attachement. M. l'évêque de Die, [de Cosnac]. à qui M. d'Auxerre fit aussi son
remercîment, s'expliqua plus ouvertement : « Nous avons,
« dit-il, aussi peu mérité votre reconnoissance que le mé-
« contentement de M. l'Archevêque de Sens. Dans le juge-
« ment que nous avons rendu, nous n'avons cherché ni à
« vous plaire, ni à l'humilier ; sa condamnation n'est point
« notre ouvrage ; c'est le procès-verbal de son Assemblée
« qui l'a jugé. »

M. l'Archevêque de Tours (1) luy marqua qu'il eût été à

---

(1) Louis-Jacques Chapt de Rastignac (1680-1750), était un défenseur zélé de la bulle *Unigenitus* qu'il soutint dans des lettres,
des mandements et des instructions pastorales. C'est sans doute
pour cette raison que le biographe de Bossuet a relevé si soigneusement son témoignage.

souhaiter que l'Assemblée luy eût rendu plus promte justice : « Il me paroit, dit-il, qu'elle le pouvoit et qu'elle le
« devoit. »

Démission de M. Bossuet

M. de Chazot, Président au Parlement de Metz, neveu
et donataire de M. Bossuet, voyant son oncle très
avancé en âge, voulant mettre ordre à ses affaires et pensant surtout à éviter les discussions désagréables qu'il
faudroit avoir avec un successeur, par rapport aux répa-
rations de l'évêché, imagina prudemment que le moyen le
plus sûr pour faire sur cela un arrangement utile, étoit que
M. son oncle se démît de son vivant. M. de Troyes étoit
alors à Saint-Lyé, maison de campagne de son évêché (1)
avec quelques ecclésiastiques de confiance, trop attachés à
sa personne et trop sensibles aux vrays intérêts du diocèse,
pour donner les mains à un pareil projet. On commença
par les éloigner, et, pour la plus grande sûreté, on pensa à
faire venir le prélat à Paris. Comme on savoit sa situation
à la Cour, il fallut avoir l'agrément du cardinal ministre.
M. de Chazot en parle à son Eminence qui fait d'abord des
difficultez, mais qui y consent enfin, à condition qu'on
répondroit des démarches de M. de Troyes. On ne sait si le
Président accepta formellement la condition. Ce qu'il y a
de certain, c'est qu'il alla joindre le prélat à sa maison de
campagne, où madame de Chazot étoit déjà depuis quelques mois. Le premier soin du neveu fut de concentrer en
luy-même tout le conseil de l'oncle, et de déclarer qu'il n'y

(1) Sur Saint-Lyé, cf. Courtalon-Delaistre, *Topographie historique*, etc., t. III, p. 61.

avoit que luy qui fût en droit de conduire et régler les affaires de M. de Troyes. On conçoit aisément quelle dût être la surprise des ecclésiastiques de mérite qui avoient eu jusques là la confiance du prélat. L'un d'eux luy en écrivit ; et, dans la crainte que la lettre ne fût supprimée, il en fit une seconde que l'on trouva le moyen de glisser dans le lit de celuy à qui elle étoit écrite. Le succès n'en fut pas heureux, on n'avoit pas prévu que M. de Troyes s'offenseroit des justes plaintes qu'on luy faisoit à luy-même des procédés de son neveu ; il en fut piqué, au point qu'il demanda à partir sur-le-champ pour Paris. C'étoit la veille du dimanche des Rameaux, et l'on ne pouvoit se mettre en route que le lendemain. M. de Chazot ayant trouvé de l'inconvénient à partir ce jour-là, le départ fut remis réellement au lundy de la semaine sainte, mais en apparence au mercredy, afin de se débarrasser de l'importunité des adieux que le clergé de Troyes se seroit sans doute empressé de faire à l'illustre vieillard, quoiqu'il fut en effet concerté avec le bon évêque qui n'étoit pas en état alors de faire le voyage, étant fatigué d'un très grand dévoyement pour lequel on n'eut aucun égard. Arrivé à Paris, il y fut, pour ainsy dire, gardé à vüe, jusques là qu'il n'étoit permis à qui que ce soit de le voir qu'en présence de M. ou de Mme de Chazot ; et que les lettres même de ses grands vicaires ne pouvoient pénétrer jusqu'à luy. On a refusé même l'entrée de sa chambre à M. l'Archevêque de Paris et à une dame de la première qualité. M. l'abbé de Pomponne eut sur cela une préférence dont on ne sera pas surpris lorsqu'on saura que cet abbé fut choisi pour faire goûter au prélat le projet de la démission. Quelqu'habile que fût le négociateur, tout le monde convient qu'il n'est redevable du succès de sa négociation qu'au poids des années et au nombre des infirmitez, et qu'on profita de l'engourdissement d'esprit où ce prélat étoit tous les jours pendant quelques heures, pour luy faire signer sa démission ; on poussa même l'indignité jusqu'à faire afficher dans Paris sa bibliothèque à vendre (1), tandis qu'on le retenoit captif dans sa propre maison, et qu'on ne laissoit approcher de sa personne aucun de ses amis, non pas même celuy qu'il avoit prié de dire la messe dans sa chapelle et auquel on refusa la porte. La démission étant faite, cet abbé la remit à M. de Chazot, « comme un bon moyen,

(1) La bibliothèque de Troyes possède un exemplaire du catalogue de cette vente qui eut lieu dans « une des salles du couvent des RR. PP. Augustins » : *Catalogue des livres de la Bibliothèque de Messieurs Bossuet, anciens Evêques de Meaux et de Troyes, qui se vendra à l'amiable, le lundi 3 décembre 1742...* Paris, Pierre Gandouin, Piget et Barrois fils. M.DXCC.XLII. In-8°, 104 pp. — M. Brunetière a inséré au *Journal des Savants*, d'avril 1900, un intéressant article sur *La Bibliothèque de Bossuet*. Le peu qu'il dit dans cet article de Bossuet neveu est, d'ailleurs, défavorable. La bibliothèque de « Messieurs Bossuet » était assez importante ; elle ne formait pas moins de 5.000 à 6.000 volumes, sous 1.457 numéros. D'après l'éminent critique, l'évêque de Troyes n'aurait fait qu'introduire dans la bibliothèque de son oncle quelques ouvrages italiens « Car nous connaissons l'évêque de Troyes, — celui que Joseph de Maistre a quelque part appelé « le petit neveu d'un grand homme » [toujours!], — et, le connaissant, nous pouvons tenir pour certain qu'il n'aura pas ajouté grand'chose à la bibliothèque de son oncle. Le calomnierons-nous si nous le soupçonnons cependant d'y avoir introduit des poèmes comme l'*Orlando furioso*, de l'édition de Lyon, 1651, ou *Il Decameron di Messer Giovanni Boccaccio*, de l'édition d'Amsterdam, 1665 ? Nous ne nous représentons pas non plus le grand orateur des *Oraisons funèbres* faisant l'acquisition des *Satires* de Salvator Rosa, en italien. Mais, tandis que le futur évêque de Troyes, n'était encore que l'abbé Bossuet, représentait son oncle à Rome et y poursuivait en son nom la condamnation du quiétisme, nous pouvons supposer qu'avec le goût de la vie facile qui était celle de Rome en ce temps-là, il y aura pris aussi quelque teinture de la littérature italienne : et ainsi s'explique, dans la bibliothèque de « Messieurs Bossuet », la présence des livres dont on vient de rappeler les titres. Il n'y en a guère plus d'une douzaine dont les plus curieux à signaler seraient, après ceux que l'on vient de citer, l'*Adone* du cavalier Marin, Amsterdam, 1678, et l'*Enéïde travestie* du signor Giovanni Battista Lalli, Venise, 1633. Le travestissement de l'*Enéïde* a précédé ceux de Scarron et des frères Perrault.» Tout ce que dit M. Brunetière ici, et dans ses *Etudes critiques sur l'histoire de la littérature française*, Paris, Hachette, 1899, 6ᵉ série, p. 223, est, d'ailleurs, purement conjectural et dénué de preuves.

luy dit-il, de faire sa cour à M. le Cardinal » ; car pour luy,
il paraît qu'il n'a pas voulu en avoir le mérite. Muni de
cette pièce importante, le magistrat va trouver le ministre,
et, toutes fois, il ne luy dit point que la chose soit terminée. Au contraire il fait entendre à Son Eminence que M.
de Troyes ne consentira pas à se démettre, qu'il ne sache
quel sera son successeur. M. le Cardinal rejeta fortement
cette proposition, jusqu'à dire que M. de Troyes pouvoit
garder son évêché s'il exigeoit pareille chose. M. le président de Chazot, ne doutant plus qu'il ne fallût renoncer de
bonne grâce à cette prétention, y retourna deux jours
après, et porta la démission pure et simple. C'étoit le 30
mars 1742, vendredi de la semaine de Pâques. Il est aisé de
s'imaginer quelle fut la reconnoissance et la satisfaction de
M. le Cardinal, qui ne manqua pas de dire au magistrat qu'il
avoit la main bonne. M. de Chazot, néanmoins, ne manqua
pas de son côté de demander encore à Son Eminence qu'Elle
eût attention de mettre à Troyes une personne douce,
pacifique et qui, du moins, n'eût pas horreur du nom de son
prédécesseur ; il fit plus, car il proposa trois sujets, dont
il donna le choix au Ministre. Mais M. le Cardinal ne
répondit autre chose, sinon que le Roy verroit ; en même
tems, Son Eminence envoya M. de Chazot à St-Sulpice, où
un autre Ministre avoit de nouvelles propositions à luy
faire. En effet M. l'abbé Couturier proposa au neveu de M.
de Troyes d'engager son oncle à se démettre de la supériorité du Calvaire. On doit dire à la louange de l'oncle et
du neveu, que cette proposition a été rejetée comme im-
praticable et même comme indécente et injurieuse dans les
circonstances présentes. « Si vous voulez, répondit M. de
« Chazot à l'homme de confiance du premier ministre, que
« M. de Troyes se démette de sa supériorité, faites aupa-
« ravant révoquer toutes les lettres de cachet qui ont été
« données contre les Religieuses ; faites les rappeler dans
« leurs monastères, et qu'il paroisse que M. de Troyes
« est paisible possesseur de cette supériorité et de tous les

« droits qui en sont inséparables, et je vous promets que
« dans trois jours je vous apporte sa démission. Mais,
« ajouta le magistrat, il ne convient pas que dans l'état où
« sont actuellement les choses, M. de Troyes fasse une
« pareille démarche. » Le zélé sulpicien eut beau insister
et faire entrevoir au président des récompenses de toute
espèce, celui-ci fut inflexible et ne pensa plus qu'à obtenir
directement de M. le Cardinal Ministre une pension pour
son oncle, avec une décharge, telle qu'elle fût, des répara-
tions de l'évêché. Le premier article avoit déjà été accordé,
sçavoir : 10,000 livres de pension sur l'archevêché d'Auch,
le second le fut aussi, M. de Chazot ayant proposé une
coupe de bois dépendans de l'évêché, comme un expédient
qui conviendroit également aux héritiers de M. de Troyes,
à son successeur et à la Cour.

Mais ce qui a été constamment refusé, c'est le choix
d'un des trois sujets indiqués pour remplacer M. Bossuet.
Le Roy, ou plutôt le Cardinal Ministre, a nommé à cet
évêché M. Mathias Poncet de la Rivière qui a bien donné
lieu de regretter M. Bossuet.

Pour donner une apparence de sincérité à cette prétendüe démission, on a envoyé un mandement datté de
Paris, du 3 avril 1742, par lequel ce prélat annonce sa
retraite à ses diocésains. Ce mandement est beau et touchant. On a même dit dans le tems qu'il avoit été composé
par le Père Laborde, prêtre de l'Oratoire ; ce qu'il y a de
certain, c'est que M. Bossuet n'y a eu aucune part et n'en
a pas même eu la moindre connoissance.

M. de Chazot, étant parvenu à son but, s'est enfin lassé de
garder à vüe l'illustre vieillard ; plusieurs ecclésiastiques
respectables ont profité de ces circonstances pour pénétrer
auprès de luy, ils en sont venus à bout. Ils luy ont dit :
« Mgr, vous avez donc fait la démission de votre évêché,
« c'est M. Poncet qui vous succède, il détruit tout le bien
« que vous avez fait dans votre diocèse. » Le respectable
vieillard répondoit ; « Cela n'est pas vray, je suis toujours

« évèque de Troyes. » Et quand on luy prouvoit le contraire et luy détailloit les ravages de M. Poncet, il se mettoit à pleurer ; ces faits sont de la plus grande certitude et prouvent évidemment la surprise faite à notre prélat. Ce qui prouve encore la surprise, c'est que les Bulles de M. Poncet ne font aucune mention de la démission de M. Bossuet, dernier et paisible possesseur de l'évêché de Troyes(1). Le Pape y dit seulement qu'il est instruit *d'une manière certaine et expresse que le siège de Troyes est vacant.* MM. les chanoines ne firent malheureusement attention qu'après coup à ce vice essentiel, qui rendoit les Bulles non seulement insuffisantes, mais d'un exemple dangereux ; s'ils y eussent fait attention, ils se

(1) Les jansénistes de Troyes croyaient, ou affectaient de croire, que Mgr Poncet de la Rivière n'était qu'un intrus sur le siège épiscopal de Troyes. Nous rencontrons à la Bibliothèque de Troyes, toute une argumentation contre les droits de Mgr Poncet dans un opuscule intitulé : *Cry de la foy et de l'innocence contre un écrit intitulé : Lettre pastorale de M. l'Evêque de Troyes aux communautés religieuses de son diocèse.* (Mss. 2318, 2ᵉ recueil, fol. 43 et suiv.) :

« ARTICLE SECOND.—§ I. Si on doit la confiance à toutes sortes de pasteurs. *On prouve démonstrativement que M. Poncet n'est point légitime pasteur, mais un usurpateur.*—.... Celuy qui n'entre point par la porte dans la bergerie, mais qui monte par un autre endroit, est un voleur et un larron. Or, M. Poncet n'est point entré par la porte dans la bergerie, mais y est monté par un autre endroit. Je le prouve. Celuy là n'entre pas par la porte, mais est un usurpateur qui envahit une place qui n'est point vacante. Or M. Poncet s'est emparé du siège de l'Eglise de Troyes, sans qu'elle fût vacante. Car l'Eglise de Troyes ne pouvoit être vacante que par la mort de M. Bossuet, son légitime pasteur, ou par sa démission libre et volontaire. Or M. Bossuet étoit vivant et ne s'étoit pas démis de l'évesché de Troyes, étant visible qu'une démission surprise aux hommes est véritablement nulle.

Icy M. Poncet sera notre garant. Des personnes dignes de foy lui ont entendu dire à luy mesme au mois de novembre 1742 *que M. Bossuet n'avoit jamais voulu donner sa démission par devant notaires, comme on le croyoit nécessaire.* Ce sont ses termes : on peut lui citer le jour et l'heure. Et on sait d'ailleurs par un domestique de M. Bossuet, alors vivant, qu'il croyoit si bien être encore évêque de Troyes, qu'il se plaignoit de ce que

seroient sûrement opposés, comme ils en avoient le droit, à la prise de possession ; on a su que ces bulles avoient été ainsy dressées, parce que M. Bossuet a constamment refusé de donner sa démission par devant notaires, et qu'à Rome on a été long-tems à l'admettre sous seing-privé ; il y en a même qui ont prétendu dans le tems être sûrs que l'on avoit dit à ce bon vieillard qu'il falloit qu'il signe une descharge pour un de ses débiteurs, qu'il l'avoit signée purement et simplement, et que c'étoit la démission de son évêché. Dieu sait au juste ce qu'il en est ; ce qu'il y a de certain, c'est qu'il n'a pas répandu sa sainte bénédiction sur celui qui a été la cheville ouvrière de cette iniquité, il s'y est prêté par des vües d'un bas et vil intérêt, que Dieu a punies, car il est mort totalement ruiné.

ses grands vicaires ne luy écrivoient point, disant même qu'il en nommeroit d'autres. Outre ce, on a sçu d'une manière sûre que le prélat, lorsque les notaires se présentèrent pour recevoir sa démission, leur tourna le dos, disant qu'il vouloit mourir évêque, comme il l'a toujours dit, et sur ce qu'ils lui représentoient qu'il avoit donné sa démission sous seing privé, le bon vieillard le nia fortement, disant qu'il avoit signé *un papier pour le clergé*, mais qu'il n'avoit point signé sa démission, et les renvoya.

M. Bossuet étoit vivant et n'avoit point donné sa démission libre et volontaire. Dieu a permis que M. Poncet lui-même s'aveuglast alors pour dire ce qu'on ne demandoit pas. Il s'aveugle encore pour nous fournir l'épée qui le doit percer, en le convainquant d'être un usurpateur. Effectivement, on a si bien senti à Rome la nullité de la démission, qu'on a mis dans la bulle de M. Poncet *que l'Eglise étoit vacante, — quocumque et certo modo, — de quelque manière que ce soit.* Donc M. Poncet a envahi un siége qui, de droit, ni de fait, n'étoit point vacant. Donc M. Poncet n'est point entré par la porte. Disons donc qu'il est un usurpateur, *un voleur et un larron, le fils de Dieu l'a décidé.* Ce sont encore ses termes. Que M. Poncet s'applaudisse maintenant de la bravoure avec laquelle il sçait faire des armes....

Saint Bruno, instituteur des Chartreux, ne l'auroit pas regardé comme légitime pasteur, luy qui, étant chanoine de Reims, se porta accusateur devant le légat du pape contre un faux évêque, usurpateur du siège de Reims, et dont la conduite étoit plus d'un brigand que d'un pasteur. Aussi un vertueux prestre, mort il y a quelques années, et qui étoit fort estimé, disoit en parlant de M. Poncet : « *Cet homme-là n'est pas plus évêque de Troyes que moy* ».

M. Bossuet ne vécut guères plus d'un an après le désastre de son diocèse ; il mourut à Paris le 12 juillet 1743, âgé de 82 ans, et fut inhumé dans une chapelle de l'église des Feüillans, sépulture ordinaire de sa famille.

Dès qu'on sut à Troyes cette mort, le Chapitre de la cathédrale prit des mesures qui conviennent en pareil cas, pour rendre les derniers devoirs à son évèque. Ce prélat avoit malheureusement cessé d'être évèque avant que de mourir, et l'on n'a que trop vu que son successeur, ou plutòt ses successeurs, n'ont rien négligé jusqu'ici de tout ce qui étoit capable de le faire regretter. Le triste spectacle d'un diocèse déjà ravagé, la désolation qui régnoit dans cet infortuné troupeau, où le trouble, la confusion et la violence avoient si subitement et si inopinément succédé à la paix et à la tranquillité du précédent gouvernement, étoient des playes qui saignoient encore et qui sembloient s'ouvrir de nouveau par la nouvelle qu'on venoit d'apprendre. Le service solennel fut indiqué pour le mardi 16 juillet, et cette cérémonie donna lieu à des altercations bien propres à renouveller de plus en plus le souvenir de l'heureux calme que l'on regrettoit. Comme on vouloit faire le service avec la décence convenable et les décorations requises en pareil cas, on eut besoin d'une crosse, et l'on n'en put trouver. Le nouvel évèque refusa la sienne, et l'abbesse de Notre-Dame-aux-Nonnains, à qui on s'adressa à son refus, suivit son exemple. Ce qu'on appelle le thrône épiscopal étoit tendu de noir, selon l'usage. M. l'abbé de la Gallissonière (autrement dit le père Barrin, jésuite) en fut choqué au point de s'imaginer qu'il feroit donner des ordres contraires par le Chapitre. Pour cela, mais sans dire sa raison, il demanda à M. l'abbé Lefèvre, première dignité, le doyenné étant vacant, d'assembler le Chapitre le jour même que le service devoit se faire. M. Lefèvre qui ignoroit le dessein du requérant, répondit qu'il n'étoit pas possible de s'assembler dans cette matinée, mais qu'on le pourroit faire l'après-midy. Cette réponse obligea M. de la Gallissonière à découvrir sa peine : « Il ne sera plus tems », dit-il, et tout de suite il ajouta qu'apparemment on vouloit faire injure au successeur de M. Bossuet, en déclarant que le siège de Troyes étoit vacant. Cette appréhension du tendre ami de M. Poncet étoit pitoyable en soi, mais elle avoit un fondement secret qu'il est aisé d'appercevoir quand on se rappelle les circonstances de la démission prétendüe de feu M. Bossuet, les intrigues qui y ont conduit, la manière informe et insolite avec laquelle elle étoit dressée, et le défaut capital qui en est résulté dans les Bulles du nouvel évêque. Ses partisans ont toujours peur qu'on ne le regarde comme n'étant pas monté sur le siège de Troyes par des voies bien canoniques.

Quoi qu'il en soit, M. Lefèvre tâcha de tranquiliser fort poliment, à son ordinaire, le grand vicaire allarmé par la tenture noire du thrône épiscopal, en lui certifiant que c'étoit l'usage, et que la même chose avoit été faite, sous M. Bossuet, à la mort de M. de Chavigny, ancien évêque de Troyes. M. de la Gallissonnière n'a pas laissé de témoigner dans la suite son ressentiment à M. Lefèvre de ce qu'il n'avoit pas convoqué le Chapitre à sa réquisition ; mais enfin la tenture subsista, et le service fut solennellement célébré avec un grand concours de tous les corps et états de la ville ; il fut annoncé dans toute la ville par des billets imprimés d'invitation.

Le vendredy de la même semaine, les directeurs de l'Hôtel-Dieu s'acquittèrent du même devoir, et le dimanche suivant, les curés de St-Jean, de la Madeleine, de St-Nizier, de St-Jacques et de St-Pantaléon annoncèrent à leurs prônes un pareil service pour le mardy d'après, faisant tous, avec plus ou moins d'étendüe, un éloge de M. Bossuet, dans lequel ils rendoient à sa mémoire ce qu'ils croyoient luy être dû. Leur cœur leur en fournissoit les expressions, et ils en trouvoient la matière dans les abondantes aumônes du prélat, dans le renouvellement du petit séminaire, dans ses démarches pour la vérité, et dans les riches présens qu'il a faits à son diocèse et à toute l'Eglise, tant par la publication de quantité d'ouvrages admirables du grand Bossuet, son oncle, que par les mandemens lumineux dont il les a, pour la pluspart, accompagnés. Il y eut un de ces curez, le curé de St-Jean, qui, pénétré de la perte irréparable d'un tel évêque, ne put retenir ses larmes, et en pleurant, il fit pleurer presque tous ses auditeurs.

Dom Gervaise (1), religieux Bernardin, et ancien abbé de la Trappe, a fait la *Vie de saint Epiphane*, et avoit composé une préface qui devoit être mise à la tète de cette *Vie*. Il avoit dédié cette préface à M. Bossuet, évêque de Troyes ; elle a été supprimée par ordre du Roy. Comme elle est très intéressante, je crois devoir la rapporter ici :

MONSEIGNEUR,

L'exemple des grands hommes qui nous ont précédés dans les dignitez ou dans les employs dont nous nous trouvons revêtus par la divine Providence, est d'un si puissant secours, ou pour animer notre zèle et notre ferveur, ou pour relever notre courage abattu,

(1) Dom Armand-François Gervaise, de Tours, fut d'abord carme déchaussé, puis religieux de la Trappe. Il plut tellement à l'abbé de Rancé que celui-ci le fit nommer abbé de la Trappe en 1696. Mais il voulut faire des changements dans cette abbaye sans consulter l'abbé de Rancé. Celui-ci l'engagea à donner sa démission. Il sortit de la Trappe et erra quelque temps de solitude en solitude. Ayant attaqué les Bernardins dans le premier et unique volume de son *Histoire générale de Citeaux*, 1746, in-4°, il fut arrêté à Paris au moment où il sortait du Luxembourg, et renfermé à l'abbaye de Notre-Dame des Reclus, au diocèse de Troyes, où il mourut en 1751, âgé de 91 ans. Il a publié à Troyes, sous le titre de Londres : *Jugement critique, mais équitable, des Vies de feu M. l'abbé de Rancé, réformateur de l'abbaye de la Trappe, écrites par les Sieurs Meaupou et Marsollier*, 1744, in-12. L'*Histoire de la vie de saint Epiphane, avec une analyse de ses ouvrages*, dont il est question ici, a paru à Paris en 1738, in-4°.

ou pour nous consoler dans nos peines, ou enfin pour nous servir de guide et de flambeau dans les circonstances fâcheuses et difficiles, dont la vie de l'homme, pour peu qu'il figure dans le monde, n'est jamais entièrement exemte, qu'on ne peut trop souvent se le remettre sous les yeux.

C'est ce qui m'a fait croire, Monseigneur, que vous ne trouverez pas mauvais que je prenne la liberté de vous présenter cette vie de St-Epiphane, et de vous prier de vouloir bien jetter les yeux dessus dans quelques moments de loisir, s'il en reste à un prélat si occupé et dont toute la vie est consacrée aux travaux apostoliques.

Plusieurs rapports que je trouve entre le grand évêque dont je donne l'histoire et celuy à qui j'ay l'honneur de la présenter, justifient mon choix. C'est peu d'avoir été, comme luy, appelé à l'épiscopat par une vocation où rien d'humain n'est entré, voici quelque chose de plus singulier.

Les talens, le mérite, l'érudition, le zèle pour la beauté de la maison du Seigneur, dont notre saint étoit animé, fut ce qui forma les vœux de l'église de Salamine, et qui le luy fit demander pour évêque ; de semblables motifs ont engagé le Prince à vous charger, Monseigneur, de la conduite de celle de Troyes, si illustrée par tant de saints et savants évêques qui l'ont gouvernée jusqu'à présent.

Epiphane [fut] formé dès son enfance dans l'étude des saintes lettres sous la discipline d'un des plus savants et des plus habiles hommes de son tems ; et vous, Monseigneur, [vous avez été] instruit dès vos plus tendres années, et conduit, pour ainsi dire, dans vos études par la main du plus savant et du plus grand évêque qui ait paru depuis long tems dans l'Eglise. Quels soins n'a point aportés cet Augustin de nos jours pour former ce cher neveu, luy communiquer ses lumières et faire un autre luy-même, et quelle joye pour luy de s'aperceuoir dès les premières années qu'il réussissoit !

Dès lors, Monseigneur, il vous crut capable des plus grandes affaires, et votre zèle pour la saine doctrine, avec une pénétration d'esprit peu commune, lui parurent au dessus de l'âge et de l'expérience. Il en voulut faire l'épreuve.

Une fausse spiritualité régnoit alors en France, elle étoit d'autant plus dangereuse qu'elle se trouvoit soutenüe par tout ce que l'éloquence a de plus fin et de plus insinuant. Déjà une infinité d'âmes y avoient été surprises, sous le spécieux objet d'un amour de Dieu, inconnu à nos pères. Le poison s'étoit glissé jusques dans les lieux les plus saints et les états les plus relevés, on s'y faisoit déjà une gloire d'adopter les idées de cette belle fiction. Le savant évêque de Meaux la combattoit de toutes ses forces, et l'on sait quelles elles étoient. L'affaire, portée à Rome devant le tribunal de Sa Sainteté, laissoit tout le monde dans l'attente du jugement qui interviendroit. Le prélat trop occupé dans son diocése ne peut quitter pour aller défendre sa cause, ou plutôt celle de Dieu et de son Eglise, il vous en charge, Mgr, comme un autre luy-même qui va tenir sa place. Quelle confiance de sa part en votre capacité, dans un âge si peu avancé ? Le Roy approuve ce choix et y applaudit. Ni l'un ny l'autre ne furent trompés dans leurs espérances. Vos soins, votre zèle, votre érudition, joints à la bonté de la cause, firent triompher la vérité. Vous revîntes en France, chargé de lauriers, apportant avec vous une condamnation authentique de l'erreur.

Epiphane, devenu évêque, n'eut plus d'autres pensées que de se consacrer entièrement au service de son église, d'y entretenir la paix et la charité, d'y faire fleurir la discipline la plus exacte, d'en bannir les abus, d'instruire parfaitement son peuple de tous ses devoirs, et de l'élever à la perfection du christianisme. Et n'est-ce pas, Monseigneur, ce qu'on a vû si heureusement par tant de beaux ouvrages sortis de votre plume, tant de Mandemens, tant de Lettres et d'Instructions pastorales qui portent avec elles la lumière et animent vos peuples à marcher courageusement dans les voyes les plus pures que vous leur avez tracées.

Epiphane trouva des contradictions, de la part des hommes, dans l'œuvre de Dieu. Un prélat fameux alors par le grand fracas qu'il faisoit dans son diocèse et ailleurs, criant partout à l'hérésie, homme, du reste, grand déclamateur, mais grand diseur de riens, c'étoit Jean de Jérusalem, se souleva contre luy, l'accusa d'hétérodoxie, combattit opiniâtrément ses dogmes et sa doctrine, forma contre le saint un party, luy suscita des ennemis, voulut rendre sa foy suspecte aux puissances et à tout le monde ; il fit plus. Par ses intrigues et ses sollicitations, il trouva le moyen de soulever une partie de son clergé contre luy. Ne sont-ce pas là, Mgr, toutes les épreuves par où il a plu à la divine Providence de vous faire passer ? Ne viendroient-elles point de la part de ceux que vos triomphes à Rome ont rendus jaloux de votre gloire ?

Epiphane combattit tous ses ennemis par la douceur, par sa charité, par sa patience, par sa plume, et enfin la vérité triompha de l'erreur et du mensonge. Ce sont là les seules armes, Mgr, dont vous vous êtes servi contre la calomnie obligée de s'avouer vaincue par un arrêt solennel ; vous n'en avez voulu tirer d'autre avantage que celuy de faire connoître la vérité et votre droiture, et vous faire rendre la confiance de votre peuple qu'on avoit voulu vous enlever, et d'en rapporter la gloire à Dieu.

Epiphane recherché par plusieurs églises qui ambitionnoient de l'avoir pour pasteur, est demeuré ferme dans le poste où Dieu l'avoit placé, regardant comme une espèce d'adultère de quitter sa première épouze pour en prendre une plus riche et plus brillante, et vous, Mgr, content d'une église si peu accommodée des biens de ce monde, avez toujours fermé l'oreille aux sollicitations les plus pressantes que vous faisoient vos amis, de vous donner quelque mouvement pour passer à une plus opulente, rien n'a été capable de vous faire succomber à une tentation si délicate, mais si fort condamnée par les canons et par les saintes règles de l'Eglise.

Enfin saint Epiphane, comme un généreux athlète, a voulu mourir les armes à la main, et quoique usé et affoibli autant par les années que par l'assiduité de ses grands travaux, on le vit encore à l'âge de plus de 80 ans, passer les mers et entreprendre un long voyage pour assister à un concile où il s'agisssoit de la gloire de Dieu, et où il croyoit sa présence nécessaire pour faire triompher la vérité ; c'est ce que le courage dont vous êtes animé, Mgr, vous feroit aussy entreprendre, si nous étions assez heureux pour voir de nos jours quelques-unes de ces saintes assemblées qui étoient alors si fréquentes. A ce défaut, on vous voit, dans un temps où il semble que vous ne devriez plus penser qu'à vous procurer du repos après tant de fatigues, travailler encore jour et nuit pour le bien de votre diocèse, comptant votre vie pour rien, pourvu qu'elle soit toute employée à la sanctification d'un peuple dont les âmes vous sont aussi chères et aussi précieuses que la vôtre même.

J'ay donc lieu de croire, Mgr, que la lecture de la vie de ce grand évêque ne vous sera pas désagréable et que vous y pourrez trouver de puissans motifs de consolation dans vos travaux. L'ouvrage sera au moins un témoignage éternel de ma vénération, et du profond respect avec lequel j'ay l'honneur d'être, etc.

APPENDICES

I

Les œuvres épiscopales de Bossuet, de Troyes

Nous croyons utile de donner ici, d'après le *Catalogue de la Bibliothèque de la Ville de Troyes*, par Émile Socard, Conservateur, t. VII *(Ouvrages intéressant l'histoire de Troyes et du département de l'Aube*, 1re partie), Troyes, Bertrand-Hu, Imprimeur, 1880, p. 39 et suiv., n° 206 et suiv., la liste des œuvres épiscopales de Jacques-Bénigne Bossuet, de Troyes :

— Conférences ecclésiastiques du Diocèse de Troyes pour l'année M.DCC.XIX. Troyes, Charles Briden, M.DCC.XIX. In-4°.

En tête se trouve la Lettre pastorale de Monseigneur l'Evêque de Troyes (Jacques-Bénigne Bossuet) au sujet des Conférences ecclésiastiques.

— Lettre pastorale et ordonnance de Monseigneur l'Évêque de Troyes, touchant l'éducation des enfants destinés à l'état ecclésiastique dans le Petit Séminaire, Troyes, Charles Briden. M.DCC.XX, In-4°.

A la page 7 se trouve un Nouveau réglement pour les Conférences des Clercs.

— Mandement et ordonnance de Monseigneur l'Évêque de Troyes touchant la clôture des Religieuses, 30 décembre 1720. Sans titre. In-4°.

— Lettre de Monseigneur l'Évêque de Troyes à tous les Doiens, Chapitres, Abbez, Prieurs, Couvens, Curez, Supérieurs et Supérieures des communautez séculières ou régulières de l'un et de l'autre sexe de la ville et du diocèse de Troyes, 20 juillet 1721. Sans titre. In-4º.

A la suite se trouve la copie de la lettre que le duc d'Orléans, a écrite à Mgr. l'Évêque de Troyes, le 30 juin 1721.

— Mandement de Monseigneur l'Évêque de Troyes pour faire chanter le *Te Deum* en actions de grâces de la convalescence du Roi, 12 août 1721. Sans titre. In-4º.

Lettre du Roi à la suite.

— Mandement de Messire Jacques Bénigne Bossuet, Évesque de Troyes, pour l'établissement des promoteurs ruraux et pour l'instruction des Doyens et Promoteurs dans leurs fonctions, 14 juin 1722. S.l.n.d. In-4º.

— Mandement de Monseigneur l'Évêque de Troyes pour la convocation du Synode au mécredi [sic] dix-sept juin 1722, 21 avril 1722. Sans titre. In-4º

— Lettre de Monseigneur l'Évêque de Troyes à Messieurs Philippe, Le Febvre, De la Chasse, ses vicaires généraux, 1 août 1722. Sans titre. (De l'imprimerie de Charles Briden). In-4º.

— Mandement de Messieurs les Vicaires généraux de Monseigneur l'Évèque de Troyes pour ordonner des prières publiques à l'occasion de la cérémonie du sacre du Roi. 23 octobre 1722. Sans titre. In-4º.

— Mandement de Monseigneur l'Évêque de Troyes pour faire chanter le *Te Deum* en actions de grâces du sacre et du couronnement du Roi. 24 novembre 1722. Sans titre. In-4º.

Suit la Lettre du Roi à Bossuet.

— Jubilé universel de Notre S. Père le Pape Innocent XIII pour implorer le secours de Dieu au commencement de son Pontificat, et lui demander les grâces nécessaires pour le Gouvernement de l'Église, avec le Mandement de Monseigneur l'Évêque de Troyes pour l'ouverture du Jubilé, Troyes, Charles Briden, M.DCC.XXII. In-4°.

— Mandement de Monseigneur l'Évêque de Troyes pour la publication du Jubilé universel accordé par le Pape Innocent XIII à son avénement au Pontificat : avec un nouveau Catéchisme sur les indulgences en général et sur le Jubilé. Ensemble les Prières pour le Jubilé. A Troyes, chez Charles Briden, rue du Temple, 1722. Petit in-12.

— Mandement de Monseigneur l'Évêque de Troyes pour faire chanter le *Te Deum* en actions de grâces de la cessation du mal contagieux dans les provinces du Roïaume qui en ont été affligées, 23 février 1723. Sans titre. In-4°.

Suit la Lettre du Roi à Bossuet.

— Jubilé universel accordé par Notre S. Père le Pape Benoît XIII pour implorer le secours de Dieu au commencement de son Pontificat et lui demander les Grâces nécessaires pour le Gouvernement de l'Église avec le mandement de Monseigneur l'Évêque de Troyes. Troyes, veuve de Charles Briden, M DCC.XXIV. In-4°.

— Mandement de Monseigneur l'Évêque de Troyes pour demander à Dieu par des prières publiques qu'il conduise et protège les desseins du Roy dans le Gouvernement de son Royaume. 8 juillet 1726. Sans titre. In 4°.

A la suite, Prière pour le Roi : *Pro Rege regimen regni auspicante.*

— Mandement de Monseigneur l'Évêque de Troyes pour faire chanter le *Te Deum* en actions de grâces du rétablissement de la santé du Roi. Août 1726. Sans titre. In-4°.

Suit la lettre du Roi à Bossuet.

— Mandement de Monseigneur l'Évêque de Troyes pour ordonner une queste pour le rétablissement de l'église de

Barbonne, détruite par l'incendie arrivé le 27 mars 1720.
18 Novembre 1726. Sans titre. In-4º. (1).

— Lettre du Roy à Monseigneur l'Evêque de Troyes
pour demander à Dieu la conservation de la Reine et son
heureux accouchement. 26 Mai 1727, (suivie du Mandement
de Bossuet). 24 Juin 1727, à Troyes, de l'imprimerie Pierre
Michelin, s. d. In-4º.

— Mandement de Monseigneur l'Evêque de Troyes pour
recommander à tous les Fidèles de son Diocèse la lecture
des *Elévations à Dieu sur tous les mystères de la Religion chrétienne*, composées par feu M. Bossuet, Evêque
de Meaux. Troyes, Pierre Michelin, M.DCC.XXVII. In-4º.

— Recueil des témoignages de différens Diocèses de
l'Eglise de France en faveur de la cause de Monseigneur
l'Evêque de Senez à l'occasion du jugement rendu à Ambrun
contre ce prélat. Première partie. S.l. M.DCC.XXVIII. In-4º.
Le témoignage du Clergé de Troyes occupe les pages 5-8 (2).

---

(1) Il y eut en 1730, à Barbonne, un nouvel incendie où tous les
habitants furent incendiés ainsi que l'église paroissiale. Cf. Courtalon-Delaistre, *Topographie historique*, etc., t. III, p. 270.

(2) On lit dans l'*Avertissement* de cet ouvrage (p. 3) : « A peine
eut-on appris à Troyes que l'Illustre Evêque de cette ville étoit du
nombre de ces derniers [évêques qui s'étaient mis du côté de M.
de Senez], que ce ne fût qu'un cry de joye d'un bout du Diocèse
à l'autre. Le Prélat de retour en sa Ville épiscopale eut la consolation de recevoir à son arrivée les félicitations publiques de son
Chapitre et de son clergé : et, aussitôt après, tout le Diocèse, voulant lui donner des preuves subsistantes de son étroite union avec
lui dans la démarche qu'il venoit de faire, on se hâta d'y signer la
lettre qu'on lit à la tête de ce Recueil, souscrite déjà par un grand
nombre de Curés, chanoines, prêtres et ecclésiastiques de ce Diocèse, et qui le sera incessamment de plusieurs autres. »
Les prêtres jansénistes du diocèse de Châlons-sur-Marne qui
félicitèrent le prélat de sa conduite, furent nombreux. On rencontre, parmi leurs signatures, celles de : Pierre Adnet, Curé de
« Pongny » et Omey, — Chaussée, de la Neuville-au-Pont, licencié
en théologie, de la Faculté de Rheims, curé de S. Brice de « Tongny-aux-bœufs », — de Castenay, curé de Chepy. — François Dumontets, curé d'Ambrières, — N. Guillemin, Curé de Cernon, promoteur du doyenné de Coole, — A. Guillemin, curé de Fontaines-sur-

— Avis de MM. les Vicaires généraux pour inviter les
Prêtres à remercier Dieu pour la convalescence du Roi.
2 Novembre 1728. S l.n.d. In-4º.

— Mandement et Instruction pastorale de Monseigneur
l'Evêque de Troyes au sujet d'un office imprimé sur une
feüille volante qui commence par ces mots : *Dic xxv Maii.
in festo S. Gregorii VII*. A Troyes, chez Pierre Michelin.
M.DCC.XXIX. In-4º (2).

Coole, — Jean B. Goguey, curé de Nettancourt, — Jacques Goguey,
curé de Chancenay et de Bettancourt-la-Ferrée, — Dom Philippe
Hauet, curé de Huiron, — J. Hocquet, curé de Sogny-en-l'Angle, —
F. Loyer, « curé de la Noüe, l'un des Fauxbourgs de S. Dizier », —
Perrone, Docteur de Sorbonne, curé d' « Aelmaurup », — F. Pelletier, Curé de Marson, — Philipe, curé d'Ablancourt, — J.-B.
Pierlot, curé de Coupéville, — F. Ploix, « ancien vicaire dans
l'Hôpital de Vitry-le-François, » — Puy, curé d'Etrepy, — Robin,
curé de Pargny, — Royer, curé de Coole, — Thiery, curé d'Ar-
zillières, — N. Vincent, curé de Dommartin-Lettrée, — Labrouchu,
curé de Champaubert-aux-Bois.

(1) Bossuet, dans ce mandement, s'exprimait ainsi au sujet des
théories gallicanes de son oncle (p. 40) : « Voilà, mes très chers
frères, l'instruction que nous avions à vous donner. Vous devez la
recevoir avec d'autant plus de joie et de confiance qu'elle ne contient que la pure doctrine que notre cher et très honoré Oncle,
Evêque de Meaux, a cru si certaine qu'il proteste qu'il la portera
avec assurance au Tribunal de Jésus-Christ.

Cet illustre évêque entreprit, par ordre exprès du feu roi Louis
XIV d'heureuse mémoire, la défense de la déclaration du Clergé
de France de 1682, dont nous avons remis nous-même, il y a
environ vingt ans, un exemplaire entre les mains de ce grand
Roi. Cet ouvrage que l'auteur a revû plusieurs fois et peu de temps
avant sa mort, doit être regardé comme un des plus prétieux
monumens de sa profonde érudition, de sa sagesse, de sa modération et de sa piété, de son attachement à la chaire de saint
Pierre et à l'unité, et de son amour pour l'Eglise, pour la vérité et
pour la paix. C'est ce qui le rend d'autant plus digne de voir le
jour, et ce qui nous fait espérer qu'on ne le refusera pas plus
long-tems aux vœux de toutes les personnes qui aiment véritablement l'Eglise et l'Etat.

M. de Meaux y démontre avec la dernière évidence que la
doctrine de l'Eglise gallicane sur la puissance ecclésiastique et
sur la puissance temporelle renfermée en abrégé et avec précision
dans les quatre articles de la Déclaration du Clergé, n'est que la
doctrine même des Ecritures, et que, bien loin d'affoiblir et de

— Le même Mandement, Paris, Charles Osmont, M.DCC. XXIX. In-4°.

— Mandement de Monseigneur l'Evêque de Troyes pour rendre grâces à Dieu de l'heureuse délivrance de la Reine et de la naissance de Monseigneur le duc d'Anjou, 13 septembre 1730. Sans titre. In-4°.

Suit la Lettre du Roy à Bossuet

— Mandement de Monseigneur l'Evêque de Troyes pour ordonner des prières pour le repos de l'âme de Monseigneur l'Archevêque de Sens [Denis-François Bouthillier de Chavigny. 17 Novembre 1730]. (A Troyes, de l'Imprimerie de Pierre Michelin). S.d. In-4°.

— Mandement de Monseigneur l'Evesque de Troyes pour recommander à tous les Fidèles de son Diocèse la

diminuer la primauté et l'autorité des Souverains Pontifes et du Saint-Siège, elle lui rend toute sa force, tout son éclat et son ancienne majesté, en écartant les prérogatives fausses, dangereuses, incommodes, odieuses, vaines et inutiles, dont l'ignorance et la flatterie se sont éforcés dans les derniers tems de la charger et de l'obscurcir comme d'un nuage épais. La liaison des matières et notre amour pour la vérité devroient peut-être nous engager dans cette occasion à vous donner un précis de ce grand et excellent ouvrage ; mais nous avons jugé qu'il suffisoit pour le présent de vous instruire à fond de ce qui y regarde la souveraineté de la puissance temporelle, et son indépendance de tout autre que de Dieu seul. »

On sait qu'il parut, à la suite et peut-être à cause de ce mandement, en 1730, *Luxemburgi, sumptibus Andreæ Chevalier, Biblipolæ*, une édition de la *Défense de la déclaration du Clergé de France*, à laquelle Bossuet, de Troyes, ne prit aucune part. On lit à ce propos dans les «Nouvelles littéraires» venues de Rome à la *Bibliothèque italique ou Histoire littéraire de l'Italie*, may, juin, juillet, août 1730, à Genève, chez Marc-Michel Bousquet, 1730, t. VIII, p 263 : « Il n'est pas vrai que le livre de feu M. de Meaux sur les *Libertés de l'Eglise Gallicane*, soit déjà censuré ; mais il va l'être incessamment ; car dans les règles il ne peut l'échapper. C'est une sorte de protestation qu'il faut toujours faire, ne fût-ce que pour empêcher la prescription. On croit pourtant que cela se fera sans grand éclat, à cause du grand nom de l'auteur. Pline dit que la foudre épargne les têtes couvertes de laurier. *Hist. Nat., lib., 15. cap. XXX.*

lecture des *Méditations sur l'Evangile*, composées par feu M. Bossuet, Evêque de Meaux, Troyes, Pierre Michelin, M.DCC.XXXI. In-4º.

— Mandement de Monseigneur l'Evesque de Troyes pour recommander à tous les Fidèles de son Diocèse la lecture des *Traités du Libre arbitre et de la Concupiscence* composés par feu M. Bossuet, Evêque de Meaux. Troyes, Pierre Michelin, M DCCXXXI. In-4º.

— Copie de la lettre de Monseigneur l'Archevèque de Sens à MM. d'Auxerre et de Troyes. 25 Septembre 1731. Sans titre. In-4º.

La réponse de l'évêque d'Auxerre et celle de Bossuet, Evêque de Troyes, du 10 Octobre 1731, sont à la suite.

— Lettre de Monseigneur l'Evesque de Troyes à Monseigneur l'Evesque d'Auxerre à l'occasion de la Lettre pastorale que Monseigneur l'Evesque d'Auxerre a donnée à son Diocèse au sujet de celle de Monseigneur l'Archevèque de Sens, en datte du 15e Aout 1731. 20 Février 1732. Sans titre. In-4º.

— Lettre pastorale de Monseigneur l'Evesque de Troyes pour faire part à son diocèse d'une lettre qu'il a écrite à Monseigneur l'Evesque d'Auxerre au sujet de sa Lettre pastorale en datte du 28 Février 1732, et de celle de Monseigneur l'Archevèque de Sens, en datte du 15 Août 1731. Troyes, Pierre Michelin, M.DCC.XXXII. In-4º.

— Ordonnance de Monseigneur l'Archevèque de Sens [Louis-Henri de Gondrin]... contenant la condamnation du livre de l'*Apologie pour les casuistes*, etc. Sans titre. In-4º.

A la page 29 est une Lettre de Mgr l'évesque de Troyes en réponse à celle que lui avoit écrite M. l'Archevêque de Sens en lui envoyant son Instruction pastorale du 15 août 1731.

— Lettre des Curés de la ville de Troyes à M. leur Evesque au sujet de la Lettre pastorale de M. l'Archevesque de Sens du 15 Août 1731, touchant la Charité. Sans titre. In-4º.

— Instruction pastorale de Monsieur l'Evesque de Troyes au sujet des calomnies avancées dans le *Journal de Trévoux*, du mois de juin 1731, contre les *Elévations à Dieu sur tous les Mystères de la Religion chrétienne*, ouvrage posthume de feu M. Bossuet, Evèque de Meaux. Troyes, Pierre Michelin, M.DCC.XXXIII. In-4°.

— Requeste de Monseigneur l'Evesque de Troyes à Nosseigneurs de Parlement en la Grand'Chambre, répondue le 24 mars 1733, au sujet des calomnies avancées par le *Journal de Trévoux*, du mois de juin 1731, contre les *Elévations à Dieu sur tous les mystères de la Religion chrétienne*, ouvrage posthume de feu M. Bossuet, Evèque de Meaux, 7 septembre 1733. Troyes, Pierre Michelin, 1733, in-4°.

— Arrest de la Cour de Parlement pour Monseigneur l'Evesque de Troyes ; contre Michel Fichant, prètre du Diocèse de Quimper ; ensemble le Provincial des Jésuites, etc., rendu le 7 septembre 1733, Paris, 1733. In-4°.

— Mandement de Monseigneur l'Evèque de Troyes pour faire chanter le *Te Deum* en actions de gràces des heureux succès des armées de Sa Majesté 24 décembre 1733. Sans titre. In-4°.

— Mandement de Monseigneur l'Evesque de Troyes pour faire chanter le *Te Deum* en actions de gràces de la prise du château de Milan. Du 25 janvier 1734. Sans titre. In-4°.

A la suite se trouve la Lettre du Roi demandant que ce *Te Deum* soit chanté.

— Seconde Instruction pastorale de Monseigneur l'Evèque de Troyes au sujet des calomnies avancées dans le *Journal de Trévoux*, du mois de février 1732, contre les *Méditations sur l'Evangile*, ouvrage posthume de feu M. Bossuet, Evèque de Meaux. Paris, Barthélemy Alix, M.DCC.XXXIV. In-4°.

— Mandement de Monseigneur l'Evesque de Troyes pour faire chanter le *Te Deum* en actions de grâces de la victoire remportée en Italie par les troupes du Roi et celles du Roi de Sardaigne. (Du 25 juillet 1734). Sans titre. In-4°.

A la suite se trouve la lettre du Roi demandant que ce *Te Deum* soit chanté.

— Mandement de Monseigneur l'Evesque de Troyes pour faire chanter le *Te Deum* en actions de grâces de la prise de Philisbourg. 2 août 1734. Sans titre. In-4°.

— Mandement de Monseigneur l'Évesque de Troyes pour faire chanter le *Te Deum* en actions de grâces de la victoire remportée à Guastalla par les troupes du Roi de Sardaigne du 12 Octobre 1734. Sans titre. In-4°.

A la suite se trouve la Lettre du Roi, demandant que ce *Te Deum* soit chanté.

— Mandement de Monseigneur l'Évesque de Troyes pour la publication du nouveau Missel de Troyes. 26 septembre 1736. Troyes, Pierre Michelin, s. d. In-4°.

— Traité de l'amour de Dieu nécessaire dans le Sacrement de Pénitence.... Ouvrage posthume composé en latin par Messire Jacques-Bénigne Bossuet, Evêque de Meaux, donné avec la traduction françoise par Messire Jacques-Bénigne Bossuet, Evêque de Troyes, Paris, Barthélemy Alix, M.DCC.XXXVI. In-12.

Précédé d'un Mandement de Bossuet, Évêque de Troyes, sur l'amour de Dieu, daté de Troyes le 1er juillet 1735.

— Première Instruction pastorale de Monseigneur l'Evesque de Troyes, pour servir de réponse au mandement de M. l'archevesque de Sens, du 20 Avril 1737. Troyes, veuve Pierre Michelin et Edme Michelin, M.DCC XXXVII. In-4°.

— Seconde Instruction pastorale, etc. Troyes, veuve Pierre Michelin et Edme Michelin, M DCC.XXXVII In-4°.

— Troisième Instruction pastorale, etc. Sans titre. Paris, Claude Simon, 1738. In-4°.

— Quatrième et dernière Instruction pastorale, etc. Paris, Barthélemy Alix, M.DCC XXXIX. In-4°.

— Mandement de Monseigneur l'Évesque de Troyes pour défendre le Mandement de M. l'Archevesque de Sens en date du 20 avril de la présente année, et pour enjoindre de nouveau l'usage du nouveau Missel de Troyes. 14 juin 1737. Sans titre. Paris, Claude Simon. In-4°.

Suit, avec les signatures, l'adhésion des Chanoines. et du Chapitre de Troyes.

— Le même. Sans titre. Troyes, veuve Pierre Michelin, 1737. In-4°. (1)

— Arrest du Conseil d'Estat du Roy, au sujet du nouveau Missel de Troyes, et d'un Mandement de M. l'Archevesque de Sens. Du 11 Juin 1737. Sans titre. Paris, de l'Imprimerie Royale, M.DCC.XXXVII. In-4°. (2)

— Mémoire justificatif du nouveau Missel de Troyes. A Troyes, de l'imprimerie de la veuve Pierre Michelin, 1738. In-4°.

— Mandement de Messieurs les Vicaires généraux de Monseigneur... l'Évesque de Troyes au sujet de la procession du vœu de Louis XIII. 4 août 1738. Sans titre. In-4°.

Suit la Lettre du Roy à Bossuet

— Mandement de Messieurs les Vicaires généraux de Monseigneur... l'Évesque de Troyes pour faire chanter le *Te Deum* en actions de grâces de la Paix. 16 Juin 1739. Sans titre. Troyes, veuve de Pierre Michelin, s. d. In-4°.

Suit la Lettre du Roy à Bossuet.

— Ordonnance de Monseigneur l'Évesque de Troyes touchant la célébration des Fêtes dans les tems de la

---

(1) L'exemplaire de la Bibliothèque de Troyes est précédé de nombreuses notes manuscrites de Remi Breyer.

(2) L'exemplaire de la Bibliothèque de Troyes contient des notes marginales et terminales manuscrites du chanoine Remi Breyer.

moisson et de la vendange. 1er Juillet 1740. Sans titre. Troyes, veuve Michelin et Edme Michelin. In 4º.

— Mandement de Monseigneur l'Évesque de Troyes portant permission de manger des œufs pendant le carême de la présente année 1742. Sans titre. Troyes, veuve Pierre Michelin. In-4º.

— Mandement de Monseigneur Jacques-Bénigne Bossuet, Évêque de Troyes, au Clergé séculier et régulier et à tous les fidèles de son Diocèse, 3 avril 1742 [pour son abdication]. Paris, Le Mercier et Boudet, etc. M.DC.XLII. In-4º.

— *Casus reservati in Diœcesi Trecensi*, 1720. S.l.n.d. In 4º.

En tête la permission latine, donnée par Jacques-Bénigne Bossuet, à ses prêtres d'absoudre de tous péchés, excepté les *cas réservés*.

II

L'éloge funèbre d'Elisabeth Bossuet,
veuve d'Armand-Léon Le Bouthillier, cte de Chavigny,
et sœur du grand Bossuet.

Bossuet, de Troyes, était le cousin germain du précédent évêque de Troyes, Denys-François Le Bouthillier de Chavigny.

Ce dernier était le fils d'Armand-Léon Le Bouthillier, comte de Chavigny, seigneur de Pont-sur-Seine (1), et d'Elisabeth Bossuet.

La comtesse de Chavigny, — Elisabeth Bossuet, — habitait, sur la fin de sa vie, dans son château de Pont-sur-Seine, au diocèse même de son fils. Cette seigneurie, fort importante (2), avait été vendue à M. Claude Le Bou-

---

(1) Ancienne orthographe : Ponts-sur-Seine (Pons-sur-Seine), *Pontes ad Sequanam*. — Cf. sur Pont-sur-Seine, P. Lescuyer. *Géographie du département de l'Aube*, Troyes, Lacroix, 1884, p 474-478.

(2) « Suivant un acte de 1249, le vrai domaine de Ponts consiste en la ville de ce nom, dans les villages de Villeneuve-au-Châtelot, de Saint-Martin-la-Fosse, du fief de Renaugis, en bois, terres, prairies, et dans les justices et droits de ces lieux et de Courtavant : douze fiefs et arrière-fiefs, au nombre de douze, relèvent du château de Ponts. Les autres terres qui composent aujourd'hui la seigneurie de Ponts, telles que La Grève, Crancey, Saint-Hilaire, Faverolles, Gelanes, Vignes, Parts, Foujou, Longueperthe, Pommereau, Saint-Aubin et Quincey, sont des acquisitions de M. Bou-

thillier de Chavigny. — surintendant des finances sous Louis XIII et grand-père d'Armand-Léon de Chavigny, — par la princesse douairière de Conti, veuve de François de Bourbon, prince de Conti. Elle fut érigée en marquisat. Elle a été possédée par la maison de Bouthillier jusqu'à Claude-Louis, marquis de Pont, mort en 1776. Ce dernier la vendit au prince Ferdinand de Rohan, archevêque de Bordeaux, de qui elle passa au prince François-Xavier, né duc de Saxe, prince royal de Pologne, comte de Lusace, et oncle maternel de Louis XVI. Il en était propriétaire au moment de la Révolution.

Le château de Pont était magnifique (1). Il passait

thillier. Les cinq premières rélèvent, ainsi que Ponts, de la Tour du Louvre, les cinq suivantes du château de Ponts et les deux dernières du seigneur de Nogent » (Courtalon-Delaistre, *Topographie historique de la ville et du diocèse de Troyes*, Troyes, 1784, t. III, p. 251-252).

(1) « Nous ne nous étendrons pas ici sur le magnifique château de Ponts, qui passe pour un des plus beaux du royaume : il faudroit un volume pour en faire une description détaillée. Nous dirons seulement qu'il fût bâti, en 1630, sur les dessins du célèbre Le Muet, par M. Bouthillier, surintendant des finances, sous le ministère du Cardinal de Richelieu, qui passa pour en avoir fourni les fonds à madame Bouthillier (Marie de Bragelogne). Cette dame veilla à la construction, tandis que son mari faisoit bâtir celui de Chavigny, en Poitou, que l'on dit être encore plus vaste et plus considérable. C'est pour cette raison qu'elle lui mandoit que, pour se distraire et charmer les ennuis de son absence, elle s'amusoit de son côté à lui bâtir un *vuide-bouteille*. On peut consulter à cet égard la *Description de la France* par Piganiol, le *Dictionnaire géographique* de la Martinière, et celui *de la France et des Gaules*, par M. l'abbé Expilly. Encore cette connoissance ne sera-t-elle qu'imparfaite, la vue seule peut satisfaire la curiosité des amateurs. Tout l'ensemble clos de murailles est d'environ quarante arpens, dominés par un parc de 1800 arpens de bois bien percé pour l'agrément et la commodité de la chasse. » (Courtalon-Delaistre, *Topographie historique de la ville et du diocèse de Troyes*, Troyes, 1784, t. III, p. 252-253).

pour l'un des plus beaux du royaume. Il avait été bâti en 1630, sur les dessins du célèbre Pierre Le Muet, par M. Le Bouthillier de Chavigny, le surintendant des finances (1). « Il faudrait un volume », — écrivait en 1784 Courtalon-Delaistre, — « pour en faire une description détaillée ».

C'est dans cette magnifique résidence, aujourd'hui disparue (2), que mourut Elisabeth Bossuet le 7 mai 1717, à l'âge de 77 ans, au moment où son fils, — nommé à l'archevêché de Sens par le crédit de son oncle et prédécesseur, François Le Bouthillier, — gouvernait encore le diocèse de Troyes, en attendant l'arrivée de ses bulles.

Denys-François Le Bouthillier de Chavigny crut devoir recommander sa mère aux prières de son diocèse. On savait déjà que son successeur désigné était l'abbé Bossuet. Ce mandement au début duquel figurait le nom de Bossuet, montrait aux fidèles quels liens de famille rattachaient leur ancien évêque à l'illustre évêque de Meaux et à leur prochain pasteur.

Voici ce mandement :

(1) Mademoiselle de Montpensier vint se réfugier dans ce château après le combat de la porte Saint-Antoine (1652). Elle y serait venue aussi en 1647 et en 1654.

(2) Le comte de Lusace sur lequel les archives départementales de l'Aube possèdent un nombre considérable de documents, quitta la France, lorsque la Révolution éclata. Le château de Pont-sur-Seine fut déclaré propriété de l'Etat, et Napoléon en donna la jouissance à Madame Lœtitia. En 1814, il fut complétement brûlé par les troupes alliées, sur l'ordre du prince de Wurtemberg. Le château actuel appartient à la famille Casimir-Périer.

LETTRE
DE MONSEIGNEUR
L'ÉVÊQUE DE TROYES,
NOMMÉ A L'ARCHEVÊCHÉ DE SENS,
A TOUS LES CURÉS ET PRÊTRES
Séculiers et Réguliers de son Diocèse,

pour recommander à leurs prières Madame ELISABETH BOSSUET, sa Mère, Veuve de Messire ARMAND-LÉON LE BOUTHILLIER, Comte DE CHAVIGNY, décédé en son Château de Ponts-sur-Seine, du Diocèse de Troyes, le 7 Mai 1717, dans la 77e année de son âge.

Nous (1) sommes affligés, mes chers Frères, par l'endroit le plus sensible ; et Nous avons grand besoin de chercher avec vous une solide consolation dans la foi qui Nous est commune. Le malheur que nous avons eu de perdre Notre très-chère et très-honorée Mère, que Dieu vient de retirer de ce monde et d'attirer à lui, quoique prévu depuis long-tems, ne Nous touche pas moins vivement. Mais la Religion nous apprend que Nous ne devons pas la pleurer « *comme font ceux qui n'ont point d'espérance* ». JÉSUS-CHRIST mort et résuscité, dit l'Apôtre, *emmènera avec lui ceux qui se seront endormis en lui ;* c'est le grand et consolant objet de notre foi ; c'est dans cette confiance que Nous recommandons le repos de son âme à vos Prières et saints Sacrifices.

Comme elle avoit reçu une éducation très chrétienne, elle a été fidèle à ses devoirs dans tous les états de sa vie. Eprouvée pendant les vint dernières années par de continuelles infirmitez, elle les a soufertes avec patience et soumission à la volonté de Dieu ; aussi l'a-t-il récompensée

(1) Toute cette lettre est, dans l'imprimé original que nous avons rencontré à la Bibliothèque de Troyes, en caractères italiques. Cf. *Catalogue de la Bibliothèque de la Ville de Troyes*, par Emile Socard, Conservateur, tome VII (Ouvrages intéressant l'histoire de Troyes et du département de l'Aube, 1re partie), Troyes, Bertrand-Hu, Imprimeur, 1880, no 204, p. 38.

dès ce monde par la foi, la charité, et les saintes dispositions qu'il avoit mises dans son cœur. Dieu lui avoit donné
beaucoup d'esprit, qu'elle a principalement apliqué à se
représenter plus dignement l'idée et les devoirs d'une
véritable chrétienne. La plus grande partie de sa vie
depuis plus de trente ans passée dans la retraite et dans
une austère viduité, n'étoit occupée, selon le précepte de
S. Paul qu'à prier et à faire de bonnes œuvres. Compatissante et charitable envers les pauvres, elle avoit une
pieuse attention à les soulager et à s'en faire des amis qui
pùssent dans le temps de sa défaillance l'introduire dans
les Tabernacles éternels. Attachée à la Croix de Jésus-
Christ, sans cesse elle lui ofroit ses maux, et lui demandoit pour toute grâce celle de ne le point ofenser. Avec
quelle foi nous parloit-elle souvent du règne de Dieu, de
la rigueur de ses jugemens, et de l'étendue de sa miséricorde ? Quel étoit son détachement pour toutes les choses
de la terre ?

Elle Nous voïoit toujours avec beaucoup de joie, et
Nous ne la quittions jamais sans être pénétrés d'afliction
de son état, et parfaitement édifiés de sa vertu et des sages
conseils qu'elle Nous donnoit. Elle Nous aimoit tendrement, et Nous lui étions encore plus attachés par le respect,
la vénération, l'estime et la reconnoissance que par les
liens du sang et de la nature. Nous nous estimions très
heureux de la posséder dans notre Diocèse et par là d'être
plus à portée de lui rendre de fréquens devoirs.

Sa maladie augmentant et ses douleurs devenues plus
violentes, elle a demandé avec empressement les derniers
Sacremens de l'Eglise, et les a reçus avec une piété et une
ferveur très édifiante. Elle trouvoit toujours dans celui de
la Pénitence de nouveaux motifs de componction ; et dans
la sainte Eucharistie qu'elle recevoit souvent, des secours
abondans et la consolation du Saint Esprit habitant en
elle. Chaque jour étoit une préparation au dernier de sa
vie : elle parloit continuellement de Dieu et de Jésus-Christ,

dans un grand désir de le posséder. Enfin le lendemain de la Fête de l'Ascension, jour auquel Notre Rédemteur a mené avec lui dans le Ciel la sainte multitude des Elus captifs, purifiée par ses longues soufrances, elle a rendu son âme à Dieu, et s'est endormie dans le Seigneur du sommeil des Justes au milieu de toute sa Famille, dont elle étoit également honorée et respectée. Nous avons été assidus auprès d'elle tant que les devoirs de notre Ministère nous l'ont permis, et Nous l'avons assistée jusqu'au dernier soupir.

Dieu veüille Nous inspirer dans notre extrème afliction les mêmes sentimens de Religion, dont S. Augustin fut pénétré à la mort de sa pieuse mère Sainte Monique. Il s'efforça d'abord de réprimer sa douleur et d'arrêter ses larmes, éprouvant alors un cruel combat entre la raison et la nature. Cédant ensuite aux mouvemens de son cœur, il se crut permis de pleurer à cause d'elle et pour elle, à cause de lui et pour lui-même en présence de Dieu seul. Mais après, persuadé qu'elle étoit passée à une meilleure vie, dont la pureté de ses mœurs, la sincérité de sa foi, et tant de raisons indubitables l'assuroient, il ne fut plus occupé qu'à prier et à faire prier pour elle.

Toutes les circonstances de la vie de celle que Nous pleurons, Nous font espérer que sa mort a été précieuse devant Dieu, et qu'il lui a pardonné ses péchez, qu'elle est entrée dans la voie des Saints, et que son corps mis en terre résuscitera un jour incorruptible et glorieux. Adorons le Seigneur qui a acompli dans sa servante ses infinies miséricordes, et achevons de la purifier par nos Prière, de satisfaire pour elle à la justice de Dieu, et de la conduire dans le séjour du repos et de la gloire. Qu'elle puisse, ô mon Dieu, aussi bien que son Mari notre Père, desquels Nous avons reçu la vie en ce monde, joüir avec vous en l'autre de l'éternelle félicité

Nous vous prions donc, mes très chers Frères, de vous souvenir d'elle à l'Autel où s'immole la victime de propi-

tiation pour le salut de tous les hommes, et où elle assistoit tous les jours avec beaucoup de dévotion. Ce secours,
qu'à l'exemple de sainte Monique, elle a demandé avec tant
de confiance, et le soulagement des pauvres qu'elle a
ordonné, font le principal objet de ses dernières dispositions
dont elle Nous a confié l'exécution, peu attentive à toutes
les autres circonstances de sa sépulture, qu'elle a même
souhaité ne lui être faite que comme à un pauvre, et qui a
été sanctifiée par les Prières d'un grand nombre de Prêtres
que la Religion et l'amitié ont attirés de toutes parts à
cette triste Cérémonie. C'est le dernier témoignage d'afection qu'elle a désiré de Nous : c'est la grâce que nous attendons de votre piété, de votre charité, de la part que vous
prenez à notre juste douleur, et de votre attachement pour
Nous, dont Nous avons tant de preuves. Son nom vous
doit être à présent doublement cher ; et Nous serons très
sensibles à toutes les marques que vous Nous en donnerez
dans cette occasion.

Nous vous demandons en même tems vos saintes
Prières, pour Nous obtenir de l'Auteur de tout don le
bonheur d'être un jour réünis avec elle dans le Ciel, et
toutes les grâces qui Nous sont nécessaires dans les im-
portans emplois dont la Providence Nous a chargé et
qu'elle Nous destine de nouveau. Nous vous conjurons
aussi de prier pour la conservation de notre très cher et
très honoré Oncle et Prédécesseur qui fait toute la consolation de notre vie. Nous faisons de notre part les vœux
les plus ardens pour votre sanctification et celle des peuples
qui vous sont confiés ; et Nous ne pouvons trop vous
assurer de l'estime très sincère et de l'afection la plus
tendre avec lesquelles Nous ne cesserons de vous être en
Notre-Seigneur très-intimement unis.

D. FRANÇOIS, *Ev. de Troyes*,
nommé à l'archevêché de Sens.

A Ponts-sur-Seine, le 12 mai 1717.

***

Nous avons rencontré dans l'un des recueils de pièces d'histoire locale de la Bibliothèque de Troyes le billet d'invitation au service funèbre célébré, par les soins de Bossuet, dans la cathédrale de Troyes « pour le repos de l'âme » de François Le Bouthillier, ancien Évêque de Troyes, qui, en 1697, s'était démis de son évêché (1) auquel avait été nommé son neveu, Denys-François Le Bouthillier de Chavigny :

M.

Vous êtes avertis de la part de Monseigneur l'Évêque de Troyes que Lundi 24. A dix heures du matin, il se fera un service dans l'Église Cathédrale, auquel Il officiera pour le repos de l'âme de Monseigneur FRANÇOIS BOUTHILLIER, ancien Évêque de Troyes, décédé à Paris, le 15 du présent Mois. Tous les curez et autres Ecclésiastiques de la Ville et de la Banlieuë et toutes les Compagnies de cette Ville sont invités d'y assister.

(1) « L'année suivante [1697], M. Bouthillier annonça à son chapitre que, s'étant plusieurs fois trouvé mal en officiant, il s'étoit déterminé à se démettre de son évêché, et que le roi qui avoit agréé sa démission, y avoit nommé son neveu. Quelques-uns disent qu'il ne quitta son évêché que dans l'espérance d'être appellé par le roi au ministère. Depuis ce temps se voyant frustré de cette espérance, il résolut de vivre dans la retraite, et choisit la maison des Chartreux, où il fit bâtir un appartement. Il ne perdit pas toutefois ses vues d'élévation, il alla encore de temps en temps à la cour, surtout en 1713, où le roi le reçut avec distinction. L'année suivante, il travailla avec les cardinaux d'Estrées et de Polignac à l'accommodement du cardinal de Noailles avec la cour de Rome au sujet des disputes sur la constitution *Unigenitus*, et en 1715, il fut nommé conseiller de la régence. Enfin, il mourut à Paris le 15 novembre 1731, âgé de 90 ans. » (Courtalon-Delaistre, *Topographie historique de la ville et du diocèse de Troyes*, Troyes, 1783, t. I, p. 455).

Le chanoine troyen Remy Breyer a noté en marge qu'il s'agit du « 24 septembre », et du 15 « septembre 1731 » (1), et que François Bouthillier « a été enterré » à Paris, « à Saint-Côme ».

————

(1) On peut remarquer dans la note précédente que Courtalon-Delaistre place cette mort au 15 novembre 1731.

III

Les documents annexés au msc. fr. 11431
de la Bibliothèque nationale

Quelques copies de documents ont été annexées au msc. fr. 11431 de la Bibliothèque nationale. Les unes sont en tête du manuscrit, les autres à la fin. Ces copies sont d'une autre écriture que celle de la vie de Bossuet.

I

Parmi ces documents reproduits se trouve d'abord le texte et la traduction d'une Ode latine adressée à Bossuet qui, déjà nommé à l'évêché de Troyes dont il avait pris possession par procuration le 31 juillet 1718, n'était pas encore installé. Il ne devait l'être que le 11 novembre de cette même année. L'ode latine est datée du 25 octobre, la traduction du 24 septembre 1718. Il est assez probable que la pièce a été adressée au prélat à la fin d'octobre 1718, à un moment opportun et de façon à ce qu'en arrivant à Troyes, il n'eût pas perdu le souvenir de ce morceau de poésie. Il ne faut voir, croyons-nous, dans cette différence de dates qu'une erreur de la part du traducteur. Nous ne reproduirons pas le texte de cette ode latine. Nous en donnerons seulement la traduction :

A MONSEIGNEUR, MONSEIGNEUR
JACQUES BÉNIGNE BOSSUET,
Nouvellement consacré évêque de Troyes.

Quel mouvement impétueux m'entraine hors de moi ? Quel feu me pénètre, m'échauffe et m'enflamme ? Quel Dieu m'inspire cet enthousiasme et forme dans ma bouche de tels accens ? Dans l'ardeur qui me presse, j'ose prendre un noble essor : quel sera le premier objet de mes chants ? Heureux événement qui m'invite à célébrer deux héros dignes l'un de l'autre. dignes d'être chantés sur la même lyre ! Que ne puis-je égaler par la beauté de mes vers la grandeur de vos dons, illustre Pontife de Meaux ! Le tribut de louanges que je payerois à vos vertus, rejailliroit sur celui à qui vous avez transmis un si bel héritage. Oui, aimable Pasteur des Troyens, c'est faire votre éloge que de commencer par chanter les louanges d'un Prélat si justement célèbre. Quels travaux lui ont acquis une telle gloire ! La postérité aura peine à le croire. Son siècle qui en a été le témoin, siècle de science et de lumière, a vu avec étonnement cette main aussi féconde que savante enfanter des milliers de chefs-d'œuvre. Une troupe de novateurs, sortie de l'Enfer, avoit osé élever sa tête altière au milieu de l'Eglise et déclarer la guerre à sa sainte doctrine ; mais nous avons vu cette main foudroyante replonger l'impiété dans l'abime qui l'avoit vomie, cette main toujours invincible remporter autant de victoires qu'elle frappoit de coups. Par lui l'ancienne doctrine a repris son éclat et sa splendeur. Par lui la lumière qui brilloit dans le premier âge, a éclairé notre siècle. Par lui les saintes règles des mœurs ont été défendues et vengées. Il a développé à nos yeux ces années anciennes, la gloire du christianisme, ces siècles célèbres féconds en Docteurs, qui tenoient les premiers anneaux de la chaîne de la Tradition, ces temps heureux, ces jours, hélas ! si désirables ! Tu sais, toi, race maudite qui possèdes l'art de te jouer du peuple de Dieu par d'indignes chicanes, toi qui es venue répandre parmi le troupeau sacré des erreurs forgées par la profane nouveauté, toi qui es l'ennemie de la paix, toi qui as formé, ô crime ! une conjuration sacrilège contre le troupeau de Jésus-Christ, toi qui as osé attaquer de front la puissance de la grâce céleste, toi qui t'es livrée sans réserve à une liberté insensée dont tu suis les longs égaremens, tu sais quelle main vengeresse a brisé tes efforts et enchaîné ton aveugle fureur. Avec quelle force ce héros repoussa-t-il les attaques de l'erreur ! Hélas ! quand la foi, devenue si rare, quand l'ancienne Doctrine, quand la Vérité, objets des savantes veilles de nos pères, trouveront-elles un aussi puissant vengeur ? O illustre Eglise de France, que tes jours étaient beaux, que ta paix était assurée, lorsque tu avais un tel défenseur ! La mort te l'a envié : en vain tes soupirs et tes larmes le redemandent. Il ne te sera pas rendu ! Fatale nécessité de la mort ! Faut-il que ton étreinte cruelle retienne ce héros digne de l'immortalité ! Ah ! la piété même ne soustrait personne à cette loi ! Les têtes les plus chères comme les hommes les plus vils, nul n'échappe à ses rigueurs.

Mais que fais-je ? Pourquoi mêler des larmes et des regrets à la joie qui doit nous animer. Toujours la divine Providence a donné aux chrétiens de tels maîtres ; et toujours elle a su les envoyer dans les tems convenables. La même Providence, aimable Pontife, vous a réservé pour le nôtre ; elle a voulu nous donner un second Bossuet. Tout le peuple chrétien de la ville de Meaux peut dire quels exploits ont été les vôtres sous la conduite de ce grand capitaine. Vous êtes son imitateur, vous êtes un autre lui-même, vous avez réveillé son esprit, et vous êtes entré dans ses glorieux travaux (1). Votre illustre naissance est effacée par votre mérite. Vos vertus vous ont placé au-dessus de tous les autres ; vous les avez toutes réunies ; mais il en est une qui vous gagne surtout les cœurs : c'est la bénignité, et personne n'a plus de droit que vous de porter le nom qui en est le symbole. La grâce qui vous a été prodiguée, a produit en vous cet heureux assemblage de toutes les vertus ; elles concourent toutes à vous rendre aimable, et chacune d'elles prête à votre âme, pour l'embellir, son lustre et son éclat. Elles y sont entretenues par la religion, par la sainte vérité, par l'espérance et par la foi, cette ennemie de tout mensonge et de tout artifice, cette foi, hélas ! maintenant si rare sur la terre. La pureté de vos mœurs a fixé la piété dans votre cœur. Votre charité qui ne donne point de bornes à ses largesses, vous a rendu le père des pauvres, la ressource des malheureux, la consolation des affligés. O vous que sa main bienfaisante a tirés du sein de la misère et qu'il a nourris de ses biens, dites-nous ce que vous connoissez de la bonté de son cœur : célébrez-la, puisque vous l'avez éprouvée. Qu'attendez-vous, ange

(1) Cf. ce que dit Joseph Saurin, le géomètre, qui avait été converti au catholicisme en 1690 par Bossuet : « Mais je puis encore justifier la plus grande partie de ce détail par un témoignage respectable ; c'est celui de M. l'abbé Bossuet, de qui je n'ai pas moins été connu dès le commencement que de feu M. de Meaux, et qui m'honore de sa bienveillance (j'ose m'en glorifier publiquement) et par les propres sentimens de son cœur, et *par un tendre zèle, si digne de loüange, pour la mémoire d'un oncle illustre* qui l'attache d'une manière particulière à tous ceux que ce grand homme a aimez. » (*Factum ou Mémoire pour le S* Saurin, pensionnaire-géomètre de l'Académie royale des Sciences contre le S* Rousseau*, dans [Gacon], *L'Anti-Rousseau par le poète sans fard*, Rotterdam, Fritsch et Bohm, 1712, p. 489-490).

tutélaire de l'Eglise de Troyes, pour vous y rendre ? Votre absence n'est déjà que trop longue. Venez, o vous que Dieu envoye à notre tète, ramener dans le sein de ma patrie ces beaux jours à jamais mémorables où un saint Loup en étoit le pasteur, où un saint Prudence en remplissoit le siège, pontifes inondés des dons de la grâce que Dieu envoya au peuple de Troyes dans les temps où ils devoient en être les sauveurs. Aimez à être appelé et le père, et l'honneur de cette cité si favorisée et le chef religieux du peuple chrétien. Les pauvres vous appellent à cris redoublés, les enfans vous demandent pour père, les pères veulent vous avoir pour seigneur. Ma patrie vous attend comme celui qui doit être son ornement et sa gloire. La grâce veut avoir en vous un intrépide défenseur. Venez. A peine aurez-vous paru, à peine un trait qui soit l'image de la bénignité se sera-t-il fait reconnoître, que la paix reviendra, les jours seront plus sereins, et la pâle frayeur fuira loin de nos murs. Rendez-vous, o pasteur, aux vœux de vos brebis. Cédez à leurs instances, et pardonnez à votre poète sa témérité. Il est tems d'écouter une juste crainte et de terminer des vers si peu proportionnés à leur sujet qui perd trop entre mes mains pour y rester plus longtems. Seulement, je vous en conjure, ne dédaignez pas mes vœux. O Dieu, que votre bonté conserve toujours aux Troyens les dons que votre clémence leur a prodigués.

De votre Bénignité

Le très respectueux serviteur et très fidèle sujet.

Le 24 septembre 1718.

I I

Voici le texte d'une ode française qui a été imitée
de l'ode latine précédente ou qui l'a inspirée :

L'Avénement de Monsieur Bossuet au Siège de Troyes

ODE

Quel éclat vois-je paroître !
Mes yeux en sont éblouis.
Muse, faites-moi connoître
Le bonheur dont je jouis.
Quelle noble ardeur m'inspire !
Venez, déesse, et ma lyre,
Pour exprimer mes transports,
A besoin qu'en sa cadence,
D'une douce violence
Vous régliez les accords.

Illustre Eglise de Troye,
Louez l'arbitre des cieux.
Le présent qu'il vous envoye
Rend votre nom glorieux.
Venez, tout vous y engage,
Venez pour luy rendre hommage.
Ce grand Dieu de sainteté,
A vos vœux toujours propice,
Vous veut, selon sa justice,
Conserver la vérité.

Bossuet, au cœur magnanime(1),
Qui jadis fit tant d'éclat,
De Dieu vivante victime,
L'honneur de l'épiscopat,
Fléau de l'erreur, du vice,
Ferme appui de la justice,
Autrefois sur son tombeau
Vit des larmes de l'Église,
De sa perte fort surprise,
S'écouler plus d'un ruisseau.

———

Déjà partout la tristesse,
L'abattement, la frayeur,
Avoient chassé l'allégresse.
Au bruit d'un si grand malheur,
Déjà mille voix funèbres
Faisoient craindre les ténèbres.
Pour quelque crime nouveau,
Outré de nos injustices,
Dieu voulut punir nos vices,
Nous enlevant ce flambeau.

———

Mais depuis peu sa colère
A bien voulu s'appaiser.
Il a mis bas le tonnerre
Qui venoit de fulminer.

(1) *Per quem Relligio stetit inconcussa, Sacerdos* (Santol). (*Note du Manuscrit*). Ce vers de Santeul est dans la pièce *Ad Meldensium Episcopum Jac. Benignum Bossuetum. Religioni se excusat accusatus quod Pomonae, cum de re hortensi scriberet, vocem usurpasset* (Joannis Baptistae Santolii *Opera omnia*, editio secunda, Paris, Denys Thierry, 1698, t. I, p. 31). Le même vers se retrouve, un peu modifié, dans une pièce du même Santeul sur Germigny : *In villam illustrissimi Ecclesiae principis Jacob. Benign. Bossuet, episcopi Meldensis* (t. II, p. 52).

Hé ! que dis-je ? le grand homme
Vient reparoitre en personne.
Un illustre successeur
Va soutenir sa mémoire,
Digne héritier de sa gloire,
De son nom, de son grand cœur.

———

Déjà remply de la grâce,
Orné des célestes dons,
Tous les travaux il embrasse
Qui naissent dans ces cantons.
Conservons-en la mémoire,
Et que, charmés de sa gloire,
Dans la suite nos neveux.
D'une noble jalousie,
Souhaitent avec envie
Le siècle de leurs ayeux.

———

Icy, Muse, il est bien juste,
Aux yeux de tout l'Univers,
Pour un sujet tout auguste,
Venez m'inspirer des vers.
Mais, hélas ! je perds haleine,
Vous êtes sourdes[?] aux peines ;
Il est vray, ce noble employ,
Cet honneur, cet avantage
Doit être un jour le partage
De plus grands maîtres que moy.

III

Au moment où Bossuet se déclara en faveur de
M. Soanen, évêque de Senez, et contre les actes du
Concile d'Embrun (1727), les Oratoriens de Troyes lui
adressèrent la lettre suivante de félicitations :

Monseigneur

La glorieuse démarche que vous venez de faire en
faveur de la justice et de la vérité de concert avec plusieurs
illustres prélats recommandables par leur vertu et leurs
lumières, exige de nous un témoignage particulier de
notre reconnoissance et nous impose l'obligation de nous
unir à Votre Grandeur pour la même cause.

Attentifs et dociles à la voix des premiers Pasteurs
que le Saint-Esprit a établis pour gouverner l'Eglise de
Dieu, nous suivons volontiers ces ministres fidèles partout
où le devoir d'une obéissance raisonnable et la gloire de
notre Maître commun nous appellent. Touchés des besoins
de l'Eglise, notre Mère, affligés avec elle des troubles qui
l'agitent, nous sommes toujours prêts à profiter des moyens
sages et efficaces que l'on nous présente pour remédier à
ses maux, pour lui rendre sa splendeur et sa force et pour
lui assurer la perpétuité qui lui est promise par son
Epoux.

Déjà, Monseigneur, vous nous aviez prémunis contre
l'illusion des nouvelles erreurs par le solide mandement
dont vous avez accompagné le présent inestimable que
vous avez fait à votre diocèse, des *Elévations sur les
mystères* du grand Evêque de Meaux, ouvrage digne de
son auteur et dont vous avez recueilli tous les traits de

lumière capables de dissiper les ténèbres qu'on répand sur l'ancienne doctrine.

Votre zéle, Monseigneur, ne s'est pas borné à nos avantages particuliers. Instruit que, l'Episcopat étant un et solidaire, tous ceux qui y participent, sont redevables à toute l'Eglise de leur ministère, vous avez porté, en son nom, aux pieds du trône d'un grand Roi, de justes plaintes contre le violement de toutes les lois divines et humaines commis à Embrun, malgré les droites intentions de Sa Majesté, par la condamnation irrégulière de M. l'Evêque de Senez.

Le triste spectacle d'un prélat, plus recommandable par ses vertus et par sa saine doctrine que par son grand âge et ses longs travaux, outragé dans sa personne, et dans celle de ses théologiens, de son conseil et de ses domestiques, accusé sans partie ni témoins, condamné sans juges compétents, puni comme criminel sans aucun délit. un tel spectacle a réveillé votre zéle, et vous a fait élever la voix en faveur de l'innocent opprimé.

Mais non content de réclamer contre un jugement notoirement nul, vos vuës supérieures, Monseigneur, se sont portées plus loin ; et vous avez aperçu qu'en condamnant le juste, on vouloit envelopper la justice même et la vérité dans sa condamnation : vous vous êtes opposé à cette entreprise téméraire en rappelant les douze fameux articles autant exacts et précis dans leur briéveté qu'ils sont odieux aux personnes qui cherchent à cacher leurs sentiments pervers sous des paroles équivoques. Malgré la contradiction que les douze articles ont soufferte, vous prononcez, et nous le reconnoissons avec vous. Monseigneur, *que la doctrine qu'ils renferment est celle de l'Ecriture et de la Tradition, et fait partie du dépôt sacré que nous avons reçu de nos pères.*

En donnant un nouveau poids à la validité de l'appel interjeté au concile œcuménique que vous autorisez par les maximes incontestables et fondamentales du royaume, vous nous apprenez que le Concile ne fut jamais plus nécessaire, vous nous excitez à le désirer plus ardemment et vous nous inspirez la confiance qu'enfin le Dieu des miséricordes nous l'accordera et appliquera ce remède efficace aux plaies que fait à l'Eglise la division de ses enfans.

Que celui qui conduit Israël daigne nous donner le calme *par l'autorité irrévocable d'une concorde très parfaite,* et répandre sur votre démarche les mêmes bénédictions qu'il accorda à un de vos illustres prédécesseurs, uni à plusieurs de ses collègues dans l'épiscopat, dont les sages remontrances touchèrent la religion de Louis XIV et l'engagèrent à procurer, par son autorité royale, une paix si longtemps désirée. Nous ne cesserons de faire des vœux pour un si grand objet, et en particulier pour la conservation d'un pasteur si cher et si nécessaire à son troupeau.

Nous sommes avec un très profond respect,

Monseigneur,

De Votre Grandeur

Les très humbles et très obéissans serviteurs.

Tassin, Prêtre de l'Oratoire et Supérieur de la Maison du Saint-Esprit,

Sorel, L. Hurez, Baullerot, J.-Bte Cicoteau, J.-B. Paul, Nicolas-Marie-Ruffin Denis, Asauria, J. Tronchon, R. J. B. de Gennes, J. Angel, Jean-Antoine de Genibrouze de Saint-Amans, Henry Camusat, F. Monny, L. Thorisat, prêtres de l'Oratoire (1).

___

(1) Tous ces noms, dans le manuscrit de la Nationale, sont placés les uns au-dessous des autres, et tous accompagnés de la qualification de : « prêtre de l'Oratoire ».

***

Voici la réponse faite par Bossuet de Troyes à une semblable lettre de félicitations que lui avait adressée le Chapitre :

Réponse de Mgr l'Ill. et R. R. Ev. de Troyes, à la lettre de son Chapitre de son Eglise cathédrale.

MESSIEURS,

Je n'avois garde de vous manquer dans le besoin. Nous devons estre bien convaincus, vous et moy, que nostre force consiste principalement dans nostre union. Il faut qu'elle soit persévérante et indissoluble. Vous devés vous y attendre de ma part. Je suis résolu d'employer toute la sainte autorité que Dieu et l'Eglise me donnent pour soutenir avec vigueur, mais en mesme tems, avec la charité qui doit accompagner mon zèle, toutes les démarches que peuvent exiger de moy les conjonctures présentes.

Je suis infiniment sensible aux marques d'attachement et d'amitié que vous voulés bien me donner dans vostre lettre du mercredi 19e de ce mois. Elle m'a donné la plus grande satisfaction que je fusse capable de recevoir. Soyés bien persuadé de toute l'étendue de ma reconnoissance et de mon affection pour vous. Je suis très parfaitement et avec l'attachement le plus sincère,

Messieurs,

Votre très humble et très obéissant serviteur.

† J. BÉNIGNE, Ev. de Troyes.

Paris, 30 Juin 1727.

***

Le mscr. fr. 11431 contient la copie de l'acte d'opposition de « Louis-Antoine, Cardinal de Noailles,

Archevêque de Paris, Cyprien-Gabriel-Joachim Colbert, Evêque de Montpellier, Charles de Caylus, Evêque d'Auxerre, Jean Arnaud de Tourouvre, Evêque de Rodez, François-Paul de Caumartin, Evêque de Blois, Jacques-Bénigne Bossuet, Evêque de Troyes, François Caillebot de la Salle, ancien Evêque de Tournay » à « l'enregistrement de toutes lettres patentes, brefs et autres lettres ou autres actes confirmatifs de ce qui s'est passé en l'assemblée d'Embrun ». Cet acte fut « signifié à M. le Procureur général du Roy au Parlement de Paris en son hôtel, rue Hautefeuille » le 7 mai 1728. Les prélats y déclarent « qu'ils font en commun ladite opposition et dénonciation, attendu qu'il s'agit de l'intérêt commun de l'Eglise, de la vérité, des droits sacrés de l'Episcopat et des maximes fondamentales du Royaume ».

I V

A l'occasion de la mort de M. Jean Philippe, Doyen et Chantre de l'Eglise cathédrale (1), survenue le 13

(1) M. Jean Philippe s'était montré d'un jansénisme ardent. « M. Philippe, Vicaire général, et qui avoit la confiance de M. Bossuet,.....», disent les *Mémoires pour servir à la vie de M. Collard*, placés en tête des *Lettres spirituelles* de ce dernier, Avignon, Guillermont, 1784, t. I, p. 32. — Citons ici sur l'état d'esprit du diocèse de Troyes, au commencement de l'épiscopat de Bossuet, un témoignage intéressant. C'est une lettre écrite de Potthières, à la date du 11 avril 1721, par Dom Thierry de Viaixnes, auteur du célèbre *Problème ecclésiastique*, à M. Longer de Saint Jean, prêtre de Châlons : « Je passay le mardy, le mercredy et le jeudy à Troyes, où je me fatiguay encore à courir les rues ; mais j'eus la consolation de retrouver quantité d'amys qui pensent bien, qui sont très zélés pour la vérité et ses intérêts, et qui me firent

juillet 1737, s'échangèrent entre les Chanoines de Troyes et Bossuet les lettres suivantes :

Lettre des Chanoines de Troyes à Mgr leur Evêque sur la mort du Doyen.

MONSEIGNEUR,

Nous avons eu le malheur de le perdre, ce digne Chef de nostre Compagnie, auquel nous étions d'autant plus attachés qu'il l'étoit plus fortement et plus sincérement à Votre Grandeur. Il avoit mérité Votre confiance, et il étoit bien digne de la nôtre comme le centre de notre union. Il rassembloit tous les motifs qui nous attachent à vous. Il nous est arraché, ce digne ministre de la charité de Jésus-Christ, et ce fidèle interprète de nos sentimens.

Vous sentés mieux que nous, Monseigneur, que Dieu n'a permis ce triste événement que pour nous apprendre

toutes les caresses imaginables. Je couchay deux nuits chez M. Parchappe, le chanoine. En général la plus part des ecclésiastiques de cette ville pensent bien et sont bien intentionnés. Plusieurs même sont assez disposés à renouveller leur appel ; mais aucun ne veut faire la première démarche, et il n'y a personne assés accrédité ny assés zélé pour engager les autres à s'unir à luy : chacun craint et veut rester en repos. Toute leur ressource est de dire que, si on exige quelque chose d'eux en faveur de la Bulle, alors ils s'expliqueront fortement et rendront témoignage à la vérité. Mais je leur ay fait voir que leur foiblesse et leur lâcheté ne méritoient pas que Dieu leur en fît la grâce. *Leur nouvel évêque ne veut pas souffrir qu'on fasse rien, et promet de ne rien faire dont on ne soit content. Je ne m'y fie pas.* Cependant le P. de l'Oratoire qui prêche à la cathédrale est sur la liste imprimée de ceux qui ont renouvellé leur appel. Je l'entendis prêcher le jeudy : tout son sermon rouloit sur les deux amours, la charité et la cupidité ; il y établit très fortement tout ce qui à ce sujet est condamné par la Bulle, sans la nommer. Je l'allay voir l'après diné, et j'en fus très content, aussy bien que de son supérieur et de ses confrères, dont un est encore sur la liste des

à ne compter sur aucun appui extérieur, mais seulement sur la sincérité de nos intentions et sur la droiture de nos cœurs. Ces dispositions sont l'ouvrage du Tout-Puissant en nous. Nous espérons que, par cette épreuve, il les épurera de plus en plus, et que de tous nos cœurs il n'en fera qu'un qui vous sera à jamais uni par les principes de sa charité et par les motifs de la vérité dans laquelle nous avons l'honneur d'être très respectueusement,

Monseigneur,

De Votre Grandeur les très humbles et très obéissants serviteurs,

Lefèvre des Chevaliers, Gollier, Parchappe, Salle de la Motte, de Villeprouvé, Paillot, Jetel, Berthelin, prêtre, Gauthier, Dienert, Vinot, Jean Dienert, Bertrand Jeanson, Maufroy, Varenne, d'Aguesseau, J.-B. l'Anglois, Philippe, Sallé, ... Jourdain, Carré. Doé, de l'Oratoire.

renouvellans. Les chanoines de la cathédrale font tout leur possible pour que M. Le Gros prêche l'octave du St Sacrement dans leur église. Il y consent ; et on travailloit à avoir l'agrément de M. l'évêque de Troyes. Je ne sçay si cela réussira ; mais je le souhaite. Je n'ay pu joindre M. Philippe, le grand vicaire ; il étoit à la campagne. J'ay été infiniment content et édifié de M. le curé de St Nicier et du jeune prêtre directeur du petit séminaire, pourqui vous m'aviés donné une lettre. Il ne tiendroit pas à eux que tout le monde ne se déclarât hautement et authentiquement pour l'appel : mais ils ne sont pas assés accrédités pour en venir à bout. Ils m'ont paru vous être fort dévoués... J'y parlai beaucoup en faveur des ecclésiastiques du diocèse de Reims qui se sont réfugiés dans celui de Chaalons, et je sollicitay vivement qu'on les reçut dans celuy de Troyes en cas de persécution et qu'on leur y donnât de l'employ. J'y trouvai les esprits tout à fait disposés, et on m'assura que M. de Troyes ne demanderoit pas mieux, non seulement parce qu'il manquoit de sujets, mais surtout parce qu'il savoit par expérience que ce seroient les meilleurs curés du diocèse....» *(Correspondance inédite de Dom Thierry de Viaixnes*, publiée par G. Hérelie, Arcis-sur-Aube, 1880, p. 43-45).

***

Réponse de M. l'Ill. et RR. Ev. de Troyes à la lettre de ses chanoines au sujet de la mort de Mr Jean Philippe, Doyen et chantre de l'Eglise cathédrale, mort le 13 juillet [1737].

MESSIEURS,

Dans les tristes et affligeantes circonstances où je me trouve, rien n'est plus satisfaisant ni plus consolant pour moy que les marques que vous voulés bien me donner de vostre amitié et de vostre attachement pour moy. J'y suis sensible au-delà de toute expression. Je vois bien que vous rendez toute la justice qui est due au grand mérite, et aux vertus du digne chef de votre illustre corps que vous venés d'avoir le malheur de perdre de la manière la plus affligeante. La peine et la douleur que j'en ressens, sont, je vous assure, aussi grandes que sa perte. C'est tout dire. Le coup est grand pour vous et pour moy, et nostre seule consolation doit être dans la soumission parfaite à la volonté de Dieu et dans la confiance que nous devons avoir en la toute-puissance de sa grâce, persuadés que nous devons estre que n'ayant, vous et moy, d'autres vues en tout ce qui se passe, que de soutenir la vérité, et de défendre une excellente cause, il ne nous abandonnera pas et nous soutiendra toujours. Tout dépend, Messieurs, je l'ose dire, et je ne puis pas trop le répéter, de notre union et du courage que Luy seul nous peut inspirer et que nous ne devons cesser de lui demander.

J'ay une impatience extrème de me retrouver au milieu de vous pour estre en état de concourir tous ensemble au choix important que vous devés faire. En mon particulier, je n'ay rien à désirer, sinon que le Seigneur permette qu'il tombe sur un sujet en qui règne la piété, la fermeté, la bonne foy, le courage, et surtout l'amour de la vérité et de la paix. Je prie le Seigneur qu'il daigne vous inspirer un choix digne de vous et de la place qu'il doit remplir. Continués-moy toujours, je vous en prie, l'honneur de votre amitié et de votre bienveillance et soyez bien persuadé que je désire ardemment de trouver des occasions de vous donner des preuves en général et en particulier de toute mon estime et de toute ma reconnoissance, et de l'affection la plus cordiale avec laquelle je fais gloire d'estre, jusqu'au dernier soupir de ma vie que je veux consacrer à votre service et à celui de mon diocèse (1),

Messieurs,
Votre très humble et très obéissant serviteur,
† J. Bénigne, Ev. de Troyes.

Paris, ce Samedi 20e Juillet 1737.

V

Cette lettre de l'abbé Gouault qui était hostile aux idées et au parti janséniste, est curieuse par une certaine clairvoyance politique et une sorte de prévision de ces heures critiques où les jansénistes seraient plutôt dans les rangs des ennemis de la monarchie. La mention du collège Sainte-Barbe où M. Collard avait été maître des théologiens, après y avoir été élève (2), semble indiquer

(1) On dirait qu'il y a dans ces mots comme une réminiscence et un reflet de la péroraison de *l'Oraison funèbre du prince de Condé:* «... ; heureux si, averti par ces cheveux blancs du compte que je dois rendre de mon administration, je réserve au troupeau que je dois nourrir de la parole de vie, les restes d'une voix qui tombe et d'une ardeur qui s'éteint. »

(2) Cf. *Mémoires pour servir à la vie de M. Collard,* dans [Collard], *Lettres spirituelles,* Avignon, Guillermont, 1784, t. I, p. 2 et suiv.

que M. Gouault songeait à lui en composant cette
lettre :

*Lettre de M. l'abbé Gouault, Chanoine, Grand Chantre
de l'Eglise Royalle et Collégiale de Saint-Etienne de
Troyes, à son amy. M. l'abbé de Forbin, qui demeuroit chez luy à Troyes.*

J'ay reçu hier, mon cher abbé, la lettre que M. le Prieur
m'a escrit pour vous. Je suis bien fâché de vous sçavoir
toujours malade. J'espère apprendre aujourd'hui que vous
en avez été quitte pour vos deux saignées. Je me suis bien
douté que cette maladie retarderoit de quelques jours
vostre voyage. Vous pouvés, cependant, si l'envie vous en
prend, venir quand il vous plaira. Je crois vous l'avoir
déjà mandé, vostre chambre est prête à vous recevoir.
Hier je fis nettoyer les carreaux des vitres, qui estoit tout
ce qui restoit à faire.

. . . . (1)

M. de Troyes, à ce que j'ay appris hier, retourne à
Saint-Lié d'où il reviendra mardy ; il compte partir ensuite
pour Paris à la fin de la semaine ou au commencement de
l'autre. *Il a ici un petit séminaire bien dangereux. Les
puissances ignorent jusqu'à quel point on y élève les
sujets dans un esprit de révolte contre la religion et
contre le prince. Bien des petits séminaristes disoient
l'autre jour chés un curé que le Roy n'étoit chrétien que
de nom. On ne leur apprend à ne le regarder que
comme persécuteur des chrétiens. Si on rassembloit
avec cela toutes les impiétés qu'on a apprises, en différents temps, avoir été enseignées dans cette maison,
croiriez-vous qu'on la laissât subsister ? Elle est infini-*

____

(1) Nous supprimons un alinéa de cette lettre qui nous a paru
sans grand intérêt.

*ment plus dangereuse que Sainte-Barbe ou, au moins
on ménageoit les apparences, mais icy on se sent en
pays de liberté, et on en profite*(1).

VI

La lettre suivante, non signée, relate quelques
détails assez pathétiques sur les remords qu'éprouvait
le Cardinal de Noailles de n'avoir pas su protéger ou
tout au moins défendre Port-Royal. La visite que rend
l'Eminence aux ruines de la « sainte maison » est d'un
effet vraiment dramatique :

MONSIEUR,

Je ne me souviens point de vous avoir vu ici. Cependant
la confiance que j'ai en votre sagesse et prudence fait que
je vous adresse directement ce mémoire. Il sera court
parce qu'il n'est question que de quelques faits dont vous
devez être assuré que je vais vous les rapporter tels que je
les ai appris de Monsieur Thomassin lui même, sans autre
garant que la droiture et la sincérité de ce Monsieur.

M. Thomassin, cy-devant prévost de Saint-Nicolas du
Louvre, est venu passer à Troyes les dernières années de
sa vie ; il demeuroit chez Madame de Molé, sa sœur,
paroisse de Sainte-Madeleine ; j'ai eu l'honneur de le voir
souvent, et je me souviens bien parfaitement qu'en me
parlant de Port-Royal et de sa destruction, il me dit : « Je
dois rendre grâce à Dieu de n'avoir point servi d'instrument
pour cette œuvre. Ensuite il s'est expliqué et m'a dit que M.

(1) Les phrases, mises en italiques, pour appeler sur elles l'attention, ne sont pas soulignées dans l'original.

l'archevêque l'avoit fait venir dans l'intention que luy Thomassin, luy présentât requête tendante à la suppression et destruction de Port-Royal. M. Thomassin fut effrayé de cette proposition et, après avoir représenté au Cardinal ce qu'étoit la maison de Port-Royal, il dit à Son Eminence : « Vos ennemis vous trouvent par tous les endroits impénétrable ; votre doctrine, vos mœurs sont impénétrables et irrépréhensibles, et ils ne trouvent point d'autre moïen de vous deshonorer que celui de faire tomber sur vous l'odieux d'une démarche qui révoltera tout le public.» M. Thomassin soutenoit son dire par des raisons aussi fortes les unes que les autres. M. l'Archevêque en parut si frappé qu'il dit à M. Thomassin qu'il lui feroit plaisir de lui adresser un mémoire dans lequel toutes ses raisons seroient détaillées.

M. Thomassin ne l'a pas fait longtemps attendre. Deux ou trois jours après, il présenta le mémoire à Son Eminence et lui en fit la lecture. Tout sembloit devoir bien aller ; mais les ennemis de Port-Royal étoient trop animés ; ils pressèrent de nouveau le foible prélat et aux raisons qu'il leur opposa, ils ne luy disoient autre chose, sinon : « L'affaire est finie à Rome, et le Roy le demande. Vous vous laissez conduire par M. Thomassin, c'est un blanc-bec. Monseigneur, cela ne fait pas honneur à Votre Eminence.»

M. l'Archevêque est vaincu : il mande M. Thomassin, et, d'un ton d'authorité qui ne luy étoit pas ordinaire, il luy dit de dresser la requête, qu'on ne peut faire autrement et que les engagements étoient pris. M. Thomassin représente à Son Eminence qu'il étoit d'autant plus surpris de son changement qu'il lui avoit paru plus touché des raisons portées dans son mémoire. « Monsieur, dit l'Archevesque, il n'est plus question que de présenter vostre requête. » M. Thomassin a répliqué : « Je me croirois très coupable à vostre égard, si je le faisois, et jamais il ne sera reproché à Thomassin de s'être uni aux ennemis de Votre Eminence pour la deshonorer. » L'archevêque luy fit la réplique :

« On me l'a bien dit que vous étiez un blanc-bec, et vous voulez me conduire ; il n'en sera pas ainsi ; je veux être obéi. » M. Thomassin ne le veut pas : il a fait sa révérence et, ensuite, s'est retiré. M. l'Archevêque l'a fait dresser par un autre.

Au sortir de chez M. l'Archevêque, M. Thomassin me dit qu'il avoit été à Saint-Nicolas du Louvre dont il estoit prevost. C'estoit pendant l'octave de la fête du S.-Sacrement, et il y avoit salut et bénédiction Il me dit que, s'étant mis à genoux au bas du sanctuaire, tout pénétré de reconnoissance de la grâce que Dieu luy avoit faite de soutenir l'innocence, il s'étoit trouvé dans un état de paix et de tranquillité qu'il m'a dit qu'il ne luy seroit pas possible d'exprimer. Il luy sembloit n'être plus sur la terre. L'usage de ses sens sembloit être suspendu par le sentiment d'une joie toute céleste dont il étoit comme inondé. « En sorte, m'a-t-il dit, [qu'] on a sonné le dernier coup de l'office, je n'en ai rien entendu ; l'église étoit pleine de monde, je ne m'en apercevois pas. » Il m'a dit n'avoir jamais éprouvé autant de joie et de consolation intérieure qu'il en a éprouvé pendant l'heure qu'il est resté au pied du sanctuaire. « Au reste, m'a-t-il dit, il n'en faut pas être surpris ; c'est que j'avois une double portion aux prières des bonnes religieuses de Port-Royal, car elles prioient et pour leurs amis et pour leurs ennemis Elles me croioient leur ennemy, et, sous cette qualité, elles prioient pour moy ; j'étois leur ami, et c'est ce qui faisoit ma seconde portion. »

C'est le 29 8bre 1709 que M [d'Argenson, lieutenant] de police, a terminé la triste destruction, commencée le 11 Juillet précédent [où] M. le Cardinal a donné son décret de suppression ; en comparant les dates avec l'empressement qu'on témoignoit pour faire présenter la requête, il paroit que c'est dans l'octave de la Fête-Dieu de la même année que M. Thomassin a eu au moins sa dernière conférence avec M. le Cardinal. La destruction de Port-Royal exécutée en tout ou en partie, M. le Cardinal a eu de grands remords

de conscience, et, ne pouvant les supporter, il a fait prier
M. Thomassin de le venir voir tel jour et à telle heure.
M. Thomassin m'a dit que Son Eminence étoit dans la plus
profonde tristesse et luy avoit témoigné les plus grands
regrets de n'avoir pas suivi ses avis. M. Thomassin luy dit
ce qu'il put et ce que les circonstances luy permettoient de
dire pour le ramener à des sentiments de confiance en la
miséricorde de Dieu. Son Eminence, frappée de son objet,
luy répétoit sans cesse : « Ah ! Monsieur, je sens le poids
des pierres de Port-Royal qui tombent sur moy. Elles
m'écrasent ! Comment, au jour du jugement, pourrai-je
paroître devant Dieu. Je vous demande de me mener
à Port Royal. Au moins que j'arrose de mes larmes les
débris de cette maison ! Ce sera une consolation pour moi ».
M. Thomassin a tâché de détourner M. l'Archevêque de
faire cette démarche, mais il ne fut pas possible. On
convint donc du jour et de l'heure. M. l'Archevêque prit
M. Thomassin dans son carosse, et [ils] allèrent ensemble
à Port-Royal. Du plus loin que le Cardinal aperçut les
démolitions de cette sainte maison, les larmes lui coulèrent
des yeux. Il fit des cris qui dégénérèrent bientôt en hur-
lements et mugissements. M. Thomassin en fut effrayé. Il
ne savoit que faire de Mgr l'Archevêque. Il vouloit n'aller
pas plus loing; mais Mgr l'Archevêque voulut absolument se
satisfaire. Il crioit: « Hé ! mon Dieu, comment supporterai-je
tant de monceaux de pierres Elles m'écraseront au jour du
jugement». C'est ce qu'il répétoit sans cesse. M. Thomassin
se trouvoit très embarrassé. Il ne savoit pas s'il pourroit
ramener Son Eminence, car il la voyoit dans le transport
du plus grand désespoir. Enfin, à force de lui parler, il vint
à bout de la calmer, [et] de la ramener chez Elle.

Voilà ce que je tiens de M. Thomassin et autant que
ma mémoire peut me servir, j'ay suivi l'ordre des faits et
employé les mêmes expressions, mais vous sentez que
l'exactitude est dans les faits.

Vous voudrez savoir la date de tous ces faits. Je vous

avoue que je n'ai fait aucune question pour m'en informer. Mon esprit étoit si occupé de tous ces faits frappans que je ne pensois pas à autre chose. Je me souviens pourtant de lui avoir dit : « Comment cet archevêque n'a-t-il rien fait pour réparer sa faute ?» A quoi M. Thomassin m'a répondu : « Il est plus aisé aux grands de faire des fautes que de les réparer.» M. Achille Thomassin étoit frère de M. Thomassin, curé de Saint-André des Arts. Ils étoient tous deux docteurs des cent qui ont été exclus de la Sorbonne, suivant ce que m'a dit une personne qui les a connus. Comme cette personne étoit jeune alors, elle ne peut se rappeler précisément l'année où il est venu à Troyes. Elle pense qu'il y est venu cinq ou six ans avant sa mort. Il édifioit la paroisse de la Madeleine par la régularité avec laquelle il assistoit à tous les offices. Son air de modestie, de candeur, de simplicité sacerdotale le faisoit respecter partout. Il aimoit la retraite et ne sortoit guère que pour aller à l'église. La dernière année de sa vie, on s'est aperçu que ses actes et sa tête s'affoiblissoient. Madame de Molé, sa sœur, le conduisit à son château de Villemereuil où il est mort. Il a été enterré dans une chapelle de l'église de Villy (1), à deux lieues de Troyes, sépulture de la famille de Molé. Il est mort l'an 1747 ou 48, dans la 79e année de son âge.

Ce respectable M. est celuy qui a été nommé commissaire par M. de Noailles pour faire les informations des miracles de M. de Pâris. Il étoit alors vice-gérant de l'officialité. M. son frère a été promoteur. Mais pour ce qui est de celuy dont il s'agit, je ne sais s'il a été promoteur, [ou] vice-promoteur. C'est un fait qu'il vous sera facile d'éclaircir au greffe de

____

(1) « Villy-le-Maréchal.... à trois lieues sud de Troyes, entre la Mogne et le ruisseau de Roncenay, à droite de la route de Bourgogne..... Dans le quinzième siècle, la terre de Villy appartenoit à la maison de Mesgrigny. Elle passa dans celle de Molé par le mariage de Jean avec Jeanne de Mesgrigny. » (Courtalon-Delaistre, *Topographie historique*, etc., t. III, p. 77).

l'officialité. Je vous fais cette observation, parce qu'un jour, rapportant cette histoire, un avocat de Paris m'a dit que M. Thomassin n'avoit pas esté promoteur.

J'ai rendu compte dans le temps à M. Antoine (1) de tout [cecy] ; il en a été frappé ; il m'a dit qu'il seroit à désirer que ces anecdotes eussent esté plus tôt connues. [On] auroit pu en faire usage probablement. Il en a parlé à Monsieur l'abbé Doé. Vous pouvez voir ce respectable ami. Il vous dira si M. Collard lui a parlé de ces faits, et vous pourrez savoir par luy ce qu'il en pense, et ce que lui même pense qu'on en pourroit faire. Car pour moy, je vous dirai qu'après plus de 74 ans, faire revivre ces traits, cela n'est pas capable de gagner la confiance, et, si c'étoit un rapport signé par un homme comme étoit M. Thomassin qui étoit en place, cela pourroit avoir authorité puisqu'il parleroit comme [une] personne qui a été vraiment interressée dans tout ceci, mais mon nom au bas de ce mémoire, quelle authorité peut-il luy donner ? Cependant, puisqu'il paroit que cela vous fait plaisir, j'y consens. Recevez donc ma signature comme le témoignage de la confiance que j'ay en vous, et du respect avec lequel j'ay l'honneur d'estre.....

---

(1) On sait que les pseudonymes étaient fréquents parmi les disciples de Port-Royal. « M. Collard n'étoit connu à Paris que sous le nom d'Antoine », dit le mscr. de Troyes 2318, t. I, dans une note placée à la fin d'une lettre que M. Collard avait signée : *Antoine*. Ce nom d'Antoine qu'il avait probablement choisi lui-même, servait sans doute à lui rappeler ses aspirations vers la perfection des ascètes de la Thébaïde.

IV

Quelques notes sur
le service funèbre de Bossuet à Troyes
(16 juillet 1743)

La bibliothèque de Troyes possède un exemplaire du billet d'invitation au service funèbre qui fut célébré, le 16 juillet 1743, dans la cathédrale de Troyes, par les soins de « Messieurs du Chapitre » « pour le repos de l'âme » de Bossuet.

Cet imprimé est accompagné de quelques notes manuscrites du savant chanoine janséniste Remy Breyer (1) dont on retrouve partout les travaux dans l'histoire de Troyes qu'il avait étudiée avec une vaste

(1) « L'abbé Remy Breyer, théologien, docteur en Sorbonne, né à Troyes le 8 novembre 1669, mort à Troyes le 29 décembre 1749. ....Il commença ses études au collège de l'Oratoire de Troyes, puis vint les achever à Paris sous ses deux oncles, Nicolas et Jean-Baptiste Breyer. Après avoir reçu le bonnet de docteur à la suite de ses études théologiques, il fut nommé par le Roi chanoine trésorier de la collégiale de Saint-Urbain de Troyes où il était retourné, et prit possession de sa charge le 23 juillet 1696. Il donna une bonne part de son temps à l'étude, et surtout à l'étude de l'histoire locale. Le premier ouvrage qu'il donna, fut une traduction des *Lettres* de saint Loup, évêque de Troyes, et de saint Sidoine, évêque de Clermont, avec la *Vie de saint Loup*, et fut bientôt suivi du *Catéchisme des riches*. L'évêque de Troyes, Bouthillier de Chavigny, fut tellement satisfait de ce dernier travail

érudition, une admirable persévérance et un amour profond du sol natal. Voici le texte de ce billet de part (1) :

M.

Vous êtes priez de la part de Messieurs du Chapitre de l'Eglise cathédrale de Troyes, d'assister au Service qui se fera dans leur Eglise, Mardi seizième jour du mois de Juillet mil sept cens quarante trois, à neuf heures précises du matin pour le repos de l'âme d'ILLUSTRISSIME ET REVÉ-

qu'il résolut de s'attacher plus particulièrement l'auteur dont il connaissait d'ailleurs la vertu et le talent. Après l'avoir pourvu d'un canonicat dans sa cathédrale, il le força d'accepter des provisions de promoteur en l'officialité du diocèse le 25 novembre 1712. Breyer travailla au *Bréviaire de Troyes* qui parut en 1718. Cinq ans après, en 1723, il fit paraître un *Mémoire où l'on prouve que la ville de Troyes en Champagne est la capitale de la province*, mémoire qui a terminé la contestation en faveur de Troyes contre Reims et Châlons. Il édita en 1724, la *Vie de saint Aderald*, chanoine et archidiacre de Troyes, écrite par un auteur contemporain, et qui avait été trouvée dans les papiers du P. Des Guerrois. Il y ajouta une préface latine où il discuta certains points de l'histoire ecclésiastique de Troyes au X\ siècle. En 1725, il donna au public les *Vies* de saint Prudence, Evêque de Troyes, et de sainte Maure, vierge, avec des éclaircissements sur plusieurs endroits qui pouvaient former des difficultés. Cet ouvrage ayant été attaqué, Breyer le défendit par deux autres ouvrages également solides, intitulés *Défense* et *Suite de la Défense*. Cette polémique qui dura plusieurs années n'empêcha pas Breyer de composer un livre important et estimé, intitulé : *Nouvelle dissertation sur les paroles de la consécration*, etc., où l'érudition le dispute à la clarté des arguments. Outre les ouvrages qu'il publia, le savant abbé Breyer laissa une foule de notes manuscrites sur tous les points de l'histoire générale et particulière. Tous ses livres qui sont passés en partie à la Bibliothèque de Troyes avec les livres de l'Oratoire sont criblés de notes de sa main, toutes précieuses par leur érudition.» (Emile Socard, *Biographie des personnages de Troyes et du département de l'Aube*, Troyes, Léopold Lacroix, 1882, p. 66-67).

(1) Cette lettre de part se trouve aussi dans le mscr. fr 11431 de la Bibl. Nat.

RENDIS-IME SEIGNEUR MONSEIGNEUR JACQUES-BÉNIGNE BOSSUET, ancien Evèque de Troyes, décédé à Paris le 12 du présent mois.

Un De Profundis.

Voici les notes de Remy Breyer dont les unes sont placées sous le texte de cette lettre de part, et les autres en marge :

Il [Bossuet, de Troyes] a été enterré aux Feuillans de la rue Saint-Honoré. M. Mathias Poncet, Evèque de Troyes et M... [?], Evèque de Nitrie, suffragant de Reims, ont assisté au Service, ainsi ils ont cru que, quoique opposé à la Constitution, il n'étoit pas hors de l'Eglise.

On a sonné toutes les cloches de l'église, sçauoir les six de la tour et les quatre du clocher, la ueille, à 7 h. du soir une demie heure, le tout à six heures du matin aussi une demi heure. On dit la messe de l'office après matines, laudes, heures prime, tierce et sexte, pendant lesquelles heures on a sonné, après le *Libera*...[?]. Après sexte, on a commencé l'office des morts par un nocturne suivi du service, après quoi on a dit le *De profundis* et le *Libera* devant la représentation qui étoit sur la tombe de l'évèque Nicolas à trois gradins l'un sur l'autre, garnis de cinquante chandeliers et autant de cierges blancs. M. Gallide, chantre, a fait l'office, M. Le Febvre, grand archidiacre, ne pouvant le faire, car il n'y a pas de doyen, et M. de Troyes est à Paris. On avoit mis sur le poèle... une croce et une mitre couuertes de draps [?]. Le trône épiscopal étoit paré et couuert de noir, et trois rangs de chaque côté [étoient] couuerts de noir.

Les Religieux de S. Loup ont fait le 18 un service solennel pour M. Bossuet.

Les directeurs des hôpitaux ont fait dire un service à l'hôpital de la Trinité, le 19 août.

Le vendredy 19, M. l'abbé Doé, chanoine de la Cathédrale et prieur de S. Quentin, a dit un service à S. Quentin pour M. Bossuet ; il le fit chanter par quatre [chantres](1) [?] de la cathédrale en plain-chant. Les Mathurins en ont dit un le même jour. Le Lundi 22, les religieux de S. Martin ont dit un service pour le même Prélat.

On a fait, le 23, des services à S. Nizier, S. Jacques, S. Jean, S. Pantaléon, Ste Madeleine, S. Denis et aux Jacobins, aux Ursulines, aux Carmélites de la ville pour le même.

Le 26, à S. Remi, à la Visitation, au Saint-Esprit (2), on a dit un service, et le samedi 27, à S. Etienne et chez les religieuses de Notre-Dame, le 30 à S. Frobert, à la Congrégation (3) et à S. Nicolas, le 31 à S. Urbain, à S. Aventin, et le 5 août, aux Cordeliers, ..., ç'a été un chanoine de S. Pierre qui a dit la messe (4).

---

(1) Nous remplaçons par un mot conjectural placé entre [ ] un mot que nous n'avons pu lire.

(2) L'Oratoire, à Troyes, s'était établi dans l'ancien hôpital du Saint-Esprit ; il en avait pris le nom d' « Oratoire du Saint-Esprit » et, par abréviation, du « Saint-Esprit ».

(3) Les religieuses de Sainte-Marie de Châlons étaient plus connues sous le nom de Congrégation de Notre-Dame. Elles s'étaient établies à Vitry en 1626. En 1628, elles obtinrent de s'établir « dans Troyes, et y arrivèrent de Vitry-le-François, le vingt-neuf octobre [de cette même année]. Elles furent d'abord reçues chez M. de Vienne, père de l'une d'entre elles ...» A cause de leur opposition persévérante à la bulle *Unigenitus*, elles durent sortir « de Troyes, le sept octobre 1762, et se rendirent les unes à Châlons, et les autres à Vitry.» Courtalon-Delaistre, *Topographie historique*, etc., p. 232-234.

(4) Notons, — ici, par la seule raison que nous ne l'avons point fait auparavant, ainsi que nous l'aurions dû, — que M. Bru-

V

M. Paul Collard

Le manuscrit de la Bibliothèque Nationale d'où
nous avons tiré la vie de Bossuet de Troyes, donne,
dans ses dernières pages, le texte du testament spirituel
de M. Paul Collard qui fut, avec M. Ploix, l'un des direc-

netière, dans ses *Sermons choisis de Bossuet*, Paris, Firmin
Didot, 1882, Introduction, p. 4 et suiv., reconnaît que « l'évêque
de Troyes fut un habile homme » en ne publiant pas les *Sermons*
de son oncle dont la réputation d'orateur, au XVIIᵉ siècle, avait
pâli sous l'éclat de sa gloire et de sa réputation de controversiste,
d'historien, de théologien. Publier ces *Sermons* dès le commencement du XVIIIᵉ siècle eût été prématuré. De plus il sentit peut-
être toutes les difficultés que comportait l'édition des œuvres
oratoires de son oncle. M. Brunetière dit « qu'il paraît prouvé
qu'en plus d'une circonstance, il ne se fit aucun scrupule de se
servir des sermons de son oncle, comme vous diriez d'une part
d'héritage, léguée sous le droit d'user et d'abuser, pour se procurer
à lui-même une réputation d'orateur » ; mais il constate aussi
« qu'il ne réserva pas exclusivement la lecture de ces sermons ».
« Il les fit lire aux prêtres de son diocèse. » C'est ce qu'on a coutume de lui reprocher avec violence. « Il les leur fit prêcher, peut-
être : — de quoi je ne sais si Bossuet n'eût pas été plus heureux
et plus fier que de toutes les louanges que nous avons accoutumé,
depuis lors, de lui décerner ; — et, si quelques originaux s'égarèrent
de la sorte, quelques copies du moins se répandirent. » Bossuet,
de Troyes, a ainsi rendu service à la gloire littéraire de son oncle.
On revint ainsi de « l'opinion fausse accréditée par le P. de la
Rue, dans son *Oraison funèbre de Bossuet*, qu'on n'avait pu
recueillir après la mort du grand orateur « que de simples feuillets qui ne contenaient que l'économie du discours, la naissance
du mouvement et des traits qui en devaient faire les nerfs et
l'ornement ». Et lorsqu'il fut question, vers 1763, de préparer une
nouvelle édition des *Œuvres de Bossuet*, — la troisième depuis
1704, — il fut décidé que les *Sermons*, cette fois, y tiendraient
leur place.

teurs du Petit Séminaire de Troyes sous l'épiscopat de Bossuet.

Nous reproduisons ici ce testament, bien qu'il ne soit pas inédit (1), parce que les sentiments des jansénistes de la fin du XVIIIe siècle y sont exprimés avec une extrême clarté et une extraordinaire énergie :

Au nom de la très-sainte Trinité, Père, Fils et Saint-Esprit. Je soussigné considérant que la maladie dont je suis attaqué sera peut-être suivie de ma mort, ai cru devoir donner une déclaration sincère de mes sentimens pour sceller par ce dernier témoignage l'amour que Dieu, par une miséricorde toute gratuite, m'a donné pour la vérité.

1° Je déclare qu'après la grâce que Dieu m'a faite en me faisant naître dans l'Eglise Catholique, Apostolique et Romaine, une des plus grandes que j'aie reçues de sa miséricorde, et qui mérite davantage ma reconnoissance, c'est de m'avoir fait connoitre la vérité, dans laquelle j'ai eu le bonheur d'entrer, que j'ai embrassée, et à laquelle je me suis attaché dans toute son étendue. J'ai aimé jusqu'aux franges de sa robe, également disposé à livrer mon âme pour tout ce qui étoit lié avec elle et en faisoit partie ; dans la persuasion où j'étois que ce seroit lui faire une plaie sensible et s'exposer à en être rejetté que de rompre les moindres liens qui nous unissent à elle. Je n'ai rien tant appréhendé que de rougir d'elle dans les occasions où elle se montre revêtue d'humiliations et d'opprobres. Je reconnois devant Dieu que cette grâce inestimable, qu'il m'a daigné faire, fait ma plus douce consolation dans l'état où je me trouve, et un fort appui dans l'espérance que j'ai d'obtenir miséricorde. Ce ne seroit qu'à ma confusion que

(1) On trouvera ce testament dans [Collard], *Lettres spirituelles*, Avignon. Guillermont. 1784, t. I, p. 60 et suiv.

je chercherois dans les actions de ma vie passée de quoi me rassurer devant le redoutable tribunal du souverain Juge. Je le confesse le plus humblement que je le puis, ma vie est très criminelle aux yeux de Dieu, elle est très impénitente, et le seul partage qui me seroit propre dans le bien auquel Dieu m'a fait servir d'instrument, c'est de l'avoir gâté et défiguré par les productions du fonds de corruption que je porte en moi-même. Mais si j'ai tant de sujets d'avoir horreur de ce qui est mon ouvrage, et de fouler aux pieds comme du fumier tout ce qui ne vient que de mon propre fond, je croirois être ingrat, si je ne m'abandonnois avec confiance à cette miséricorde, qui m'a séparé de tant d'autres par un choix purement gratuit en me donnant un entier dévouement pour la vérité.

2º Comme je ne puis faire maintenant autre chose en faveur de cette même vérité, je crois devoir déclarer au moins avec toute sorte de sincérité, et dans une préparation de cœur qui me rend disposé à donner ma vie pour chaque partie de cette exposition de mes sentimens, que je veux mourir dans un tendre attachement aux vérités que MM. de Port-Royal ont soutenues avec tant de lumières, et avec une piété si humble : attachement qui m'unit très étroitement à l'œuvre de Port-Royal, aux saints Défenseurs de la vérité que Dieu y a suscités, aux saintes Religieuses de cette maison, qui est entrée par les persécutions dans la gloire qu'il y a à combattre pour le dépôt de la foi, et à toute la suite de cette génération d'hommes si chéris de Dieu en commençant par M. de Saint-Cyran qui en est comme le père, et en finissant par le P. Quesnel qui en est comme le dernier, auquel j'unis tous les autres amis de la vérité qui sont venus depuis, et en qui l'esprit du premier a passé.

3º Je m'unis de toute l'étendue de mon affection à l'appel interjetté par MM. les quatre Evèques de Boulogne, de Mirepoix, de Senez et de Montpellier, de la Bulle *Unigenitus* du Pape Clément XI en date du 8 septembre 1713, et de tout ce qui a suivi pour autoriser cette pièce.

J'ai toujours été pleinement convaincu que ce décret est le fruit malheureux d'une conspiration faite contre la vérité, qu'il proscrit les dogmes saints et les plus assurés de la religion chrétienne, et qu'il ne tend à rien moins qu'à dépouiller l'Eglise et chacun des fidèles qui sont dans son sein de l'héritage que J.-C. leur a laissé, en voulant leur ôter ce qui fait l'âme de la piété et l'essence du christianisme. L'excès des maux où cette Bulle a jetté l'Eglise, bien loin d'affoiblir ma confiance en celui qui veille à la garde d'Israël, n'a servi qu'à ranimer ce que j'avois de force en faveur de la vérité combattue, persuadé, comme je le suis, qu'on ne peut avoir part à son triomphe, qu'en opposant une plus forte résistance à l'erreur, à mesure qu'elle redouble ses efforts et qu'elle s'opiniâtre dans ses attaques.

4º A l'égard du Formulaire, j'ai toujours aperçu clairement les traces de l'homme ennemi dans toute cette affaire. C'est un piège qu'il a tendu en haine de la vérité et de ses amis. L'événement n'a que trop manifesté qu'on a voulu surprendre ou opprimer par là les défenseurs de la sainte Doctrine. J'ai toujours condamné les cinq propositions dans le sens qui a été fixé et déterminé par MM. de Port-Royal, en les considérant sans rapport à aucun auteur. Mais encore que je les condamne dans cette détermination, je regarde comme une singulière faveur de Dieu de n'avoir jamais été dans l'occasion de donner là-dessus aucune signature, à cause de l'abus que les ennemis de la vérité font de ces signatures, quelque droites que soient les vues qu'on a eues en les faisant. Je suis convaincu que le saint Evêque d'Ypres est exempt des erreurs qu'on lui impute. J'ai lû trois fois son excellent livre intitulé *Augustinus*, aujourd'hui si fort en butte au parti de l'erreur. Je l'ai étudié, médité ; j'en ai approfondi, autant qu'il a été en moi, le sens et les expressions ; j'en ai fait des sommaires, et je n'y ai rien trouvé qui puisse faire naître le plus léger soupçon contre l'orthodoxie de ses sentimens. Les efforts de l'erreur ou de la prévention contre un si précieux ouvrage, n'ont servi qu'à m'en donner plus d'estime, et à me montrer la source où chacun doit puiser la lumière et l'onction de la vérité. C'est dans ce livre qu'on trouve le baume de la piété ; et l'auteur dont ses ennemis même sont forcés de reconnoître la vertu, sera à jamais en bénédiction dans l'Eglise par cet endroit.

5° Ayant eu l'avantage de demeurer avec le saint Diacre M. de Pâris, dont j'ai connu très particulièrement les sentimens au sujet de la Bulle *Unigenitus*, je ne puis trop remercier Dieu de la bonté qu'il a de manifester non seulement la sainteté de son serviteur, mais encore la pureté et l'intégrité de sa foi. C'est moi qui ai recueilli ses sentimens à la mort ; c'est même presque entre mes mains qu'il a rendu son esprit à Dieu pour aller jouir d'une meilleure vie. Je regarde les miracles que Dieu opère par son intercession comme une portion des biens que Dieu fait aux Appellans ; portion qui contribue à faire un tout avec l'œuvre de l'Appel, et je croirois ne soutenir cette œuvre qu'imparfaitement, si je ne l'embrassois dans toutes ses parties. Je tiens donc intimement aux miracles dont la vérité est démontrée dans les Ouvrages de M. de Montpellier, et dans celui de M. de Montgeron, dans les Requêtes de MM. les Curés de Paris et autres monumens authentiques.

A l'égard des convulsions, je n'ai pas assez de lumière pour prendre sur cette matière un parti fixe. Je me suis borné jusqu'à présent à gémir de la division qui est née à ce sujet parmi les amis de la vérité, et à prier Dieu qu'il les éclaire et les réunisse dans le lien d'une parfaite concorde. Je dis bon ce qui est bon, et mauvais ce qui est mauvais ; et je suis prêt à recevoir une plus abondante lumière dès qu'il plaira à Dieu de la répandre. En attendant je ne vois rien de plus sage que d'étudier à cet égard la conduite de Dieu sur les Appellans, et de profiter de cette espèce d'humiliation pour ne tenir qu'à la vérité et non à l'éclat et à la louange qui environnent ordinairement ceux qui la défendent.

6° Je m'unis, comme je l'ai déjà fait, à M. de Colbert, Evêque de Montpellier, et autres illustres défenseurs de la vérité, qui ont élevé leur voix avec force en faveur du saint Evêque de Sénez, mort depuis peu, et qui ont réclamé contre la violence et l'injustice qui lui ont été faites dans l'assemblée d'Embrun ; assemblée que j'ai toujours regardée et que je regarderai éternellement comme un brigandage, où l'on a pris à tâche d'opprimer le juste et de faire triompher l'injustice.

Tels sont mes sentimens dans lesquels j'espère que Dieu me fera la grâce de mourir. Je supplie sa divine bonté de les graver profondément dans le cœur de tous ceux dont l'éducation m'a été confiée ; je les conjure de ne s'en jamais départir, et de préférer à tous les biens et avantages du monde, le bonheur de tenir à la vérité, et de jouir de la paix d'une bonne conscience.

Enfin je veux mourir dans la communion de l'Eglise Catholique, Apostolique et Romaine, dans la profession des vérités qu'elle professe, et en condamnant les erreurs qu'elle réprouve. Je demeure attaché par les liens de l'unité sainte qui est un des caractères de l'Eglise, au Pape et à tous les Evêques et Pasteurs de l'Eglise Catholique, et à ceux-là même qui se séparent du corps des Appellans. C'est dans cette disposition que je veux rendre mon âme à Dieu, lorsque le temps qu'il a marqué en sera venu.

Je le prie dans l'humilité d'un cœur contrit et brisé à la vue de mes péchés, de m'unir toujours plus intimement à la vérité, afin d'être blanchi et purifié de plus en plus par cette heureuse union. Je prie aussi la sainte Vierge Marie, Mère de Dieu, les bienheureux Anges, mon illustre Patron saint Paul, l'Apôtre, par excellence, des vérités auxquelles je rends témoignage par mon opposition à la Bulle *Unigenitus*, et à toutes les autres pièces favorables à l'erreur ; enfin je prie tous les Saints du Ciel et de la terre d'in-

tercéder pour moi auprès du grand Juge, et de m'obtenir
une miséricorde dont mes péchés me rendent très-indigne.
Fait à Troyes, dans mon lit, ce dixiesme avril 1741. En foy
de quoy j'ay signé ce même jour. [Ainsi signé :] PAUL
COLLARD, Prestre (1).

*
* *

Nous ayons aussi reproduit ce document pour
appeler de nouveau l'attention sur l'une des plus intéressantes figures du jansénisme au XVIIIe siècle.
M. Paul Collard mériterait une biographie étendue que
nous ne pouvons aborder ici et que nous voudrions
pouvoir essayer plus tard (2), encore qu'il nous sera
tout à fait impossible de lutter contre le charme
d'ingénuité et de naturel qui se trouve dans les *Mémoires*

(1) « M. Collard, ayant recouvré la santé, confirma cet acte le
8 septembre de la même année 1741, jour anniversaire de la Bulle,
et il le ratifia de nouveau le 13 Août 1770, jour anniversaire de son
baptême ». (*Mémoires pour servir à la vie de M. Collard, loc.
cil.*, p. 65). — Le manuscrit de la Bibliothèque nationale ajoute :
« Le billet du convoi, service et enterrement de Messire Paul
Collard, prestre du diocèse de Troyes, porte qu'il est décédé en sa
maison, rue des Martyrs, et enterré le mardi 12 Septembre [1775]
en l'Eglise de Montmartre, sa paroisse. Sa mort a été le 10 septembre, à midy environ, l'an 1775. »

(2) Je remercie ici très chaleureusement M. Paul Royer-Collard,
avocat à la Cour d'appel de Paris, des renseignements qu'il a bien
voulu me fournir, avec une si extrême amabilité, sur M. Collard,
cette personnalité illustre de sa famille encore trop peu connue,
— et M. Gazier, l'éminent professeur de la Sorbonne, qui, toujours
prêt à être utile aux études et aux recherches, m'a fait transmettre
quelques ouvrages de ce célèbre janséniste,

pour servir à la vie de M. Collard, placés en tête de ses *Lettres spirituelles* (1).

Nous nous bornerons à rappeler ici très brièvement que M. Paul Collard est né au Meix-Tiercelin (2), alors du diocèse de Troyes, archidiaconné et doyenné de Margerie, le 13 août 1698 (3) ; — qu'il fut le propagateur des idées jansénistes au Meix-Tiercelin et à Sompuis dont il fut l'apôtre selon l'*Augustinus* qu'il déclare avoir lu trois fois d'un bout à l'autre (4) ; — qu'il est le grand-oncle maternel de M. Royer-Collard ; — et que cet auxiliaire zélé de Bossuet de Troyes est ainsi comme

(1) Cf. sur M. Paul Collard, *Mémoires pour servir à la vie de M. Collard*, dans [Collard], *Lettres spirituelles*, Avignon, Guillermont, 1784, t. I, 65 pp.: — Courtalon-Delaistre, *Topographie historique de la ville et du diocèse de Troyes*, Troyes, 1784, t. III, p. 358 ; — Chalette, *Essai sur la statistique du canton de Sompuis*, dans l'*Annuaire ou Almanach du département de la Marne pour l'année 1822*, Châlons, Boniez-Lambert, p. 97-99 ; — Sainte-Beuve, *Port-Royal*, t. I, p. 24, 106 : III, 632, 633, 634 ; VI, 242. Voy. aussi *Nécrologe des plus célèbres Défenseurs et Confesseurs de la Vérité des dix-septième et dix-huitième Siècles*, 1760, 7 vol. in-12.

(2) Canton de Sompuis, arrondissement de Vitry-le-François.

(3) Voici l'acte de baptême de M. Paul Collard, à la date du 13 Août 1698 : « Paul, fils de Paul Colard et de Madeleine Turot, sa feme, a été batisé ce 18 aout et a eu pr parein Paul Gauthier le fils qui a signé, et pr mareine Jeanne Royer.» (Registres de l'Etat-civil, canton de Sompuis, Meixtiercelin, 1574-1791, au Greffe du Tribunal civil de Vitry-le-François).

(4) Parmi les œuvres imprimées de M. Paul Collard, on peut citer : *Lettres spirituelles*, Avignon, Guillermont, 1784, 2 vol. in-12 ; — *Instructions par demandes et par réponses sur l'humilité, sur le rapport des actions à Dieu et sur la prière*, 1 vol. in-12, 1758 ; — *Instruction familière sur le formulaire ; — Lettres à des Religieuses sur cette question : s'il est permis de s'engager à ne point lire les* Réflexions morales. Parmi ses œuvres manuscrites se trouvaient d'après l'éditeur des *Lettres spirituelles* dans son *Catalogue des ouvrages de M. Collard: Entretiens d'Irénée et de Philalèthe sur la nécessité où sont les fidèles de s'instruire des contestations qui depuis longtemps*

un lien et un trait d'union entre ce nom de Bossuet qui rappelle la plus haute des éloquences religieuses et cet autre nom de Royer-Collard qui rappelle la plus élevée des éloquences laïques de notre pays (1).

Sainte-Beuve qui voit en M. Collard « une tradition qui rappelle les meilleurs temps des Solitaires et l'âge d'or de cette Solitude chrétienne », a, dans l'une de ses poésies, *Monsieur Jean*, retracé, en quelques vers émus, les traits de ce « Port-Royaliste attardé », et son action, soit en Champagne, soit à Paris :

> . . . . On avait quelquefois de Paris la visite
> D'un grave et saint vieillard, front, d'antique lévite,
> Cœur aux divins larcins, qui, de foi, d'amitié,
> A Port-Royal croulant jadis initié,
> Avait longtemps, autour de Chàlons et de Troyes,
> Chez les pauvres semé les plus fertiles joies.

agitent l'Eglise ; — *Expositio brevis et compendiosa systematum de gratia et praedestinatione* ; — *Dissertatio de efficacia gratiae Christi ad mentem D. Augustini* ; — *Tractatus de praemotione physica* (c'était l'analyse d'un ouvrage de M. Boursier sur cette matière) ; — Quelques lettres *sur l'administration du Sacrement de Pénitence*.

(1) Signalons dans les *Lettres spirituelles*, t. I, p. 182, la lettre LXVII *à M. Ploir, malade à Vitry*, où il développe cette idée que « par les maladies Dieu nous façonne et nous fait trouver la vie dans le sein de la mort ». Cette lettre est très éloquente : « J'apprends par Mademoiselle de Saint-Genis que vos Médecins sont à bout, et qu'aucun remède ne peut arrêter le progrès du mal. C'est Dieu, mon cher Ami, qui veut vous traiter seul ; c'est lui qui rend inutiles les opérations des hommes, et qui ôte aux remèdes leur efficace, afin de vous façonner à sa manière, et de vous rendre conforme à l'original dont il vous veut rapprocher par les traits de ressemblance qu'il imprime en vous.... Qu'il est beau et que vous êtes heureux, mon très cher Ami, de jouir de toute votre présence d'esprit pour considérer toute l'œconomie de la conduite de Dieu sur ses Elus, et sur vous en particulier ! ....Dans votre état, très cher Ami, il ne s'agit que de vous tenir avec une paisible

Par lui l'on avait vu dans un village entier
Chaque femme, en filant, lire aussi le Psautier
Et chaque laboureur fixer à sa charrue
L'Evangile entr'ouvert, annonce reparue ! (1)
Mais depuis par l'évêque, à force de détours,
Relancé de là-bas, il s'était pour toujours
Dérobé dans Paris au fond d'une retraite,
Gardant sur quelques-uns direction secrète,
Vrai médecin de l'âme, à qui rien ne manquait
Du pouvoir transféré des Singlin, des Duguet.

Monsieur Antoine donc (l'humilité prudente
Avait choisi ce nom).....

nous est représenté par Sainte-Beuve, dans les vers qui

soumission sur le lit de douleur, où la main de notre Père céleste vous a placé ; d'accepter et le mal qu'il vous envoie, et les appartenances de votre état ; de voir avec un œil de résignation dépérir à chaque moment la vie animale : de rendre volontaire, par une adhésion du cœur, la perte de chaque portion de l'être que la nécessité de la mortalité enlève ; de prononcer un généreux *Amen* sur chaque incident qui survient,....

(1) Il s'agit de Sompuis où « M. Collard disoit qu'il avoit vu des pénitens qui approchoient de ceux de la Thébaïde » et où des laboureurs « avoient pratiqué à leur charrue une espèce de pulpitre où le Nouveau Testament étoit tout ouvert, et où ils jettoient de temps en temps les yeux pour se nourrir et s'entretenir dans la présence de Dieu. » Il faut lire sur l'apostolat de M. Collard à Sompuis tout ce qu'en dit l'auteur des *Mémoires pour servir à la vie de M. Collard*. Nous n'en extrayons que quelques mots sur les origines de ce mouvement janséniste accentué dans ce pays et ses environs : « M. Collard, pendant son séjour dans ce canton, s'étoit intimement lié avec plusieurs de ses parens dans un village nommé Sompuis, au voisinage de Métiercelin. La famille des Chaudats en entier, père, mère, frères et sœurs, tous embrassèrent la voix étroite de l'Evangile. Un d'entre plusieurs frères fut envoyé par M. Collard à Sainte-Barbe ; un second qui cultivoit son propre bien, gagna bientôt deux de ses compagnons, dits les frères Boiau, Tisserans, et un nommé Royer. Ces quatre jeunes gens, soit par leurs exemples, soit par leurs discours, en attirèrent bientôt d'autres.....»

suivent, au moment où il enseigne à un enfant la plus pure doctrine janséniste.

Nous avons rencontré à la bibliothèque de Troyes (1) des copies d'assez nombreuses lettres de M. Paul Collard (2). Nous nous contenterons d'en détacher trois lettres inédites qui montrent assez bien l'état d'esprit où se trouvaient les jansénistes du diocèse de Troyes au moment du départ de Bossuet et à l'arrivée de Poncet de la Rivière :

I

Mademoiselle (3),

Quoique, selon les apparences, nous soyons tout voisins de notre fin dans ce pays-ci, vous me ferez plaisir de me

(1) Nous avons trouvé ces pièces, assez nombreuses, relatives à M. Paul Collard, dans les divers recueils de la bibliothèque de Troyes, cotés sous le n° 2318, par exemple, dans le Tome I, parmi les «pièces concernant la nomination de Mr Jean Masse, prêtre du diocèse de Troyes, à la cure de Rouilly-les-Saceys, et du refus de visa à Troyes et à Sens à cause de son opposition à la signature du formulaire d'Alexandre VII». Dans le Tome II, p. 392 est une copie des «Lettres de M. Paul Collard, prêtre, ancien supérieur du petit séminaire de Troyes sur le gouvernement de M. Poncet et sur la défense faite aux religieuses de lire les *Réflexions morales* du P. Quesnel et les *Nouvelles ecclésiastiques* ».

(2) Il y eut un autre abbé Collard, — Paul-Nicolas Collard, oncle de l'illustre Royer-Collard, qui fut doctrinaire. Nous le voyons désigné dans un document avec le titre de : *Visitator provincialis Congregationis Sæcularis Doctrinæ Christianæ in Provincia Parisiensi.* Il était en 1785 recteur du Collège de Saint-Omer. Le 29 septembre 1785, il écrivait de Saint-Omer à M. Simon, «Prêtre de la Doctrine Chrétienne, Recteur du Collège de Vitry-le-François en Champagne» à propos de l'un de ses neveux : «..... J'ai reçu hier une lettre de mon neveu de Lyon ; il entre à l'Oratoire le mois prochain. J'ai mieux aimé le laisser faire à son gré que de le décider. Il étoit si naturel que son penchant fît la décision. A son âge on tient à ses derniers maîtres. ..» (**Archives** dép. de la Marne, D. 243).

(3) Bibl. de Troyes, mscr. 2318, t. I.

ménager les exemplaires du livre que vous avez bien voulu demander pour moy, s'ils vous viennent.

Vous sentez, Mademoiselle, combien, dans les circonstances critiques où nous nous trouvons, nous avons besoin du secours des prières de nos amis pour nous conduire avec la prudence et la simplicité que demandent les intérêts de la vérité. Nous vous demandons les vôtres à ce sujet. Rien n'est si à craindre que de mesler des intérêts humains dans la défense de la vérité, de se taire ou de parler hors du tems de Dieu. Notre activité nous rend toujours prêts, et il en coûte beaucoup pour unir ensemble, en pareilles occasions, la patience de l'humilité et de la simplicité qui attendent Dieu et ses momens, avec un vif amour pour la vérité.

On ne sait pas encore au juste quel est le caractère du nouvel évêque qu'on nous destine. Ce qui est certain, c'est qu'il nous est donné par des mains ennemies ; mais il est certain aussi que Dieu préside à tous les événements, et s'il ne tombe pas un passereau sans l'ordre de Dieu, à plus forte raison devons-nous voir sa main dans tout ce qui se passe à nos yeux. Ce qui est renfermé dans les 36e et 37e chapitres d'Isaïe, est une instruction pour ce tems-ci où il semble que tout nous manque. Vivons de la foi. Bornons-nous à être fidèles à la vérité, et Dieu fera le reste, quelque chose qui arrive.

Je vous prie très instamment, Mademoiselle, de ne pas m'oublier devant Dieu et d'être persuadée que je me ferai toujours un devoir de vous être uni par les liens que forment l'amour de la vérité et les mouvemens de la charité. C'est dans cette disposition que je suis très sincérement, [etc] (1).

(1) Parmi ces lettres relatives à la transformation du diocèse de Troyes par l'arrivée de M. Poncet de la Rivière, nous rencontrons une lettre de l'abbé Gouault qui, dans une lettre précédemment reproduite, blâme avec tant d'énergie la direction qu'avaient donnée au petit séminaire MM. Ploix et Collard. Voici cette lettre :

A Troyes, ce 2 octobre 1742.

Je ne puis, Monsieur, auoir l'honneur de vous aller voir, comme je vous l'avois fait dire, mais je vais satisfaire à ce que vous paroissez désirer de moi. Je vous dirai donc que je ne suis point informé des intentions de Monseigneur par rapport à son petit

I I

Ce 12 Juin 1743.

Monsieur (1),

" La voye des impies est ténébreuse ; ils ne voyent pas
où ils mettent le pied et où ils tombent ".

Cette datte est ancienne, comme vous le voyez, Monsieur,

séminaire, et qu'il y a apparence, par le silence qu'il garde, qu'il
ne songe point à y rien changer. Il faut donc, Monsieur, que vous
ayés la bonté de laisser subsister les choses sur le même pied,
laisser les mêmes directeurs et recevoir les sujets à l'ordinaire.
Je compte aussi, Monsieur, que vous voudrez bien continuer vos
soins à cette maison et faire les provisions nécessaires.

Je vous remercie de la part que voulez bien prendre à la perte
que j'ai faite et vous prie d'être bien persuadé du respect avec
lequel j'ai l'honneur d'être, Monsieur, votre très humble et très
obéissant serviteur,

GOUAULT, *vic. gén.*
Tournés, s'il vous plaist.

Le bruit qui a couru qu'il venoit de Paris de nouveaux directeurs pour le petit séminaire n'est nullement fondé. L'on m'en a
parlé, et j'ai dit que je n'en sçauois rien et même que je ne le
croyois pas.

[Adresse :] *Monsieur l'abbé Daguesseau, Archidiacre de
l'Eglise de Troyes, à Troyes.*

Cette lettre, comparée à l'autre citée plus haut, est extrêmement
modérée. Cette modération s'explique par la période critique que
traversait le petit séminaire : « M. Ploix et M. Collard, — dit l'auteur des *Mémoires pour servir à la vie de M. Collard,* — pro-
fitèrent de la circonstance des vacances pour abandonner le petit
Séminaire, et ils avertirent leurs élèves qu'ils n'y rentreroient pas,
afin que chacun avisât au parti qu'il avoit à prendre. Par ce
moyen le petit Séminaire se trouva désert au temps de l'ouverture
des classes. M. Poncet et son Conseil voulurent user d'adresse
pour le repeupler, ils firent écrire aux deux Supérieurs qu'on étoit
surpris de ce qu'ils ne reparoissoient pas à leurs postes, et qu'on
seroit charmé de les revoir. On se flattoit de ramener les Ecoliers
en rappellant les Maîtres, dont on se seroit ensuite débarrassé sans
peine. Mais c'est en vain qu'on tend le filet devant ceux qui ont
des ailes. MM. Ploix et Collard répondirent qu'ils ne retourneroient
point qu'autant qu'ils pourroient se promettre d'élever la jeunesse
dans les mêmes principes de vérité, de charité et de paix qu'ils
avoient suivi avec tant d'édification sous le gouvernement de M.
Bossuet. Le nouvel Evêque n'eut garde de prendre cet engagement,
directement contraire à ses vues de destruction : ainsi cette excellente école fut renversée. »

(1) Bibl. de Troyes, mss. 2318, t. I.

mais la vérité renfermée dans ce passage est toujours nouvelle et d'usage quotidien. Le caractère de la voye du juste est la lumière. C'est pourquoi saint Paul nous dit : *Nous sommes les enfans du jour*, et que nous devons marcher comme dans le jour, c'est-à-dire, que notre conduite doit avoir la lumière de la vérité pour règle et que notre paix et notre tranquillité consistent dans l'accord de notre conscience avec la vérité même. Faute de la première condition, notre voie devient ténébreuse et ressemble à celle des impies qui marchent sans savoir où ils vont ; faute de la seconde, notre conscience n'a point de fixation, et tout ce que nous faisons, est principe ou occasion de remords continuels.

Le mécompte dans tout cela est de se borner à connoître la vérité sans s'appliquer à être d'accord avec cette même vérité dans tout le détail de sa conduite. Rien n'est plus déplorable que de marcher ainsi dans une voie ténébreuse. On se perd de vue soi-même et on agit sans concert avec son propre cœur. Le fâcheux, c'est qu'on ne s'aperçoit pas qu'on suit une voie égarée, et que l'on arrive aux portes de l'Eternité en pensant avoir suivi la lumière, pendant qu'on n'a été guidé que par les illusions de son propre cœur. Les impies, dit l'Ecriture, ne connaissent pas où ils se précipitent. Ainsy il n'y a que l'esprit de Dieu qui puisse nous dessiller les yeux dans notre marche.

Afin de prévenir cette voie d'égarement, il faut :

1º Tenir notre cœur sous la conduite de cet esprit en n'entreprenant rien qu'avec dépendance de luy, le consultant par la prière, par des surséances et par un désir qui se bornera uniquement à le suivre.

2º Sonder souvent nos dispositions pour examiner si nous ne meslons point nos ténèbres avec la vraie lumière qui vient de Dieu, si nous ne suivons point à la longue nos propres vues, nos propres désirs, au lieu de ce qui nous est inspiré par cet esprit.

3º Ne chercher dans chaque chose que ce que Dieu

y demande, autrement la cupidité prendra la place du bon esprit, et notre voie deviendra toute ténébreuse aux yeux de Dieu, pendant que nous nous persuadons que nous marchons sur une ligne de lumière. Ainsi on s'éloigne de Dieu et on marche par la route des impies, souvent lorsqu'on ne trouve en soi qu'une réponse de vie, parce que ce sont les ténèbres de la cupidité qui donnent cette réponse.

Cette petite explication étoit due au verset qui s'est trouvé par hasard à la tête de la lettre sur laquelle je vous ai écrit.

Il n'y a rien de surprenant dans l'interdit de ceux que vous nommez. Il faut remercier Dieu de la grâce qu'il leur fait de demeurer fermes, et continuer à s'attendre à voir le ravage entier de tout le diocèse. C'est un point de vue où on a dû se placer d'abord. Mais il faut bien se garder d'envisager l'homme au milieu de tous ces désastres. C'est la main du Seigneur qui est étendue, et qui frappera, jusqu'à ce que nous soyons punis comme nous le méritons. Un mal dans tout cela, c'est qu'on se rejette sur l'évesque et que l'on parle mal de lui, que l'on l'indispose, qu'on l'aigrit, et que l'on perd la charité sous le spécieux prétexte de défendre la vérité.

Quand un enfant sent tout son tort et a présentes les fautes qu'il a faites contre un bon père, il ne voit dans les châtiments que son père lui fait souffrir que le mérite et l'expiation de ses fautes. Nous devons aussi, si nous nous regardons comme ayant justement mérité la colère de Dieu, recevoir les coups dont il nous frappe comme des effets de sa justice qui se changeront en traits de miséricorde, si nous les recevons avec patience, avec conviction de notre état et ne voulant avoir affaire qu'à Dieu dans tous les mauvais traitements que nous recevons par le ministère des hommes.

Troyes étoit une vigne bien cultivée, mais qui n'a point porté de fruits tels qu'elle devoit porter. Elle a été ingrate envers Dieu, elle n'a pas senti l'abondance d'huile et de

froment qu'elle receuoit de sa main, elle a été rebelle et
infidèle à la vérité. Dieu, pour la punir, envoye un sanglier
qui la ravage entièrement. Il n'y aura que quelques seps
qui échapperont. C'est à chaque particulier à être un seps
bien nourry par une abondante sève de charité et à craindre
le sort de tous les seps rompus, se souvenant que c'est par
grâce qu'il est debout et que devant Dieu il mérite de tomber
et d'être brisé, et il tombera indubitablement s'il ne croît
pas sur le fondement d'une solide humilité.

Quand on a la foi des œuvres de Dieu, on ne voit que
lui, et on compare tous les instrumens de sa colère et de sa
justice à ces taureaux furieux que l'on lâchoit dans les
amphithéâtres contre les chrétiens dans le temps des persécutions. On ne s'occupoit pas de la fureur de l'animal, on
ne regardoit que la violence de ceux qui les lâchoient, et les
vrais chrétiens remontoient jusqu'à Dieu qui animoit la
rage de ces animaux ou la réprimoit selon sa volonté.

Voilà, Monsieur, le point de vue d'où nous devons
envisager ce qui se passe dans le diocèse. Parler peu,
souffrir volontiers, adorer les jugemens de Dieu, avoir
compassion de ceux qui lui servent de verges en ce monde,
prier Dieu qu'il les éclaire et les touche, et attendre en
silence et avec paix la délivrance que Dieu seul peut
procurer.

Vendredy dernier, jour solennel, on ferma à S. Médard
les portes de l'église dès le matin et même les grillages qui
donnent sur la grande rue et on posta des gardes aux
portes. On n'arrêta pas l'ardeur de la dévotion solide qui y
conduisoit une infinité de personnes. Car depuis le matin
jusqu'à midi les murailles et les maisons d'autour de
l'église furent bondées de plus de cent personnes à la fois,
ecclésiastiques, magistrats, bourgeois, femmes et filles, etc,
qui tous prioient Dieu avec une édification que le grand
jour rendoit plus remarquable, et, au lieu que la dévotion
au bien heureux François de Pàris eût été comme concen-
trée dans l'église, si on eût laissé l'entrée libre, l'édification

fut plus grande en voyant une multitude de personnes à genoux dans les rues.

Voilà, Monsieur, comment Dieu se joue des petites réflexions des hommes. On veut obscurcir la mémoire du saint diacre et pour cela, on empêche qu'on ne le prie dans le coin d'une église, et par ce moyen on réussit à lui faire rendre un culte comme public au milieu des rues. Quelle folie de se jouer de Dieu ! Laissons-le donc faire, adorons sa conduite, et ne cherchons à réussir que par les moyens que luy-même met en main, etc.

III

11 may 1743. (1)

Ce que vous me marquez, mon cher Monsieur, touchant le ralentissement de zèle dans les amis de la vérité m'afflige, mais ne me surprend point. C'est le sort commun de tous les diocèses et, s'il y avoit une exception pour celui de Troyes, j'en serois étonné en considérant la disposition et les sentiments d'un grand nombre de ceux qui s'étoient ci-devant déclarés pour la bonne cause : il y a longtemps qu'on l'a dit, et on doit toujours le penser, il n'y a que la pureté des mœurs et l'amour de la vérité qui attacheront au bon parti ; et comme c'est toujours le très petit nombre qui a ces deux avantages, il faut s'attendre à voir tomber ouvertement, ou mollir ceux qui ne les ont pas, c'est à dire la très grande multitude dans chaque diocèse. On a d'abord crié ; chacun s'est démené avec un certain bruit à l'arrivée de M. Poncet ; on a épuisé le peu d'huile qui étoit le produit des secours dont on en avoit joui précédemment ; on se trouve aujourd'hui sans vigueur, parce qu'il y a peu de suc nourricier dans le cœur, et bientôt on aura recours à

(1) Bibl. de Troyes, mss. 2318, t. I.

l'huile du pécheur. Demandons à Dieu qu'il fortifie en nous et étende la bonne racine des dispositions qui nous attachent à sa cause, afin que nous ne soyons pas exposés à flotter à tout vent, et enfin à être rompus et brisés par une chute qui est la suite inévitable, je ne dis pas, des hésitations seulement, mais de la tiédeur avec laquelle on fait l'œuvre de Dieu. L'affaire présente exige de nous une fidélité à toute épreuve, et, pour l'avoir, il faut être aussi foncièrement détachés des biens de la terre, des honneurs, des commodités, des aisances assorties au vieil homme, et de la vie même, qu'il faut être éloignés de toute erreur et de tout accommodement avec l'erreur. Recevoir l'erreur simplement est une démarche trop crue et trop odieuse. La recevoir avec un certain tempérament, cela n'est pas si révoltant. Adopter une formule qui l'établit en conservant le dogme véritable quoique condamné par la formule, on le fait avec moins de scrupule, parce qu'on paroît ne pas déroger à la vérité. S'unir, sous prétexte de paix, avec ceux qui sont les ennemis de l'Eglise parce qu'ils ne montrent pas un esprit schismatique, c'est un degré d'affoiblissement dont peu se méfient, et un piège où on se prend sans réfléchir. Se faire un devoir de tenir uniquement à la vérité et de marcher sur la ligne de la sincerité, c'est un courage que l'on admire; mais quitter tout, au moins de cœur, renoncer à poste, biens, honneurs, au nécessaire, à la vie, à son repos et épouser, par une candide préparation de volonté, toutes les suites de l'attachement invariable à la vérité et tous les troubles et disgràces dans lesquelles jette cet attachement, c'est ce qu'on a peu lieu d'admirer parce que les exemples en sont extrèmement rares. Néanmoins, si nous jugeons les choses par l'expérience du passé, par la nature et l'excellence de la cause que nous soutenons, par la conduite que Dieu tient dans le cours de cette importante affaire, nous devons prononcer sans timidité que ceux-là seuls demeureront fermes qui au zèle pour la vérité et la sincérité joignent un dénuement total de tout ce qui est terrestre et s'appliquent autant à se dépouiller de ce qui est humain et de l'appartenance du vieil homme qu'à étendre leurs lumières sur l'affaire présente.

Jugeons donc de nous-mêmes, non par une je ne sais quel ardeur et un feu qui nous jette dans la mêlée, mais par le soin que nous prenons de ruiner dans nous tout ce qui est indigne de la vérité. Il s'agit d'aller au fait, et nous nous écartons du but dès que nous n'avons point ce point de vue et qu'il ne sert point à juger de nos dispositions et à diriger nos démarches. Il est fâcheux que d'honnêtes gens se lient au nouveau venu (1) et tâchent de le cultiver ; il est triste qu'on en fasse l'éloge ; il est affligeant qu'on prenne sa direction ; ce sont autant de voies d'affoiblissement qu'on se prépare ; mais ceux qui s'approchent de lui, ont-ils changé ? Je ne le pense pas, parce que je suis persuadé qu'ils portoient depuis longtemps un principe de cupidité qui n'a fait qu'éclore à son arrivée.

Mais faut-il donc rompre avec lui ? Je n'ai garde de le dire. Comment donc se conduire ? Comme les Juifs se conduisoient sous l'autorité du magistrat qui leur étoit donné par les Romains, en l'écoutant pour le nécessaire, en le respectant en vertu de sa dignité et de la place qu'il tient, en recourant à lui pour les choses nécessaires, mais le regardant comme un Philistin qui a son poste dans le camp des Israélites : *illic est statio Philistinorum*, et montrant par une conduite soutenue qu'on ne pense pas comme lui, et qu'on est éloigné de toute voie de conciliation avec lui. Je dis cela sur ce qui m'a été marqué *que des personnes qui pensent bien, dit-on, s'adressent à lui ; que d'autres l'ont bien accueilli ; que d'autres en parlent avec éloge.* Je vous avoue que j'ai été pénétré de douleur en apprenant ces nouvelles, et je loue de tout mon cœur la conduite de Mr... qui a parlé comme le devoir exigeoit qu'il parlàt. Je le croirois prévaricateur s'il avoit moins fait, et je ne

(1) M. Poncet de la Rivière.

puis concevoir que de sinistres soupçons contre ceux qui
blàmeroient la démarche. En vain on se rassure par l'amour
actuel qu'on a pour la vérité ; il faut aller au principe
d'amollissement que l'on porte en soi, et qui non seulement
ruine insensiblement l'édifice dans lequel on se croit en
sûreté, mais qui, quand il n'est pas combattu et désavoué,
mérite la colère de Dieu. S'il ne doit rien à la fidélité
persévérante des innocens, combien doit-il moins à ceux
qui ont des dispositions mélangées, qui ont des fins par-
tagées, en qui se trouvent le chaud et le froid, etc. Nous
sommes tous pétris du même tempérament. Nous ne cherchons naturellement qu'à nous conserver notre poste, notre
repos, notre paix humaine, et, dès que quelque événement
y paroît contraire, nous avons recours à la prudence du
siècle pour nous maintenir dans la jouissance de nos avantages personnels ou de communauté ; c'est cet objet chéri
de nous que nous commençons par mettre en sûreté, au
lieu que c'est ce que nous devons d'abord sacrifier par une
plénitude de cœur qui embrasse, selon l'ordre de Dieu, les
temps et contre-temps, à mesure qu'ils se présenteront.

En voilà assez là-dessus. J'ai pensé n'en dire que deux
mots, et je vois que je suis contraint d'arrêter ma main.
Je suis, etc.

Sur l'épiscopat de Bossuet, voir aux Archives départementales de
l'Aube, parmi beaucoup d'autres pièces, les registres du chapitre
de Troyes (G. 1397-1393) dont on trouvera l'analyse dans l'*Inven-
taire sommaire* de ces Archives. Ajoutons qu'à propos de l'affaire
du Missel, l'auteur de la vie de Bossuet, de Troyes, contenue dans
le mscr. fr. 11431 de la Bibliothèque Nationale, avait inséré une
longue poésie satirique dirigée contre les chanoines de Troyes
que nous avons omise à cause de son manque complet d'intérêt.

TABLE DES MATIÈRES

Ernest JOVY

Contribution aux études sur Bossuet :

Bossuet, prieur de Gassicourt-lès-Mantes, et Pierre du Laurens. Un factum inédit contre Bossuet.

Bossuet, prieur de Gassicourt-lès-Mantes, et Pierre du Laurens. Quelques factums oubliés contre Bossuet.

Une oraison funèbre inconnue de Bossuet.

Deux poésies oubliées en l'honneur de Bossuet.

Bossuet et la Visitation de Meaux d'après quelques lettres circulaires de ce monastère.

Une biographie inédite de Jacques-Benigne Bossuet, évêque de Troyes.